KASACHSTAN
USBEKISTAN
KIRGISTAN
Buchara
Samarkand
TADSCHIKISTAN
NISTAN
Mazar-i-Sharif
C H I N A
Balch
(Baktra)
Chist
Herat
Bamyan
pur
Tibet
Lahore
AFGHANISTAN
N
Pakpattan
Multan
NEPAL
PAKISTAN
Delhi
Sehwan
Ajmer
Agra
Bit Shah
Fathepur
Sikri
Varanasi
(Benares)
BANGLA-
DESCH
Nasik
Shirdi
Kalkutta
Baroda
OMAN
Aurangabad
Bombay
INDIEN
Pilgerzentren der Sufis und Derwische
Historisch bedeutsame Orte

Für Gisela Kerntke und Dieter Dumont
sowie für Walter Meister,
dem ich sehr wichtige Anregungen zum Thema Mystik verdanke

Inhalt

Begegnung mit einem ganz anderen Islam 13

Faszination einer fremden Religiosität – und der Widerstreit der Meinungen 13

Fremdes ganz nah: Beobachtungen in Deutschland 15

Sufi, Derwisch, Mystiker – und viele Mißverständnisse . . 19

Pilgerzentren des Sufismus – Überraschungen für westliche Besucher 22

Das Mausoleum des Celaleddin Rumi in Konya: der vielfältige Nimbus eines Klassikers 22

»Tanzende Derwische« – ein kommerzialisierter Mythos 27

Im Gespräch mit einem »ungläubigen« Muslim: ein anderes Verständnis von Religion 32

Zeremonie in einem unscheinbaren Derwisch-Heiligtum: Muslime neben Andersgläubigen. 34

Auf einem Pilgerweg bei Ajmer, dem »Mekka Indiens«: »Das Göttliche ist in allen Religionen!«. 38

Rituale an der Grabstätte von Muinuddin Chisti, Indiens populärstem Sufi. 44

»Gott« jenseits aller Dogmen. Celaleddin Rumi – Höhepunkt sufischer Klassik im 13. Jahrhundert 49

Ein Leben im Iran und in Anatolien 49

Vom östlichen Iran nach Konya 49

Die anstößige Liebe zu Shamseddin, der »Sonne des Glaubens« 53

»Ich bin weder Christ noch Jude noch Muslim!« 59

»Gott« und »Ich«: Wo Mystiker eine Tabugrenze überschreiten. 59

Einheit von »Gott« und »Mensch«. Die ganz andere Erfahrung vieler Sufis 64

Das Bild vom Meer und den Wellen – ein zentrales Symbol der Mystik 67

Was bleibt von »Gott«? Konsequenzen einer nichtdualistischen Welterfahrung. 69

»Ketzerische« und »orthodoxe« Mystik 74

Einheitsmystik und Personenmystik – Gegensätze und ihre Folgen 74

»Zerbrich die Schale und finde das Innere!« Die grundsätzliche Spannung zwischen Sufismus und religiöser Dogmatik. 77

Einflüsse aus Indien 80

Das Gleichnis vom Elefanten – ein neuer Zugang zum Problem der »Wahrheit«. 80

Hat Rumi von Buddha gelernt? 83

Ekstase und Meditation. 87

Musik und Tanz als »Weg« zur Erfahrung der mystischen »Einheit« 87

»Berauscht vom Wein der Mystik«. Was ein Sufi unter »Wein« versteht 92

Religiöse und politische Folgen 97

Aufstieg und Niedergang der Mevlevi-Bruderschaft . . 97

Celaleddin Rumis Nachruhm in Orient und Okzident 102

»Ich bin Gott!« – Die radikale Konsequenz der Mystik 112

Die Provokation durch den Mystiker Hallaj 112

Hallaj und sein Mythos als Ketzer 121

Omar Chaijam, Naturwissenschaftler und »ungläubiger« Mystiker 126

Ghasali, der größte Theologe des Islam – und seine »orthodoxe Mystik«. 134

Der Mystiker »erschafft Gott« –
Die Ketzerei des Ibn al-Arabi 142

Von Sevilla über Mekka nach Damaskus:
eine maurisch-arabische Biographie 142

»Hüte dich davor, dich an eine bestimmte
Bekenntnisformel zu binden!«. 146

Eindrücke im Mausoleum des Mystikers 152

»Größter Meister« – oder »Ketzer«?
Die noch immer aktuelle Frage 154

»Der Punkt in der Mitte«.
Gespräch mit einem Verehrer Ibn al-Arabis 161

Mystik als »Weg für die vielen« –
Aufstieg der Derwisch-Bruderschaften 166

Die Struktur der Bruderschaften 166

Religion und Politik 170

Außerhalb der etablierten Bruderschaften:
die Wanderderwische 173

Frauen in untergeordneter Rolle 178

Erste Reformen zugunsten der Frauen. 182

Gemeinsamkeiten mit dem Sufismus? –
Mystik in anderen Religionen. Hinduismus als Beispiel 186

Der Blick über den Sufismus hinaus 186

Was den Hinduismus grundsätzlich von Islam
und Christentum unterscheidet 188

»Einheit« jenseits aller Glaubensbekenntnisse.
Der Hindu-Mystiker Ramakrishna. 192

»In euren Herzen werdet ihr beide, Allah und Rama,
finden!« – Muslimische Mystiker in Indien 199

Die Chistiya, Indiens größte Bruderschaft 199

Der Rote Königsfalke und andere Mystiker
der Indus-Ebene. 204

Muslim oder Hindu? Der Mystiker Kabir jenseits aller festen Zuordnung 210
Sai Baba von Shirdi – in der Nachfolge Kabirs 215
Die Chistiya und die Mogul-Kaiser: ein religiös-politisches Bündnis mit Folgen 219
Die Musik der Chisti-Derwische und ihre indischen Wurzeln 224
Der »Universelle Gottesdienst« des Inayat Khan 226

Zwischen Mystik und Politik – Die vielen Gesichter der Bektashi-Bruderschaft 232

Im Pilgerzentrum Hacibektaş 232
Der »ketzerische« Islam der türkischen Aleviten 238
Haji Bektash und Balim Sultan – die »Väter« 242
Politische Verflechtungen und Niedergang 246
Yunus Emre und der türkische Nationalismus 252

»Heiliger Krieg« und Fundamentalismus – Derwisch-Bruderschaften in der Krise 259

Naqshband und die Mystik der »Rechtgläubigen« 259
Abgrenzung gegen »Unglauben«. Die Naqshbandiya in Indien und Zentralasien 263
Die zwiespältige Rolle der Naqshbandiya in der Türkei. . 268
Der Fundamentalismus der Senussi-Bruderschaft 274
»Heiliger Krieg« gegen westlichen Kolonialismus 279
Von der Derwisch-Bruderschaft zur Muslim-Bruderschaft der Islamisten 285
Modernisten gegen die »Dekadenz« des Derwischwesens 287

Mystik im Islam – Herausforderung auch im 21. Jahrhundert 291

Sufismus – Schwierigkeiten und Chancen in der islamischen Welt 291

Sufismus und die religiösen Umbrüche in der westlichen Welt 296

Nachbemerkung 306

Anhang 307

Zeittafel 307
Anmerkungen 317
Ausgewählte Literatur 327
Personenregister 332

Begegnung mit einem ganz anderen Islam

Faszination einer fremden Religiosität – und der Widerstreit der Meinungen

Es ist eine monotone und in ihrem Klang doch aufwühlende Musik. Männer blasen die Nai, eine aus einem Schilfrohr geschnittene Flöte, streichen die Rebab, eine zweisaitige Violine, schlagen dumpf die Trommel. Sie singen in kehligem Tonfall, dehnen melancholisch viele der Vokale. Sie singen Gedichte muslimischer Mystiker zu Ehren Gottes oder auch nur, in endloser Wiederholung, die islamische Bekenntnisformel »Es gibt keinen Gott außer Gott«, auf arabisch: »la ilaha illa'llah«. In hundertfacher Wiederholung tönt der Name Gottes. Die Sänger geraten zunehmend in Trance, schließlich ist nur noch »llah-llah-llah« undeutlich zu vernehmen.

Etliche der Männer lösen sich aus der Gruppe der Sänger, lösen sich aus den Reihen der Zuhörer und beginnen zu tanzen. Anfangs kreisen sie mit langsamen Bewegungen, sind dem Fließen der melancholischen Musik angepaßt. Sie breiten schließlich die Arme aus, wie zum Fliegen. Sie drehen sich immer schneller zum furios anschwellenden Klang von Flöten und Trommeln.

Ich schiebe mich durch die Menge der Versammelten, um die Männer aus nächster Nähe beobachten zu können. Ich habe ihre Gesichter direkt vor mir. Der Ausdruck in ihren Augen: verzückt ... ekstatisch ...

»Ya Allah«, »Oh Gott« ... »Allah hu«, »Gott, Er« ... »Al haqq«, »Der Wahre« ... Im Chor der Versammelten ein stark rhythmisierter Klang der Worte, erzeugt von Dutzenden oder gar Hunderten Stimmen ... Eine rhythmische Bewegung der Körper ... Viele der Versammelten geraten bei den ständigen Wiederholungen der Namen Gottes in einen Zustand der Trance ...

Ich habe Szenen dieser Art in etlichen Ländern der islamischen Welt wiederholt erlebt. Hierbei saß ich meist unter Zuhörern und

Zuschauern, die mit ihrer Kleidung, mit Turban, Hemdbluse oder bis zum Boden reichendem Umhang, ihre Herkunft aus dem traditionellen Milieu der Altstadtviertel und Dörfer deutlich signalisierten. Es sind Szenen, wie wir sie heute immer noch in Pilgerzentren der Sufis und Derwische, aber auch auf Dorfplätzen, ja auf öffentlichen Plätzen größerer Städte, von Dakar über Marrakesch, Kairo, Khartoum bis Lahore, Delhi und Jakarta, antreffen. Erst recht lassen sich solche Szenen, abgeschirmt von der Öffentlichkeit, in Privathäusern und geschlossenen Höfen verwinkelter Altstädte erleben, sogar in Bretterhüttenslums am Rand der Städte. Immer noch! Wie lange noch?

Muslime der Bildungsschicht gaben mir mit wegwerfender Handbewegung zu verstehen: Dies seien Auswüchse einer volkstümlichen Religiosität, nicht mehr so recht zu einem modernen, zeitgemäßen Islam passend. Bald werde derartiges Brauchtum vollends verschwunden sein. Einige sagten sogar: Eine sehr obskure Religiosität sei das, die nicht viel mit dem Islam zu tun habe, eine Religiosität mit letztlich ketzerischen Tendenzen.

Andere Muslime der Bildungsschicht gaben mir jedoch zu verstehen: In dieser Religiosität würden sich Kräfte entfalten, die unterschätzt, ja verkannt würden. Keineswegs handle es sich hier um einen Ausdruck von Rückständigkeit. Im Gegenteil. Man müsse sich nur mit den geistigen Inhalten dieser Religiosität näher beschäftigen, um zu entdecken, welche Anregungen von ihr für eine moderne – jawohl, für eine moderne – Interpretation des Islam ausgehen könnten. Mehr noch: Auch andere Religionen könnten davon profitieren. Was Europäer oft nicht wahrnähmen: daß diese Art der Religiosität eben auch bei philosophisch höchst gebildeten Muslimen Sympathisanten und Anhänger besitze.

Ich fand – solange ich als junger Student von Marokko bis Indonesien unterwegs war – in all diesen Kommentaren eine nachvollziehbare Logik. Einerseits konnte ich in solchen Zeremonien nichts anderes sehen als Restbestände archaisch-religiöser Praktiken, die sich aus dem islamischen Mittelalter erhalten haben und im Gegensatz zum orthodoxen Islam stehen. Andererseits blieb für mich ein bemerkenswerter Widerspruch: Ich selber fühlte mich innerlich aufgewühlt durch den Klang der

Musik, die Leidenschaft und Gefühlsintensität der Gesänge, durch den Anblick ekstatischer Tänze. Ich empfand eine Faszination, die ich nicht begründen konnte. Wie diesen Widerspruch auflösen?

Erst Jahre später, nachdem ich mich intensiv mit dem Islam als Religion und Kultur auseinandergesetzt hatte, sollte ich aufschlußreiche weitere Erfahrungen machen. Dies geschah zunächst aber nicht im islamischen Orient selber, sondern – in Deutschland.

Fremdes ganz nah: Beobachtungen in Deutschland

Im Publikum saßen neben deutschen Zuhörern etliche türkische Muslime, Angehörige eines bürgerlichen Mittelstandes, deren Familien schon eine oder mehrere Generationen in Deutschland lebten. Auch sie waren mit viel Interesse zu der Islam-Tagung gekommen, deren Oberthema die Frage war, ob sich denn muslimische Zuwanderer auf Dauer in Deutschland, ja überhaupt in Europa, kulturell und sozial integrieren ließen. Wieder einmal erlebte ich heftige Diskussionen darüber, ob nicht viele islamische Glaubensvorstellungen und Lebensformen letztlich unvereinbar mit »unseren westlichen Werten« seien. Ich selber war eingeladen, um über das Thema »Der Islam und religiöse Toleranz« zu referieren. Diese Tagung fand nicht zufällig in einem der industriellen Ballungszentren Deutschlands, im Großraum Mannheim-Ludwigshafen statt, in dem Muslime bereits mehr als zehn Prozent der Gesamtbevölkerung ausmachen.

Für den Abend war zur Ergänzung der Vorträge und Diskussionen eine besondere Veranstaltung angekündigt: Türkische Muslime singen Gedichte von Sufis und Derwischen, hierbei begleiten sie die Gesänge auf ihren traditionellen Instrumenten.

Der Tagungsleiter wies in einer Ansprache darauf hin, daß an diesem Abend etwas geschehe, was nicht selbstverständlich sei: Sunnitische Muslime würden mit Aleviten eine besondere Art religiöser Musik aufführen. Dabei seien die Aleviten Angehörige einer schiitischen Glaubensrichtung, die in der Türkei von der sunnitischen Mehrheit als Ketzer abgelehnt oder bestenfalls mißtrauisch akzeptiert würden. Zwischen Sunniten und Aleviten bestünde ein spannungsgeladener Gegensatz, wie früher in Europa zwischen Katholiken und Protestanten. Daß aber Angehörige solch verschiedener Konfessionen gemeinsam religiöse Lieder sängen, das sei das Außergewöhnliche.

Ich war neugierig auf die Sänger und Musiker. Doch bevor die Veranstaltung am Abend begann, teilten Muslime einen Prospekt an die Tagungsteilnehmer aus, auf dessen Titelblatt zu lesen stand: »Sufi-Zentrum für kreative Spiritualität«. Unter der Überschrift war ein Mann mit hoher, brauner Filzmütze und wehendem, weißen Rock abgebildet, in Tanzbewegung, mit der einen Hand zum Himmel, mit der anderen zur Erde weisend. Unverkennbar zeigte das Bild einen Angehörigen der türkischen Mevlevi-Bruderschaft, jener sogenannten »Tanzenden Derwische«, deren geistiger Ahnherr Celaleddin Rumi ist, einer der bedeutendsten Mystiker und Dichter des Islam. Celaleddin Rumi wirkte im 13. Jahrhundert in der anatolischen Metropole Konya, wo er, der aus dem Iran stammte, in persischer Sprache dichtete, aber bei Iranern wie Türken, Arabern und Indern gleichermaßen höchstes Ansehen genoß – und bis heute genießt. (Ich werde Celaleddin Rumi im dritten Kapitel des Buches ausführlich vorstellen.)

Offenkundig handelte es sich hier um die Werbeschrift eines Vereins, dem hauptsächlich in Deutschland lebende Türken angehörten. Träger des Vereins ist die »Gemeinde des Islam in Deutschland e.V. in Zusammenarbeit mit dem Institut für Deutsch-Türkische Integrationsstudien Mannheim«. Der Verein sei, so konnte ich lesen, »aus den Bedürfnissen vieler junger Muslime nach lebendiger Begegnung mit islamischer Kunst und der spirituellen Kultur des Islam entstanden«. Zu den Veranstaltungen des Vereins ausdrücklich eingeladen sind aber auch Christen! Denn es gelte, »für alle, die an kreativer Spiritualität interessiert sind, ein Sammelbecken zu schaffen. – Spiritualität verbindet«.

Zusätzlich konnte ich lesen: »Die Sufis waren und sind noch immer die kreativen Kräfte in der islamischen Gesellschaft, Kunst und Kultur.« Und: »Sie [die Sufis] sind keine Mönche, die der Wirklichkeit den Rücken zuwenden, sondern sie handeln im Hier und Jetzt. […] Die meisten von ihnen gehen einem Beruf nach, gründen eine Familie und stehen mit beiden Beinen in der Welt, ohne das Heilige und Spirituelle zu vernachlässigen.«[1]

In späteren Gesprächen fiel mir dann auf, daß sich etliche Mitglieder des Vereins selber als »Sufi« bezeichneten. Und daß sie den Interessierten – ob nun Männern oder Frauen, Muslimen oder Andersgläubigen – eine Einführung nicht nur in die religiös-philosophische Literatur, sondern auch in die Praxis einer »Sufi-Meditation« anboten.

Bevor die Veranstaltung begann, erhielt ich noch eine weitere Broschüre, in der sich auch ein Abschnitt über die Musiker-Gruppe befand. Es hieß dort: Sufi-Musik fördere »die Entwicklung einer meditativen Spiritualität«. Auf musikalischer Ebene lasse sich besonders intensiv eine interreligiöse Bewegung verwirklichen. »Wenn in einer Veranstaltung die Sufi-Musik mit christlich-mystischer Musik oder ähnlichen Erscheinungen im jüdischen Bereich nebeneinander gestellt wird, treten die Verbindungen und Ähnlichkeiten hervor. Durch Musik und ästhetisches Erleben werden die Grenzen zwischen den Religionen aufgehoben.«[2]

In diesem Text bietet sich erst recht Erstaunliches. Nicht nur, daß die Autoren »Verbindungen und Ähnlichkeiten« der mystischen Musik dreier Weltreligionen – des Islam, Christentums und Judentums – hervorheben. Sie betonen auch, daß »die Grenzen zwischen den Religionen aufgehoben« sind! Wie das? Existieren nicht unüberwindbare Barrieren in der Dogmatik selbst der drei monotheistischen, geistig miteinander verwandten Glaubenslehren? Die hier angedeutete Grenzüberschreitung geht noch weit darüber hinaus, daß etwa Sunniten und Aleviten als konfessionell verschiedene Muslime geistige Barrieren gegenüber der jeweils anderen Richtung abbauen.

Keine Grenzen zwischen den Religionen! Beim genauen Lesen solcher Worte fragt man sich zu Recht, ob das nicht alles nur schönes Gerede ist und ob das nicht nur Leerformeln sind, mit denen real bestehende Unterschiede und Konflikte bloß kaschiert werden. Für uns bleiben ja bei aller aufgeklärt-säkularen Toleranz sehr wohl »Grenzen« und entsprechend hierarchisch abgestufte Wertungen zwischen den unterschiedlichen Religionen, Philosophien und Weltanschauungen bestehen.

Die Musikveranstaltung begann. Auf dem Podium saßen etliche Männer jüngeren und mittleren Alters. Einer spielte die Nai-Flöte, ein anderer das lautenähnliche Instrument Rebek. Ihnen zur Seite saßen Sänger, die solo und dann wieder im Chor die Gedichte vortrugen. Sie wechselten, stark rhythmisch akzentuiert, in kehligem Tonfall von tiefer Melancholie zu plötzlich ausgelassener Fröhlichkeit, hierbei zogen sie, emotional aufgeladen, die Vokale zentraler Wörter in die Länge – ein für den unvorbereiteten westlichen Zuhörer sehr fremder Klang. Und wieder fühlte ich mich gepackt, erfaßt von einer Kraft, die ich nicht verstehen konnte.

Gesungen wurden, in türkischer Übersetzung, Gedichte und Lehrsätze des persischen Mystikers Celaleddin Rumi, der seit dem 13. Jahrhundert wie kaum ein anderer Sufi und Derwisch Ansehen in der Türkei genießt. Gesungen wurden außerdem Gedichte des Mystikers Yunus Emre, der bei den Türken als einziger an Popularität mit Celaleddin Rumi konkurrieren kann; der Dichter, der im 14. Jahrhundert lebte, wird heute als Begründer der türkischen Literatursprache verehrt. Das pikante Detail im Nebeneinander dieser beiden herausragenden Mystiker: Celaleddin Rumi ist Sunnit, Yunus Emre ist Alevit.

Unmittelbar nach der Veranstaltung kam ich mit etlichen Musikern und Sängern ins Gespräch. Sie alle leben in Deutschland und sind eingebürgert. Ihre Berufe wiesen sie als Angehörige des Mittelstandes aus. Chemiker war der eine, Sozialarbeiter ein anderer, Therapeut ein dritter. Der letztere therapierte seine Patienten mit Hilfe von Sufi-Musik. Ich erfuhr, daß sie sich regelmäßig mit Gleichgesinnten zum Musizieren, zur Meditation sowie zum intellektuellen Meinungsaustausch träfen. Ja, sie seien Sufis. Ja, in ihrer Musikergruppe seien Sunniten und Aleviten gleichermaßen vertreten, es gebe da keine Spannungen. Ja, auch Schiiten seien eingeladen. Zeitweilig spiele auch ein Christ in ihrer Gruppe.

Der Therapeut, als der Wortführer, erklärte: Es gebe verschiedene Arten, Religion zu leben, sich mit Religion zu beschäftigen und geistige Brücken zu anderen Religionen, auch zu nichtreligiösen Weltanschauungen zu bauen. Die intellektuelle Ebene sei wichtig, um sich mit Gegensätzen auseinanderzusetzen, die scheinbar unüberbrückbar seien. Allerdings käme der Verstand mit seiner rationalen Begrifflichkeit nicht darüber hinaus, sich in Gegensätzen von These und Antithese zu bewegen. Der Verstand könne nicht zu den tiefsten Schichten des Wirklichen, der Letzten Wirklichkeit vordringen. Dazu seien Hilfsmittel jenseits der Sprache nötig: Musik, Meditation. Eine alte Sufi-Weisheit laute: »Worte bleiben an der Küste.« Meditation und sufische Musik seien die Schiffe, die zu unbekannten religiösen, geistigen Erfahrungen trügen.

Es sind komplizierte, vielschichtige Formulierungen. Um zu klären, was im einzelnen damit gemeint ist, bedarf es vieler Erklärungen. Entsprechend habe ich versucht, im vorliegenden Buch die islamische Mystik in etlichen ihrer wichtigsten Erscheinungsformen ausführlich darzustellen.

Aber die Schwierigkeiten, zu verstehen, welchen Stellenwert eine solche Religiosität im Gesamtgefüge islamischer Kultur besitzt – und weshalb diese Form der Mystik auch für Menschen des westlichen Kulturraums eine Herausforderung bedeutet –, beginnt schon bei der Frage nach den grundlegenden Begriffen. Was ist ein Sufi, was ein Derwisch? Mehr noch: Was überhaupt ist ein Mystiker?

Sufi, Derwisch, Mystiker – und viele Mißverständnisse

»Sufi« und »Derwisch« ... Beide Begriffe werden oft austauschbar nebeneinander verwendet. »Sufi« ist eine arabische Bezeichnung, bezieht sich auf »Suf« (Wolle) und meint einen Menschen in einfacher Wollkutte, der ohne materielle Bedürfnisse ein religiös-meditatives Leben führt. »Derwisch« ist Persisch und bedeutet sinngemäß dasselbe. In dem Begriff steckt das arabische Wort »Dar« (Tür, Haus), was darauf hinweist, daß ein Derwisch von Tür zu Tür, von Haus zu Haus geht und in freiwilliger Armut als frommer Bettler Gaben sammelt.

Von »Sufi« leitet sich »Sufismus« ab – ein Begriff, unter dem man eine spezielle religiöse Kultur versteht, die von einer bestimmten Gotteserfahrung geprägt ist. Diese Erfahrung ist in Dichtung und Philosophie, von literarisch hohem Rang, mit vielerlei Varianten zum Ausdruck gekommen, äußert sich aber gleichermaßen auch in ritueller Musik sowie einer rituell geprägten Lebensführung.

Dagegen werden die Begriffe »Derwisch« und »Derwischwesen« vorrangig auf die volkstümliche Ausformung dieser mystischen Religiosität bezogen. Allerdings können die Begriffe nicht wirklich scharf voneinander abgegrenzt werden, weil muslimische Mystiker eine Vielfalt an Verhaltensformen entwickelt haben, die sich überlappen.

Noch erheblich schwieriger ist es, den übergeordneten Begriff »Mystik« exakt zu bestimmen. Der Begriff ist in unserer eigenen kulturellen Tradition belastet; keine religiöse Erscheinungsform ist in unserem landläufigen Sprachgebrauch derart vielen Mißverständnissen ausgesetzt. »Mystisch« wird gerne mit »mysteriös«, »rätselhaft dunkel« oder gar »verschwommen«, »geistig nebulös« gleichgesetzt. Entsprechend werden Mystiker immer wieder als Schwärmer, als wirklichkeitsfremde und betont anti-rationalistisch Fromme angesehen. Im günstigsten Fall wird »mystisch« dann als »geheimnisvoll« verstanden.

Auch die Herkunft des Wortes klärt noch nicht die Verständnisprobleme. Das in deutschen Texten seit dem 16. Jahrhundert enthaltene Fremdwort geht auf das griechische Substantiv *mysterion,* »religiöses Geheimnis«, »Geheimkult«, zurück. Die Wortwurzel bildet das altgriechische Verb *myein,* was wörtlich übersetzt »verschließen« bedeutet – im übertragenen Sinn: »die Augen und den Mund verschließen«. Handelt es sich also um eine Form von Religion, die vor der Öffentlichkeit »geheim« gehalten werden soll? Oder ist es eine religiöse Erfahrung, die mit Bildern und Worten nicht mehr adäquat ausgedrückt werden kann? Solche vagen Mehrdeutigkeiten muten in der Tat »mysteriös« an. Aber der negative Beiklang all dieser Worte hat damit zu tun, daß in unserem christlich-abendländischen Kulturraum eine mystische Religiosität durch die kirchliche Orthodoxie vor allem in den letzten vier Jahrhunderten bekämpft und durch entsprechende Propaganda oft erfolgreich als »obskure«, »dunkle« Form von Religion abgewertet wurde.

Was jedoch kann einen Menschen des 20. und 21. Jahrhunderts dazu veranlassen, Ausdrucksformen mystischer Religiosität – für das eigene Leben, die eigene geistige Orientierung – als grundlegend und wesentlich anzusehen? Und warum ausgerechnet islamische Mystik, warum Sufismus?

Es ist unmöglich, an dieser Stelle schon die Bedeutung von »Sufismus« und im weiteren Sinne von »Mystik« auch nur in vagen Umrissen zu definieren. Darauf näher eingehen kann ich erst in der Interpretation sufischer Gedichte, entsprechender philosophischer Texte und bei der Darstellung der Funktion rituell-religiöser Meditationsmusik. In diesem Zusammenhang werde ich zu zeigen versuchen, daß die Denkmuster der christlich-abendländischen Kultur uns die Sicht auf die Kernaussagen und die religiöse Praxis islamischer Mystik zuerst einmal verstellen. Doch selbst wenn wir uns mit den Strukturen des orthodoxen Islam vertraut gemacht haben, ist es noch ein weiter Weg, bis wir auch die Strukturen des Sufismus verstehen.

Zunächst aber ein genauerer Blick auf den religiösen Alltag sufischer Pilgerstätten. Für mich waren solche spirituellen Zentren das erste, was ich im Detail von den vielfältigen Erscheinungsformen des Sufismus und des Derwischwesens wahrnahm – voll von widersprüchlich anmutenden, »exotisch« faszinierenden Eindrücken. Gerade auch dort empfing ich wesentliche Anstöße, um mich mit dem vielschichtigen religiös-kulturellen Phänomen der islamischen Mystik näher zu beschäftigen.

Pilgerzentren des Sufismus

Überraschungen für westliche Besucher

Das Mausoleum des Celaleddin Rumi in Konya: der vielfältige Nimbus eines Klassikers

Von der Terrasse eines kleinen Hotels, in dem hauptsächlich Türken wohnten, hatte ich einen umfassenden Ausblick auf den historischen Stadtkern der anatolischen Metropole Konya. Unter mir ein Gemisch von engen Gassen, Basargewölben, Moscheekuppeln und brutal dazwischengeschobenen Betonbauten. In der Mitte aber der weitverzweigte Gebäudekomplex des ehemaligen Derwischzentrums: zwei Moscheen im osmanischen Stil, mit Bäumen bepflanzte Höfe, kuppelüberwölbte Bauten der einstigen Derwisch-Wohnräume und der Tanzhalle. Und alles überragend das Mausoleum des 1273 verstorbenen Celaleddin Rumi: ein massiger Turm mit spitzem Kegel, von türkisfarbenen Kacheln bedeckt, der älteste Bauteil noch aus der Seldschuken-Zeit Ende des 13. Jahrhunderts.

Auf dem weiträumigen Platz nahe dem Eingangsportal wimmelte es von Menschen. Es waren überwiegend Reisegruppen, so wußte ich bei meinem ersten Besuch eine halbe Stunde später. Deutsche, Österreicher, Franzosen, Italiener, Briten schoben sich, viele mit Kameras, in geballten Formationen von fünfzehn, zwanzig, dreißig Personen durch die historischen Säle und Flure, gesteuert durch lautstarke Erklärungen ihrer jeweiligen Reiseführer. Blitzlichtgewitter von Fotografen entluden sich vor den Sarkophagen der vielen Mevlevi-Scheiche. Besonders aber konzentrierten sich die Menschenmassen in dem Kuppelraum mit den farbenprächtigsten Ornamenten. Dort steht der Sarkophag aus Marmor, in dem Celaleddin Rumi bestattet ist. Der Sarkophag ist mit einem golddurchwirkten, grünen Tuch bedeckt, am Kopfende thront die einfache Filzmütze der Mevlevi-Derwische, mit einem weißen Tuch umwunden. Am silbernen Absperrgitter drängten sich gerade hier die Touristen. Türken sah ich hier nur vereinzelt, so als sei das Interesse an der Kultur der Sufis und Derwische vor allem eine Angelegenheit westlicher Touristen.

»Müzesi«, »Museum«, steht in großen Lettern über dem Eingang des ehemaligen Derwisch-Konvents. »Müzesi« ist der sakrale Baukomplex schon seit 1927. Zwei Jahre zuvor hatte Atatürk sämtliche Derwisch-Bruderschaften in der Türkei wegen ihres politischen Widerstands gegen ein säkulares Staatswesen verboten. Daher gibt es seit 1925 in der ganzen Türkei kein einziges von Derwischen offiziell bewohntes Gebäude mehr. Zahlreiche Konvente sind zerfallen – es sei denn, sie sind »Museum«. Und »musealer« hätte die Atmosphäre hier nicht sein können. An der Kasse neben dem Eingang hatte jeder Besucher umgerechnet vier Euro Eintrittsgebühr zu entrichten. Nicht wenige der Gruppenreisenden sahen sich nur flüchtig um, manche absolvierten die einzelnen Räume sogar gelangweilt, eben als eine Sehenswürdigkeit neben vielen anderen, die ihnen die gebuchte Rundreise vorschrieb.

Aber schon eine Stunde später konnte ich die Kuppelräume des Derwisch-Konvents völlig anders erleben. Zur Mittagszeit waren sämtliche Reisegruppen verschwunden, kostbare Stunden der Stille folgten. Das einzige Geräusch kam nun von einer Nai und einer Rebab, deren Klang über Tonband in die Säle und Flure drang. Es war eine Musik mit sehr langgezogenen Tönen, eine für westliche Ohren monotone und doch einschmeichelnde, ja emotional tief berührende Musik – eine Musik, die wie das Fließen von Wasser anmutet und dazu einlädt, die Gedanken verströmen zu lassen, wie ein Fluß, der in ein großes, ruhiges Meer fließt. Es war eine typische Meditationsmusik, wie sie von den Mevlevi-Derwischen seit den Zeiten Celaleddin Rumis gespielt worden ist und wie ich sie auch von Tonbandkassetten kannte. Natürlich war diese Art von dezenter Tonbandmusik eine spezifisch moderne, museal und touristisch bedingte Form, um den Besucher in eine bestimmte Weihestimmung zu versetzen. Aber sie verführte dazu, selber still zu werden und die mächtigen Kuppelräume mit ihrer unermeßlichen Vielzahl bunter persischer Fayencen auf die Sinne wirken zu lassen. Sie erzeugte tatsächlich, so erschien es mir, eine Atmosphäre von Stille, meditativer Stille.

Die Besucher, die nun kamen, störten diese Stille nicht. Es wimmelte plötzlich wieder von Menschen, aber es waren keine Touristen, sondern türkische Pilger, Besucher, die anscheinend die nun entstandene Lücke zu nutzen wußten. Sie hatten sich dem Grabmal Celaleddin Rumis wie auch den Grabstätten anderer Derwisch-Scheiche zugewandt und murmelten Gebete, manche nur stumm die Lippen bewegend, viele mit geschlossenen Augen.

Unter diesen Besuchern überwogen die Frauen, die meisten in bunten Blusen, Westen und Pluderhosen, mit Kopftüchern, die oft mehrmals geschlungen waren und manchmal sogar die untere Gesichtshälfte völlig verdeckten. Woher kamen sie? Aus Dörfern oder Kleinstädten? Oder teilweise auch aus Großstädten, wo sie als Zuwanderer aus bäuerlichen Gebieten viele ihrer traditionellen Sitten bewahrt hatten? Die Männer, die sie begleiteten, trugen meist weiße Kappen, und viele Gesichter waren von einem Bart umrahmt.

Daneben aber sah ich durchaus auch Frauen und Männer, deren modisch westliche Kleidung deutlich eine städtische Herkunft, ja gar die Zugehörigkeit zu einer städtischen Bildungsschicht verriet. Die Frauen hatten sich nur für den Aufenthalt hier ein Kopftuch umgebunden, was einen auffallenden Kontrast zum westlich geschnittenen Kostüm bildete. Nicht minder der Kontrast bei den Männern: Sie trugen zu Anzug und Krawatte eine weiße Gebetskappe. Im Gebet aber unterschieden sie sich nicht von den bäuerlich und kleinstädtisch geprägten Pilgern.

Mir schien, daß viele der Pilger, ob nun Dorfbewohner oder Städter, den hier bestatteten Derwischen ihre Gebete übermittelten – in der Hoffnung, die Heiligen würden die Bitten um Gesundheit, Kindersegen, ein gutes Familienleben, ein gesichertes Einkommen an Gott weiterleiten. Das schien mir nicht anders zu sein, als ich es auch schon in anderen Ländern an Grabstätten berühmter Sufis und Derwische hatte beobachten können: verstorbene Heilige, zu denen man beten kann! Heilige, die als wichtige Mittler zwischen den Menschen und Gott verstanden werden! Solche Überzeugungen orientieren sich keineswegs an den Glaubensvorschriften des orthodoxen Islam – aber ebensowenig an den Lehren von Sufis und Derwischen aus der großen klassischen Epoche des Islam. Hier im Mausoleum des Celaleddin Rumi äußerte sich eine diffuse Form von Heiligenkult und »Volksreligion«, wie sie uns ja ähnlich im eigenen Kulturraum bei christlichen Wallfahrten geläufig ist. Für mich bedeutete dies eine Irritation. Was wissen solche Pilger über das philosophische Weltbild großer Mystiker? Widerspricht ihre religiöse Praxis nicht den eigentlichen Zielen der Mystik?

Im Mausoleum des Celaleddin Rumi konnte ich jedoch auch noch eine andere Form von Religiosität entdecken. Männer, deren Gesichtszüge überwiegend die Herkunft aus der Bildungsschicht verrieten, standen oft mehr als eine halbe Stunde vor dem Sarkophag Rumis. Sie hielten die Handflächen betend nach oben, die Augen waren geschlossen, der Mund bewegte sich stumm beim Rezitieren von Gebeten oder Versen. Je länger sie rezitierten, um so mehr geriet ihr Körper ins Schwingen, begann ihr Gesicht eine Verzückung auszustrahlen, als glitten sie nach und nach in Trance. Bei ihnen hatte ich den Eindruck, daß sie mehr als alle anderen von den Intentionen des Sufismus wußten – ja fähig waren, den »Weg« mystischer Erfahrung zu gehen.

Eines muß hier selbst dem naiven Betrachter deutlich werden, sofern er nur die nötige Geduld beim Beobachten aufbringt: Neben dem gängigen Besichtigungstourismus existiert das eigentliche Pilgerleben in dem ehemaligen Derwisch-Konvent weiter. Viele der türkischen Besucher sehen in diesem Kuppelraum mit seiner Grabstätte kein »Museum«, das es wegen seiner architektonischen Schönheit und seiner kulturhistorisch bedeutsamen Ausstellungsgegenstände zu »besichtigen« gilt. Sie haben zwar wie alle Anwesenden das für türkische Einkommensverhältnisse teure Eintrittsgeld von umgerechnet vier Euro entrichtet, dann aber benehmen sie sich wie in einem heiligen Raum, ob sie nun zu einem Heiligen beten oder Rumi als Mystiker verehren. Bei ihnen scheint es sich herumgesprochen zu haben, zu welchen Tageszeiten sie hier relativ unbehelligt von größeren Reisegruppen beten und meditieren können.

Zwei Tage später erlebte ich einen weiteren Besuchertyp. Es war Sonntag. Dieser Tag ist auch in der Türkei offiziell arbeitsfrei. Lärm und Geschrei erfüllten jetzt die musealen Kuppelräume. Bei derart lauten Stimmen war nichts mehr von der meditativen Flötenmusik über Tonband zu hören. Aber dieser hohe Lärmpegel kam von Türken und übertraf alles Stimmengewirr westlicher Touristengruppen beträchtlich. Viele der westlich gekleideten Türkinnen trugen kein Kopftuch – in auffallendem Kontrast sogar zu den europäischen Touristinnen, die sich meist der Pietät der Pilger angepaßt hatten. Einige Türkinnen kamen sogar im Minirock, manche in Shorts, als hätten sie kurz zuvor noch an einem Swimmingpool oder Badestrand gesessen. Die Familienmitglieder fotografierten einander vor den einzelnen Sarkophagen, wobei es jedesmal viel Geschrei gab, bis sich die einzelnen Personen endlich fotogerecht aufgestellt hatten. Eine europäische Reisegruppe erregt bei den Pilgern sicherlich weniger Anstoß als diese muslimischen Besucher.

Ich zog mich vor dem geballten Ansturm des türkischen Tourismus in einen Seitenflügel des Derwisch-Konvents zurück, wo in historisch originalgetreu eingerichteten Schauräumen lebensecht nachgebildete Puppen von Mevlevi-Derwischen in ihren charakteristischen braunen Mänteln und weißen Röcken, mit braunen Filzmützen und weißen Turbanen ausgestellt sind: sitzend, stehend, lesend, miteinander diskutierend, rituell tanzend. Und ich gelangte in einen länglichen, mit maurischen Bögen geschmückten Raum, der zu einem Kinosaal umfunktioniert war. Dort lief in ständiger Wiederholung ein Film über das Leben des Celaleddin Rumi, ein von Türken sehr konventionell inszeniertes und von türkischen Schauspielern hölzern gespieltes halbdokumentarisches Werk. Bemerkenswert erschien mir, daß dieser Film trotz der vielen ausländischen »Museums«-Besucher ausschließlich auf den Bedarf eines türkischen Publikums zugeschnitten war. Es fehlten die Untertitel in einer europäischen Fremdsprache. Entsprechend saßen hier nur Türken. Allerdings traf ich bei meinen mehrmaligen Aufenthalten in diesem Kinosaal kaum einmal auf Pilger in bäuerlicher Tracht, es dominierten städtisch gekleidete Zuschauer, viele der Frauen jedoch mit Kopftuch, das sie sich wahrscheinlich nur für die Dauer ihres Aufenthalts im Derwisch-Konvent umgebunden hatten.

Vorwiegend für türkische Besucher war auch in den Kiosken das Angebot an Büchern gedacht. Ich sah dort die umfangreichen Hauptwerke des Celaleddin Rumi, den *Diwan-e kebir* (Großer Diwan) sowie das *Mathnawi*, die Bücher teils im persischen Original, mehr allerdings in türkischer Übersetzung – nicht jedoch auf englisch, deutsch, französisch, italienisch oder in einer anderen westlichen Sprache. Dazu lag eine Reihe wissenschaftlicher und populärwissenschaftlicher Werke allein auf türkisch aus – Bücher, die signalisieren, daß ein türkisches Bildungsbürgertum mit beträchtlichem Interesse für den Sufismus vorhanden sein muß.

Reich bebilderte Broschüren waren dagegen sowohl für den Bedarf europäischer Touristen als auch für Türken vorhanden. Unter solchen Veröffentlichungen entdeckte ich neben leicht konsumierbaren Darstellungen über das Leben Rumis und die Entwicklung seiner Derwisch-Bruderschaft Ansammlungen von Sinnsprüchen, Fabeln und witzigen Anekdoten, wie sie in Rumis umfangreichem Werk eben auch vielfach enthalten sind – Literatur der handfesten, auf den profanen Alltag anwendbaren Lebensweisheiten. In solchen Broschüren ist von der eigentlich mystischen Dimension kaum etwas zu spüren. Aber gerade ein solch breit aufgefächertes Angebot läßt erahnen, daß Rumis Nachruhm und Popularität auf sehr unterschiedlichen Voraussetzungen beruht.

»Tanzende Derwische« – ein kommerzialisierter Mythos

Hundertfach, in stereotyper Wiederholung, finden wir Abbildungen tanzender Derwische mit der charakteristischen hohen braunen Filzmütze und dem wehenden weißen Rock in den Auslagen der Basargeschäfte Konyas: auf Postkarten, Bucheinbänden, Musikkassetten, Tellern, Vasen, mal im historischen Stil persischer Miniaturmalerei, mal im modern naturalistischen Stil. Vereinzelt finden wir tanzende Derwische sogar als Plastikfiguren auf Spielzeugdosen.

Solche Präsentationen auf höchst unterschiedlichem Geschmacksniveau bilden die Ergänzung zur meditativen Tonbandmusik, wie sie in den Kuppelhallen des Derwisch-Konvents zu hören ist. Und das hat seine Logik. Denn zum Klang der Nai und der Rebab hatten sich einst im Konvent Derwische im Tanz gedreht, hatten sich dreißig, fünfzig oder gar über hundert von ihnen in stundenlanger Zeremonie bewegt, um den Zustand der Trance, der Ekstase zu erreichen und so »Gott« auf mystischem Weg zu »erfahren«. Celaleddin Rumi selber hatte die Zeremonie zu einem zentralen Ritual seiner Derwisch-Gemeinschaft gemacht. Und gerade auf diese Weise hatte er der später gegründeten Mevlevi-Bruderschaft den Weg bereitet, ist er bekannt und populär bei breiten Volksschichten geworden.

Es ist auch kein Zufall, daß der Film über das Leben Celaleddin Rumis, den ich in einem der Seitenflügel des Derwisch-Konvents gesehen hatte, mit einer entsprechend ausführlichen Sequenz tanzender Derwische schließt. Die Kamera schwelgt in Bildfolgen sich endlos drehender Tänzer, gefilmt im historischen Ensemble eines fayencenverzierten Kuppelsaals – und vermittelt so einen intensiven Eindruck von dem religiös-sinnlichen Sog, den das mystische Ritual, besonders in Verbindung mit architektonisch stimmigem Flair, auf den Betrachter ausüben kann. Welch ein Kontrast dieser filmischen Präsentation zu der Tatsache, daß Derwischtänze bis heute in der türkischen Öffentlichkeit verboten sind!

Und ein weiterer Kontrast: Die »Tanzenden Derwische von Konya« sind längst zu einem international bekannten Kultursymbol der Türkei geworden, mit dessen Vermarktung die türkische Tourismusbehörde in westlichen Staaten zu einem Türkei-Besuch animieren will. »Tanzende Derwische« sind inzwischen sogar vielen westlichen Touristen geläufig, die sonst wenig über Celaleddin Rumi oder gar über die tieferen Intentionen des Sufismus Bescheid wissen.

Angesichts eines derart allgegenwärtigen Angebots des Markenartikels »Derwisch« schien es mir naheliegend, daß vielleicht noch immer – oder schon wieder – irgendwo in Konya Derwischtänze stattfinden könnten. Vielleicht sogar in einem Kuppelsaal mit traditionellem Flair? Ich fragte im Basarviertel bei Teppichhändlern, Souvenirverkäufern und Kellnern kleinerer Restaurants. Bei manchen erntete ich Kopfschütteln, von anderen bekam ich den Hinweis, ich solle in den Hauptstraßen rund um das Mausoleum nachfragen. Und dort entdeckte ich in etlichen touristisch aufgeputzten Restaurants wie auch Teppichgeschäften Plakate, die eine solche Veranstaltung anpriesen. Umgerechnet 17 Euro kostete der Eintritt – für das durchschnittliche Einkommensniveau eines Türken eine beträchtliche Summe.

Ich zögerte. Ein junger Türke, den ich auf der Straße zunächst für einen Lotterieverkäufer hielt, schwenkte werbend ein Bündel mit Eintrittskarten. Die Derwische würden jeden Montag, Mittwoch und Freitag von 21 bis 22 Uhr tanzen, erklärte er. Ich kaufte ein Ticket – mit gemischten Gefühlen. Denn nach Auskunft des Verkäufers handelte es sich bei dem Ort der Veranstaltung um ein Hotel.

Ohne besondere Erwartung, mit bloß sachlicher Neugier, besuchte ich die Veranstaltung. Ich mußte mich in das Kellergeschoß eines Hotels nahe dem Rumi-Mausoleum begeben, wo in einem kahlen, weiß getünchten Raum etwa hundert Stühle aufgestellt waren. Blau und rot gefärbte Neonröhren leuchteten vom Plafond. Eine deutsche und eine österreichische Reisegruppe, rund vierzig bis fünfzig Personen, hatten die reservierte vordere Hälfte der Stuhlreihen besetzt. In der hinteren Hälfte hatten sich weit verstreut einige westeuropäische Einzelreisende sowie etwa zwanzig türkische Besucher niedergelassen. Dort blieb auch für mich noch ein freier Platz. Faltblätter in deutscher, englischer und türkischer Sprache wurden ausgeteilt, auf denen kurz die spirituelle und historische Bedeutung der Derwisch-Zeremonie erklärt war.

Sechs Männer im traditionellen Mevlevi-Gewand tanzten nahezu eine Stunde lang zum Klang der Nai und der dreisaitigen Rebab. Einer der Männer rezitierte in melancholisch anmutendem Singsang Verse in türkischer Sprache.

Das war eine durchaus informative, wenn auch recht nüchtern wirkende Lehrdemonstration von etwas, das noch achtzig bis hundert Jahre zuvor in den Derwisch-Konventen mit echtem Leben erfüllt gewesen war. Ich versuchte mir vorzustellen, wie es wohl gewirkt hatte, als sich fünfzig oder mehr Mevlevi-Derwische in der großen Kuppelhalle ihres Konvents eine halbe Nacht lang im Tanz gedreht hatten und schließlich in den Zustand der Trance, Verzükkung und Ekstase geglitten waren. Nichts davon hier, naturgemäß nicht. Die Verengung des Raums auf ein kahles Kellergeschoß mit

Neonröhren und die Verkürzung der Zeremonie auf eine knappe Stunde konnten nur eine historische Präsentation zuwege bringen, wobei einige der Tänzer etwas ungeübt wirkten und nicht verleugnen konnten, daß sie nur verkleidete Derwische waren.

Gab es keine anderen Überbleibsel dieser ehrwürdigen Tradition? Vielleicht in einer alltäglicheren Form, die eine größere »Volksnähe« signalisierte? Solche Fragen stellte ich mir unmittelbar nach dieser touristisch lehrhaft aufbereiteten Inszenierung. Und bereits am nächsten Tag sollte ich darauf eine erste – wenn auch völlig unerwartete – Antwort bekommen.

Unterwegs in einer Vorstadtsiedlung Konyas, wo gesichtslose Betonwohnblöcke dominierten, entdeckte ich auf einer Tribüne ein Dutzend Männer in der Kleidung von Mevlevi-Derwischen. Sie drehten sich, wie die Männer am Tag zuvor, im Tanz, typisch mit der einen Hand zum Himmel, mit der andern zur Erde weisend. Dazu die passende Musik, melancholisch die Nai und Rebab – nur daß die Musik diesmal überlaut aus Lautsprecherboxen kam. Eine große Menge Schaulustiger hatte sich vor der Tribüne gebildet. Niemand konnte mir erklären, was der Anlaß war, keiner beherrschte in diesem Vorstadtviertel eine Fremdsprache.

In einer der Hauptgeschäftsstraßen des Zentrums hatte ich dann Gelegenheit, mit einem Teppichhändler ausgiebig das Thema »Derwischtänze« zu erörtern. Er sprach fließend Deutsch, da er zehn Jahre in Heilbronn gearbeitet hatte. Zunächst redeten wir über die Veranstaltung im Hotel. Das seien keine echten Derwische, die dort tanzten, erklärte er, es handle sich vielmehr um staatlich angestellte Tänzer, Musiker und Sänger. Sie alle hätten keine wirklich tiefe Beziehung zum Sufismus, und sie hätten auch keine Ahnung davon, wie man wirklich in den Zustand von Trance geraten kann. Das gelte sicherlich auch für die sogenannten Derwische, die auf Tourneen im Ausland vor einem gut zahlenden Publikum tanzten. Hier seien einige findige Geschäftsleute am Werk, die es verstünden, einen spirituellen Trend kommerziell zu nutzen. Er begrüße es allerdings, daß Touristen, gerade auch türkische, in immer stärkerer Zahl solche Tänze sehen wollten. Allerdings müßten solche Tänze in einem angemessenen Raum, einem großen Kuppelraum, stattfinden, wie es traditionell üblich gewesen sei. Es seien schließlich spirituelle Tänze, und sie brauchten eine sakrale Atmosphäre.

Ich erzählte ihm von den Derwischen in der Vorstadtsiedlung. Er lächelte breit. Das seien erst recht keine echten Derwische. Wahrscheinlich habe ein cleverer Geschäftsmann zur Eröffnung eines Einkaufszentrums einen derartigen Tanz mit extra hierfür gemieteten Schauspielern inszeniert. Aber auch so etwas habe seine positive Seite. Man könne an einer solchen Veranstaltung, so platt sie auch sein möge, immerhin sehen, daß die Tradition der Derwische in der Türkei populär geblieben ist. Sonst würde es keinem Geschäftsmann einfallen, solche Tänze für Werbezwecke seiner Firma zu verwenden.

Ich fragte ihn, ob es vielleicht nicht doch noch echte Derwischtänze in der Türkei gebe. – Ja. Aber sie fänden jenseits aller größeren Öffentlichkeit statt, die Mitglieder und Sympathisanten der Mevlevi-Bruderschaft wollten nicht durch touristische Neugier gestört sein. Ohnehin verbiete es ihnen das Gesetz, öffentlich mystische Rituale zu praktizieren. – Also gebe es in den traditionellen Konventen keine solche Tänze mehr? – Es gebe sie hier und da. Aber diese Konvente seien offiziell als Kulturzentrum deklariert, und wenn dort das Ritual der Mevlevi vollzogen werde, könne dies nur als eine sogenannte »Kulturveranstaltung« erlaubt sein. Solche Tänze würden sich allerdings von den üblichen touristischen Darbietungen beträchtlich unterscheiden.

Ob er solche echten Tänze schon gesehen habe? – Im Fernsehen, nur im Fernsehen. Er höre jedoch sehr gerne sufische Meditationsmusik, erklärte er. Er habe entsprechende Musikkassetten zu Hause. – Ob er sich selber vom Sufismus stark angezogen fühle?

Er lächelte vage, zögernd, wie mir schien. Er sei kein Spezialist für Sufismus, sagte er schließlich betont salopp, er sei bloßer Dilettant. Ich sollte über Sufismus besser andere Leute befragen.

Zu weiteren Auskünften schien er nicht bereit. Er erkundigte sich plötzlich sehr interessiert nach meinen weiteren Reisezielen in der Türkei.

Im Gespräch mit einem »ungläubigen« Muslim: ein anderes Verständnis von Religion

Er stand abseits wie ich, beobachtend. Ein Mann, um die sechzig Jahre alt, mit schmalem Gesicht und grauem Bart. Unsere Blicke begegneten sich, er nickte mir zu. Einige Minuten später redete er mich auf englisch an, dann in fließendem Deutsch. Er war Iraner.

Wir standen im großen Kuppelraum des Mevlevi-Konvents mit Blick auf den Sarkophag des Celaleddin Rumi. Beide sahen wir den Pilgern bei der Andacht zu.

Draußen im Hof, nahe dem plätschernden Springbrunnen, tauschten wir unsere Meinungen aus. Woher er so gut Deutsch spreche, wollte ich wissen. – Er lebe schon seit über dreißig Jahre in Deutschland, erklärte der Iraner, er habe in München Medizin studiert, dies sei noch unter dem Schah gewesen. Eigentlich habe er nach Abschluß des Studiums in den Iran zurückkehren wollen, aber er habe politische Schwierigkeiten gehabt. Erst recht schwierig sei es für ihn allerdings nach der sogenannten Islamischen Revolution geworden. Unter dem Regime Khomeinis sei für ihn ein Leben im Iran noch viel weniger denkbar gewesen. Seine ganze Familie sei schließlich nach Deutschland übersiedelt. – Und weshalb komme er in die Türkei und besuche das Heiligtum eines Sufi?

Celaleddin Rumi sei Perser, erklärte er. Für viele Iraner sei er einer der größten Dichter und Denker des Islam. Er selber sei ein großer Verehrer von Rumi und kenne eine Reihe seiner Verse auswendig. Auch wenn Rumi lange Jahre in Konya gelebt habe und hier gestorben sei, habe er seine Werke doch nicht auf türkisch, sondern auf persisch verfaßt. Persisch sei damals ohnehin die Sprache auch der türkischen Bildungsschicht gewesen, Rumi sei demnach selbst im türkischen Konya von den gebildeten Muslimen mühelos verstanden worden.

Ob viele Iraner auch heute noch Rumi schätzten, wollte ich wissen. – Viele Iraner würden gerade Rumi schätzen, antwortete er auf meine in skeptischem Tonfall gestellte Frage. Zumindest gelte dies für Teile der iranischen Bildungsschicht, schränkte er seinen Überschwang dann doch vorsichtig ein. Mit Rumi würden sich hauptsächlich Iraner beschäftigen, die in Europa und Amerika lebten, dort sei es viel einfacher, an Literatur heranzukommen, als im eigenen Land. Auch könne man sich als Iraner nur im Westen ohne Angst vor Repressalien gründlich mit unorthodoxen Tendenzen des Sufismus auseinandersetzen. Schließlich habe das Mullah-Regime mit seiner radikal-orthodoxen Doktrin eine schroffe Trennlinie zum Sufismus gezogen. Diese Regierung habe allen Grund, Sufis und Derwische abzulehnen. Denn die starre Dogmatik muslimischer Fundamentalisten würde vor allem durch Mystiker grundsätzlich in Frage gestellt. Selbst wenn sich unter Staatspräsident Khatami der Druck gelockert habe, werde von den Machthabern im Iran noch immer nicht gerne gesehen, daß sich Iraner mit dem Sufismus näher befaßten.

Wie er selber mit dem orthodoxen Islam zurechtkomme? – »Gute Frage, gute Frage«, kommentierte er mit ironischem Schmunzeln und erklärte dann: Er selber bekomme weltanschaulich nicht nur mit Fundamentalisten Probleme, sondern auch mit vielen eher liberalen Muslimen. Er habe nämlich Schwierigkeiten, überhaupt an Gott zu glauben. Er sei zwar kein Atheist, aber doch Agnostiker. Er könne es nicht akzeptieren, über Gott dogmatisch festumrissene Aussagen zu machen. Viele Theologen und Korangelehrte täten so, als ob sie Gott schon leibhaftig begegnet seien. Er spreche da lieber vom Göttlichen, oder noch besser: vom Absoluten. Aber selbst solche Formulierungen seien noch viel zu sehr an fest eingefahrene Denkschemata gebunden. Und gerade das fasziniere ihn an den Sufis: Muslimische Mystiker versuchten, von dieser starren Begrifflichkeit wegzukommen und auf eine Bewußtseinsebene zu gelangen, auf der die Unterschiede zwischen einem orthodoxen Glauben an Gott und einer agnostischen Geisteshaltung, ja dem Atheismus bedeutungslos würden. Er selber könne sich als Agnostiker im landläufig praktizierten Islam nicht heimisch fühlen – sehr wohl dagegen in der islamischen Mystik. Von Mystikern fühle er sich verstanden.

Ob er sich Muslimen gegenüber als Agnostiker bezeichnen könne, wollte ich wissen. – »Oh nein, oh nein.« Er würde dann sofort als Ungläubiger, als Abtrünniger beschimpft werden und müßte mit allerlei Anfeindungen rechnen. Das sei leider in vielen islamischen Ländern so. Insofern sei er froh, in Europa, in Deutschland zu leben. In Europa seien die Bedingungen für echte, tiefe, geistig freie Mystik schon lange Zeit viel günstiger als in seiner Heimat, günstiger auch als in der Türkei, Syrien und sonst einem islamischen Land.

Er wies mit einer mokanten Handbewegung auf die Frauen, die ihre Gesichter mit einem Kopftuch verhüllt hatten, und die Männer mit Gebetsketten, die an uns vorbei über den Hof gingen. Diese Leute da, sagte er, wüßten kaum etwas über Celaleddin Rumi. Sie beteten zwar inbrünstig vor seinem Sarkophag um Kindersegen und andere Gaben Gottes, wüßten aber nicht, was Rumi an wegweisenden Gedanken hinterlassen habe … Er winkte ab. Dann sagte er: Er habe mit etlichen dieser türkischen Pilger gesprochen … – Er verstehe Türkisch? – Ja, so einigermaßen. Er stamme aus Aserbeidschan, das sei jener Teil des Iran, in dem die Bevölkerung ein Turkvolk sei und einen türkischen Dialekt spreche. Aber was er eigentlich sagen wolle: Er habe mit etlichen dieser Pilger hier gesprochen, und diese könnten über Rumi nichts anderes sagen, als daß er ein segenbringender Heiliger sei. Ein Heiliger im Grab, der die Gebete an Gott weiterleite. Das habe nicht einmal mit dem orthodoxen Islam etwas zu tun. Für einen derartigen Aberglauben habe er überhaupt kein Verständnis.

Ob er in Konya oder sonstwo in der Türkei nicht auch kenntnisreiche Meinungen zu Rumi gehört habe? – Oh ja. Gerade in der Türkei gebe es eine Bildungsschicht mit Verständnis für den sufischen Weg. Aber das sei eben eine kleine Minderheit.

Ich erklärte ihm, daß ich ebenfalls eine agnostische Form von Glauben hätte. Er nickte mit breitem Lächeln. Wir verstanden uns über die kulturellen Grenzen von Islam und Abendland hinweg.

Zeremonie in einem unscheinbaren Derwisch-Heiligtum: Muslime neben Andersgläubigen

Der zylindrische, markant gerippte Ziegelbau mit spitzkegeligem Dach erinnerte mich an das Mausoleum des Celaleddin Rumi in Konya. Nur daß die Grabmoschee hier – zwei Autostunden von Konya entfernt, vor bewaldeten Bergen am Rand der anatolischen Kleinstadt Akşehir gelegen – nicht von Pilgern besucht wurde. Das

Tor war geschlossen, von den Mauern bröckelte der Verputz, der Rasen ringsum war von häßlichen, lehmigen Narben durchzogen. Anscheinend wurden das Bauwerk und seine unmittelbare Umgebung schon seit Jahrzehnten nicht mehr instand gehalten.

Im Reiseführer las ich die knappe Angabe, es handle sich um ein Gebäude aus der Zeit der Seldschuken, 13. Jahrhundert; hier sei ein gewisser Seyyid Mahmud Hayrani bestattet. Das Mausoleum schien mir eines der vielen mittelalterlichen Bauwerke in der Türkei zu sein, die unwiderruflich in einen schäbig musealen Zustand abgeglitten sind, den Touristen unbekannt, ja nicht einmal mehr von Einheimischen beachtet.

Ich hatte mich getäuscht. Als ich drei Stunden später wieder vorbeikam, war der zuvor so öde erscheinende Platz von Menschen belebt. Etliche Gruppen lagerten im Gras, viele in der traditionellen Kleidung, wie sie in türkischen Dörfern und Kleinstädten noch häufig zu finden ist: die Frauen mit bunten Kopftüchern, Blusen und Pluderhosen, die Männer mit der charakteristischen Schirmmütze. Die Tür der Grabmoschee war jetzt geöffnet. Durch die Öffnung hörte ich Stimmen in monotonem Singsang Texte rezitieren. Neugierig geworden, blickte ich in einen dämmrigen Raum, wo ein Dutzend Frauen und Männer vor einem Schrein knieten. Der Steinsarg war wie üblich mit einem Tuch in Grün, der Symbolfarbe des Islam, bedeckt, auf das mit Goldfäden arabische Schriftzeichen und die Heilige Kabaa von Mekka eingestickt waren. Das ganze Flair deutete darauf hin, daß hier ein Heiliger seine letzte Ruhe gefunden hat, der auch heute noch beachtliche Popularität genießt.

Ich blieb am Eingang stehen und beobachtete eine Zeitlang unauffällig die Zeremonie. Eintreten in den beengten Raum wollte ich nicht, die Betenden könnten das als störend empfinden. Da winkte mich einer der Männer herein. Er hob sich schon durch sein Äußeres von den anderen Männern ab, indem er ein modisches T-Shirt und Blue Jeans trug. Er raunte mir auf englisch zu, ich dürfe an der Zeremonie teilnehmen, und forderte mich auf, ich solle mich in derselben Art wie die anderen mit gekreuzten Beinen niedersetzen und die Handflächen zum Gebet nach oben halten. Die Männer nickten mir zu, ohne ihren Singsang zu unterbrechen.

Die Frauen sahen neugierig her. Stumm, etwas verkrampft, kauerte ich schließlich eingekeilt zwischen den Betenden.

Mein englisch sprechender Nachbar raunte mir ins Ohr: Ich solle auf den Refrain achten, wenn die Betenden mehrmals die Anrufung Gottes wiederholten: »Allah ... Allah ...« Dann solle ich an den Refrain mit dem Wort »Amen« anschließen, das ja die Christen in ihren Gebeten gebrauchten. Er werde mir im passenden Moment mit der Hand ein Zeichen geben. Ich sah ihn überrascht an. Er bemerkte die Irritation in meinem Blick und tuschelte kurz auf türkisch mit den Männern. Diese lächelten und nickten mir aufmunternd zu.

Bei meinen Reisen im islamischen Orient hatte ich bisher noch nicht erlebt, daß ich gebeten wurde, aktiv an einer religiösen Zeremonie teilzunehmen. Gewohnt war ich bis dahin, daß mir Muslime mit Handbewegungen anzeigten, es sei jetzt Gebetszeit, und ich solle die Moschee verlassen – oder daß sie mir bestenfalls wohlwollend zu verstehen gaben, ich könne bleiben und passiver Zeuge ihrer Andacht sein. Aber in eine Zeremonie eingebunden zu werden, als gehörte ich ihrer Religionsgemeinschaft an?

Männer und Frauen rezitierten weiterhin in monotonem Singsang Gebete, wobei sie ihre Körper rhythmisch zu wiegen begannen. Und dann der Refrain »Allah ... Allah ...«, wobei die Körper stärker in Schwingung gerieten, so als ob sie sich in Trance wiegen wollten. Ich fühlte mich bei diesem Anblick an Zeremonien von Sufis und Derwischen erinnert, wie ich sie aus Dokumentarfilmen bereits kannte. In der Faszination übersah ich das Handzeichen meines Nachbarn, und so blieb beim ersten Mal mein erwartetes »Amen« aus. Ich fing seinen bedauernden Blick auf. »Allah ... Allah ... Allah ...«, »Amen ... Amen ...« Meine Stimme wurde bei jedem Refrain fester, sicherer. Die Zeremonie dauerte noch etwa eine halbe Stunde, dann gingen wir nach draußen, während Wartende nach drinnen drängten und wenig später ebenfalls im monotonen Singsang ihre Gebete sprachen.

Draußen stellte sich der Türke als Englischlehrer vor und sagte: Ich hätte Glück gehabt, ausgerechnet heute nachmittag hier vorbeizukommen. Heute sei ein Feiertag zu Ehren dieses heiligen Mannes, sonst sei das Grabmal geschlossen. – Wer dieser heilige

Mann sei, wollte ich wissen. – Seyyid Mahmud Hayrani, ein Derwisch. – Zu welcher Bruderschaft er gehört habe? – Zu den Mevlevi. Er sei ein Schüler Celaleddin Rumis gewesen. – Und dieser Derwisch habe für die Stadt Akşehir eine besondere Bedeutung? – Dieser Derwisch habe hier gelebt und sei hier gestorben. – Was für Gebete hier gesprochen würden? – Gebete für Gesundheit, langes Leben, Kinder ...

Ich stellte nun jene Frage, die mir am wichtigsten war: Wieso er als Muslim mich aufgefordert habe, aktiv an der Zeremonie teilzunehmen? Und wieso ich gebeten worden sei, das Schlußwort eines christlichen Gebetes zu sprechen? – Das Wort »Amen« werde genauso im islamischen Gebet verwendet, es sei ein arabisches Wort. – Ein hebräisches Wort, sagte ich. – Ein arabisches Wort, betonte er. Vielleicht auch ein hebräisches Wort, ergänzte er, wahrscheinlich beides.

Ich wiederholte meine Frage: Ich sei kein Muslim und hätte trotzdem an einer islamischen Zeremonie teilnehmen können, so als ob auch ich Muslim wäre. Was habe das zu bedeuten? – Muslime und Christen hätten denselben Gott, antwortete er. – Aber sie hätten nicht dieselbe Religion, betonte ich und fügte hinzu: Muslime könnten doch ebensowenig aktiv an einer christlichen Zeremonie teilnehmen.

Der Gefragte sah mich unsicher lächelnd an. – Vielleicht, so versuchte ich zu erklären, habe das Ritual hier mit dem alternativen Religionsverständnis der Sufis und Derwische zu tun. Über Celaleddin Rumi wüßte ich, daß zu seinen Schülern auch Christen gehörten, die nie zum Islam übergetreten seien. Für Rumi sei es kein Problem gewesen, Andersgläubige als Schüler zu haben.

Mein Gesprächspartner wirkte nun erst recht unsicher. Dann besprach er sich aufgeregt auf türkisch mit seinen Begleitern. Als Antwort erhielt ich schließlich: Darüber könnten er und seine Freunde nichts sagen. Es gebe in der Türkei keine Derwische mehr.

Unser Gespräch verlor sich in Belanglosigkeiten. Für einen Gedankenaustausch über Celaleddin Rumi schienen die Pilger hier zu wenig Kenntnisse zu besitzen. Sie folgten am Grabmal seines Derwisch-Schülers nur ganz selbstverständlich einer Tradition, deren Ursprung sie nicht kannten und über die sie sich auch keine weiteren Gedanken machten. Für sie war der Sufismus kein intellektuelles Thema wie etwa für den iranischen Gesprächspartner am Grabmal des Celaleddin Rumi. Trotzdem schien auch in den Zeremonien dieser Pilger hier viel von der Essenz sufischer Religiosität enthalten zu sein: daß sie sich nämlich grenzüberschreitend mit den Angehörigen anderer Religionsgemeinschaften verbunden fühlten – eine »Einheit« also hinter allen offensichtlichen Gegensätzen von Dogmen und Riten empfanden.

Für mich bedeutete das eine besondere Überraschung. Ich selber fühlte mich zunächst wenig hingezogen zu Wallfahrtskulten, in denen Gläubige zu Heiligen beten. Aber je öfter ich derartige Pilgerzentren von Marokko bis Indien besuchte, desto mehr sollte ich entdecken, daß die sogenannte Volksfrömmigkeit vielschichtiger ist, als es in mein bisheriges Weltbild abendländischer Aufgeklärtheit paßte.

Auf einem Pilgerweg bei Ajmer, dem »Mekka Indiens«: »Das Göttliche ist in allen Religionen!«

Ich war eingegliedert in einer langen Kette von Pilgern, die sich einen Bergpfad hinaufschlängelte. Ein Geflirr kräftiger, für Indien so typischer Farben. Kontrastreich leuchteten die roten, blauen, gelben Saris und weißen Hemden vor dem kahlen, nur von wenigem Gestrüpp aufgelockerten Felshang. Unter uns dehnte sich das Häusermeer der Stadt Ajmer, von der wir uns immer weiter entfernten. Und je höher wir stiegen, desto umfassender wurde der Ausblick auf die Wohnviertel mit ihren weiß getünchten, kubischen Häusern, die in Form, Farbe und der labyrinthischen Verschachtelung die Atmosphäre einer muslimischen, ja einer arabischen oder persischen Altstadt ausstrahlten. Muslimische Eroberer aus dem Iran hatten einst die Architektur dieses Pilgerzentrums geprägt.

Ajmer (»Adschmir« gesprochen), eine Stadt im Bundesstaat Rajasthan, wird wegen ihrer vielen muslimischen Pilger häufig das »Mekka Indiens« genannt. Die Besucher kommen nicht nur aus allen Teilen der Republik Indien, sondern auch aus den kulturell eng verwandten Nachbarstaaten Pakistan und Bangla Desh. Sie kommen Monat für Monat zu vielen Tausenden, um hier vor allem das Mausoleum des Muinuddin Chisti zu besuchen, der 1236 in Ajmer starb – ein Zeitgenosse also des Celaleddin Rumi. Das Pilgerleben, das ich in und um Ajmer beobachten konnte, übertraf an Lebendigkeit und Vielfalt allerdings bei weitem den Besucherstrom in Konya.

Der Wohnsitz des Mystikers Chisti war einst Ausgangspunkt für die Islamisierung des nördlichen Indien gewesen – eine friedliche Missionsarbeit, die weit erfolgreicher war als die gewaltsamen Bekehrungsversuche einzelner muslimischer Fürsten. Dies ist auch der Grund, weshalb Chisti von den Muslimen des ganzen indischen Subkontinents als besonderes Vorbild für das Zusammenleben unterschiedlicher Religionsgemeinschaften verehrt wird. Und weil dessen Derwisch-Bruderschaft, die Chistiya, schon während des 14. Jahrhunderts eine überragende Bedeutung bekam, war Ajmer bald zu einem Anziehungspunkt für weitere Sufis und Derwische geworden, die dann ebenfalls in und rund um Ajmer ihre letzte Ruhestätte gefunden haben. Viele von ihnen sind am Stadtrand in jener Berglandschaft bestattet, in der ich jetzt mit den Pilgern unterwegs war – ein Pfad, den ich erwanderte, noch bevor ich das zentrale Heiligtum des Muinuddin Chisti in Ajmer kennenlernte.

Den Weg säumten im periodischen Abstand von etlichen hundert Metern Heiligen-Gräber, manche waren mit Kuppelbauten überwölbt, manche mit Arkaden umgeben, manche auch zu moscheeartigen Kultstätten ausgestaltet, in denen sich die Besucher drängten. Ich folgte den Pilgern zu den Verkaufsständen, wo sie Amulette kauften sowie Schalen, die aus Baumblättern gefertigt und mit Blumen gefüllt waren. Sie schütteten die Blumen über die Sarkophage der Heiligen. Ihre Gebete sprachen sie während der Zeremonie oft mit geschlossenen Augen. Das Flair unterschied sich nicht grundsätzlich von dem in vielen anderen Pilgerzentren der islamischen Welt. Auch hier schienen die Gläubigen den Heiligen noch im Tod magische Kräfte zuzutrauen, auch hier sollte den Heiligen die Aufgabe zufallen, Gebete an Gott weiterzuleiten und als großherzige Vermittler zu wirken.

Am Wegrand traf ich auf Wanderderwische, die sich mit Bettelschalen niedergelassen hatten. Teilweise waren es Männer mit grünem Turban und Umhang, der Symbolfarbe des Islam, teilweise halbnackte Gestalten mit wallendem Haar und Bart, den Körper mit grauer Asche eingerieben und so im äußeren Erscheinungsbild einem hinduistischen Yogi ähnlich. Es sind Männer, die von Heiligtum zu Heiligtum ziehen und von Pilgerspenden leben. Manche geben den Besuchern fromme Ratschläge, andere segnen Amulette.

Unterwegs auf diesem indischen Pilgerpfad sollte ich verstehen lernen, daß sogar in solch diffusen Formen der Volksfrömmigkeit viel von der geistigen Substanz islamischer Mystik wirken kann.

Einen ersten Eindruck davon bekam ich in einer der kleinen Moscheen auf halber Berghöhe. Einer der dort tätigen Muslime führte mich herum und erklärte in holprigem Englisch die Bilder der Derwisch-Heiligen an der Wand. Ich fragte ihn, ob ich mich in einer sunnitischen Moschee befände. Er bejahte. – Dann kämen also nur sunnitische Muslime hierher, setzte ich mit einer zweiten Frage nach und erwartete eine zustimmende Antwort. – Oh nein. Schiiten kämen ebenso. – Wirklich? – Ja. Der sunnitische Muslim deutete auf zwei im Moscheehof stehende Männer, die uns mit neugierigen Blicken gefolgt waren. Diese dort seien Schiiten. Sie seien schon seit einigen Tagen hier. – Und sie verehrten sunnitische Heilige? – Sunna, Schia … Er lachte kurz. Das spiele keine Rolle, nein, an keiner der Grabstätten hier sei das wichtig. Die hier ruhenden Derwische hätten ein Ohr für die Gläubigen aller Religionen.

Aller Religionen? Ich bezog diese Auskunft zunächst nur auf die verschiedenen Konfessionen innerhalb des Islam. Aber eine halbe Stunde später erlebte ich eine Überraschung, die weit über meine bisherigen Erwartungen hinausging.

Ich kam mit zwei Indern ins Gespräch, die den gewundenen Pfad zur Grabmoschee Taragarh auf dem Berggipfel folgten. Die Moschee dort oben, erklärte der eine, sei ihnen die wichtigste des ganzen Pilgerweges – abgesehen vom großen Heiligtum des Chisti in der Stadtmitte. In der Grabmoschee Taragarh sei Seyyid Meeran Hussein bestattet, der eine besonders heilbringende Kraft besitze. Sie seien von weither gekommen, um sich vor allem den Segen dieses Heiligen zu holen. Vier Tage seien sie schon unterwegs, sie stammten aus dem Bundesstaat Madhya Pradesh, mehr als tausend Kilometer von hier. Sie seien enge Freunde und hätten schon einige

Pilgerreisen gemeinsam unternommen. – Ich fragte nach ihren Berufen. Der eine war Lehrer, der andere Hotelmanager. Aber nur der Lehrer sprach einigermaßen flüssiges Englisch. Als die Moschee auf dem Berggipfel bereits in Sichtweite war, überraschte mich der Lehrer mit einer Bitte: Ob ich mich nicht mit ihnen gemeinsam von einem der Geistlichen segnen lassen wolle? – Gemeinsam? Aber ich sei doch kein Muslim.

Der Lehrer lachte. Er sei ebenfalls kein Muslim, er sei Hindu. – Wie bitte? Hindu? Und sein Freund? – Sein Freund sei Muslim, antwortete er. – Aber, so wandte ich ein, der Islam und der Hinduismus seien doch völlig unterschiedliche Religionen, es gebe zwischen ihnen keinerlei geistige Verwandtschaft. – Alle Religionen seien Erscheinungsformen des All-Einen, widersprach der Hindu in feierlichem Tonfall. Gott sei Einer, für Hindus wie für Nichthindus. Gott erscheine manchen Gläubigen als Shiva, anderen als Vishnu, wieder anderen als Allah, anderen als Jesus Christus. Das Göttliche sei in allen Religionen.

Ich hatte derartige Erklärungen schon öfter von Hindus gehört. Ohnehin war mir aufgefallen, daß an Verkaufsständen nahe der Hindu-Tempel hier und da auch Bilder der Heiligen Kaaba von Mekka oder eines Jesus Christus inmitten der Vielfalt von Hindu-Gottheiten angeboten wurden. Vereinzelt hatte ich an Tempelmauern sogar eine für uns besonders ungewöhnliche Kombination entdecken können: Das christliche Kreuz ist mit dem islamischen Halbmond und dem Om-Zeichen der Hindus zu einer Einheit verflochten. Man stelle sich die umgekehrte Situation vor: die Symbole fremder Weltreligionen auf einer Mauer einer Kirche oder einer Moschee! Das wäre unmöglich, denn in den monotheistischen Religionen Christentum und Islam wird strikt zwischen den einzelnen Glaubensbekenntnissen unterschieden.

Shiva, Vishnu und Allah problemlos nebeneinander? Ich fragte den Hindu, ob dies sein muslimischer Freund ebenso beurteile. Der Hindu lächelte. Natürlich beurteile sein Freund das genau so. – Wirklich? Er solle ihm bitte meine Frage übersetzen, bat ich ihn mit unüberhörbarer Skepsis in der Stimme. Der Hindu wechselte mit dem Muslim ein paar Sätze in ihrer Landessprache, worauf der Freund bestätigend nickte. Der Hindu erklärte mir, wieder auf englisch: Er und sein Freund feierten viele religiöse Feste gemeinsam, hinduistische wie islamische, das sei für sie beide selbstverständlich.

Ich war nicht überrascht über das, was der Hindu sagte. Um so mehr aber darüber, daß der Muslim die Erklärungen seines hinduistischen Freundes bestätigte! Sollte er als indischer Muslim etwa vom Hinduismus beeinflußt sein? Oder äußerte sich hier bei einem indischen Muslim nur viel eindeutiger als bei Muslimen anderer Kulturräume eine sufische Religiosität?

Solche Fragen gingen mir durch den Kopf, als ich mit meinen Begleitern die Moschee auf dem Berggipfel erreichte. Ob er als Hindu hier im islamischen Pilgerzentrum eine Ausnahme sei, fragte ich den Lehrer. – Oh nein. Viele Hindus kämen hier in die Moschee, um zu beten und sich segnen zu lassen. Auch viele indische Christen. Seyyed Meeran Hussein sei für die Gläubigen aller Religionen da.

Von meinen beiden Begleitern konnte ich nichts Genaues über das Leben und die Bedeutung dieses Seyyed Meeran Hussein in Erfahrung bringen. Die nötige Information erhielt ich dann später durch eine Broschüre, die auch auf englisch im Heiligtum des Chisti zu erstehen war. Meeran Hussein mit dem Titel »Seyyed« (leiblicher Nachkomme des Propheten Mohammed) hatte im 13. Jahrhundert gelebt und war Kommandant der Festung Taragarh gewesen. Diese Festung, deren Überreste hier auf dem Berg noch zu sehen waren, hatte eine wichtige Rolle zur Verteidigung islamischer Gebiete in einer sonst noch vielfach von Hindus beherrschten Region gespielt. Meeran Hussein sei aber nicht nur ein militärischer Führer, sondern auch ein asketisch lebender Sufi und Schüler des großen Sufi-Heiligen Chisti gewesen. Er sei zum Märtyrer geworden, als ein Hindu-Fürst die Festung eroberte und die heldenhaften Verteidiger niedermetzeln ließ. Mir erschien bemerkenswert, daß ein Muslim, der von Hindus getötet wurde, gleichermaßen von muslimischen wie hinduistischen Pilgern als Heiliger verehrt wird.

Wir betraten die Grabmoschee mit ihrem geräumigen Innenhof und einem schattigen Baum. Der steinerne Sarkophag war mit einem grünen Tuch bedeckt und von einem silbernen Gitter umgeben, an das die Pilger zahlreiche bunte, dicht beschriebene Bänder als Botschaften ihrer Gebete und Wünsche geknüpft hatten. Um das Gitter drängten sich Besucher mit Blumenschalen, deren Blüten sie über den Sarkophag schütteten. Dann ließen sie sich, in Familien gruppiert, von einem der vier muslimischen Geistlichen segnen.

Auch meine beiden Begleiter hatten eine Blumenschale gekauft, deren Blüten die Geistlichen über dem Grab verstreuten. Zu dritt traten wir vor einen der Geistlichen. Er händigte jedem von uns gegen eine zusätzliche Gebühr ein Amulett aus. Dieses war, an einer Schnur befestigt, um den Hals zu tragen und sollte als Abwehrzauber gegen alles Böse dienen. Der Geistliche fragte jeden von uns nach dem Vornamen, den er dann beim anschließenden Gebet und Segenswunsch ausdrücklich nannte. Dann breitete er ein grünes Tuch über unsere Köpfe und forderte uns auf, unter dieser gemeinsamen Bedeckung still zu beten – ein Muslim, ein Hindu und ein westlicher Besucher mit christlicher Herkunft friedlich vereint.

In Hindu-Tempeln hatte ich oft erlebt, daß ein Priester Gläubigen verschiedener Religionen unterschiedslos nacheinander Asche oder rotes Pulver auf die Stirn drückte. Der Priester behandelte damit Hindus und Andersgläubige rituell völlig gleichwertig. Nun aber geschah dasselbe in einer Moschee! Etwas derartiges hatte ich bisher noch in keiner islamischen Kultstätte erlebt – von einer Ausnahme abgesehen: bei der beschriebenen Pilgerzeremonie in der türkischen Stadt Akşehir. Rückblickend konnte ich nun die dort erlebte Zeremonie in einen größeren »sufischen« Zusammenhang einordnen.

Nachdem wir das Mausoleum des Meeran Hussein verlassen hatten, fragte ich meine beiden Begleiter, ob denn auch in anderen Sufi-Heiligtümern von Ajmer Hindus sowie Christen rituell gleichwertig an religiösen Zeremonien teilnehmen könnten. – Ja. – Auch im Mausoleum des Muinuddin Chisti? – Gerade dort. Dieses Heiligtum sei richtungweisend für die übrigen.

Rituale an der Grabstätte von Muinuddin Chisti, Indiens populärstem Sufi

An einem Freitag, dem muslimischen »Sonntag«, betrat ich das Heiligtum des Muinuddin Chisti in Ajmer. Ich kam gegen Mittag, als vom Minarett der Muezzin über Lautsprecher zum Gebet gerufen hatte. Ein beeindruckendes Bild: Im Hof der Moschee, der von Kuppelbauten und mächtigen Baumgruppen gesäumt ist, hatten sich Hunderte Menschen in Reihen zum Gebet aufgestellt, viele der Männer in der traditionellen Hemdbluse und dem Turban oder der weißen Kappe, die Frauen seitlich als eigene Gruppe in leuchtend bunten Saris. Während über Lautsprecher in monotonem Singsang Koransuren erklangen, beugte sich die Masse der Versammelten im gleichen Rhythmus nieder, erhob sich, antwortete im Chor auf die Lautsprecherstimme. Ich ging durch die einzelnen Höfe der ineinander verschachtelten Gebäude und traf überall auf die gleiche Szenerie: betende Menschen – Hunderte, Tausende …

Das war die Atmosphäre einer Moschee mit strikt islamischem Ritus. Das Flair eines Derwisch-Heiligtums entfaltete sich erst nach dem Freitagsgebet, als die Pilger in Massen durch die Höfe, Hallen, Wandelgänge und Basargassen strömten.

Den größten Andrang gab es naturgemäß vor dem Mausoleum des Muinuddin Chisti, einem Kuppelbau aus weißem Marmor mit prächtig ziselierten Portalen. Drinnen bewegten sich die Pilger, Männer und Frauen gemischt, in Uhrzeigerrichtung um den Sarkophag. Die Atmosphäre ähnelte jener in der Grabmoschee des Seyyed Meeran Hussein, nur daß hier das Gedränge um vieles stärker war. Auch hier war der Sarkophag von einem silbernen Gitter eingefaßt und mit einem grünen Tuch bedeckt, waren an das Gitter zahlreiche bunte Bänder geknüpft, mit der Bitte, daß der Heilige die Gebete zu Gott weiterleite. Und auch hier ließen sich die Pilger in kleinen Gruppen von einem der muslimischen Geistlichen – es waren insgesamt acht – segnen, der dann ihre Blumenschalen über dem Sarkophag auskippte. Das grüne Tuch war unter den Blüten fast schon verschwunden. Ich stand, in stickig heißer Luft, an die Wand gedrängt, ließ den unaufhörlichen Pilgerstrom an mir vorbeigleiten. Neben mir beteten und sangen Männer, die Augen geschlossen, die Körper in Trance wiegend.

Vor dem Eingang sprach mich ein westlich gekleideter Muslim an, anscheinend überrascht, hier einen westlichen Besucher zu treffen. Er wollte wissen, aus welchem Land ich sei, wie mir Ajmer gefalle, wie ich das Pilgertreiben hier beurteile. Ich fragte ihn nach kurzem Gespräch, ob in das islamische Heiligtum hier tatsächlich auch Hindus, Christen und andere zum Beten kämen. – Ja, Hindus kämen genauso, Christen kämen, Sikhs, alle kämen, antwortete mir der Muslim. Muinuddin Chisti gehöre allen, es gebe keine Trennlinie für die Gläubigen der einzelnen Religionen, dies sei ganz im Sinne des Meisters.

Wie aber sei so etwas möglich, fragte ich. Es bestünden doch gerade in Indien starke Spannungen zwischen Muslimen und Hindus, und das gehe bis hin zu blutigen Ausschreitungen. – Die Ursachen für diese Spannungen seien politisch, nicht religiös, antwortete er und fügte mit einem stolzen, selbstsicheren Lächeln hinzu: »Wir indischen Muslime sind keine Fundamentalisten.«

Es war eine Auskunft, die wieder neue Fragen aufwarf. Ich wußte, daß in Indiens sehr wohl auch fundamentalistische Strömungen bei den Muslimen existierten. Mehr noch: Über Jahrhunderte haben muslimische Herrscher Hindu-Tempel zerstören lassen mit der missionarisch-aggressiven Absicht, auf den Fundamenten dieser »Götzentempel« Moscheen als Kultstätten des »einzig wahren Glaubens« zu errichten. Entsprechend muß die grenzüberschreitende Toleranz von Sufis und Derwischen gerade auch im indischen Kulturraum eine beträchtliche Herausforderung zumindest für einen Teil der Muslime bedeuten.

Daß aber die rituelle Gleichberechtigung von Muslimen und Hindus im Heiligtum des Muinuddin Chisti – allen religiösen und politischen Spannungen Indiens zum Trotz – weiterhin selbstverständlich ist, konnte ich 2004 einem lobenden Kommentar der englischsprachigen Wochenzeitschrift *India Today International* entnehmen.[3] Dies war rund drei Jahrzehnte nach meinem ersten Besuch in Ajmer.

In Begleitung meines Gesprächspartners schlenderte ich durch die einzelnen Höfe des Heiligtums, wo die Pilger zu Hunderten vor den Kuppelbauten sowie unter weit ausladenden schattigen Bäumen lagerten. In einem der Höfe hatte sich eine Menschenmenge um eine Gruppe von Musikern und Sängern gesammelt. Dort blieben wir stehen.

Auch hier unter den Zuhörern gebe es Hindus, erklärte mir mein Begleiter, viele kämen vor allem wegen der Musik. Die Musik richte sich an Muslime wie Andersgläubige. Bei den Musikern handele es sich um eine Qawwali-Gruppe. »Qawwali« bedeute: Musik und Gesang zum Lob Gottes. Die Gruppen würden stundenlang musizieren und singen, manche von ihnen gerieten in Trance. Es seien meditative Gesänge. Besonders am Donnerstag und Freitag kämen solche Gruppen.

Die Musiker und Sänger saßen in Blickrichtung zum Grab Chistis. Einer der Musiker spielte ein Harmonium, ein anderer schlug temperamentvoll eine Handtrommel, und dazu ertönten die Stimmen von sechs Sängern, kehlig, rhythmisch, mal melancholisch, mal lebhaft fröhlich. Immer wieder ließen die Sänger gleichzeitig die rechte Hand in Begeisterung hochschnellen, dem Eingangstor des Mausoleums zugewandt, so als ob sie in Zwiesprache mit dem dort ruhenden Heiligen wären. Der älteste war ein graubärtiger Greis, der jüngste fast noch ein Kind, vielleicht zwölfjährig. Hier saß wohl eine ganze Familie, vom Großvater bis zum Enkel, allerdings ohne Frauen. Der Vorsänger, ein etwa vierzigjähriger Mann mit weißer Kappe und traditioneller Hemdbluse, beherrschte die Szene. Bei Höhepunkten sang er alleine und unterstrich seine erzählenden Strophen mit lebhaften, erklärenden Handbewegungen, mal zum Heiligen im Kuppelgrab, mal zum Publikum hin, worauf immer wieder die übrigen Sänger in die Hauptmelodie mit einem Refrain einfielen.

Was sie sängen, wollte ich von meinem Begleiter wissen. – Liebeslieder, antwortete er und lächelte breit bei meinem verdutzten Gesichtsausdruck. Liebeslieder der besonderen Art, ergänzte er. Es gehe um Liebe, um Leidenschaft, Trennungsschmerz, um Hingabe bis zur Selbstvergessenheit, um die ganze Vielfalt der Gefühle, die Liebende gegenüber Geliebten durchleben könnten. Der Geliebte oder die Geliebte aber sei – das Göttliche. Es sei das Göttliche, das allen Religionen innewohne. Wunderbare Verse seien das, sehr einprägsam in ihrer Einfachheit, sehr farbig in ihren Bildern, mitreißend im Rhythmus. Das sei einprägsamer als jede Predigt ...

Die Zuschauermenge um die Sänger und Musiker war im Verlauf einer Stunde immer größer geworden. Unüberschaubar hatten sich schließlich die Menschen in dem geräumigen Hof zusammengefunden. Zu den Frauen in leuchtend bunten Saris und den Männern in den traditionellen Hemdblusen hatten sich auch westlich gekleidete Männer gesellt, die wie mein Begleiter wohl aus einer städtischen, ja großstädtischen Bildungsschicht stammten. Ich fragte meinen Begleiter, ob es vielleicht auch unter den Sängern und Musikern hier Hindus gebe. Der Gefragte zog für Momente überrascht die Stirn in Falten, schließlich schüttelte er den Kopf. Die Sänger und Musiker hier seien alle Muslime, aber das müsse nicht grundsätzlich so sein. In Delhi sängen und musizierten vor dem Mausoleum des Sufi Inayat Khan auch Hindus. Dessen Bruderschaft sei in mancher Hinsicht verwandt mit der des Chisti, ja Inayat Khan selber sei Schüler eines Chisti-Sufi gewesen. Das Heiligtum des Inayat Khan sei einen Besuch wert. Ob ich schon dort gewesen sei? Ich verneinte. Aber meine Neugierde war geweckt. Ich sollte es noch kennenlernen.

Im Verlauf des Tages erlebte ich noch einige weitere Gruppen von Sängern und Musikern vor dem Mausoleum des Chisti. Mal waren es zwei, mal drei Vorsänger, die sich im melodiösen Rezitieren abwechselten oder sich im Dialog gegenseitig zu immer größerer Leidenschaft anstachelten. Aufmerksam verfolgten die vielen Zuhörer die einzelnen Variationen, tauschten zeitweise Kommentare aus, stießen bewundernde Rufe aus, und immer wieder ließ einer beim Weggehen in eine bereitgestellte Schale einen Geldschein fallen, meist einen Zehn-Rupien-Schein, umgerechnet etwa 20 Cent, was in Indien dem Wert einer sehr einfachen Mahlzeit entspricht.

Musik und Gesang hielten bis weit in den Abend hinein an, wobei nicht nur die Gruppen, sondern auch die Zuhörer wechselten. Das Mausoleum begann zur Dämmerung im Licht bunter Glühbirnenketten zu erstrahlen, während die Höfe im Halbdunkel verblieben. Aber der Zustrom an Pilgern riß nicht ab. Eine solche Vielzahl an Menschen, ein derart pulsierendes Leben in einem Derwisch-Heiligtum, hatte ich bisher noch in keinem Land erlebt.

Musik und Gesang beherrschten auch die quirligen Basargassen außerhalb des Moscheekomplexes. Aus Lautsprechern schallten dort von überall her Sufi-Gesänge, und von Bildschirmen flimmerten Videoclips berühmter Sufi-Sänger und -Musiker. Stapelweise lagerten in den Auslagen Tonband- und Videokassetten neben farbigen Porträts verschiedener Sufi-Heiliger, am häufigsten Chisti. Anscheinend gab es auch für Videos kaufkräftige Besucher, die ein entsprechendes Gerät zum Abspielen besaßen. Und gekauft wurde viel. Mystische Gesänge schienen ein begehrtes Souvenir aus der Pilgerstadt Ajmer zu sein.

Ritual und Musik sind in der Tat die beherrschenden Elemente eines vom Volksislam geprägten Sufismus, so hatte ich nach meinem Besuch in Ajmer endgültig den Eindruck gewonnen. Es ist eine sehr vitale, lebendig gebliebene Religiosität, die tief in das Alltagsleben der Pilger hineinwirkt und sogar auf eine sehr progressive Weise ihr ethisches Handeln bestimmt. Ein Muslim, der mystische Verse über das *allen* Religionen innewohnende »Göttliche« hört, ein Muslim, der sich zusammen mit einem Hindu oder Christen segnen läßt – ihm liegt es fern, sich im Alltag schroff gegen Andersgläubige abzugrenzen. Ein solcher Muslim kann gar nicht anders, als Distanz zum religiösen Dogmatismus und Fanatismus zu wahren.

Mystische Religiosität dieser Art entspricht grundsätzlich dem, was große Mystiker des Islam in ihren Gedichten und philosophischen Schriften sagen. Nur eben auf einer anderen Ebene. Was aber sagen die großen Mystiker? Wenden wir uns nun jener Literatur zu, wie sie allein einer schmalen Bildungsschicht zugänglich ist – und doch auf vielerlei Wegen Einfluß auf die Gläubigen unterschiedlicher sozialer Schichten nimmt.

»Gott« jenseits aller Dogmen

Celaleddin Rumi –
Höhepunkt sufischer Klassik im 13. Jahrhundert

Ein Leben im Iran und in Anatolien

Vom östlichen Iran nach Konya

Der Name Celaleddin Rumi ist uns nun schon häufig begegnet. Das ist kein Zufall, denn obwohl dieser Sufi seine Werke vor nahezu achthundert Jahren verfaßte, steht gerade er bis heute im Zentrum der religiösen und philosophischen Auseinandersetzung. Es führt kein Weg an diesem Klassiker vorbei, wenn wir verstehen wollen, welche vielfältigen Anregungen vom sufischen Denken für ein modernes Verständnis nicht nur des Islam, sondern des Phänomens »Religion« überhaupt ausgehen.

In Rumis Werk bündeln sich viele Strömungen islamischer Mystik, so daß bei ihm all das vorhanden ist, was sowohl aus muslimischer als auch aus westlicher Sicht am Sufismus aktuell und bedeutsam erscheint. Hinzu kommt, daß er wie kein anderer Mystiker über eine eminent bildhafte Sprache verfügt und seine philosophischen Gedanken in besonders einprägsame Gleichnisse zu kleiden weiß. Kein Mystiker wird daher in islamischer sowie in westlicher Literatur häufiger zitiert als Celaleddin Rumi. Ja, gerade im westlichen Kulturraum ist er zum meistgelesenen muslimischen Mystiker geworden.

All das sind Gründe, weshalb ich mich zunächst auf sein Werk als herausragendes Beispiel konzentriere und hier den Kern sufischer Religiosität herauszuarbeiten versuche. Andere bedeutende Mystiker werde ich anschließend mit mehr oder weniger ergänzenden Aspekten erörtern, um die pluralistische Vielfalt islamischer Mystik zu verdeutlichen.

Wer ist nun Celaleddin Rumi? Was sind die kulturellen Rahmenbedingungen seines Wirkens?

Yasar Nuri Öztürk, einer der prominentesten modernen Theologen und Korangelehrten der Türkei, hat zu Beginn des 21. Jahrhunderts geschrieben, geistesgeschichtlich gesehen bedeute Rumi die wichtigste Brücke zwischen der türkischen Seele und dem iranisch-islamischen Denken.[1] Rumi bildet also die entscheidende Verbindung zwischen zwei großen Kulturräumen. Diese Verbindung ist auch bereits in Rumis Biographie angelegt: Er war nicht Türke, sondern Perser.

Mohammed Celaleddin Walad, so sein eigentlicher Name, wurde am 30. September 1207 geboren. Im September 2007 jährt sich also sein Geburtstag zum 800. Mal. Den Beinamen Rumi (Bürger des Seldschuken-Reiches Rum) erhielt er erst von den Türken. Seine Heimatstadt Balch liegt in Afghanistan, das damals allerdings noch kein eigenständiger Staat war, sondern, in etliche Fürstentümer aufgespalten, zum kulturellen Großraum Iran gehörte.

Balch, rund zwanzig Kilometer von Afghanistans berühmtester Pilgerstadt Mazar-i-Sharif entfernt, ist heute ein unscheinbarer Provinzort. Zur Zeit von Rumis Geburt jedoch war Balch nicht nur die Hauptstadt eines bedeutenden persischen Fürstentums, sondern auch das kulturelle Zentrum des gesamten ostiranischen Raums, eine Hochburg islamischer Gelehrsamkeit und persischer Mystik. Damals befand sich Balch am Schnittpunkt bedeutender Karawanenstraßen, die von China und Indien in den Iran und nach Syrien verliefen. Aber mehr noch: Rumis Heimatstadt war eine Metropole mit einer bereits mehr als tausend Jahre alten Kulturtradition. In Balch, das früher Baktra hieß, wurde um das Jahr 630 vor unserer Zeitrechnung Zarathustra, der Stifter der monotheistischen Religion des vorislamischen Iran, geboren. Und dort hatte sich, bevor die muslimischen Eroberer kamen, ein Zentrum des Buddhismus mit geistigen Verbindungen nach Indien befunden.

Der Knabe Mohammed hatte schon kurz nach seiner Geburt von seinen Eltern einen symbolisch bedeutsamen Beinamen erhalten, sie nannten ihn »Celaleddin« (gesprochen: Dschelaleddin). Celaleddin ist die türkische Schreibform, arabisch lautet der Name Jalaluddin (auch: Djalal ud-Din). »Celal« oder »Jalal« bedeutet »Erhabenheit«. »Din« ist »Religion«. Mit »Erhabenheit der Religion« ist demnach der Name zu übersetzen. Der Beiname war Programm, denn der Vater, ein angesehener Theologe und Mystiker des sunnitischen Islam, machte den Sohn schon früh mit umfangreicher religiös-philosophischer Literatur vertraut und bereitete ihn auf ein religiöses Amt vor.

Celaleddins Familie gehörte zu den vornehmsten der Stadt und war mit dem Emir von Balch verwandt. Aber alle Verwandtschaft nützte nichts, denn der Emir schätzte nur »rechtgläubige« Theologen, nicht aber Mystiker und »Ketzer«. Einen Sufi-Scheich hatte er schon hinrichten lassen, Celaleddins Vater tadelte er öffentlich wegen seines unorthodoxen Glaubens und machte ihm das Leben in Balch schwer.

Als Celaleddins Familie 1218 Balch verließ, war der Knabe Mohammed elf Jahre alt. Die Familie zog mit einem Troß bücherbepackter Kamele und einer großen Dienerschaft durch den Iran, Arabien und Syrien und ließ sich schließlich in Anatolien nieder. Für die Abreise waren zwei Gründe maßgebend: Zum einen konnte sich Celaleddins Vater als beargwöhnter »Ketzer« in Balch nicht mehr sicher fühlen. Zum anderen drohte der Stadt Balch Gefahr durch die Mongolen Dschingis Khans, die immer weiter nach Westen vordrangen und auf ihrem Eroberungszug zahlreiche Städte zerstörten. Unterwegs in Anatolien erreichte Celaleddins Familie die Nachricht, daß die Mongolen bereits weite Teile des Iran erobert und hierbei neben anderen persischen Städten auch Balch vernichtet hatten. Die drohende Gefahr durch die Mongolen hat noch das spätere Leben Celaleddin Rumis viele Jahrzehnte überschattet.

1226 traf Celaleddins Familie in Konya ein, der Hauptstadt des Seldschuken-Reiches Rum. Ein Ruf an die dortige Universität hatte den Vater zur Ansiedlung in dieser Stadt bewogen. In Konya sollte dann auch der Sohn Celaleddin sein weiteres Leben, nahezu noch vier Jahrzehnte, verbringen.

Der Name »Rum« war letztendlich von der Metropole Rom abgeleitet, er bezog sich auf das römisch-byzantinische Reich, dessen östliche Hälfte, das Hochland von Anatolien, durch den Turkstamm der Seldschuken 1071 erobert worden war. Nur die Türken nennen Celaleddin heute mit dem Beinamen »Rumi«. Die Iraner zitieren ihn unter dem Namen Jalaluddin Maulana, wobei der arabisch-persische Beiname »Maulana« Meister und Herr bedeutet. Die Türken übernahmen schließlich diesen Beinamen, wobei er in türkischer Sprache abgewandelt »Mevlana« lautet; hiervon leitete sich später der Name seiner Derwisch-Bruderschaft, der Mevleviya, ab.

Konya … Dichter und Chronisten des 13. Jahrhunderts rühmten die Oasenstadt als Juwel in der kargen Hochebene Anatoliens. Moscheen mit kunstvoll verzierten Portalen, Universitäten mit großen Bibliotheken, Paläste mit leuchtend blauen Fayencen an den Außenwänden – sie befanden sich im Zentrum einer Metropole mit nahezu hunderttausend Einwohnern, eine für die damalige Zeit sehr hohe Zahl. Die Stadt war zum Handelszentrum eines blühenden Reiches geworden, durch sie führten die Karawanenwege aus Asien und dem östlichen Europa. Und was für die zugereiste Familie Celaleddins am wichtigsten war: Hier fanden Denker, Dichter und Philosophen mehr als in anderen Metropolen geistige Aufgeschlossenheit und Toleranz. Weil Mitte des 13. Jahrhunderts noch die Mehrheit der Einwohner Konyas griechisch-orthodoxe Christen waren und die Muslime als herrschende Schicht erst ein Drittel der Bevölkerung bildeten, waren die Seldschuken auf ein gutes Einvernehmen mit den unterworfenen Griechen bedacht. Auch am Hof des Sultans waren griechische Christen als Verwaltungsexperten tätig.

Celaleddins Vater lehrte fünf Jahre an der berühmten theologischen Akademie von Konya, und nachdem er 1231 gestorben war, trat sein Sohn die Nachfolge als geistlicher Rechts- und Korangelehrter an. Sprachprobleme gab es für den persischen Gelehrten in Konya nicht. In der Metropole, in der viele Einwohner entweder Griechisch oder Türkisch sprachen, wurde Arabisch von jedem Korangelehrten beherrscht. Und Persisch war im 13. Jahrhundert bereits zur Literatursprache der islamischen Welt geworden. Persisch war auch die Hofsprache der Seldschuken; der Turkstamm hatte sie aus dem Iran mitgebracht. Persisch sollte auch noch viele Jahrhunderte später die Literatursprache jedes gebildeten Türken, auch der Osmanen-Sultane, bleiben. Die persisch geschriebene Dichtung Celaleddin Rumis konnte daher von jedem klassisch gebildeten Türken mühelos gelesen werden.

Rumi aber war vorerst »nur« ein angesehener Korangelehrter. Er befaßte sich allerdings schon früh mit mystischer Philosophie, nahm Unterricht bei Sufi-Meistern und begann intensiv zu meditieren. Mit seinem wichtigsten sufischen Lehrer, Scheich Burhaneddin, reiste er nach Aleppo und Damaskus, und zur Legende gehört, daß er in Damaskus den damals schon sehr berühmten Mystiker Ibn al-Arabi kurz vor dessen Tod 1240 getroffen hat.

Aber so ungesichert die Begegnung mit Ibn al-Arabi auch ist, eindeutig belegt ist ein intensiver Kontakt mit dessen Stiefsohn Sadreddin Qonawi. Jener lebte in Konya (wo heute noch sein Mausoleum erhalten ist) und war als Mystiker sehr angesehen, entsprechend strömten ihm viele Schüler zu. Celaleddin Rumi besuchte ihn öfter und führte mit ihm rege Diskussionen über das Werk Ibn al-Arabis, als dessen Sachverwalter sich der Stiefsohn verstand. Beide waren, wie Chronisten berichten, »durch besondere Freundschaft und Bekanntschaft verbunden«.[2] Eine Reihe Interpreten neigt heutzutage sogar dazu, viele Verse Rumis im Licht der Lehre Ibn al-Arabis zu deuten. Wenn damit auch wesentliche Unterschiede zwischen den beiden großen Mystikern außer acht gelassen werden, so bleiben doch wichtige Berührungspunkte,[3] wie wir noch im Kapitel über Ibn al-Arabi sehen werden.

Der entscheidende Anstoß, sich intensiv auf mystische Religion einzulassen, kam für Rumi jedoch erst 1244. Auslöser für das einschneidende Ereignis war die Begegnung mit einem Derwisch, der sein Leben auf Wanderschaft verbrachte.

Die anstößige Liebe zu Shamseddin, der »Sonne des Glaubens«

An einem Oktobermorgen des Jahres 1244 ritt Celaleddin Rumi auf seinem Kamel an einer Koranschule in Konya vorbei und wurde auf einen Derwisch aufmerksam, der lebhaft mit Umstehenden diskutierte. Kaum war Rumi von seinem Reittier abgestiegen, da richtete der Derwisch den Blick auf ihn und verwickelte ihn in einen heftigen Meinungsaustausch über die Wahrheit des Koran sowie der mystischen Erleuchtung. In späteren Chroniken ist diese Begegnung ins Dramatische gesteigert: Celaleddin Rumi soll über die scharfsinnigen und zugleich provokanten Fragen des Derwischs derart in Erregung geraten sein, daß er vor den Augen der Versammelten in Ohnmacht fiel.[4]

Dieser Derwisch, der aus der persischen Stadt Täbriz kam, ist unter dem Beinamen »Shamseddin Täbrizi«, »Sonne des Glaubens von Täbriz«, in die Geschichte des Sufismus eingegangen. Oft wird er auch nur unter dem abgekürzten Namen »Shams« zitiert. Durch die Begegnung mit diesem Mystiker, der mit zahlreichen Sufis vom Iran bis Syrien Kontakt pflegte, veränderte sich das Leben des siebenunddreißigjährigen Korangelehrten Celaleddin Rumi grundlegend.

Shamseddin unterschied sich in seinem Verhalten radikal von allen Mystikern, denen Rumi bis dahin begegnet war. Er gehörte der Bewegung der Qalandar-Derwische an. »Qalandar«, ein persisches Wort, bedeutet »roh«, »ungeschliffen«. Es ist ein Name, den sich die Bewegung selber gegeben hat und womit sie sich ganz bewußt, ja provozierend von allen eingebürgerten Regeln der Gesellschaft distanziert. Die besondere Herausforderung der Qalandar-Derwische lag darin, daß sie nicht nur scharfe Kritik an allen dogmatischen Festlegungen der Orthodoxie äußerten, sondern sogar ganz offen die Bindung an die sozial-religiöse Gesetzgebung der Scharia ablehnten. Entsprechend setzten sich viele der Qalandar auch über das im Koran enthaltene Alkoholverbot sowie über die Gebote des Fastenmonats Ramadan hinweg. Shamseddin Täbrizi ist damit einer Gruppierung von Wanderderwischen zuzurechnen, die mehr als viele andere den Argwohn der Orthodoxie auf sich zogen, ja gar von einer Reihe Korangelehrter prononciert des »Unglaubens« und der »Ketzerei« bezichtigt wurden. (Ich werde in einem späteren Kapitel noch ausführlich auf die Außenseiterrolle der Wanderderwische, insbesondere der Qalandar, eingehen.)

Celaleddin Rumi, selbst ein etablierter Korangelehrter und fest verankert in der sozial-religiösen Gesellschaftsordnung der Scharia, fühlte sich aber ausgerechnet durch einen solchen Wanderderwisch angesprochen. Es schien so, als ob Shamseddins provozierendes Gebaren, verbunden mit emotionaler Tiefe und intellektueller Brillanz, bei Rumi bisher unterdrückte Gefühle und Gedanken aus ihren Fesseln befreit hätte. Rumi fühlte sich durch Shamseddin derart angezogen, daß er mit ihm Tage und Nächte verbrachte, ohne noch an seine gesellschaftlichen und beruflichen Pflichten zu denken. Er kam nicht mehr zum Gebet in die Moschee, hielt keine Vorlesungen mehr, war für keinen Studenten mehr zu sprechen, auch seine Frau und seine Söhne bekamen ihn kaum mehr zu sehen. Sechs Monate dauerte der für seine Schüler, Freunde und Familienmitglieder beunruhigende Zustand. Rumi führte in dieser Zeit nicht nur heftige Diskussionen, sondern ließ sich von Shamseddin intensiver als von allen anderen Sufi-Meistern zuvor in den mystischen »Weg« der Meditation einführen.

Rumis ältester Sohn Bahaeddin Walad berichtet in späteren Aufzeichnungen über die Beziehung seines Vaters zu Shamseddin mit Bewunderung und stand hiermit im Gegensatz zu vielen seiner Zeitgenossen. Bei ihm ist zu lesen: »Er [Rumi] sah bis dahin Ungesehenes, hörte, was niemand zu hören vermochte. Er [Rumi] verliebte sich in ihn, verließ die Gemeinschaft. In seiner [Shams'] Anwesenheit wurden Erhabenheit und Unanständigkeit eins. Er [Rumi] lud Shams in sein Haus ein und sprach zu ihm: ›Mein Sultan, höre mich Derwisch an. Zwar ist dieses Haus deiner nicht würdig, doch ich bin aufrichtig verliebt.‹ [...] Rumi war hingerissen von seinem Gesicht und seiner Schönheit, von seinem göttlichen Charakter und seinen schönen Augen.«[5]

Daß die Beziehung zwischen Rumi und Shamseddin nicht nur rein geistiger Natur war, sondern offensichtlich auch homoerotisch, läßt die Wortwahl der Aufzeichnungen deutlich werden. Aber gerade diese Liebesbeziehung sollte weitreichende Folgen für die Entwicklung der islamischen Mystik haben. Indem Rumi durch die Liebe zu Shamseddin emotional und geistig tief aufgewühlt wurde, fand er erst zur eigentlichen Originalität seiner philosophisch-mystischen Dichtung. Allerdings sollte die Liebesbeziehung tragisch enden.

Shamseddin verließ zwei Jahre nach seiner Ankunft Konya fluchtartig und ohne Abschied. Rumi war »außer sich«. Shamseddin hatte dem Druck der Anfeindungen nachgegeben, nachdem sich eine Reihe Korangelehrter sowie einflußreicher Hofbeamter, ja auch enge Freunde über die skandalöse Beziehung dieser beiden »Liebenden« empört hatten. Obwohl Shameseddin unauffindbar blieb und nichts mehr von sich hören ließ, kehrte Rumi nicht zu einem geordneten Leben in Familie und Beruf zurück, sondern schrieb verzweifelt Gedichte, die an den »Geliebten« gerichtet waren.

Nach Monaten qualvollen Wartens kam die Nachricht aus Damaskus, dort sei Shamseddin gesehen worden. Rumi sandte sofort seinen ältesten Sohn Walad nach Syrien, um den »Geliebten« zurückzuholen. Wieder vergingen Monate bangen Wartens und voller Ungewißheit, dann kam der Sohn mit dem Wanderderwisch zurück. Das Wiedersehen der beiden Mystiker muß überwältigend gewesen sein, wie der Sohn Walad später beeindruckt schilderte: Die beiden umarmten sich leidenschaftlich, küßten einander, und »niemand wußte, wer der Liebende und wer der Geliebte war«.[6]

Rumi wollte nun den Freund um jeden Preis in seiner Nähe halten, er richtete ihm neben seinen Gemächern ein Zimmer ein und verheiratete ihn mit einem hübschen Mädchen, das schon seit Jahren im Haus wohnte. Shamseddin liebte diese Frau, und so schien jeder bisherige Argwohn der vielen kritischen Beobachter unbegründet. Aber bald erschienen die beiden »Geliebten« in der Öffentlichkeit so unzertrennlich wie zuvor, und wieder regte sich Unmut bei den Korangelehrten, Hofbeamten und Freunden. Zu den Kritikern gesellte sich auch Alaeddin, Rumis zweitältester Sohn.

Die Situation spitzte sich zu, als Shamseddins junge Frau im Spätherbst 1248 unerwartet starb. Wie würde sich Shamseddins Beziehung zu Rumi nun gestalten? Selbst etliche engere Freunde Rumis nahmen nun eine drohende Haltung ein. Aber wenige Tage nach dem Tod seiner Frau war Shamseddin spurlos verschwunden – wieder ohne Abschied und ohne daß jemand wußte, wohin er gegangen war. Auch in den folgenden Jahren kam keine Nachricht über seinen Aufenthalt. Diesmal kehrte Shamseddin nicht zurück. Rumi war verzweifelt, er brauchte sehr lange, um wieder zu einem geregelten Leben zurückzufinden.

Über das endgültige Verschwinden des Wanderderwischs Shamseddin ist auch von späteren Generationen noch gerätselt worden. Manche Chronisten schrieben, Shamseddin habe in der Nacht heimlich das Haus verlassen und sei wieder nach Syrien gereist, andere behaupteten, er sei ermordet worden. In neuerer Zeit neigen Historiker dazu, der dramatischen Schilderung des türkischen Chronisten Aflaki Glauben zu schenken. Einige Männer seien nachts an das Fenster Shamseddins gekommen, hätten ihn unter einem Vorwand aus dem Haus gelockt, ihn erdolcht und die Leiche an einem unbekannten Ort verscharrt. Rumis zweitältester Sohn Alaeddin sei an dem Mord beteiligt gewesen. Rumi selber habe dies geahnt, deshalb sei er, als Alaeddin 1262 starb, nicht zu dessen Beerdigung gekommen.[7]

Der »Geliebte« war endgültig verschwunden. In Celaleddin Rumis Dichtung lebte er weiter. Wenige Jahre nach dem traumatischen Verlust begann Rumi die persischen Gedichte, die sich auf den »Geliebten« bezogen, in einem Werk zu bündeln. Unter dem Namen Diwan-e Kebir (Die große Gedichtsammlung oder Der große Diwan) ist es in die persische wie türkische Literaturgeschichte eingegangen. Rumi selbst nannte das Werk auch Diwan des Shamseddin Täbrizi und machte damit den »Geliebten« zum fiktiven Verfasser der Verse. Das Werk wuchs auf 40380 Doppelverse an und wurde so zur umfangreichsten Gedichtsammlung islamischer Literatur.

Am 13. Mai 1263 begann Rumi mit der Niederschrift seines zweiten großen Hauptwerks, das er unter dem persischen Namen Mathnawi (»Geistliches Gedicht in Reimpaaren«), türkisch Mesnevi, zusammenfaßte. Es waren sechs Bücher mit mehr als 25000 Doppelversen. Auch im Mathnawi nahm Rumi immer wieder Bezug auf Shamseddin, auch hier gab er unumwunden zu verstehen, daß ihn die innige Freundschaft, der intensive emotionale und geistige Austausch mit der »Sonne des Glaubens«, zu seinen tiefsten mystischen Erfahrungen inspiriert habe. Viele Kenner islamischer Dichtung sehen in dieser Sammlung lyrischer Gedichte, beispielhafter Erzählungen, bildhafter Korandeutungen, Legenden sowie einer Fülle witziger Anekdoten mit moralischen Lebensweisheiten das differenzierteste Werk des Sufismus überhaupt. Dabei macht die Konzentration auf die eigentlich mystische Philosophie nur einen Teil aus.

Jene Jahre, in denen Celaleddin Rumi in einer kulturell blühenden Residenzstadt zu seiner höchsten dichterischen Produktivität fand, wurden allerdings zunehmend von politischen Unruhen überschattet. Mitte des 13. Jahrhundert drohte dem Seldschuken-Reich Rum Gefahr durch die Eroberungszüge der Mongolen. Im letzten Drittel seines Lebens wurde Rumi von jenem Gefühl einer Bedrohung eingeholt, vor der einst seine Familie aus dem östlichen Iran nach Anatolien geflohen war.

Erste Symptome eines plötzlichen Niedergangs des Seldschuken-Reichs hatten sich bereits 1243 gezeigt, ein Jahr, bevor Celaleddin Rumi den Wanderderwisch Shamseddin kennenlernte. Damals waren die Mongolen nach ihren Siegen im Iran und in Syrien schon bis ins Innere Anatoliens vorgedrungen, und plötzlich lagerte eines ihrer Heere vor den Toren Konyas und erzwang von den Seldschuken hohe Tributzahlungen. Anlaß zur Sorge bereiteten auch die Vorgänge jenseits der Reichsgrenzen von Rum. Mitten in der Niederschrift des Großen Diwan erreichte Celaleddin Rumi 1258 die Nachricht, daß ein Mongolenheer unter Hülägü Khan, einem Enkel Dschingis Khans, Bagdad erobert und völlig zerstört hatte. Das kulturelle Zentrum der islamischen Welt, das alle damaligen Kulturzentren des christlichen Abendlandes an Bedeutung weit überragte, war vernichtet. Dieser Schock hat die Muslime des ganzen Vorderen Orients über viele Jahrhunderte belastet.

Das Seldschuken-Reich von Rum zerfiel nun um so rascher. Nicht nur die Mongolen, sondern auch räuberische Nomadenstämme machten zunehmend die Handelsstraßen unsicher. Allerdings war die Residenzstadt selber vorerst stark genug, um angreifende Turkstämme abzuwehren. Weiterhin entstanden prächtige Moscheen, Koranschulen und Paläste, ja, jetzt erst erreichte die seldschukische Architektur ihre höchste Verfeinerung. In jenem Jahr 1258, da Bagdad von den Mongolen zerstört wurde, war in Konya die Ince-Minare-Koranschule vollendet worden, deren gewaltiges Portal mit seinem feinziselierten Schriftband zu den großartigsten Schöpfungen iranischer Kunst gehört.

Celaleddin Rumi hatte noch sechzehn Jahre Zeit, um sein literarisches Werk abzurunden. 1273 starb er in Konya im Alter von 66 Jahren, wenige Jahre vor dem endgültigen politischen Zusammenbruch des Seldschuken-Reiches Rum. Und erst in den letzten zwei Jahrzehnten seines Lebens hat Celaleddin Rumi zu der unverwechselbaren Größe seiner mystisch-philosophischen Gedankenwelt gefunden, deren wichtigste Aussagen uns im folgenden beschäftigen werden.

»Ich bin weder Christ noch Jude noch Muslim!«

»Gott« und »Ich«: Wo Mystiker eine Tabugrenze überschreiten

Eine erste Vorstellung von der religiös-philosophischen Dimension des Sufismus hatte ich durch Gedichte Celaleddin Rumis bekommen. Wenn auch die jeweilige deutsche Übersetzung naturgemäß keine adäquate Vorstellung von der poetischen Klangfülle und der Geschmeidigkeit des persischen Originals zu geben vermag, so besticht doch die Kühnheit sprachlicher Bilder und ungewöhnlicher gedanklicher Verknüpfungen auch in der Übersetzung. Allerdings war es ein langer Prozeß, bis ich hinter den vielschichtigen Symbolen die eigentlich mystische Dimension zu entdecken vermochte. Ich blieb befangen durch die Denkmuster unserer christlich-abendländischen Kultur.

Aber nicht minder verstellt war mir der Blick auf den Sufismus dadurch, daß ich mich zunächst mit der Struktur des orthodoxen Islam auseinandergesetzt hatte. Denn die mystische Religiosität eines Celaleddin Rumi fügt sich weder in die vertraute abendländische noch in die orthodox-islamische Vorstellung von Religion und dem Glauben an Gott. Schwierig ist es daher auch für viele Muslime, die vielschichtige und oft metaphorisch verschlüsselte Bildersprache in ihrer eigentlich mystischen Dimension zu verstehen. Gerade die literarisch herausragenden Dichtungen und philosophischen Texte erschließen sich in ihren Nuancen nur einer schmalen Bildungsschicht. Um so größer erscheint der geistige Abstand zu jenen Ritualen eines Volksislam in sufischen Pilgerzentren. Trotzdem gibt es, wie wir noch sehen werden, intensive Verbindungswege zwischen diesen beiden religiös-kulturellen Ebenen.

Zur Einführung stelle ich eines der berühmtesten Gedichte Rumis vor. Bereits hier sind wir mit entsprechenden Schwierigkeiten konfrontiert. Das Gedicht ist im *Mathnawi* enthalten:

»Gibt es irgendeinen Liebenden in dieser Welt,
oh Muselmanen, das bin ich.
Gibt es irgendeinen Gläubigen oder christlichen Einsiedler,
das bin ich.
Der Bodensatz des Weins, Mundschenk und Sänger, Harfe
und Musik,
Der Geliebte und die Kerze, der Trunk und auch des
Trunkenen Freude, das bin ich.
Die zwei-und-siebzig Bekenntnisse und Sekten in der Welt
Bestehen nicht in Wirklichkeit: Ich schwör's bei Gott,
Jedes Bekenntnis, jede Sekte, das bin ich.
Erde und Luft, Wasser und Feuer, ja Körper und Seele,
das bin ich.
Wahrheit und Falschheit, gut und böse, Wohlsein und
Drangsal vom Anfang bis zum Ende, das bin ich.
Wissen und Gelehrsamkeit, Askese, Frömmigkeit und
Glauben, das bin ich.
Das Höllenfeuer, ihr könnt sicher sein, mit seinen lodernden
Vorhöllen,
Ja, auch das Paradies, der Garten Eden und die Paradies-
jungfrauen, das bin ich.
Diese Erde, dieser Himmel und alles, was sie bergen,
Engel, Elfen, Genien und die gesamte Menschheit,
das bin ich.«[8]

An diesem Gedicht mag den westlichen Leser – und auch viele orthodoxe Muslime – zuallererst die zweite Verszeile befremden. Dort bezeichnet sich der mystische Dichter als »christlicher Einsiedler«. Ist Rumi nicht ein Muslim? Rätselhaft erscheint es ebenso, wenn Rumi sich mit »zwei-und-siebzig Bekenntnissen und Sekten« zu identifizieren scheint; die Zahl 72, die bei anderen Sufis und Derwischen ebenfalls immer wieder in Verbindung mit Glaubensformen auftaucht, steht symbolisch für alle in der Welt existierenden Religionen und philosophischen Systeme.

Nicht genug damit: Das »Ich« erklärt sich identisch mit Gegensatzpaaren wie »Wahrheit« und »Falschheit«, »gut« und »böse«, »Paradies« und »Höllenfeuer«, »Himmel« und »Erde«, »Seele« und

»Körper« – es sind Gegensätze, die nicht nur in der islamischen, sondern auch in der christlich-abendländischen Denktradition prägend geworden sind. Rumi setzt sich also in seinem Gedicht über die Gewohnheit sowohl der Muslime als auch der Christen hinweg, die Welt strikt dualistisch in unauflösbare Gegensatzpaare getrennt zu sehen.

Für den westlichen Leser – und wieder auch für zahlreiche Muslime – wäre das Verständnis dieses Gedichts einfacher, wenn Rumi anstelle des ständig wiederkehrenden Satzes »Das bin ich« einen anderen vielfach in der Mystik gebrauchten Satz verwendet hätte: »Das bist du.«

Dieses »Du« würde sich eindeutig auf »Gott« beziehen. Und damit würde Rumi eine jener konventionellen Lobpreisungen Gottes dichterisch gestalten, wie wir sie im Koran vorbildhaft als »Allahs 99 Namen« oder andererseits auch in den christlichen Psalmen mit der Kernaussage finden: Der allmächtige und allumfassende »Gott« wirkt in »allem«; »Gott« verkörpert selbst unvereinbare Gegensätze, was nur das menschliche Denken nicht fassen kann. Damit bliebe die dualistische Trennung zwischen »Gott« und dem »Ich« gewahrt, und der weite Abstand zwischen dem letztlich unbegreifbaren Herrn aller Geschöpfe in einem Jenseits und dem Menschen in der diesseitigen Welt würde aufrechterhalten.

Zahlreiche muslimische Mystiker haben ihre Gedichte auch, wie wir noch sehen werden, mit dieser Konsequenz verfaßt: Sie stellen dem »Ich« des liebenden Menschen das »Du« des geliebten Gottes gegenüber. Anders Celaleddin Rumi. In dem hier zitierten Gedicht findet sich allein ein »Ich«, nie ein »Du«. Wo aber bleibt dann »Gott«?

Bevor ich näher erörtere, auf welch radikale Weise Rumi die Spannung zwischen »Ich« und »Du«, »Mensch« und »Gott«, in seiner mystischen Erfahrung auflöst, möchte ich ein weiteres derartiges Gedicht vorstellen. Es ist in Rumis zweitem Hauptwerk, dem *Großen Diwan*, enthalten:

»Was soll ich tun, oh ihr Muslime?
Ich kenne mich doch selber nicht:

Ich bin weder Christ noch Jude,
auch Parse und Muslim nicht;
Vom Osten nicht, noch vom Westen,
vom Festland nicht, noch vom Meer,
Nicht stamm' ich vom Schoß der Erde
und nicht aus des Himmels Licht. [...]
Mein Ort ist da, wo kein Ort ist,
mein Zeichen ist ganz ohne Mal,
Nicht Körper bin ich noch Seele –
ein Glanz nur von Seinem Licht.
Die Zweiheit hab' ich verworfen,
ich sah in zwei Welten nur eins:
Ich suche und kenne und rufe
nur Ihn, bis das Auge mir bricht.
Er ist der Erste und Letzte,
ist Schale und ist der Kern.
In allem – außer ›Oh Gott, Er!‹ –
an Kenntnis es mir gebricht.
Die beiden Welten entglitten
der Hand des Trunkenen leicht:
Ich leiste auf alles andere
als auf Tollheit und Zechen Verzicht! [...]
Und sollte ich eines Tages
mit Dir mich vereinen, mein Freund,
So liegt unter meinen Füßen
tief drunten der zwei Welten Schicht.
Oh Shamsi Täbriz, sieh, so trunken
und liebesberauscht bin ich hier,
Daß ich außer Rausch und Vergnügen
Geschichte nicht weiß noch Gedicht.«[9]

Dieses Gedicht kann noch mehr verwirren. Was hat es zu bedeuten, daß Rumi vorgibt, er könne sich keinem Glaubensbekenntnis einer Religion zurechnen? Auch nicht dem Islam?

Wenn wir davon ausgehen, was traditionell unter Religion und dem Glauben an Gott verstanden wird, könnten wir mutmaßen, Rumi sei Atheist. Aber dann folgt im Gedicht der Ausruf: »Oh

Gott, Er!« Und diesem Ausruf ist das Bekenntnis vorangegangen: »Ich suche und kenne und rufe nur Ihn«. Ist Rumi also auf der Suche nach »Gott«? Aber was findet er?

Der »Suchende« schwankt zwischen Ratlosigkeit und Triumph. Einerseits äußert Rumi sein Erschrecken darüber, daß er ›sich selbst nicht kennt‘, ohne Ort ist (»Mein Ort ist da, wo kein Ort ist«), sich jenseits aller Religionen und aller bisherigen Glaubensgewißheiten befindet. Andererseits aber triumphiert er darüber, daß er die »Zweiheit«, die dualistische Zweiteilung, »verworfen« und alle traditionellen Grenzziehungen der Religionsbekenntnisse hinter sich gelassen hat.

Für den westlichen Leser erst recht befremdend sind metaphorisch gebrauchte Begriffe wie »Trunkenheit«, »Tollheit«, »Zechen«, »Rausch«, »Vergnügen«. Solche Bilder sind jedoch nicht, wie es zunächst den Anschein haben könnte, auf anarchische Rebellion oder gar Vergnügungssucht und alkoholische Ausschweifungen bezogen – sie alle stehen vielmehr im engen Zusammenhang mit den Sprachbildern »liebesberauscht« und ekstatisches »Vereinen« mit dem »Freund«.

Wer oder was ist nun unter »Freund« zu verstehen? Vordergründig scheint sich dieses Wort – wie in vielen anderen Gedichten Rumis auch – nur auf den unkonventionellen Wanderderwisch und Lebensgefährten Shamseddin Täbrizi zu beziehen. Rumi jedoch überhöht seine auf einen konkreten Menschen gerichtete »Liebe« symbolisch zur mystischen Sehnsucht des Menschen, der die Grenzen zwischen dem »Liebenden« und »Geliebten«, damit auch zwischen dem sehnsüchtigen »Gottsucher« und dem geliebten »Gott«, völlig aufheben will. In letzter Konsequenz bedeutet dies, daß der »Suchende« das ganze Sein – Welt, Mensch, Gott – in einem Zustand der Ekstase als eine unauflösbare »Einheit« erfährt.

Wie aber versuchen Mystiker zu dieser Erfahrung zu kommen? Sufis und Derwische gehen den Weg der Meditation. Praktiken hierzu gibt es viele: mit Hilfe bestimmter Konzentrationsübungen und Atemtechniken, mit Hilfe von Musik, Gesang und Tanz – alles »Wege«, die zu ekstatischen Zuständen und damit in letzter Konsequenz zu einer Bewußtseinsveränderung führen (davon an anderer Stelle mehr).

Den Moment höchster Ekstase – also die Erfahrung der »Einheit« – bezeichnen muslimische Mystiker als »Fana«. »Fana« ist ein zentraler Begriff in den Schriften der Sufis und Derwische. Das arabische Substantiv läßt sich übersetzen mit »das Erloschene«, »das Nicht-Sein« – und im übertragenen Sinn mit »das verschwundene Ich-Bewußsein«.

Ich stelle nun Gedichte vor, in denen Rumi exemplarisch zum Ausdruck bringt, was es mit dem Begriff »Nicht-Sein« auf sich hat.

Einheit von »Gott« und »Mensch«. Die ganz andere Erfahrung vieler Sufis

Das folgende Gedicht findet sich im *Mathnawi*:

»Siehe, ich starb als Stein und ging als Pflanze auf,
starb als Pflanze und nahm darauf als Tier den Lauf,
starb als Tier und ward' ein Mensch. Was fürcht' ich dann,
da durch Sterben ich nie minder werden kann!
Wieder, wann wird' ich als Mensch gestorben sein,
wird ein Engelsfittich mir erworben sein,
und als Engel muß ich sein geopfert auch,
werden, was ich nicht begreif: ein Gotteshauch.
Oh laß mich nicht-sein! Denn das Nichtsein ruft
mit Orgeltönen aus: ›Zu Ihm kehr'n wir zurück!‹«[10]

Rumi beschreibt hier bildhaft das »Sterben« des Mystikers. Mit »Sterben« ist nicht der leibliche Tod gemeint. Erst recht kann das Gedicht nicht, wie das eine Reihe muslimischer Modernisten interpretiert haben, als Ausdruck einer Evolutionstheorie parallel zu Charles Darwin oder als ewiges Streben des Ichs zu immer größerer Freiheit verstanden werden.[11] Die Metapher »Sterben« bezieht Rumi auf jenen Vorgang, in dem der Mystiker vorangegangene und zukünftige Entwicklungsstadien geistig miteinander verbindet – und im abschließenden Stadium der Ekstase alle Formen zum Verschwinden, zum »Sterben«, bringt.

Irritieren muß allerdings aus der Sicht orthodoxer Muslime wie auch von Christen, wenn Rumi am Schluß des Gedichts in letzter

Zuspitzung »Gott« mit »Nicht-Sein« gleichsetzt. Hier signalisiert Rumi besonders radikal, daß die »Eine Wirklichkeit« jenseits aller Vorstellungskraft und aller möglichen Ausdrucksformen liegt. Das »Nicht-Sein« ist eine Metapher für die vollständige Einheit von »Ich« und »Gott«, die wir bei vielen Mystikern – sowohl des Islam als auch anderer Religionen – finden. »Nicht-Sein« ist demnach eine Bezeichnung für den »mystischen« Gott, für »Fana«.

In allen bisher zitierten Gedichten ist jedoch nicht nur unsere traditionelle Vorstellung von »Gott« als einem eigenständigen Wesen aufgehoben, das aus einer außerirdischen Sphäre in unsere irdische Welt hereinwirkt. In der mystischen Erfahrung verliert sich auch unsere traditionelle Vorstellung von einem Ich als einer festumrissenen individuellen Persönlichkeit. »Gott« und »Ich« als getrennte Wesen erscheinen als eine unvollständige Erkenntnis unserer Sinne und der daraus resultierenden Denkformen. »Gott« und »Ich« sind – so Rumi – im »Herzen«, im Innern jedes Menschen, immer schon als Einheit vorhanden. Der Gläubige muß diese Einheit nur in sich selber entdecken, muß seine Erkenntnis, muß sein Bewußtsein erweitern – und ein derartiger Prozeß vollzieht sich auf dem Weg der Meditation und Ekstase.

Eine Schlüsselfunktion hat in dieser Hinsicht ein weiteres Gedicht aus Rumis *Mathnawi*. Dieses Gedicht wird von Interpreten gerne als grundlegende mystische Parabel für die Beziehung zwischen Mensch und »Gott«, dem »Liebenden« und dem »Geliebten«, gesehen. Es lautet:

»Es klopfte einer an des Freundes Tor –
›Wer bist du‹, sprach der Freund, ›wer steht davor?‹
Er sagte: ›Ich‹. – Der sagte: ›So heb' dich fort,
Wenn du so sprichst! Ist hier der Rohen Ort?
Den Rohen kocht das Feuer Trennungsleid –
Das ist's, was ihn von Heuchelei befreit!‹
Der Arme ging, ein Jahr von ihm zu scheiden,
Und glühte hell im Schmerz, den Freund zu meiden.
Da ward er reif. Nun kam er von der Reise,
Daß wieder er des Freundes Haus umkreise.
Er klopft' ans Tor mit hunderterlei Acht,

Daß ihm entschlüpft' kein Wörtlein unbedacht.
Da rief sein Freund: ›Wer steht denn vor dem Tor?‹
Er sprach: ›Geliebter, du, du stehst davor!‹
›Nun, da du ich bist, komm, oh Ich herein –
Zwei Ich schließt dieses enge Haus nicht ein.‹«[12]

Beim ersten Lesen mag sich die Vermutung aufdrängen, dieses Gedicht sei ein unmittelbarer Reflex auf die innige Liebe zwischen Rumi und dem Wanderderwisch Shamseddin, der »Sonne des Glaubens«. Tatsächlich bildete ja, wie ich anhand von Rumis Biographie darstellte, die homoerotische Beziehung mit Shamseddin eine wesentliche Inspiration für Rumis mystische Dichtung. Daher erscheint es nur als folgerichtig, vor allem die Verse »Den Rohen kocht das Feuer Trennungsleid« sowie »Und glühte hell im Schmerz, den Freund zu meiden« zunächst vor dem biographischen Hintergrund zu deuten: Sie scheinen ein Ausdruck jenes Schmerzes zu sein, den Rumi bei der fluchtartigen Abreise seines Freundes und schließlich nach dem endgültigen Verlust empfunden hat.

Einen Hinweis in diese Richtung vermittelt zunächst auch ein Kommentar des Bahaeddin Walad, des ältesten Sohnes von Celaleddin Rumi. Walad hatte ja ausführlich über die innige Freundschaft der beiden Mystiker berichtet. Bei ihm ist über das Trauma der Trennung und Rumis geistiger Aufarbeitung zu lesen: »Er [Rumi] sah Shams-i-Täbrizi nicht in Damaskus, er sah ihn in sich selbst, klar wie den Mond. Er sprach: Bin ich auch körperlich fern von ihm, ohne Körper und Seele sind wir beide ein Licht. Sieh, sowohl ihn als auch mich: Ich bin er, und er ist ich, oh Suchender.«[13]

Aber der Kommentar Bahaeddin Walads weist von vornherein über die biographische Ebene hinaus. Walad zitiert wortgetreu jene sprachlichen Bilder, die Rumi in seinen Gedichten benützt. In allen diesen Gedichten ist die spannungsreiche Beziehung zwischen dem »Liebenden« und dem »Geliebten« auf eine metaphorisch höhere Ebene gehoben. Rumi beschreibt den Reifungsprozeß des Mystikers, der unter großer seelischer und geistiger Spannung die dualistische Trennung zwischen »Ich« und »Du«, zwischen »Mensch« und »Gott«, Irdischem und Überirdischem überwindet.

Das Bild vom Meer und den Wellen – ein zentrales Symbol der Mystik

Um die Erfahrung einer solch wesenhaften Einheit von Mensch und Gott symbolisch auszudrücken, verwendet Rumi in etlichen Gedichten auch das Bild vom Meer und den Wellen. Ich zitiere ein exemplarisches Gedicht aus dem *Großen Diwan*. Dort nimmt Rumi wieder ausdrücklich Bezug auf Shamseddin Täbrizi, die »Sonne des Glaubens«, und betont sogar, daß er der geistigen Führung dieses Wanderderwischs die mystische Erfahrung der »Einheit« verdanke.

»Das Schiff meiner Existenz
versank in des Ozeans Weiten.
Das Meer schlug Wellen, und sieh –
die Weisheit enttauchte den Wogen
Und warf eine Stimme empor –
so war's und geschah's in den Zeiten.
Es schäumte das wogende Meer –
in jeder schaumigen Flocke
Ward sichtbar jemandes Bild,
um sich zur Gestalt auszubreiten.
Und jeglicher Schaumflockenleib,
der Zeichen empfing aus dem Meere,
Zerschmolz diesem Winke gemäß,
ließ sich in das Meer wieder gleiten.
Doch ohne die herrliche Macht
der Täbrizer Sonne des Glaubens
Erblickte man nie diesen Mond
und konnte zum Meer sich nicht weiten.«[14]

Rumi benutzt hier das Bild des Meeres und der Wellen, um die Erfahrung der Meditation zu verdeutlichen: Die Einzelwesen erleben sich zwar als von »Gott« getrennt, aber sie sind – wie die Wellen im Meer – tatsächlich untrennbare Teile des Ganzen, tauchen als flüchtige Formen wie Wellen auf und verschwinden wieder in der unauslotbaren Tiefe.

Die Metaphern »Meer«, »Welle«, »Schaum«, »Wasser« werden allerdings von vielen Mystikern verwendet. Mehr noch: Wir treffen die gleiche Erfahrung – und damit gleiche sprachliche Bilder – auch in der Mystik anderer Religionen. Was also ein nicht-muslimischer Mystiker über die tiefere Bedeutung von »Meer« und »Wellen« zu sagen hat, kann umgekehrt genauso für den Sufismus gültig sein.

Der folgende Kommentar paßt entsprechend zu dem oben zitierten Gedicht Rumis. Der Kommentar stammt von dem Benediktinermönch Willigis Jäger, der sich seit Jahrzehnten intensiv mit der Mystik des Zen-Buddhismus auseinandersetzt. In seinem Buch mit dem bezeichnenden Titel *Die Welle ist das Meer* schreibt Jäger:

> »Wenn wir uns die Erste Wirklichkeit [die mystisch erfahrene Einheit] als einen unendlichen Ozean vorstellen, dann sind wir so etwas wie die Wellen auf diesem Meer. Wenn nun die Welle erfährt ›Ich bin das Meer‹, dann sind es immer noch zwei: Welle und Meer. In der mystischen Erfahrung wird aber auch diese Dualität überstiegen. Das Ich der Welle verfließt, und an seiner statt erfährt sich das Meer als Welle. Es erfährt sich in der Einheit von beiden und als Einheit von beiden. Diesen Schritt vollzieht der Mystiker nicht, er widerfährt ihm. Er betrachtet die Wirklichkeit nicht mehr als sein Gegenüber, gleichsam von außen, sondern er erfährt die Wirklichkeit von innen. Im Bild gesprochen: Er erfährt: Alles ist Welle und Ozean zugleich. [...] Das aber erfährt der Mystiker gerade darin, daß alle Unterscheidungen zwischen ihm und den Manifestationen des Seins aufhören. Mystik ist nicht jenseits von Gott und Welt. Mystik ist Gott und Welt, ein unteilbares Eines. Die Spannung zwischen den beiden Polen wird deshalb nicht aufgehoben. Es ist die Spannung zwischen dem einen Ende eines Stabes und dem andern. Es ist die Spannung zwischen Welle und Meer, Ast und Baum. Gott und Mensch werden daher auch nicht gleichgesetzt. Das Meer offenbart sich als Welle. Meer und Welle kann man verschieden ansprechen, aber ihr Wesen ist Wasser.«[15]

Bei einer solchen mystischen Erfahrung der »Einheit« von »Meer« und »Welle«, »Gott« und »Mensch« ist der Widerspruch zur traditionellen Vorstellung von Religion und Gottesglauben offenkundig. Aber wie tief, wie unauflösbar ist der Widerspruch?

Betrachten wir weitere Gedichte.

Was bleibt von »Gott«?
Konsequenzen einer nichtdualistischen Welterfahrung

Das folgende Gedicht ist im Großen Diwan enthalten:

»Ich war an dem Tag, da kein Name bestand,
Kein Zeichen des Seins war mit Namen benannt.
Benanntes und Namen entstanden durch mich
Am Tag, da ein ›Ich‹ oder ›Wir‹ nicht bekannt. [...]
Das Kreuz und die Christen gedrängt Haupt an Haupt –
Ich forschte – doch Ihn nicht am Kreuze ich fand.
Zum Tempel der Götzen, zum Kloster zog ich,
Doch hab' ich die leiseste Spur nicht erkannt. [...]
Die Zügel des Suchens lenkt' ich ka'abawärts,
Doch Er nicht am Ziel der Menschen sich fand. [...]
Ich eilte dem Ort des ›Zwei Bogen weit‹ zu –
Er war nicht an diesem erhabenen Strand.
Da schaute ich tief in mein eigenes Herz:
Dort sah ich Ihn. Das war sein eigenstes Land.
Kein anderer als Shamsi Täbriz herzensrein
Ward trunken, berauscht und in Liebe entbrannt.«[16]

Dieses vielschichtige Gedicht – wieder mit ausdrücklichem Bezug auf Shamseddin Täbrizi – macht dem Leser den Zugang nicht leicht. Was verbirgt sich hinter den Bildern »Tempel der Götzen« und »Kloster«? Vollends schwierig wird es bei dem Sprachbild »Ort des ›Zwei Bogen weit‹«. Aber auch: Wer ist nun wirklich mit »ich« gemeint? Wer mit »Er«? Wer mit »wir«?

Den Schlüssel zum Verständnis des Gedichts entdecken wir im Wechselspiel der Metaphern »ich«, »Er«, »wir«.

Zunächst steht das »Ich« im Vordergrund, dessen Eigenschaften nahezu göttlich anmuten. Dieses »Ich« hat schon existiert, als noch »kein Zeichen des Seins« Namen besaß. »Benanntes und Namen« sind erst durch dieses »Ich« geschaffen worden. Solche Attribute müßten zumindest nach den herkömmlichen Glaubenslehren monotheistischer Religionen auf Gott hindeuten, der die Welt hervorgebracht und benannt hat. Aber das hier vorgestellte »Ich« hat nichts mit einem Gott in diesem Sinn zu tun: Es offenbart die rein menschlichen Eigenschaften des Suchens und äußert die Sehnsucht, in den Zustand der ursprünglichen Einheit zurückzukehren, wo es noch keine Trennung in »ich« und »wir« gegeben hat. Zu diesem Zweck sucht das »Ich« in den verschiedensten Religionen nach dem »Er«, mit der Hoffnung, so dem Ursprung wieder nahezukommen.

Das »Ich« findet »Ihn« jedoch in keiner der zitierten Weltreligionen: nicht im Christentum (»Kreuz«), nicht im Hinduismus (»Tempel der Götzen«), nicht im Buddhismus (»Kloster«). Daß sich die Metaphern »Tempel der Götzen« und »Kloster« tatsächlich auf Hinduismus und Buddhismus beziehen, läßt sich mit einer anderen Übersetzung desselben Gedichts belegen. Dort heißt es:

> »Ich ging zum Hindu-Tempel, zu der alten Pagode.
> An beiden Orten fand ich keine Spur von Ihm.«[17]

Aber das »Ich« sucht »Ihn« vergeblich auch am Pilgerziel der Kaaba von Mekka! Ist »Er« nicht einmal im Islam zu finden?

Was bedeutet »Er«? Der Mystiker hat in diesem Gedicht das Wort »Gott« vermieden. Das Unbestimmte ist Absicht, das »Er« soll im Undeutbaren bleiben. Eine derartige Vermutung bestätigt sich, wenn wir das Wort »Er« in der persischen Originalversion betrachten. Was wir aus der deutschen Übersetzung ebensowenig wie aus der englischen oder einer anderen europäischen Sprache ersehen können: Im persischen Original ist diese metaphorisch auf Gott bezogene Formulierung umfassender – das persische Wort »u« meint sowohl »er« und »sie« als auch »es«; ein solches Wort ist im Deutschen dem geschlechtsneutralen »man« annähernd vergleichbar.

Der Sufi-Dichter Rumi kann auf diese Weise »Gott« in seiner Vieldeutigkeit noch vieldeutiger erscheinen lassen: nicht mehr festgelegt auf Gott als ein personales Wesen, erst recht nicht auf eine Gottheit männlichen Geschlechts. Mit »es« kann auch ein unpersönlich waltendes Weltgesetz gemeint sein. Aber selbst mit dieser Einsicht gelangen wir noch nicht zum Kern dessen, was der persische Dichter Rumi mit dem persischen Wort »u«, mit »Er – Sie – Es«, bezwecken will.

Den entscheidenden Schritt weiter kommen wir erst bei der nächsten Frage: An welchem Ort ist denn »Er« (oder »Er – Sie – Es«) zu finden? Das »Ich« schaut in das »eigene Herz«. Dort nur hat »Er« seine Heimat, sein »eigenstes Land«. Wieder ist hier das Motiv angesprochen, daß »Ich« und »Er« im »Herzen« des Menschen immer schon als Einheit vorhanden sind. Der Gläubige muß diese untrennbare Einheit von »Mensch« und »Gott« in sich selber nur entdecken.

»Herz« steht für die persönliche Erfahrung des Mystikers. Das »Herz« darf sich weder durch das »Kreuz« der Christen noch durch den hinduistischen »Tempel der Götzen« noch das buddhistische »Kloster« täuschen lassen, ja nicht einmal durch die »Kaaba« und den geheiligten Ort koranischer Offenbarung. Denn »Er – Sie – Es« ist weder in der Kultstätte einer Religion zu finden noch im Koran, der Bibel und anderen heiligen Schriften, auch nicht in der rationalen Begrifflichkeit von Theologen und Philosophen. Der in Glaubenslehren zum Ausdruck gebrachte »Gott« hat nichts gemeinsam mit dem »Gott« der Mystiker.

Vor diesem Hintergrund erst wird deutlich, was Rumi damit bezweckt, daß er die unterschiedlichsten Religionen in der Aufzählung nebeneinander reiht. Rumi bricht ein Tabu, indem er seine eigene Religion, den Islam, nicht nur auf gleiche Ebene mit dem geistesverwandten Christentum rückt – sondern darüber hinaus auch noch scheinbar unterschiedslos mit den strukturell völlig andersartigen Religionen Hinduismus und Buddhismus verknüpft. Hinduismus und Buddhismus präsentieren ja aus der Sicht islamischer Orthodoxie den Glauben an »Götzen«, weshalb muslimische Eroberer in Indien oft ohne jedes Unrechtsbewußtsein die fremden Tempel als Kultstätten der »Götzendiener« zerstörten (wogegen Kirchen und Synagogen als religiöse Stätten des »einen Gottes« respektiert wurden).

Das eigentlich Revolutionäre an Rumis Gedicht ist jedoch nicht, daß der mystische Dichter im Vergleich zur Orthodoxie eben eine viel größere Toleranz gegen »Götzendiener« praktiziert. Im Vordergrund steht vielmehr, daß Rumi an *allen* Religionen gleichermaßen den Anspruch ablehnt, »Gott« mit dem einzig wahren, universal gültigen »Namen« auszudrücken.

Konsequent verfährt Rumi in dieser Hinsicht gerade auch mit seiner eigenen Religion, dem Islam. Allerdings können wir Rumis erste Aussage noch relativieren:

»Die Zügel des Suchens lenkt' ich ka'abawärts,
Doch Er nicht am Ziel der Menschen sich fand.«

Hier könnte es noch so scheinen, als ob Rumi nur auf Distanz zu bestimmten Glaubensformen des Pilgerbetriebs im Umfeld der Kaaba ginge. Aber in den nachfolgenden Zeilen kommt die eigentliche Radikalität zum Ausdruck:

»Ich eilte dem Ort des ›Zwei Bogen weit‹ zu –
Er war nicht an diesem erhabenen Strand.«

Diese Zeilen beziehen sich auf den Anfang der 53. Sure des Koran, in der über die Offenbarung Gottes an den Propheten Mohammed berichtet wird. Dort heißt es, der Engel Gottes sei »am höchsten Horizont« erschienen und habe sich dem Propheten bis auf »zwei Bogenlängen« (oder Bogenschußlängen) genähert, bevor er die Botschaft Gottes an die Menschheit verkündete. Mit verschlüsselter Metaphorik spricht Rumi in diesem Gedicht das für viele Muslime Undenkbare aus: »Er« ist nicht einmal an dem heiligsten Ort koranischer Offenbarung anzutreffen. Das heißt: Der zentrale Glaubenssatz des Islam ist außer Kraft gesetzt: daß »Gott« jenseits der irdischen Welt als »ungeschaffenes« Wesen existiert – und entsprechend den Koran als »ungeschaffene« Offenbarung den Menschen hat verkünden lassen.

»Gott« in seiner eigentlich universalen, umfassenden Bedeutung existiert demnach nur im Menschen selber und sonst an keinem Ort! Dieser Gedanke taucht bei Rumi in immer neuen Varianten auf. Ich zitiere noch ein weiteres charakteristisches Beispiel aus dem *Großen Diwan*:

> »Auf Pilgerfahrt Gegang'ne
> – Wo seid ihr? Wo seid ihr?
> Hier, hier ist der Geliebte!
> Oh kommet! Oh kommet!
> Der Freund lebt Wand an Wand dir
> als Nachbar, als Nachbar –
> Verwirrte ihr, in Wüsten,
> was sucht ihr, was sucht ihr?
> Seht ihr die formenlose
> Gestalt des Geliebten,
> Der Herr, das Haus, die Kaaba –
> Ihr seid es! Ihr seid es!«[18]

Wieder taucht hier das Motiv auf, daß »Gott« nicht in der Kaaba, nicht im Vorstellungsbereich traditioneller Religiosität zu finden ist. Die auf Pilgerfahrt Gegangenen sind »Verwirrte« in »Wüsten«, anstatt zu erkennen, daß der »Freund«, der »Herr«, im Suchenden selber wohnt: als »formenlose Gestalt des Geliebten«.

Überspitzt kann man sagen: Celaleddin Rumi kennt keinen »Gott«, sondern nur eine »Erfahrung«, die sich unzulänglich mit Worten beschreiben läßt. Der Mystiker erlebt »Gott« als einen Zustand der Ekstase, als eine Befindlichkeit. Den hier exemplarisch vorgestellten Mystiker Celaleddin Rumi können wir demnach nicht als einen »Gläubigen« bezeichnen, der nach den orthodoxen Lehren seiner Religion einen personalen Gott verehrt oder sonst irgendeiner Art von »Gott« huldigt – aber auch nicht als einen »Ungläubigen«, der »Gott verneint«. Rumi läßt damit jenes dualistische Schema hinter sich, nach dem wir in unserer theologischen und philosophischen Praxis über die Problematik diskutieren, ob »Gott« existiert oder nicht. Der Gegensatz von Theismus und Atheismus ist eben nur im dualistischen Denken vorhanden. Celaleddin Rumi steht jenseits von »Glaube« und »Unglaube«, jenseits der dogmatisch festgefügten Vorstellungen, die die Menschen unterschiedlicher Kulturen von »Gott« haben.

Rumi sagt es entsprechend deutlich in einem weiteren Gedicht des *Großen Diwan*:

»Von Glauben und Unglaub' liegt jenseits ein Land,
Uns liegt eine Leidenschaft dort an dem Strand.
Der Wissende, der dorthin kommt, beugt sein Haupt.
Nicht Glaub' ist, nicht Unglaub', nicht Ort dort bekannt.«[19]

»Ketzerische« und »orthodoxe« Mystik

Einheitsmystik und Personenmystik – Gegensätze und ihre Folgen

Ich habe bereits darauf hingewiesen, daß bei weitem nicht alle muslimischen Mystiker eine derart radikale Vorstellung von der »Einheit« alles Seienden haben wie Rumi. Er bringt ja die Grenzen zwischen dem liebenden »Ich« und dem geliebten »Du«, zwischen dem »Gottsucher« und «Gott«, völlig zum Verschwinden. Für ihn sind »Ich« und »Gott« im »Herzen«, in der Seele des Menschen, immer schon als »Einheit« vorhanden. Rumis mystische Erfahrung steht damit im Gegensatz zum Glauben an einen Gott, der von einer außerirdischen Sphäre her als Herr der Geschichte allmächtig die Geschicke der Welt lenkt. Es liegt nahe, Rumis Mystik dezidiert als Einheitsmystik zu bezeichnen.

Viele Mystiker der sufischen Klassik sind in diesem Sinne Vertreter einer Einheitsmystik. Von ihnen werden uns neben Celaleddin Rumi vor allem noch Hallaj, Omar Chaijam und Ibn al-Arabi, als herausragende Persönlichkeiten, beschäftigen. Auch etliche Mystiker der nachklassischen Epoche, etwa Yunus Emre und Kabir, sind für uns als Repräsentanten einer solchen Einheitsmystik von besonderem Interesse.

Daneben aber finden sich zahlreiche Mystiker, denen »Gott« als eine eigenständige Größe außerhalb des Menschen und seiner irdischen Welt erscheint. Diese Mystiker äußern zwar die Sehnsucht nach einer »Einheit mit Gott«, halten sie jedoch letztlich für unerfüllbar. Ihrer Ansicht nach ist der dualistische Gegensatz zwischen einem personalen Schöpfer-Gott und seinem menschlichen »Geschöpf« – zwischen »Du« und »Ich« – nicht aufzuheben. Deshalb kann man ihr Verständnis von Mystik als eine an das Personale gebundene Mystik, eine Personenmystik, bezeichnen. Wenn solche Sufis und Derwische auch immer wieder die Erfahrung machen, daß sich in der Meditation ihr Gefühl des »Ich« auflöst, so ziehen sie daraus doch andere Konsequenzen als die Einheitsmystiker. Sie schrecken davor zurück, den letztmöglichen Schritt zu tun und die vertraute Gottesvorstellung des Personalen hinter sich zu lassen. Ich werde in späteren Kapiteln etliche wichtige Vertreter einer solchen Personenmystik vorstellen: allen voran Junaid, Ghasali und Naqshband.

Der Gegensatz zwischen Einheitsmystik und Personenmystik spielt, wie wir noch sehen werden, im Sufismus bis heute eine erhebliche Rolle, ja er erzeugt auch unter den Sufis und Derwischen selber beträchtliche Spannungen. Denn mit der Einheitsmystik verbindet sich für viele die Nähe zur »Ketzerei« oder zu »unislamischem« Glauben. Aber ob nun Einheitsmystiker oder Personenmystiker: Alle verstehen sie sich gleichermaßen als Muslime, alle benützen sie für »Gott« das arabische Wort »Allah« (*der* Gott), alle beziehen sie sich auf den Koran und den Propheten Mohammed. Doch die Interpretation ist eben unterschiedlich.

Bei Rumi ist deutlich geworden, daß er zwar immer den Koran und Mohammed nennt – das mystische »Ich« jedoch findet »Ihn«, »Gott«, nicht an dem »Ort des ›Zwei Bogen weit‹«, dem heiligsten Ort koranischer Offenbarung. Undenkbar wäre eine derartige Konsequenz bei einem Personenmystiker. Im Gegenteil: Personenmystiker betonen dezidiert ihre geistige Nähe zur Orthodoxie des Propheten Mohammed und seiner von einem Engel Gottes empfangenen Offenbarung.

Nach Auffassung vieler Mystiker hat Mohammed sogar selbst eine vorbildliche mystische Erfahrung gemacht. Sufis und Derwische beziehen sich hier vor allem auf Mohammeds sogenannte »Himmelsreise« oder »Nachtreise«, die in der 17. Sure des Koran, Vers 2, kurz erwähnt ist. Dort heißt es, Gott habe seinen »Diener« Mohammed »zur *Nachtreise* vom heiligen Tempel zu Mekka zum fernen Tempel von Jerusalem« geführt. Ergänzend heißt es dazu in einem Hadith (einer mündlichen Überlieferung zu Aussagen des

Propheten), Mohammed sei unter Führung des Engels Gabriel in sieben Stufen der »Erleuchtung« durch sieben Himmel aufgestiegen, bis er vor den Thron Gottes gelangte.

Aber sogar zwischen der Nachtreise Mohammeds und der Einheitsmystik eines Celaleddin Rumi gibt es keine tiefgehenden Gemeinsamkeiten. Denn bei Mohammed bleibt Gott die überirdische und jenseitige Größe, der sich der Mensch als »Geschöpf Gottes« in Sehnsucht nur annähern kann, ohne daß letztendlich die Grenzen zwischen dem »Gottsucher« und »Gott« aufzuheben sind. – Und gerade von dieser personenmystischen Haltung, wie sie sich beim Propheten Mohammed äußert, geht die islamische Orthodoxie aus und begründet von daher ihr Mißtrauen gegen jene Mystiker, die die Grenzen der Personenmystik hinter sich lassen.

Naturgemäß tun sich orthodoxe Muslime leichter, eine Personenmystik zu akzeptieren, weil diese mit ihrem Glauben an einen personalen Schöpfer-Gott eher vereinbar ist. In diesem Zusammenhang werde ich in späteren Kapiteln zeigen, daß sich die Mehrzahl der Muslime bei ihrer Sehnsucht, »Gott« mystisch zu erfahren, von Vorstellungen der Personenmystik leiten läßt. Aber die Radikalität der Einheitsmystik ist für uns von besonderem Interesse nicht nur, weil sie für viele Klassiker des Sufismus typisch ist – sondern auch, weil diese unorthodoxe Religiosität für die geistigen Umbrüche unserer Moderne beträchtliche Anregungen bieten kann.

Wenn jedoch die Mehrzahl der Muslime eher einer Personenmystik als einer Einheitsmystik zuneigt, stellt sich die Frage, weshalb ein Mystiker wie Celaleddin Rumi trotzdem in der islamischen Welt zu großem Ansehen gekommen ist. Und ebenso ist zu fragen, weshalb Muslime aller sozialen Schichten zu Rumis Grabstätte in Konya pilgern.

Eine erste Antwort habe ich bereits mit der Schilderung einzelner sufischer Pilgerzentren gegeben: Viele Muslime haben von ihrer Bildung her gar nicht die Voraussetzung, differenziert mystische Lehren – oder gar die Unterschiede zwischen einer Einheitsmystik und einer Personenmystik – zu verstehen. Bei vielen zielt das Bedürfnis nach mystischer Religiosität ohnehin weniger auf das Lesen von Gedichten als auf das Ritual der Musik, des Tanzes, der meditativen Praktiken. Aber selbst Muslime der Bildungsschicht haben teilweise nur ein sehr vages Wissen von den Aussagen großer Mystiker.

Andererseits ist das zunächst erstaunliche Phänomen zu beobachten, daß orthodoxe Muslime mit philosophischer Bildung nicht schon von vornherein auf Distanz zur Einheitsmystik eines Celaleddin Rumi gehen. Wie das?

Rumi hat in seinen Gedichten und theoretischen Schriften eine geistige Brücke zwischen seiner Form der Mystik und der »Rechtgläubigkeit« geschlagen. Rumi hat nicht, wie es auf den ersten Blick scheinen mag, den orthodoxen Glauben abgelehnt. Er hat vielmehr ein nahezu gleichwertiges Nebeneinander von mystischer Erfahrung und Orthodoxie befürwortet. Er tat dies – wie auch viele andere Sufis und Derwische – mit der Metaphorik von »Kern« und »Schale«. Und er hat vor allem damit einen geistigen Bruch mit der Orthodoxie vermieden.

»Zerbrich die Schale und finde das Innere!« Die grundsätzliche Spannung zwischen Sufismus und religiöser Dogmatik

Muslimische Mystiker haben bereits während des 9. Jahrhunderts damit begonnen, zwischen »Kern« und »Schale« zu unterscheiden. Sie bezogen die Metapher »Kern« (oder das »Innere«) auf die mystische, grenzüberschreitende Erfahrung des Religiösen. Dagegen meinten sie mit »Schale« (oder dem »Äußeren«) das dogmatisch festgefügte Gerüst des Islam und dessen sozial-religiöse Gebote. Ein Großteil der Mystiker stellte ein äußerst vielfältiges Beziehungsmuster zwischen »Kern« und »Schale« her.

Gerade von Celaleddin Rumi stammen eine ganze Reihe aufschlußreicher Verse in dieser Hinsicht. Dabei scheinen etliche seiner Verse auf eine völlig kompromißlose Haltung hinzudeuten – zumindest so lange, wie wir sie nicht in größerem Zusammenhang betrachten. So ist in Rumis *Großem Diwan* zu lesen: »Erkenne den eigentlichen Sinn der Religion, suche den Kern, verzichte auf die Schale.«[20] Und: »Zerbrich die Schale und finde das Innere.«[21] Aber derselbe Mystiker hat solche radikalen Forderungen in anderen Versen relativiert. Etwa: »Wenn du nur den Aprikosenkern in die Erde pflanzest, so wird nichts wachsen; wenn du ihn zusammen mit seiner Umhüllung pflanzest, wird er wachsen.«[22] Und: »Ich bin wie ein Zirkel. Während ich mit dem einen Bein fest in der Scharia verankert bin, durchstreife ich mit dem anderen [Bein] 72 Religionsgemeinschaften. [...] 72 andere Religionsgemeinschaften erfahren unsere Geheimnisse.« [23]

Von Celaleddin Rumi als einem herausragenden Kritiker islamischer Orthodoxie ist überliefert, daß er sich gewissenhaft an die Fastengebote des Ramadan hielt. Auch hat er, nachdem sein Ruhm als Mystiker mit grenzüberschreitender Toleranz bei Muslimen wie bei Christen schon gleichermaßen groß war, noch immer sein Amt als Korangelehrter und geistlicher Richter ausgeübt. Rumi hat weiterhin penibel Rechtsgutachten in Fragen der Scharia erstellt. Hier unterscheidet er sich nicht vom Verhalten vieler anderer Sufis und Derwische, ob nun Personenmystiker oder Einheitsmystiker.

Es wäre allerdings ein Mißverständnis, wollten wir eine solche Haltung letzten Endes als bloße Taktik ansehen. Es könnte so erscheinen, als ob sich Mystiker auf diese Weise nur gegen Angriffe der Orthodoxie abschirmen wollten. Rumi aber war in Übereinstimmung mit vielen anderen Sufis und Derwischen von der Einsicht geleitet, daß alle Glaubensformen relativ »wahr« seien und nur verschiedene Schichten des Ganzen repräsentierten: der Buchstabenglaube einfacher Menschen ebenso wie die Abstraktion erkenntniskritischer Philosophen, der Glaube an einen personalen Schöpfer-Gott ebenso wie die literarisch formulierte Bildersprache, mit der die Mystiker »Gott« oder »das Göttliche« auf ganz andere Weise zu beschreiben versuchen. Wenn hierbei Mystiker auch ihre eigene Erfahrung relativieren, so beziehen sie diese Einschränkung einzig auf den Gebrauch ihrer Bildersprache (schließlich kann nach sufischer Überzeugung keine Sprache die Wirklichkeit mystischen Erlebens adäquat ausdrücken). Aber letztendlich beharren Sufis und Derwische auf dem Anspruch, allein sie würden – gerade in der Tiefe des Unaussprechbaren, in der »Leerheit«, im »Nicht-Sein« – das universal »Ganze«, die »Einheit« alles Seienden, erfahren.

Rumi erkennt auf diese Weise jede Form des Glaubens neben der mystischen Religiosität als zumindest relativ »gültig« an. Er will also nicht eine neue Form spiritueller Religiosität schaffen, die etwa andere Formen des Glaubens außer Kraft setzt und verdrängt. Vielmehr sollen alle Formen des Glaubens den Menschen in der ihnen gemäßen Ausprägung offenstehen. Rumi trennt daher auch nicht dualistisch zwischen (»richtiger«) Mystik und (»falscher«) Orthodoxie. Entsprechend finden sich in einem seiner Gedichte (das ich bereits zitiert habe) folgende Zeilen:

> »Ich suche und kenne und rufe
> nur Ihn, bis das Auge mir bricht.
> Er ist der Erste und Letzte,
> ist Schale und ist der Kern.«[24]

Und gerade weil Rumi eine solche Haltung des Ausgleichs vielen Gläubigen vermitteln konnte, hat er sogar bei Kritikern sufischer »Ketzerei« Mißtrauen abbauen können. Rumi hat es orthodox gläubigen Muslimen möglich gemacht, nun umgekehrt auch mystische »Erfahrung« in vielerlei Ausprägungen als religiös gültige »Wege« mehr oder weniger anzuerkennen. Dabei ist es nicht entscheidend, ob diese Muslime Rumis mystische Lehre in Einzelheiten nachvollziehen können. Aber ihnen vermag die Mystik doch als eine Religiosität zu erscheinen, die zahlreiche Wege des Glaubens und Denkens mit einschließt. Dies bedeutet vielen Muslimen eine wohltuende Alternative zu den teilweise starren Abgrenzungstendenzen der Orthodoxie. Und eine solche Alternative finden die Gläubigen ja, wie schon an Beispielen veranschaulicht, sehr konkret und sinnlich greifbar in den Pilgerzentren der Sufis und Derwische.

Celaleddin Rumi sieht aber trotz aller Anerkennung orthodoxer Glaubenspraxis den Gegensatz zwischen mystischer Religiosität und der Orthodoxie nicht aufgehoben. Zwar betrachtet er »Kern« und »Schale« als gleichermaßen unverzichtbar für das Gedeihen der religiösen Frucht. Er läßt jedoch keinen Zweifel daran, daß aus seiner Sicht allein im »Kern« die universale religiöse Erfahrung gewonnen werden kann. Etwa wenn es in einem seiner Texte heißt: »Solange die Frucht unreif ist, bleibt sie besser in der Schale; wenn sie aber reif ist, schadet ihr die Schale. Für einen Vogel, dem im Ei Flügel wachsen, ist die Schale ein Gefängnis.«[25]

Einflüsse aus Indien

Das Gleichnis vom Elefanten – ein neuer Zugang zum Problem der »Wahrheit«

Im dritten Buch des *Mathnawi* stellt Celaleddin Rumi ein Gleichnis vor, das für uns von besonderem Interesse ist. Denn eindeutiger als viele andere weist dieses Gleichnis auf einen fremden kulturellen Ursprung hin – über den islamischen Raum hinaus in Richtung Osten: nach Indien. Es ist das Gleichnis vom Elefanten.

Dieses Gleichnis, das von Türken, Iranern, Arabern, Indern – aber auch von Europäern – in vielerlei Varianten zitiert wird, beginnt mit einer grotesken Situation: Ein Elefant, aus Indien hergebracht, steht in einem völlig dunklen Raum und wird von Menschen betastet, die noch nie ein solches Tier gesehen haben. Da die Menschen mit ihren Handflächen nur einen kleinen Teil des riesigen Körpers erreichen können, ist ihre Vermutung in bezug auf das Aussehen und die Beschaffenheit des Elefanten sehr unterschiedlich. Ich zitiere im folgenden eine wortgetreue Übersetzung, bei der naturgemäß der rhythmisch-melodiöse Charakter des persischen Originals wieder nur unvollständig zum Ausdruck kommt:

»Dem einen geriet die Hand an den Rüssel.
Er sagte: ›Diese Statur ist wie ein Wasserrohr.‹
Ein anderer kam mit der Hand an sein Ohr:
Es kam ihm vor wie ein Fächer.
Als einem anderen die Hand über den Fuß streifte,
Sagte er: ›Ich merke, der Elefant ist wie eine Säule gebaut.‹
Ein anderer legte die Hand auf seinen Rücken.
Er sagte: ›Der Elefant gleicht einem Sitz.‹
Auf diese Weise hat ein jeder den Teil, an den er geraten ist,
Erkannt und ihn für das Ganze gehalten.
Vom Gesichtspunkt aus wurde ihre Aussage verschieden.
Der eine nannte ihn krumm, der andere gerade.
Wenn jeder eine Kerze in der Hand gehabt hätte,
Wäre der Widerspruch aus ihren Worten verschwunden.
Das Auge der Sinne ist nur wie die Handfläche:

Die Hand kann das Ganze von ihm [dem Elefanten] nicht
erreichen.
Eines ist das Auge des Meeres, ein anderes der Schaum
[der Wellen].
Laß den Schaum und schaue mit dem Auge des Meeres.«[26]

Es ist ein Gleichnis mit vielerlei Bedeutungsschichten. Zunächst bewegen wir uns auf der Ebene der Erkenntniskritik: Alle Suchenden, die sich allein auf ihre Sinne verlassen und aus diesen Eindrücken Erkenntnisse ableiten, vermögen nur einen Teil der Wirklichkeit zu erfassen. Zu den falschen Schlußfolgerungen einer solchen Haltung gehört es, diesen Teil schon für das Ganze zu halten. Rumi äußert hier Kritik an jenen Dogmatikern, denen es selbstverständlich ist, die eigenen Glaubenssätze als absolute Wahrheiten zu verstehen und damit zugleich andere Glaubenssätze als falsch abzuwerten.

Rumi gestaltet in diesem Zusammenhang den dunklen Raum, in dem der Elefant sich befindet, zu einem Symbol für die Welt der trügerischen Sinneserfahrung. Und die »Kerze« wird zum Sinnbild für die Welt jenseits des dunklen Raums: die Welt der Vernunft, der kritischen Erkenntnis. Rumi erweist hier der rationalen Philosophie und Wissenschaft seine Referenz. Doch wie nahe fühlt sich Rumi einem derartigen Rationalismus?

Was in diesem Gedicht den Mystiker noch mit dem erkenntniskritischen Denker eint, ist der tiefgehende Zweifel an der Überzeugung, die Welt sei mit Hilfe der Sinne eindeutig erkennbar. Entsprechend sind sich der Mystiker und der rationale Kritiker auch darin einig, daß keine Religion die alleinige Wahrheit besitzen könne – sondern jedes religiöse Dogma, selbst mit universalem Anspruch, nur einen kleinen »Teil« des »Elefanten« repäsentiere. Einig sind sie sich auch in der Forderung, tolerant gegen Andersgläubige und Andersdenkende zu sein – eben weil alle Menschen mit Hilfe der sinnlichen Wahrnehmung immer nur Teilwahrheiten, nie jedoch die ganze (absolute) Wahrheit erkennen können.

Aber der Mystiker Rumi geht über diese erkenntniskritische Ebene hinaus. Am Ende des Gedichts verwendet er Metaphern mystischer Erfahrung, indem er das »Auge der Sinne« und das »Auge des Meeres« einander entgegensetzt. Im ersten Bild haben wir die sinnliche Wahrnehmung mit all ihren subjektiven Begrenzungen – im letzteren Bild das »Meer«, das die Unbegrenztheit des Göttlichen signalisiert.

»Das Auge des Meeres« … »der Schaum« … Für den westlichen Leser, der mit der Bildersprache der islamischen Mystik nur unzureichend vertraut ist, ergeben sich bei den letzten zwei Zeilen zunächst Verständnisschwierigkeiten. Hier ist thematisch ein Sprung von einer Ebene auf eine andere gemacht. Die Metaphern »Meer« und »Schaum« (der Wellen) sind nur verständlich, wenn wir den Blick auf andere Gedichte Rumis werfen, in denen solche Bilder ebenfalls verwendet werden. In einem vorhergehenden Abschnitt habe ich ja ausführlich ein derartiges Gedicht vorgestellt.[27] Rumi knüpft im Gleichnis vom Elefanten an die Metaphorik solcher Gedichte an und setzt beim Leser eine entsprechende Kenntnis voraus.

Das Bild vom »Meer« steht auch hier für die Erfahrung der mystischen Einheit alles Seienden. Und der »Schaum« (der Wellen) symbolisiert die einzelnen Menschen, die sich ihrer Zugehörigkeit zum Ganzen, dem Meer, nicht schon von vornherein bewußt sind. Diese Verse fordern erst dazu auf, das Bewußtsein von einer Einheit von »Welle« und »Meer«, »Ich« und »Gott«, zu gewinnen. Das Gedicht spricht es sehr bildhaft aus: Der Einzelmensch unterscheidet sich nur kurzzeitig vom Ganzen: Schaum bildet sich an der Oberfläche, um sich schnell wieder aufzulösen. Rumi spricht auch hier die Erfahrung des Mystikers aus, für den das Leben nur Bewegung an der Oberfläche ist. Allein wichtig ist die Zugehörigkeit zum Ganzen, die Zugehörigkeit der Welle zum Meer.

In diesem Zusammenhang distanziert sich Rumi letztendlich auch vom Bild des Elefanten. Mit dem »Auge des Meeres« gesehen, ist das »Auge der Sinne«, mit dem die Gestalt des Elefanten wahrgenommen wird, bedeutungslos geworden. Rumi zitiert das Gleichnis als ein Beispiel dafür, was rationalistische Kritik zu leisten vermag – und wo ihre Grenzen sind. Der erkenntniskritische Denker bleibt auf das Gestalthafte, den Körper des Elefanten, fixiert, bleibt bei der Erkenntnis stehen, daß die im Dunkeln tastenden Menschen nur »Teile« der Gestalt zu erfassen vermögen. Sogar beim »Licht« der »Kerze« betrachtet, erschließt sich der

Vernunft »nur« die Gestalt des Elefanten, »nur« das Äußere, »nur« die Oberfläche, nicht das Wissen um die Einheit.

Rumi als Mystiker läßt in letzter Konsequenz alle Bilder, alle Gestalten hinter sich. Der Mystiker erlebt und erfährt das Gestaltlose, für das er schließlich allein noch das »Meer« – nicht mehr den »Elefanten« – symbolisch benennt. Rumi benutzt das Gleichnis vom Elefanten, um zu zeigen, daß die Ebene rationaler Erkenntniskritik wichtig für den religiös denkenden Menschen ist. Aber ein solches Denken kann für ihn doch nur eine Vorstufe sein für die viel weiter gehende Erfahrung des Mystikers.

Hat Rumi von Buddha gelernt?

Eine Frage bleibt noch offen: Weshalb wählte Celaleddin Rumi in seinem Gleichnis einen Elefanten als Beispiel? Und weshalb wies er ausdrücklich darauf hin, daß dieses Tier aus Indien stammt? Sollte er das Gleichnis einer indischen Quelle entnommen haben? Will Rumi etwa mit dem Bezug auf einen Elefanten sogar ganz bewußt eine Brücke zur Mystik Indiens schlagen?

Solche Fragen erscheinen auf den ersten Blick als reichlich spekulativ. Es liegt schließlich in der Logik der Erzählung, daß das Tier vom Typ her den Einheimischen völlig unbekannt sein muß, sonst hätten die tastenden Menschen in der Dunkelheit nicht zu ihren grotesken Schlußfolgerungen kommen können. Aber warum dann ausgerechnet ein wörtlicher Hinweis auf Indien?

Ich mußte mich vorerst mit dem spärlichen Hinweis der Sufismus-Forscherin Annemarie Schimmel begnügen, daß Rumi das Gleichnis nicht selbst erfunden, sondern aus einer fremden Quelle übernommen und philosophisch nur neu interpretiert habe. Rumi verdanke das Gleichnis dem muslimischen Mystiker Abu'l-Majd Sanai. Dieser Sufi war wie Rumi im Nordosten des iranischen Kulturraums geboren und starb dort um das Jahr 1130. Die Zeit seines Wirkens liegt damit um nahezu eineinhalb Jahrhunderte vor Rumi. Etliche Jahre hatte Sanai auch in Balch, der Geburtsstadt Rumis, gelebt.[28] Es stellt sich also jetzt die Frage, ob nicht auch Sanai aus einer fremden Quelle geschöpft hat – und sich diese Quelle eben doch außerhalb des islamischen Kulturraums befinden könnte.

Zufällig stieß ich auf dasselbe Gleichnis vom Elefanten, als ich mich in völlig anderen Zusammenhängen mit buddhistischer Überlieferung beschäftigte. Dieses Gleichnis ist im *Pali Kanon,* der klassischen Schriftensammlung des älteren Buddhismus, enthalten. Sie ist rund vier bis fünf Jahrhunderte vor unserer Zeitrechnung – also rund 1400 Jahre vor dem Wirken Celaleddin Rumis – in Indien entstanden. In dem dort enthaltenen Buch *Udana,* »Ekstatische Worte«, hat das Gleichnis die Überschrift »Von den Blindgeborenen«. Nach Auskunft dieses Buches hat Buddha das Gleichnis seinen Schülern erzählt, um sie davon zu überzeugen, daß niemand die Wahrheit der eigenen Religion oder Weltanschauung schon als »ganze Wahrheit« ansehen dürfe. Im folgenden gebe ich die Erzählung aus buddhistischer Sicht kurz wieder, um die frappierenden Gemeinsamkeiten zu verdeutlichen.

Buddha weilte, so beginnt die Rahmenerzählung des Gleichnisses, in einem Kloster zu Besuch, und dort berichteten ihm die buddhistischen Mönche von den heftigen Streitereien etlicher Asketen und Priester in der weiteren Klosterumgebung. Die Mönche zeigten sich verunsichert angesichts der rechthaberischen Dispute über die Fragen, ob es einen Gott gebe oder nicht, ob eine unsterbliche Seele existiere oder nicht. Die Streitgespräche hatten schließlich in verletzende Schmähreden und strikte Ablehnung anderer Meinungen gemündet. Buddha antwortete auf diese Vorfälle mit dem Gleichnis »Von den Blindgeborenen«.

Einst, so erzählte Buddha, hat ein König den Auftrag gegeben, alle Blindgeborenen der Hauptstadt an einem Ort zusammenzubringen. Nachdem dies geschehen war, befahl er diesen, einen Elefanten zu betasten und anschließend das Aussehen und die Beschaffenheit des Tieres zu beschreiben. Die Antworten fielen entsprechend unterschiedlich aus, je nachdem, welchen Körperteil der jeweilige Blindgeborene zu fassen bekam. Die Urteile lauteten dann auch wie in der Erzählung des Celaleddin Rumi: Wie eine Säule sei der Elefant ... wie ein Sessel ... wie ein Fächer ... Jeder der Blindgeborenen konnte aber hören, was sein Nachbar sagte, und war entsetzt über die falsche Meinung des anderen. So entstand unter den Blinden ein heftiger Streit, wobei ein jeder den andern zu überschreien versuchte, wie denn ein Elefant tatsächlich beschaffen sei. »Genauso, ihr Mönche«, schloß Buddha sein Gleichnis, »verhält es sich mit den Wanderasketen verschiedener Richtung. Blind und augenlos erkennen sie nicht, worauf es ankommt und worauf es nicht ankommt [...], es streiten sich und geraten in Widerrede die Menschen, die einen Teil sehen.«[29]

Natürlich ist Buddhas Erklärung von mystischem Denken geprägt, wenngleich auch hier zunächst der erkenntniskritische Aspekt im Vordergrund steht. Aber das Buch, in dem dieses Gleichnis enthalten ist, hat ja den Titel *Udana*, »Ekstatische Worte«. Allerdings kommt im Gleichnis nicht selbst schon augenfällig die mystische Tendenz zum Ausdruck. Wir müssen den Text in größere Zusammenhänge einordnen.

Wenn wir Buddhas religiöse Grundhaltung betrachten, können wir das Gleichnis »Von den Blindgeborenen« nur im Hinblick auf die Mystik interpretieren. Buddha ist Mystiker, indem er lehrt, das Absolute oder die Letzte Wirklichkeit könne weder durch Worte noch durch Bilder, weder durch angestrengte Reflexion noch durch sinnliche Vorstellungskraft erfaßt werden. Das Absolute lasse sich nur in der Unaussprechlichkeit der Meditation, des Yoga, »erleben«, »erfahren«. Auf dieser höchsten Stufe mystischer Erfahrung sei das Absolute »leer« von allem Begrifflichen und Bildlichen. Begriffe und Bilder würden nur verengen, nur verfälschen. Diese »Leerheit«, die »Shunyata«, sei Ausdruck der »Letzten Wirklichkeit«. Im engsten Zusammenhang mit »Shunyata« verwenden Buddhisten auch den (bei uns besser bekannten) Begriff »Nirvana«, der sich ebenfalls mit »Leerheit« übersetzen läßt.[30] Auf einer solchen Ebene werden dann Fragen wie jene, ob es einen Gott gibt oder nicht, gegenstandslos. Hier zeigt sich eine Parallele zu jener Metapher vom »Nicht-Sein«, die Celaleddin Rumi immer wieder gebraucht.

Buddhas Kritik an der Haltung der »Blindgeborenen« soll in einem ersten Erkenntnisschritt dazu beitragen, die Menschen aus ihren engen, einschränkenden Glaubensvorstellungen der eigenen Religion zu lösen. Aber letzten Endes hat das Gleichnis bei Buddha – wie bei Rumi – eine nur untergeordnete Funktion und dient als Vorbereitung für die viel weiter reichende Erfahrung des Mystischen.

In diesem Zusammenhang ist es unerheblich, inwieweit Rumi selber genauere Kenntnis von dem Mystiker Buddha und dessen Lehre besaß – einer indischen Religion, der ein Glaube an einen allmächtigen Schöpfer-Gott grundsätzlich fremd ist. Entscheidend ist vielmehr, daß Rumi sich von einem Gleichnis buddhistischer Herkunft angesprochen fühlte und hier geistige Verwandtschaft zu seiner eigenen Weltsicht entdeckte.

Auf welche Weise aber konnten Muslime überhaupt ein buddhistisches Gleichnis kennenlernen?

Die Antwort finden wir, sobald wir die Bedeutung der Stadt Balch im nordostiranischen Kulturraum genauer betrachten. Balch war ja vor der Eroberung durch Muslime jahrhundertelang unter dem Namen Baktra ein Zentrum des Buddhismus gewesen. Noch im 7. Jahrhundert hat es im Umkreis dieser Stadt Baktra mehr als hundert buddhistische Klöster gegeben. Der ganze nordostiranische Kulturraum (deren östlicher Teil im heutigen Afghanistan liegt) war damals noch stark vom Buddhismus geprägt. Davon zeugen auch die mächtigen, in Fels gemeißelten Buddha-Statuen von Bamyan, die sich nur rund 150 Kilometer von Balch entfernt befunden haben (bevor Milizen der Taliban dieses einzigartige Kulturdenkmal 2001 im religiösen Fanatismus zerstörten). Als die Muslime im 9. Jahrhundert Balch eroberten, waren sie fasziniert von der hochentwickelten Kultur dieser Region. Wenn sie auch buddhistische Tempel zerstörten, weil sie jene als Orte des »Götzenglaubens« strikt ablehnten, so haben sie doch andererseits die Bibliotheken geschont. Mehr noch: Sie überprüften deren Schriftrollen auf den Nutzen für praktisch anwendbare Wissenschaft, zeigten sich aber auch neugierig auf philosophische Texte.

Das Gleichnis »Von den Blindgeborenen« hat auf diese Weise in Balch unbeschadet überdauert. Bezeichnend ist jedoch, daß es nicht von einem Korangelehrten, sondern von einem Sufi verbreitet wurde. Nur ein Sufi konnte sich von diesem Text angesprochen fühlen, weil er die Bedenken der Orthodoxie nicht teilte. Bezeichnend ist allerdings auch, daß Muslime, die heute mit dem Sufismus sympathisieren, gerne das Gleichnis vom Elefanten zitieren – ohne von dem eigentlichen buddhistischen Ursprung zu wissen.

Ekstase und Meditation

Musik und Tanz als »Weg« zur Erfahrung der mystischen »Einheit«

Ich hatte das Glück, 1967 in Marrakesch musizierende und tanzende Derwische, ohne Einflüsse eines kommerziellen Tourismus, zu erleben. Damals war Marokko noch wenig von Touristen besucht, entsprechend »unberührt« erschien mir die Fantasia, ein Reiterfest der Berber, an dem auch die Musikanten und Tänzer teilnahmen. Ich war der einzige westliche Besucher in einem der Zuschauerringe. In der Mitte saßen Männer mit Darboukas (schweren Trommeln), mit Rhaitas (klarinettenartigen Flöten), mit Rebabs. Zu der schwermütig anmutenden Musik tanzten Derwische, die aus dem Atlasgebirge zu diesem Fest gekommen waren, Männer mit zottigem Haar; sie tanzten, bis sie sich unter Zuckungen auf dem Boden wälzten. Die Zuschauer erschienen zunehmend erregt und aufgeputscht durch die Musik, manche fingen ebenfalls zu tanzen an.

Für mich waren solche Szenen, wie schon gesagt, zunächst völlig unverständlich. Ich glaubte, Zeuge archaischer Praktiken zu sein, die sich noch in Restbeständen aus dem islamischen Mittelalter erhalten haben. Aber gerade an solchen Erscheinungsformen wird deutlich, daß der Sufismus eben nicht nur eine Bewegung philosophisch und literarisch gebildeter Persönlichkeiten ist – sondern weit in die Schichten des einfachen Volkes hineinreicht. Der sogenannte »Derwisch der Straßen und Marktplätze«, der oft nur wenig lesen und schreiben kann oder gar Analphabet ist, kann souverän einen »Weg« zu Ekstase und Trance beherrschen, kann auf diese Weise eine Brücke von der philosophisch geprägten Mystik hin zur sogenannten Volksreligion bilden – und so vor allem dem Sufismus zur Breitenwirkung verhelfen.

Andererseits messen nicht wenige der philosophisch gebildeten Sufis gerade der Musik als einem »Weg« mystischer Erfahrung höchste Bedeutung bei. An vorderster Stelle genannt werden muß in diesem Zusammenhang wiederum Celaleddin Rumi. Er kann sogar als jener muslimische Mystiker gelten, dem es wie keinem anderen gelungen ist, Musik und Tanz im Sufismus als die meistverbreitete Tradition populär zu machen – und damit Elemente der Volksreligion mit denen einer philosophisch begründeten Mystik enger zu verbinden. Wir werden daher Rumis Auffassung über die Bedeutung von Musik und Tanz als exemplarisches Beispiel näher betrachten.

Begeben wir uns wieder nach Konya, in jene Stadt, in der Rumi über viele Jahrzehnte wirkte. Dort hatte er Mitte des 13. Jahrhunderts der mystischen Musik und dem Tanz der Derwische entscheidende Anstöße gegeben.

Um das Jahr 1250 unserer Zeitrechnung war es den Einwohnern Konyas schon zur vertrauten Szene geworden, daß sich vor der großen Moschee Männer zum rituellen Tanz versammelten. Sie trugen hohe, braune Filzmützen, braune Mäntel, weiße Unterkleider, braune Gürtel – Rumi selber hatte die Tracht seiner Derwische entworfen. Musikanten spielten mit einer Nai, einer Rebab und einer Trommel eine langsame, feierliche Melodie. Die Derwische verbeugten sich voreinander und küßten einander gegenseitig die rechte Hand, bevor sie mit gemessenen Schritten im Kreis gingen. Die Musik wurde lebhafter, die Derwische gingen rascher, begannen sich um die eigene Achse zu drehen – immer schneller, immer schneller, um schließlich in den Zustand der Trance zu geraten.

Viele Muslime in Konya sahen um das Jahr 1250 solchen Ritualen mit gemischten Gefühlen zu, fasziniert, irritiert, ja manche mit unverhohlener Abneigung. Musik und Tanz als Bestandteil einer religiösen Zeremonie erschienen vielen Gläubigen damals noch als ungewohnt oder gar anstößig. Entsprechend berichteten später Rumis Biographen von schweren Konflikten des Sufi-Meisters mit orthodoxen Korangelehrten, die in Musik und Tanz einen »unislamischen«, ja »heidnischen« Brauch sahen und sie daher verbieten wollten.[31] Korangelehrte warfen Rumi vor, er übertrage »weltliche Genüsse« in die Sphäre des Religiösen, er schaffe eine Atmosphäre zügellosen Gebarens vor den Moscheen und lenke damit von Gott ab, anstatt zu ihm hinzuführen. Die Derwische in Konya ließen sich jedoch nicht beirren, sie hielten an ihren Zeremonien fest und fanden bereits zu Lebzeiten Rumis immer größeren Zulauf.

Eine vielschichtige Symbolik liegt dem Tanzritual zugrunde. Die Derwische streifen zu Beginn der Zeremonie ihre dunklen Mäntel ab, die das dunkle Erdenleben verkörpern. Nun tragen sie nur noch das weiße Untergewand. Weiß wird aber als die Farbe der geistigen Auferstehung verstanden. Während sich die Tanzenden um die eigene Achse drehen, halten sie die eine Hand gegen den Himmel und empfangen von dort symbolisch den Segen. Diesen Segen geben sie mit der anderen abwärts gerichteten Hand an die Erde weiter.[32]

Eine besondere metaphysische Bedeutung verleiht Rumi hierbei der Nai, der Rohrflöte, dem in seiner Musik dominierenden Instrument. Rumi läßt das monumentale Sammelwerk *Mathnawi* mit einem Gedicht beginnen, das zum Modell für Tausende von Gedichten in der türkischen, persischen und indo-muslimischen Dichtung geworden ist. Dort klagt das Schilfrohr, daß es aus dem heimischen Röhricht geschnitten und damit von seinem »Ursprung« getrennt wurde. Aber zur Flöte geschnitten, verwandelt sich die Klage zu betörender Musik. Die Flöte wird hier zum Sinnbild für den Mystiker, der in seinen Versen und mit seiner Musik die Trennung vom göttlichen Ursprung beklagt und sich nach dem »Vereint-Sein« mit dem »Ursprung« zurücksehnt. Das Gedicht beginnt mit den Versen:

»Vernimm das Rohr, wie es erzählt,
Wie es Klage erhebt über die Trennungen:
Seit man mich aus dem Röhricht schnitt,
Haben durch meine Töne Männer und Frauen geklagt.
Ich suche eine Brust, ob der Trennung zerrissen und zerfetzt,
Um ihr den Sehnsuchtsschmerz zu erklären.
Wer immer in die Ferne geriet von seinem Ursprung,
Sucht die Zeit seines Vereint-Seins wieder.«[33]

»Sama«, oder »Sema«, »Hören«, wurde in solchem Zusammenhang zum feststehenden (arabischen) Namen für den mystischen Tanzreigen und die Begleitung durch Musikinstrumente und Gesang.

Allerdings war Rumi bei weitem nicht der erste Mystiker, der musizierte, sang und tanzte. Schon drei Jahrhunderte vor ihm hatten Sufis und Derwische sich im Tanz gedreht. Ja, bereits in der zweiten Hälfte des 9. Jahrhunderts waren Mystiker in Bagdad dazu übergegangen, durch Musik ekstatische Zustände herbeizuführen.[34] Aber Rumi war der erste, der den Gesang, die Musik und den Tanz institutionalisierte, zu einem zentralen »Weg« der islamischen Mystik machte und hier ein Vorbild für viele mystische Bruderschaften späterer Jahrhunderte schuf.

All diese Beispiele zeigen, daß viele Gläubige ihre Sehnsucht nach einer intensiv gelebten Religiosität eher in sinnlich gestalteten Ritualen befriedigen können als beim Verrichten des nüchternen Gebetsrituals oder beim Anhören dogmatisch einengender Predigten und der Konzentration auf sozial-religiöse Gesetze. Die Derwisch-Bruderschaften entwickelten hier kollektive Methoden, um ihre Anhänger durch Zeremonien in ekstatische Zustände zu führen. Für Rumis Mevlevi-Derwische spielte die hier beschriebene religiöse Ritualisierung von Musik, Gesang und Tanz die entscheidende Rolle – ebenjene Praxis, die bald zum populärsten »Weg« mystischer »Erfahrung« wurde.

Aber ein weiteres wichtiges Ritual darf nicht fehlen, ohne welches das Spektrum mystischer Praktiken unvollständig wäre: das monotone Singen und Sprechen der Namen Gottes in endloser Wiederholung. Dieses Ritual, das bei den Mevlevi-Derwischen ebenfalls einen wichtigen Stellenwert besitzt, hat den arabischen Namen »Dhikr« (»Zikr« gesprochen). »Dhikr« ist wörtlich mit »Gedenken« zu übersetzen und bedeutet in diesem Zusammenhang »Gedenken an Gott«. Den *Dhikr* haben Sufis und Derwische zwar schon im 9. und 10. Jahrhundert praktiziert, aber erst in den Bruderschaften ein bis zwei Jahrhunderte später ist auch der *Dhikr* zu einem institutionalisierten Ritual geworden.

Die Derwische – und mit ihnen die Pilger – sammeln sich für den *Dhikr* oft zu Hunderten, um Namen Gottes und kurze Sätze des islamischen Glaubensbekenntnisses zu singen oder zu sprechen, wobei sie ihre Körper rhythmisch bewegen. Die Parallele zu Gesang und Tanz ist deutlich. Gesungen oder gesprochen werden auf arabisch die koranischen Formeln »la ilaha illa'lla« (»Es gibt keinen Gott außer Gott«), »ya allah« (oh Gott), »allah hu« (Gott, Er), »al haqq« (der Wahre). Der stark rhythmisierte Klang der

Worte, erzeugt von Dutzenden oder gar Hunderten Stimmen im Chor, und die rhythmische Bewegung der Körper bedeuten für die Versammelten eine wichtige Hilfe, um in Gemeinschaft »Gott« intensiv zu »erfahren«. Die Versammelten geraten durch die ständige Wiederholung der Gottesnamen und Glaubensformeln in Trance, in Ekstase. Je länger die Versammelten singen und sich rhythmisch bewegen, um so mehr verkürzen sie das Wort »Allah«, bis nur noch der letzte Buchstabe »h« übrigbleibt – ein Buchstabe, der als »ha« vokalisiert gesungen wird und wie ein intensives Seufzen wirkt. Häufig haben die Singenden hierbei die Augen geschlossen, die rechte Hand ist in die linke des Nachbarn gelegt.[35]

Eine solche Rezitation von Gottesnamen und Glaubensformeln dient, wie der Benediktinermönch und Zen-Meister Willigis Jäger in dem (bereits vorgestellten) Buch *Die Welle ist das Meer* formuliert, dazu, »das Bewußtsein zu sammeln und zu binden; und zwar sowohl durch Schwingungen des Lauts als auch durch die Konstanz der Rezitation. Der Sinn der Worte ist hierbei nicht wichtig, ebensowenig ihre emotionale Aufladung. Entscheidend ist das Einswerden mit dem Laut.«[36]

Bei diesen Litaneien und Rezitationen spielt die Technik des Atmens eine sehr wesentliche Rolle. Der Körper selbst ist Ausgangspunkt mystischer Erfahrung. Ziel ist, daß das Ich eins wird mit dem jeweiligen Atemzug, der jeweiligen Silbe, der jeweiligen rhythmischen Bewegung – dies ist das »Auslöschen des Ich«. Im Körper gehen so Prozesse vor sich, die die Grenzen bisheriger Empfindung und Wahrnehmung sprengen und hinführen zu einer meditativen Erfahrung, in der die »Zweiheit« von »Ich« und »Du«, »Mensch« und »Gott« aufgehoben werden soll.

Menschen, die sich solchen mystischen Ritualen unterziehen, berichten oft – unabhängig von ihrer religiösen Zugehörigkeit –, daß sich bei ihnen in einer fortgeschrittenen Phase der Meditation eine Bewußtseinsveränderung einstellt. Sie fühlen sich nicht mehr »isoliert«, als Person, sondern in größere kosmische Zusammenhänge eingebettet.[37]

»Berauscht vom Wein der Mystik«. Was ein Sufi unter »Wein« versteht

Den westlichen Leser erwarten weitere Überraschungen und Irritationen, sobald er seinen Blick auf die Metaphern richtet, mit denen Sufis und Derwische ihr mystisches Erlebnis literarisch zur Darstellung bringen. »Trunkenheit«, »Rausch« und »Wein« sind häufig verwendete sprachliche Bilder bei der Beschreibung des »Weges zu Gott«:

»Bring Wein herbei, unstillbare
Sehnsucht soll uns nicht verzehren!
Preisgeben will ich mich dem Rausch ...«

So beginnt etwa ein berühmtes Gedicht des persischen Dichters und Mystikers Hafis.[41] Und ein anderes:

»Saghi [Mundschenk], erhelle unseren Becher
durch das Licht des Weins.«[39]

Und Gedichte des Naturwissenschaftlers und Mystikers Omar Chaijam beginnen mit Versen wie: »Heiter zu sein und Wein zu trinken ist meine Regel ...«, »Ich kann nicht leben ohne klaren Wein ...«, »Heute nacht werde ich ein Weinfaß aufstellen ...«[40]

Wie das? Ist der Genuß von Alkohol, ist »Rausch« für Muslime nicht ein unumstößliches Tabu?

Bevor ich weitere Gedichte Celaleddin Rumis in bezug auf diese Thematik interpretiere, möchte ich kurz darauf eingehen, was im Koran über Alkoholgenuß und über berauschende Getränke steht.

In Sure 2, Vers 220, heißt es in einer Offenbarung Gottes an seinen Propheten Mohammed: »Auch über Wein und Spiel [Glücksspiel] werden sie dich befragen. Sag ihnen: In beiden liegt Gefahr der Versündigung – doch auch Nutzen für die Menschen; der Nachteil überwiegt jedoch den Nutzen.« Und in Sure 5, Vers 91 und 92, ist zu lesen: »Oh Gläubige, der Wein, das Spiel [Glücksspiel], Bilder [Götzenbilder] und Loswerfen sind verabscheuungswürdig und ein Werk Satans, vermeidet sie, damit es euch wohl ergehe. Durch Wein und Spiel will der Satan nur Feindschaft und Haß unter euch stiften und euch vom Denken an Allah und von der Verrichtung des Gebets abbringen.«

Für Sufis und Derwische eine schwierige Situation. Sie konnten und sie können es nicht wagen, radikal das Alkoholverbot des Koran zu ignorieren. Aber viele von ihnen beharren ausdrücklich darauf, den Wein als Genußmittel zu preisen. Wie verträgt sich das eine mit dem anderen?

Betrachten wir beide Koranverse genauer, sehen wir, daß das Verbot in der 2. Sure differenzierter als in der 5. Sure zur Sprache kommt. In der 2. Sure ist auch von einem »Nutzen« des berauschenden Getränks die Rede und ist nur kurz angedeutet, daß es vielen Menschen schwerfalle, Nutzen und Schaden richtig abzuwägen, deshalb sei Enthaltsamkeit besser. Dieser Vers gibt Sufis und Derwischen gegenüber orthodoxen Korangelehrten Raum für das Argument, Wein sei zumindest den »Wissenden« erlaubt, die mit dem »Rausch« umgehen könnten. Das absolute Alkoholverbot, wie es dagegen in der 5. Sure zum Ausdruck komme, habe Gott nur für die vielen »Unwissenden« erlassen.

Auf den ersten Blick mögen solche Unterscheidungen als interpretatorische Spitzfindigkeiten erscheinen. Trotzdem bringen Sufis und Derwische bis heute derartige Argumente mit Nachdruck vor – eben weil sie darauf Wert legen, als »gläubige Muslime« auf der Grundlage des Koran anerkannt zu werden. Es sei aber, und das machen die muslimischen Mystiker in ihren Argumenten gegenüber orthodoxen Muslimen ebenso deutlich, nicht entscheidend, ob nun ein »Wissender« tatsächlich Wein trinke oder nicht. Letztlich gehe es beim Lobpreis des Weins um ein Sinnbild. »Wein« und »Rausch« seien Metaphern für einen spirituellen Zustand.

Ich werde später in den Einzeldarstellungen herausragender Mystiker noch mehrmals auf Gedichte eingehen, die dies belegen (so etwa bei Omar Chaijam). Hier sollen im weiteren die Aussagen Celaleddin Rumis als Beispiele genügen.

Bei manchen seiner Gedichte könnte der Leser zunächst den Eindruck gewinnen, als habe sich Rumi oft genug über das Alkoholverbot hinweggesetzt. So etwa, wenn er als mystischer Dichter auf den Einfluß anspielt, den der unkonventionelle Wanderderwisch Shamseddin Täbrizi auf ihn ausübte. Shamseddin war schließlich ein Qalandar-Derwisch, von denen viele, wie schon erwähnt, ungeniert Wein tranken.

Zunächst möchte ich Verse eines bereits zitierten Gedichts in Erinnerung rufen:

»Ich leiste auf alles andere
als auf Tollheit und Zechen Verzicht! [...]
Oh Shamsi Täbriz, sieh, so trunken
und liebesberauscht bin ich hier,
Daß ich außer Rausch und Vergnügen
Geschichte nicht weiß noch Gedicht.«[41]

Und Zeilen eines entsprechenden Gedichts:

»Ich war Asket. Er [Shams] verwandelte mich in einen Dichter.
Er machte mich zum Haupt der Landstreicher, die nach Wein verlangen.«[42]

Möglicherweise hat Rumi unter dem Einfluß Shamseddins eine Zeitlang Wein getrunken – es gibt darüber keine gesicherten Quellen. Doch betrachten wir diese Strophen im Zusammenhang mit Rumis Gesamtwerk, spielen solche Überlegungen keine große Rolle. Rumi hat »Wein« und »Rausch« symbolisch überhöht, wir müssen die Worte letztlich als Metaphern verstehen. Das »Verlangen nach Wein« weist auf eine existentielle Situation hin, ebenso gilt dies für das »Haupt der Landstreicher«. »Wein« bezieht sich auf die Sehnsucht nach einem ekstatischen Bewußtsein jenseits aller geordneten Bahnen dogmatischen Denkens und religiöser Traditionen, »Landstreicher« auf den geistig Ruhelosen und Unbehausten. Hierzu paßt, daß in der Zeile zuvor »Asket« und »Dichter« als Gegensätze dargestellt sind: »Asket« bezieht sich auf die strenge Logik des Korangelehrten, der sich strikt an den dogmatischen Aussagen des Koran und den Gesetzen der Scharia orientiert, »Dichter« auf die Erfahrung des Mystikers.

In anderen Texten ist Rumi von vornherein eindeutiger. So etwa:

»Mit der Liebe begann seit Anbeginn unsere Bahn,
vom Wein der Vereinigung ist unsere Nacht erhellt;
von jenem Wein, der in unserem Glauben nicht verboten ist,
bis zum Ende wirst du unsere Lippen nicht trocken finden.«[43]

Die metaphorische Bedeutung des Weins erläutert Rumi zusätzlich in einer seiner Schriften: »Reiche uns den Wein der Gemeinsamkeit. Mache uns in gleichem Maße trunken, damit wir uns versammeln und die Unterschiede im Aussehen augenblicklich verlieren. Denn überwinden wir das Stadium des Ichs, so nehmen wir die Eigenschaften des Wassers an, passen uns der Farbe und Form eines jeden Gefäßes an. Wir sind die Äste ein und desselben Baumes, wir sind Weggefährten.«[44] – Entsprechend sind folgende Verszeilen im *Großen Diwan* zu verstehen:

»Der Wein ist eins, die Flasche wandelt sich –
Wie schön berauscht uns dieser Wein so klar.«[45]

In diesen Texten ist komprimiert alles enthalten, was die religiös-philosophische Tiefe eines Celaleddin Rumi ausmacht. »Wein« steht für die »Vereinigung« der Gegensätze auf einer höheren Bewußtseinsebene, für ein Verschwinden der dualistischen Trennung zwischen Ich und Du, Welt und Gott, Irdischem und Überirdischem. In diesem Sinn »erhellt« der »Wein« die »Nacht« der Trennungen. Die Metapher »Liebe« ist ein weiteres Sinnbild für die prinzipiell *alle* Gegensätze und Trennungen vereinigende Sehnsucht.

Im vorletzten der eben zitierten Texte kommen die Worte »Wasser« und »Baum« als zusätzliche Sinnbilder für »Einheit« hinzu. So ist »Wasser«, das in jedem Gefäß – jeder Religion, jeder Philosophie – eine andere Farbe und Gestalt annimmt, doch jedesmal dasselbe Wasser. Und so sind alle in der Form sehr unterschiedlichen Zweige doch aus ein und demselben Baum gewachsen. Es sind Metaphern, die wir teilweise wörtlich auch bei anderen Sufis und Derwischen finden – ja, auch bei Mystikern anderer Religionsgemeinschaften, wie wir später an Beispielen aus hinduistischer Mystik sehen werden.

»Wein« und »Rausch« als spirituelle Chiffren ... Dieses Motiv zieht sich seit vielen Jahrhunderten durch die Dichtung islamischer Mystik. Das Wort »Wein«, auf arabisch wie persisch »Sarab«, besitzt für nahezu alle muslimischen Dichter eine über das Alltägliche hinausgehende symbolische Bedeutung. »Sarab« steht nicht nur für den gegorenen Saft der Traube, der betrunken machen kann, es steht auch für den Eros, der den Liebenden »trunken« macht, die Fesseln des »Ichs« sprengt und dem Ekstatiker die »Welt der Engel« aufschließt. Deshalb haben teilweise sogar Korangelehrte und Asketen, die es mit den koranischen Vorschriften des Alkoholverbots sehr genau nahmen, »Wein« und »Rausch« in diesem Sinn ohne Bedenken in eigenen Gedichten gepriesen.[46] Daß auf diese Weise auch der vielfach verwendete Begriff »Saghi«, »Mundschenk«, eine symbolisch überhöhte Bedeutung bekommt, liegt nahe. Der *Saghi* steht für den geistigen Meister oder spirituellen Scheich, der den Suchenden auf den mystischen Pfad der »Trunkenheit« führt.[47]

Ob nun die muslimischen Mystiker selbst sich durchweg an das Alkoholverbot des Koran gehalten haben oder halten, ist eine andere Frage. Eine ganze Reihe Sufis und Derwische haben durchaus Wein getrunken und die körperliche Stimulanz durch Alkohol als ein Hilfsmittel betrachtet, um auf einer höheren Stufe den Zustand des spirituellen »Rausches« zu erreichen. So geschah dies, um nur die bekanntesten Beispiele zu nennen, bei Hafis und Omar Chaijam. Viele der Mystiker haben guten Gewissens das Alkoholverbot des Koran mißachtet – und vertraten zugleich die Auffassung, daß das Verbot zu Recht bestehe. Die Mystiker beriefen sich auf den Koranvers der 2. Sure, in dem vom »Nutzen« des Weins die Rede ist, und folgerten daraus: Der Wein müsse für den gewöhnlichen Gläubigen verboten bleiben, denn dieser könne in der Regel mit dem Rauschmittel nicht umgehen, benütze vielmehr den Wein zum ordinären Sinnesgenuß und komme in Gefahr, ins Verderben geführt zu werden. Allein den Mystikern erschließe sich die höhere Bedeutung von »Rausch«.

Muslimische Mystiker trafen mit ihrer Betonung des »Rauschhaften« einen Nerv ihrer Gesellschaft – und sie tun es heute noch. Schließlich hatten sich schon im 8. Jahrhundert viele Angehörige

1 Der ehemalige Derwisch-Konvent des Mystikers Celaleddin Rumi in der anatolischen Metropole Konya ist bis heute das meistbesuchte Pilgerzentrum der Türkei. Das türkisfarbene Mausoleum des 1273 verstorbenen Sufi stammt noch aus der seldschukischen Epoche, dagegen sind die Moschee und die Konventgebäude osmanisch.

2 Frauen im Gebet vor dem Sarkophag Rumis. Seitlich sind die mit einem weißen Turban gekrönten Grabstätten anderer Scheichs zu sehen. Obwohl der Derwisch-Konvent heute offiziell ein Museum ist, bleibt für viele Besucher die religiöse Funktion – mit allerlei Aussprägungen eines Heiligenkults – wichtig.

3 Ein Pilger rezitiert in langer Andacht mystische Verse vor Rumis Sarkophag und versetzt sich damit in einen Zustand der Trance. Er gehört zu jenen Besuchern, die intensiver mit den religiös-philosophischen Intentionen des Sufismus vertraut sind – und daher auch wenig mit dem (verflachenden) Heiligenkult zu tun haben.

4 Celaleddin Rumi, der geistige Ahnvater der sunnitischen Mevlevi-Bruderschaft, ist meist als ein weltabgewandter, auf die Meditation konzentrierter Mystiker dargestellt. Bildnisse wie diese (vorwiegend im Stil spätmittelalterlicher persischen Miniaturen) beherrschen die Literatur wie auch das Verkaufsangebot der Pilgerstätten.

5 Haji Bektash, der geistige Ahnvater der alevitischen Bektashi-Bruderschaft, ist – im Gegensatz zu Celaleddin Rumi – oft in der Pose eines Herrschers dargestellt. Dies deutet auf die politische Rolle hin, die die Bruderschaft schon im 14. Jahrhundert zu spielen begann. Das überlebensgroße Denkmal steht im anatolischen Pilgerzentrum Hacibektaş.

6 Pilger umrunden den Sarkophag des Haji Bektash. Die Besucher sind durchweg Aleviten, Angehörige einer schiitischen Glaubensgemeinschaft, die von der Mehrheit der Sunniten als »ketzerisch« eingestuft wird. In der mystischen Religiosität jedoch spielen konfessionelle Abgrenzungen keine Rolle.

7 Das im seldschukischen Stil erbaute Grabmal des Derwischs Mahmud Hayrani, eines Schülers Celaleddin Rumis, steht am Rand der anatolischen Stadt Akşehir. Zu besonderen Anlässen finden hier religiöse Zeremonien statt, in die auch Andersgläubige ganz selbstverständlich einbezogen werden.

8 Muslime beim Freitagsgebet in einem der Höfe des Derwisch-Konvents von Muinuddin Chisti, dem populärsten Sufi Indiens. Das Pilgerzentrum befindet sich in der Stadt Ajmer, dem »Mekka Indiens«, wohin Besucher selbst aus den Nachbarstaaten Pakistan und Bangla Desh kommen.

9 Gebet im kleinen Kreis unmittelbar neben dem Chisti-Mausoleum. Typisch für das sufische Zentrum des 1236 verstorbenen Mystikers ist, daß nicht nur Muslime, sondern auch Hindus und indische Christen an derartigen Zeremonien teilnehmen und sich segnen lassen.

10 Musiker und Sänger vor dem Chisti-Mausoleum. Jeden Donnerstag und Freitag wechseln sich die Gruppen bis in die Nacht ab. Sie singen von der mystischen Sehnsucht nach Gott und fühlen sich in dieser Gottesliebe mit den Mystikern anderer Religionen verbunden.

11 Zuhörer unterschiedlicher Religionsgemeinschaften finden sich im Chisti-Heiligtum ein. Ekstatische Musik und Gesänge bilden für sie die emotionale Brücke zum Erleben der mystischen Einheit jenseits aller dogmatischen Gegensätze der einzelnen Religionen und Weltanschauungen.

12 Das Mausoleum des Nizamuddin Auliya in Delhi ist das zweitwichtigste Heiligtum der Chisti-Bruderschaft. Hier wurde im 14. Jahrhundert das Qawwali entwickelt, jene Form mystischer Musik, die seither bei indischen Sufis und Derwischen vorherrschend ist.

13 Der Mogul-Kaiser Akbar ließ das prunkvolle Marmorgrabmal für den Sufi-Heiligen Salim Chisti in Fatehpur Sikri (bei Agra) um 1580 errichten. Akbar war einer jener muslimischen Herrscher Indiens, die an den Sufis und Derwischen besonders die Vermittlerrolle zwischen den Religionen schätzten.

14 Im Vorhof der Grabmoschee des Meeran Hussein bei Ajmer. Muslime verehren den Heiligen als Märtyrer, da er im 13. Jahrhundert von den Hindus getötet wurde. Aber gerade in sein Mausoleum kommen zahlreich auch Hindu-Pilger und lassen sich neben Muslimen den Segen erteilen.

15 Indische Frauen in einem Sufi-Heiligtum. Frauen sind oft zahlreicher als Männer in solchen Pilgerzentren anzutreffen. Dies kann allerdings nicht darüber hinwegtäuschen, daß die strikt patriarchalische Gesellschaft ihnen nur eine sehr untergeordnete Rolle innerhalb des Sufismus zugesteht.

16 Ein Wanderderwisch (»Qalandar«) an einem Pilgerweg nahe Ajmer. Wanderderwische leben außerhalb aller gesellschaftlichen Konventionen. Sie lehnen die sozialreligiösen Gesetze der Scharia ebenso wie die Regeln etablierter Bruderschaften ab. Ihr Einfluß auf die Entwicklung islamischer Mystik ist nicht zu unterschätzen.

höherer Gesellschaftsschichten unbekümmert über das koranische Alkoholverbot hinweggesetzt. Eindeutige Belege gibt es hierfür bereits im Hinblick auf die Zustände am Hof der Omayaden-Dynastie in Damaskus, später der Abbasiden-Dynastie in Bagdad, schließlich bei den Mogul-Kaisern Indiens und den Osmanen-Sultanen. Wer heute mit wachen Augen Länder der islamischen Welt bereist, entdeckt auch zu Beginn des 21. Jahrhunderts in nicht wenigen Staaten mehr oder weniger verschämten, ja teilweise sogar ungenierten Alkoholkonsum. Desto wichtiger war und ist es für Sufis und Derwische, ihre Haltung zu »Wein« und »Rausch« zu präzisieren.

Religiöse und politische Folgen

Aufstieg und Niedergang der Mevlevi-Bruderschaft

Celaleddin Rumi hatte Zulauf von zahlreichen Schülern. Aber er zeigte keinerlei Neigung, eine Bruderschaft zu gründen. Dabei gab es zu seiner Zeit bereits eine Reihe berühmter Derwisch-Bruderschaften, etliche waren schon mehr als ein Jahrhundert alt. Rumi jedoch genügte es, im kleinen Kreis mystische Religiosität zu pflegen. Erst Bahaeddin Walad, Rumis ältester Sohn, hat der Schar von Schülern und Verehrern die feste, sozial ausdifferenzierte Organisationsform gegeben.

Dies geschah zehn Jahre nach dem Tod des Vaters. 1283 gründete Walad in Konya die Mevlevi-Bruderschaft, die ihren Namen nach dem Ehrentitel ihres geistigen Ahnvaters Celaleddin Rumi, des »Mevlana« (»unser Meister«), erhielt. Walad als der eigentliche Begründer der Derwisch-Gemeinschaft wurde entsprechend 1312 in einem Sarkophag direkt neben seinem Vater beigesetzt.

Mitglieder dieser Bruderschaft kamen aus allen sozialen Schichten. Den Kern bildeten allerdings von Anfang an reiche Kaufleute, Gelehrte sowie Angehörige der höfischen Gesellschaft. Aus ihren Reihen sollte sich im Verlauf der folgenden Jahrhunderte auch die Führungsschicht bilden. Es waren Städter mit erlesenem Geschmack, meist Männer, denen der Islam der offiziellen Korangelehrten dogmatisch zu eng war. Auch Handwerker wurden Mitglieder – was ganz den Intentionen Rumis entsprach, schließlich hatten zu seinen Schülern auch Schreiner, Schmiede und andere im Basar tätige Handarbeiter gehört. Aber die Kaufleute und Gelehrten gaben den Ton an. Und sie hielten in ihrer Mehrzahl Abstand zu den Handwerkern und einfachen Leuten, ja behandelten die Bauern gar mit Verachtung. So konnte es nicht ausbleiben, daß schließlich innerhalb der Bruderschaft ähnliche hierarchische Trennlinien wie in der Feudalgesellschaft Anatoliens insgesamt gezogen waren. Der ursprüngliche Gedanke einer Gleichheit mystischer »Gottesliebe« über alle sozialen Schranken hinweg hatte also nicht lange Bestand.

Die Regeln des Zusammenlebens innerhalb der Mevleviya unterschieden sich prinzipiell nicht von denen anderer Bruderschaften. Die Mystiker waren meist verheiratet, lebten einen Großteil ihrer Zeit bei ihrer Familie, arbeiteten in ihren Berufen. Nur eine kleinere Gruppe wohnte auf Dauer unter Führung eines Scheichs innerhalb des Derwisch-Konvents, während die übrigen sich nur an einzelnen Abenden oder religiösen Feiertagen zum gemeinsamen Ritual, zu Gebeten, zu Meditation, zu Musik und Tanz trafen.

Wer in die Bruderschaft aufgenommen werden wollte, mußte bei dem Scheich vorsprechen, mußte Gehorsam geloben und konnte zunächst nur für eine Probezeit Vollmitglied sein. Genügte er den strengen Anforderungen der religiösen Erziehung und Ritualpraktiken, dann konnte er Mitglied werden und in der Hierarchie aufsteigen. In der ersten Phase erwartete man vom Derwisch, daß er sich eine gute Kenntnis des Koran aneignete und andererseits Meditationstechniken erlernte. Die nächste Stufe: Der Gläubige sollte den Koran als eine Ebene des Glaubens begreifen, die es zu übersteigen galt. Die dritte Stufe: Alle äußeren Formen lösen sich mit Hilfe von Meditation auf, hinter allen Schalen muß der »Kern« mystisch »erfahren« werden. (Auf die grundlegende Struktur von Derwisch-Bruderschaften werde ich in einem späteren Kapitel ausführlich eingehen.)

Die Mevleviya konzentrierte sich entsprechend ihren Satzungen vorrangig auf den spirituellen »Weg«, und ursprünglich lag es ihr fern, sich politisch vereinnahmen zu lassen. Aber die Mevlevi-Bruderschaft sollte sich auf Dauer – wie eine Reihe anderer Bruderschaften auch – den Verstrickungen von Macht und Besitz nicht entziehen können.

Zunehmend politische Bedeutung gewann die Mevleviya unter der Herrschaft der Osmanen-Sultane. Die Osmanen, die nach dem Zerfall des Seldschuken-Reiches Rum im 13. Jahrhundert Anatolien unterwarfen und schließlich im 16. Jahrhundert ein Großreich vom Balkan bis Arabien regierten, unterstützten die Bruderschaft mit Schenkungen großer Ländereien. Die Sultane schätzten an den Derwischen das Bestreben, die Barrieren zwischen Konfessionen und Religionen zu überwinden, so zwischen den Sunniten und den schiitischen Aleviten, vor allem aber zwischen Muslimen und Christen. Damit leisteten die Mevlevi einen wesentlichen Beitrag zum friedlichen Zusammenleben innerhalb des multi-religiösen Osmanen-Reiches.

Das politische Ziel, besonders mit Christen ein gutes Einvernehmen zu haben, erschien den Sultanen dringlich. Denn in Südosteuropa waren ja die meisten osmanischen Untertanen Christen. So ist es kein Zufall, daß die Machthaber vorrangig in Südeuropa die Errichtung von Mevlevi-Konventen förderten. Bereits im 16. Jahrhundert verfügten die Mevlevi über ein weitverzweigtes Netz an Niederlassungen in allen osmanischen Provinzen des Balkans. Und schließlich gab es Konvente der Mevleviya bis nach Ungarn, bis an die Grenzen des Habsburgischen Reiches. Nach und nach fanden die Mevlevi auch Verbreitung im Vorderen Orient über Syrien bis nach Ägypten. Die wichtigsten Konvente befanden sich, neben dem Zentrum von Konya, in Istanbul, Gallipoli, auf Zypern und Kreta, in Aleppo und Damaskus.[48]

Von den Herrschenden derart gefördert, zeigten sich die Mevlevi im Gegenzug bereit, die Osmanen-Dynastie als »gottgewollt« zu preisen. Und das barg die Gefahr, daß die Derwische immer mehr dazu neigten, auf Kritik am Mißbrauch der Macht zu verzichten. Die immer enger werdende Verflechtung von Religion und Politik äußerte sich schließlich darin, daß der Scheich der Mevleviya, der den türkischen Titel »Çelebi« (Meister, Gelehrter) trug, im Jahr 1648 das symbolisch wichtige Vorrecht erhielt, jeden neuen Sultan bei seinem Regierungsantritt mit dem Schwert des Stammvaters Osman zu umgürten.

Die großzügige Zuwendung der Osmanen-Sultane kann man gerade auch an der Architektur des zentralen Derwisch-Konvents in Konya bis heute ersehen. Fast alle der erhaltenen Prachtbauten sind – mit Ausnahme der seldschukischen Grabstätte – erst in osmanischer Zeit errichtet worden. Mitte des 16. Jahrhunderts wurde während der Regierungszeit Suleimans des Prächtigen der Kuppelraum des Mevlevi-Tanzsaals gebaut, ebenso die anschließende Moschee. Ende des 16. Jahrhunderts entstanden die kuppelgekrönten Derwisch-Wohnräume.

Die Gunst der Machthaber und der entsprechend wachsende Reichtum beeinflußten die Bruderschaft in ihrer Ethik zunächst nicht negativ. Über sechs Jahrhunderte blieben die Mevlevi ihrem Grundsatz treu: Die Mitglieder waren für »alle« zu sprechen, für Muslime wie für Andersgläubige, sogar für angefeindete »Ketzer«. Die Mevlevi-Derwische blieben so tolerant und geistig frei, wie sie es in ihren Anfängen gewesen waren, unbekümmert um alle Anfeindungen. Zumindest auf der Ebene der Toleranz zeigten die Derwische immer wieder Mut, widersprachen starren Dogmatikern und fanatisierten Machthabern öffentlich oder widersetzten sich gar deren Politik.

Beträchtlichen Mut bewiesen die Mevlevi auch, als die Regierenden zu Beginn des 20. Jahrhunderts ihren Druck auf jene Völker verstärkten, die sich aus der immer korrupter werdenden Herrschaft der Osmanen lösen wollten. Dies galt vor allem 1915 und 1916. Türkische Nationalisten führten zu dieser Zeit einen blutigen Ausrottungskrieg gegen die armenischen Christen, denen sie jede Bestrebung nach größerer Autonomie verweigerten. Als türkische Muslime die Armenier zu Hunderttausenden niedermetzelten, gewährten die Mevlevi-Derwische den flüchtenden Christen in ihren Häusern Zuflucht und wiesen jeden Verfolger gebieterisch von der Schwelle. Die türkischen Nationalisten respektierten dies, denn kein Muslim wagte letztlich, einem Derwisch-Konvent das Recht zu nehmen, Flüchtlingen Asyl zu gewähren.

Aber diese ideelle Eigenständigkeit gegenüber den Machthabern konnten die Mevlevi nur in Teilbereichen durchhalten. In mancher Hinsicht nahmen sie selber Gewohnheiten der Herrschenden an. So beuteten die Mevlevi-Konvente, die durch die Gunst der

Sultane zu reichen Grundbesitzern geworden waren, schließlich die Bauern ebenso rücksichtslos aus, wie es die weltlichen Feudalherrn taten. Folgerichtig war die Mevlevi-Bruderschaft zunehmend ebenso von Niedergangserscheinungen und Dekadenz gezeichnet wie die Osmanen-Dynastie. Und folglich konnte Atatürk, als er 1925 sämtliche Derwisch-Bruderschaften in der Türkei verbieten ließ, auch mit Blick auf die Mevleviya argumentieren, die Derwische seien geistige Handlanger eines politisch und kulturell rückständigen, hoffnungslos erstarrten Systems und würden den Aufbau einer »modernen Türkei« nur behindern. Allerdings hat Atatürk über die philosophische Gedankentiefe eines Celaleddin Rumi und anderer Mystiker des klassischen Sufismus nichts gewußt. Solche Bereiche haben ihn, den radikalen Modernisten und Technokraten, auch nicht interessiert, und insofern mußte sein Urteil über Sufis und Derwische von vornherein undifferenziert sein.

Daß das Verbot der Derwisch-Bruderschaften dann nicht so rigoros durchgehalten werden konnte, wie es Atatürk vorschwebte, habe ich schon mehrmals angedeutet. 1927, bereits zwei Jahre nach der Schließung des Mevlevi-Konvents in Konya, gestattete die Regierung den Gläubigen auch schon wieder den Besuch. Die Unruhe unter den Muslimen war zu stark geworden. Allerdings besitzt seither der weitausgedehnte Gebäudekomplex nur noch eine Funktion als »Müzesi«, »Museum«. Viele der Besucher haben den Derwisch-Konvent jedoch nie als eine museale, sondern weiterhin als eine religiöse Stätte betrachtet, und so kommen ja bis auf den heutigen Tag zahlreiche Pilger und Verehrer zum Grab des »Mevlana«.

Seit der Mitte des 20. Jahrhunderts bemühen sich religiöse Kreise sogar darum, daß die Mevlevi-Bruderschaft wieder offiziell zugelassen wird. Bisher scheiterte zwar jeder Versuch in diese Richtung am Widerstand säkularer Parteien und der Armee, die sich strikt dem Vorbild Atatürks verpflichtet fühlen. Aber inoffiziell existiert die Bruderschaft ohnehin weiter, wie ich selber in Gesprächen mit Türken immer wieder erfahren konnte. Heimlich treffen sich die Derwische und ihre Sympathisanten regelmäßig zu Ritualen in Privatgemächern. Und öffentlich finden sie sich zu Vorträgen zusammen, wobei sie allerdings nur als Vertreter eines offiziellen »Kulturvereins« auftreten.

Mit dem Nachruhm des geistigen Ahnvaters Celaleddin Rumi bleibt jedoch auch das Weiterleben der Bruderschaft wahrscheinlich. Sie wird sich gesellschaftlichen Veränderungen anpassen, was sie, wie wir noch sehen werden, besonders bei in Deutschland lebenden Türken tut.[49]

Celaleddin Rumis Nachruhm in Orient und Okzident

Am 17. Dezember 1273 starb Celaleddin Rumi in Konya. Aus allen Teilen des Landes waren schon während der letzten Wochen seiner lebensgefährlichen Erkrankung Menschen unterschiedlicher sozialer Schichten und religiöser Konfessionen nach Konya gekommen, und am Grab des Sufi-Scheichs fand sich eine unübersehbare Menschenmenge, Christen nicht weniger als Muslime. Korangelehrte sprachen das Totengebet, unter den Muslimen an herausragender Stelle der Mystiker Sadreddin Qonawi, der Stiefsohn Ibn al-Arabis und langjähriger Gesprächspartner Rumis. Ihnen folgten christliche Priester unterschiedlicher Konfessionen und Sekten mit ihren Gebeten.

Wie kein Sufi-Mystiker zuvor hatte Celaleddin Rumi auf Muslime und Christen gleichermaßen Eindruck gemacht. Unvergeßlich war Gläubigen und »Ungläubigen« der Aufruf dieses weitblickenden, über allen engen Glaubensvorstellungen stehenden Mannes geblieben: »Komm, komm, wer immer du sein magst, komm! Auch wenn du ein Ungläubiger, ein Heide oder ein Feueranbeter bist, komm! [...] Auch wenn du hundertmal deine Reuevorsätze vergessen hast, komm wieder.«[50] Tatsächlich hatten sich unter den Schülern Rumis Christen befunden, die mit ihm den mystischen »Pfad« der Meditation beschritten. Rumi hatte toleriert, daß sie ihrer Religion treu blieben. Ja, etliche dieser Christen waren sogar Priester und übten als Schüler eines muslimischen Scheichs ihr christliches Seelsorgeamt weiter aus.[51]

Der Nachruhm Celaleddin Rumis ist über sieben Jahrhunderte lang ungebrochen geblieben und hat Ausmaße erreicht wie bei keinem anderen Sufi und Derwisch. In der Türkei selber werden bis heute von gebildeten Türken unterschiedlichster weltanschaulicher Richtungen – sogar von strikt orthodoxen Muslimen und andererseits linksgerichteten Intellektuellen sowie Politikern – Gedichte zu Ehren des »Mevlana« geschrieben.[52] Unter den linksgerichteten Dichtern ist hier besonders Nazim Hikmet zu nennen, der heute im Westen als ein Vorkämpfer des Sozialismus und als ein scharfer Kritiker traditioneller Religiosität gilt. Ausgerechnet Hikmet, ein Mitglied der einstigen illegalen kommunistischen Partei der Türkei und 1963 im Moskauer Exil gestorben, hat sich in seiner Jugend intensiv mit Celaleddin Rumi auseinandergesetzt und sehr einfühlsame Gedichte zu Ehren des Mevlana geschrieben.[53] Solche Fakten zeigen: Jeder scheint in dem vielschichtigen Werk des großen Dichters und Mystikers etwas zu seiner eigenen Weltanschauung Passendes zu finden – und das sperrige Nichtpassende auszuklammern. Bezeichnend ist, daß bei einer solchen Verehrung auch nationaler Stolz eine Rolle spielt: Kaum ein Türke würde zugeben, daß Celaleddin Rumi *kein* Türke, sondern Perser war.[54]

Daß jedoch Rumi in der Türkei bei den einfachsten Schichten des Volkes ebenfalls populär ist, hat mit der Verbreitung zahlreicher religiös-volkstümlicher Schriften zu tun. In solchen Büchern und Heften sind Sinnsprüche sowie Geschichten Rumis so aufbereitet, daß sie von allen Gläubigen, ob liberal oder konservativ, ohne Vorbehalte akzeptiert werden können. Es dominieren Legenden, witzige Anekdoten, Schwänke, Schnurren, Schelmenstücke, wie sie in Rumis großem Sammelwerk, dem *Mathnawi*, neben Gedichten mit religiös-philosophischer Thematik eben auch enthalten sind. Teilweise sind solche Bücher und Hefte sogar im Stil grellbunter Comic strips verfaßt. Hier begegnet uns Rumi nur noch als ein verschmitzter Erzähler, der handfeste, auf den profanen Alltag anwendbare Lebensweisheiten und ethische Maximen bietet. Dies ist eine andere, ebenfalls authentische Seite des vielseitigen Dichters Rumi. Allerdings begünstigt eine solche nahezu unübersehbare Vielfalt die Tendenz, alles Schwierige, Sperrige oder gar »Ketzerische« in der Mystik Rumis in den Hintergrund oder gar völlig aus dem Blickfeld zu drängen.

Für nahezu alle Türken ist Rumi ein herausragender Dichter. Aber – und hier scheiden sich die Geister – für die einen ist er zudem ein geistig anregender, herausfordernder Mystiker, für die anderen dagegen eher ein Volksdichter mit Humor und religiös eingängigen Weisheiten. Gerade diese doppelte Funktion hat es möglich gemacht, daß Rumi zu einem über allen Gegensätzen stehenden kulturellen Symbol, ja zu einer »nationalen« Institution der Türkei hat werden können.

Stark verehrt wird Rumi auch weiterhin im Iran. Dabei hat das fundamentalistische Mullah-Regime das Andenken an den Mystiker anfangs rigoros zu unterdrücken versucht. Iraner berichteten mir, daß Rumis Werke unter Khomeinis Herrschaft weitgehend aus allen Buchhandlungen des Landes verschwunden waren (wie die vieler anderer religiös »anstößiger« Autoren). Inzwischen sind aber Rumis Bücher wieder nahezu überall erhältlich, von einer Zensur mystischer Literatur ist kaum mehr etwas zu spüren. Im Iran wird natürlich betont, daß der große Dichter und Mystiker Perser war. Begonnen hat eine derartige Liberalisierung bereits nach Khomeinis Tod 1989 unter der Amtszeit des Staatspräsidenten Rafsandjani. Und verstärkt hat sie sich unter Staatspräsident Mohammed Khatami, der, von 1997 bis 2005 im Amt, ausdrücklich eine freiere Diskussion über unterschiedliche religiöse und kulturelle Strömungen im Iran förderte. Unter Khatami ist es schließlich möglich geworden, daß die staatlich kontrollierten Institutionen – wie etwa die Universitäten – den Sufismus wieder zunehmend in seiner Bedeutung würdigten. Eines der interessantesten Signale in dieser Richtung bedeutete die Konferenz »Die Mystik – eine Brücke zwischen den Kulturen«, die an der Universität Teheran am 14. und 15. Oktober 2002 stattfand. In diesem Zusammenhang wurde der berühmten Gastreferentin Annemarie Schimmel ein Ehrendoktorat für ihre wissenschaftlichen Verdienste als Orientalistin verliehen. [55]

Solche Fakten entnehme ich der *Iran-Information*, der *Zeitschrift für Kultur, Kunst und Geschichte*, die von der Kulturabteilung der Botschaft der Islamischen Republik Iran in Österreich herausgegeben wird. In derselben Ausgabe vom November 2002 finde ich auch die gekürzte Wiedergabe eines Vortrags, den Annemarie Schimmel in Wien über Celaleddin Rumi gehalten hat. Der Vortrag, der unter dem Titel »Der Einfluß Maulanas im Osten und

Westen« abgedruckt ist, befaßt sich mit der vielfältigen Wirkung des »großen iranischen Dichters« sowohl in islamischen als auch westlichen Ländern. [56]

Den westlichen Beobachter muß zunächst erstaunen, daß eine derart ausführliche Würdigung Celaleddin Rumis nun plötzlich in einer staatlich kontrollierten Zeitschrift des Gottesstaates Iran veröffentlicht werden kann. Man fragt sich, auf welche Weise orthodoxe Glaubenswächter dieses Staates etwa mit Versen umgehen, in denen die dogmatisch fixierte Vorstellung von »Gott« als einem jenseitigen Wesen als belanglos angesehen wird – in denen also der »Gott« der koranischen Offenbarung nichts mit dem »Gott« der Mystik zu tun hat. Die Antwort ist einfach: Der hier abgedruckte Vortrag von Annemarie Schimmel enthält keine derartigen Zitate oder Hinweise. Es ist müßig, in diesem Zusammenhang darüber nachzudenken, ob nun die renommierte Orientalistin von vornherein solche »anstößigen« Zitate vermieden hat. Möglicherweise haben erst die Redakteure der Zeitschrift in der »gekürzten Wiedergabe des Vortrags« (so die wortgetreue Titelunterschrift) entsprechend kritische Passagen wegfallen lassen. Aber entscheidend ist für die Fragestellung hier, was tatsächlich in einer staatlich kontrollierten Zeitschrift des Gottesstaates Iran veröffentlicht wird. In diesem Fall heißt das: Celaleddin Rumi ist inzwischen offiziell anerkannt als ein »großer Dichter des Iran«, der mit der mystischen Form der »Gottesliebe« besonders intensiv geistige Brücken zu Christen und Juden hat bauen können. Bemerkenswert ist in diesem Zusammenhang, daß auch Schimmels Hinweis veröffentlich worden ist, Rumis Mystik werde ebenso von religiös gebildeten Hindus, also Angehörigen einer polytheistischen Religion, verstanden und akzeptiert.[57] Iraner berichteten mir, eine schmale Bildungsschicht im Iran beschäftige sich jedoch noch viel unvoreingenommener – und auch viel unorthodoxer – mit Celaleddin Rumi, als dies solche offizielle Verlautbarungen vermuten ließen.

Kommen wir nun zu anderen Ländern.

Überraschenderweise war und ist Rumis Einfluß im indischen Kulturraum am größten. Dort ist seine Dichtung bereits Anfang des 14. Jahrhunderts bekannt geworden. Besonders die Bruderschaften des Muinuddin Chisti sowie des Inayat Khan (auf die ich an anderer Stelle ausführlich zurückkomme) fühlen sich Celaleddin Rumi geistig verwandt und haben viel zur Verbreitung seiner Werke auf dem indischen Subkontinent beigetragen. Rumi ist in Indien ebenso wie in Pakistan derart volkstümlich geworden, daß über sein Leben und Werk nicht nur in zahlreichen populär-religiösen Schriften berichtet wird, sondern daß auch moderne Medien sein Andenken vermarkten. Ein aktuelles Beispiel: 2004 wurde in Indien von dem muslimischen Filmregisseur Muzafar Ali angekündigt, daß er das Leben Celaleddin Rumis verfilmen werde. Er habe nach zehnjährigem Quellenstudium ein Drehbuch verfaßt. Ein Budget von 25 Millionen Dollar wurde festgelegt. Diese Nachricht entnahm ich wiederum einer Ausgabe der *Iran-Information.*[58] Nichts kann deutlicher belegen, wie stolz der offizielle Iran inzwischen auf die internationale Nachwirkung eines »großen iranischen Dichters«, eines Mystikers, ist.

Aber auch Shamseddin Täbrizi, der geistige Führer und »heilige Geliebte« Celaleddin Rumis, wird nach wie vor besonders von Muslimen des türkischen, iranischen und indo-pakistanischen Kulturraums verehrt. In Konya selber ist eine Moschee nach ihm benannt. Die Moschee, die etwa zwei Kilometer nordwestlich vom Mausoleum Rumis steht, ist ebenfalls ein vielbesuchtes Pilgerziel – allerdings kein Anziehungspunkt für Touristen.

Die sogenannte »Sems-i Tebrisi Camii« war 1636 in Konya an dem Ort gebaut worden, an dem sich der Brunnen befand, in den der Ermordete angeblich geworfen wurde. Zuvor hatte dort ein kleines Heiligtum ihm zu Ehren gestanden. Die Moschee hatte – bis zum Verbot der Mevlevi-Bruderschaft durch Atatürk 1925 – den Derwischen als ritueller Ort ihrer Tänze gedient, wenngleich sonst kein Andenken an Shamseddin vorhanden war. Seit 1958 aber steht im Gebetssaal der Sarkophag des Ermordeten. – Wie das? Gilt die Leiche des Shamseddin nicht als unauffindbar? Das hat nur bis zum Jahr 1958 gegolten. Damals hatte Mehmet Önder, der damalige Direktor des Mevlana-Museums von Konya, unter den Grundmauern des einstigen kleinen Heiligtums ein Grab mit Lehmverkleidung aus seldschukischer Zeit entdeckt.[59] Ob es sich bei dem Skelett tatsächlich um die sterblichen Überreste des Shamseddin Täbrizi handelt, ist zwar letztlich nicht zu beweisen – aber für die Verehrer ist seither die Moschee ein noch viel attraktiveres Pilgerziel.

Zu besonderen Ruhm ist Shamseddin Täbrizi auch bei indischen und pakistanischen Muslimen gekommen. Bis heute wird er auf dem indischen Subkontinent in Volksdichtungen als »Märtyrer der Liebe« besungen.[60] Mich selber erwartete eine Überraschung, als ich mich 2003 auf eine Reise nach Pakistan vorbereitete und in einem Reisehandbuch folgenden Hinweis entdeckte: Unter dem vielen Sufi-Mausoleen der pakistanischen Stadt Multan befindet sich auch ein Schrein, in dem angeblich der »Märtyrer« Shamseddin Täbrizi zur letzten Ruhe gebettet ist und heute noch von Pilgern besucht wird.[61] Gerade weil der Leichnam des Shamseddin Täbrizi viele Jahrhunderte lang nicht gefunden wurde, konnte sein rätselhaftes Verschwinden Nahrung für Legenden bilden. Nach Meinung indischer und pakistanischer Verehrer soll Shamseddin ein zweites Mal aus Konya geflohen und in die Indus-Ebene gelangt sein, wo er als Märtyrer gestorben sei.

Zurück zu Celaleddin Rumi.

Europäer haben Rumis Werk in größerem Umfang erst zu Beginn des 19. Jahrhunderts kennengelernt, nachdem die Orientalistik als eine systematisch arbeitende Wissenschaft entstanden ist. Für den deutschen Sprachraum bahnbrechend hat hier der österreichische Orientalist Joseph von Hammer-Purgstall gewirkt, der 1818 erstmals Teile des *Mathnawi* und des *Großen Diwan* übersetzte. 1819 folgte ihm bereits der deutsche Orientalist Friedrich Rückert, der die erste literarisch einfühlsame Übertragung ins Deutsche schuf. Rückerts Rumi-Verse werden heute noch oft zitiert. Aber erst seit der zweiten Hälfte des 20. Jahrhunderts findet Rumis Werk mit einer Reihe neuerer Übersetzungen bei einer breiteren europäischen und amerikanischen Bildungsschicht Beachtung. In den USA ist Rumi gegen Ende des 20. Jahrhunderts gar zu einem der meistgelesenen lyrischen Dichter geworden.[62]

Daß es bei diesem Interesse von Menschen des westlichen Kulturraums nicht nur um oberflächliche modische Neugier geht, zeigt am besten eine Erklärung des prominenten türkischen Theologen Yasar Nuri Öztürk. Er stellt fest: In den letzten fünfzig Jahren seien zwar zahlreiche Bücher über Rumi erschienen, aber die wichtigsten seien von nicht-muslimischen Autoren in Europa und den USA verfaßt worden. An muslimischen Autoren kritisiert er, daß sie sich in der Regel darauf beschränkten, Rumis Lehren in sehr traditioneller, eingeschränkter Form wiederzugeben, um ja keine Konflikte mit der Orthodoxie zu riskieren.[63] Öztürk muß es wissen, schließlich gilt er als einer der herausragenden Kenner von Rumis Werk. Er selbst versucht in seinem Buch *Rumi und die islamische Mystik*, angeregt durch westliche Orientalisten, diese traditionelle Erstarrung aufzubrechen.

Allerdings ergeben sich für westliche Leser spezielle Probleme, wenn sie Rumis Werk in einer europäischen Sprache kennenlernen. Eine Übersetzung vermag, wie angedeutet, naturgemäß weder die poetische Geschmeidigkeit des Originals noch die gedankliche Vielschichtigkeit adäquat zum Ausdruck zu bringen. Hinzu kommt, daß die einzelnen Übersetzer mit sehr unterschiedlichem kulturellem Hintergrund das Original bearbeiten. Sie bringen Tendenzen des »Ketzerischen« verstärkt zum Ausdruck oder mildern sie ab – je nachdem, wie kritisch oder zustimmend sie selber gegenüber der Orthodoxie eingestellt sind. Von der Haltung der Interpreten hängt es schließlich auch ab, welche Verse angesichts der unüberschaubaren Vielfalt des Angebots für den Leser ausgewählt oder welche ihm vorenthalten werden. Wir stehen somit vor der Schwierigkeit, den »eigentlichen Rumi« nur unzureichend kennenzulernen – eine Schwierigkeit, von der ich mich als Autor ebenfalls betroffen fühle.

Doch der bleibende Ruhm Celaleddin Rumis bis in unsere Gegenwart beruht nicht nur auf seiner Fähigkeit als mystischer Philosoph und Dichter. Zum Vollender sufischer Klassik wurde er ja auch dadurch, daß er als einer der ersten Sufis Singen, Musizieren und Tanzen zu einem hochdifferenzierten Ausdrucksmittel machte, um den Zustand der Trance zu erreichen und mystische Erfahrung zu gewinnen.

Der westliche Beobachter kann die Nachwirkung Rumis am Beispiel von Musik und Tanz häufig sehen – wenn auch gerade hier die Begleiterscheinungen sehr ambivalent sind. Hundertfach, ja tausendfach, in stereotyper Wiederholung, findet er das Bild tanzender Mevlevi-Derwische nicht nur auf touristischen Plakaten, sondern, wie erwähnt, auch in den Auslagen türkischer Basargassen. Eine derart hemmungslose Kommerzialisierung ist zwar problematisch – aber andererseits hat sie ihren Teil dazu beigetragen, daß die »Tanzenden Derwische von Konya« für ein internationales Publikum zum Inbegriff der mystischen Ekstase geworden sind, bekannter als Derwische aller anderen Bruderschaften mit ihren Ritualen.

Nur in der Regierungszeit Atatürks und seines Nachfolgers Ismet Inönü waren die Tanzrituale völlig aus der türkischen Öffentlichkeit verschwunden. Und so lange hatten sich die Männer zu Tanz und Meditation nur heimlich in Privathäusern treffen können. 1954 jedoch erzielten Mitglieder und Sympathisanten der Mevlevi-Bruderschaft einen ersten Erfolg bei der damaligen Regierung des Ministerpräsidenten Adnan Menderes: Seither dürfen Männer im Derwisch-Gewand wenigstens einmal im Jahr – am 17. Dezember, dem Todestag Celaleddin Rumis – wieder öffentlich auftreten. Es war ihnen zwar zwei Jahrzehnte lang nicht gestattet, im traditionellen kuppelüberwölbten Tanzsaal des Derwisch-Konvents das Ritual zu vollziehen, sondern sie mußten dies in einer nüchternen Halle nahe dem einstigen Zentrum tun. Aber zahlreiche Zuschauer strömten trotzdem zu der Zeremonie. Nach offizieller Sprachregelung waren und sind es »Touristen«, die eine »kulturelle Veranstaltung« besuchen. Tatsächlich sind unter ihnen viele Pilger, die um des mystisch-religiösen Erlebnisses willen anreisen.

Als sich am 17. Dezember 1973 der Todestag Celaleddin Rumis zum siebenhundertsten Mal jährte, kamen sogar zehntausende Besucher aus allen Teilen Anatoliens zu dem offiziell gestatteten »Festival«: Bauern und Großstädter gleichermaßen, daneben Touristen aus westlichen Staaten. Die über mehrere Tage verteilten Zeremonien vollzogen sich im jahrhundertealten Ritual der Mevlevi – nur daß die Besucher Eintritt bezahlten und die Tänzer sich im Anblick vollbesetzter Zuschauertribünen sowie vor Mikrophonen und Filmkameras bewegten. Westeuropäische Rundfunkanstalten waren im Hintergrund tätig, um die mystisch-religiöse Musik für ein interessiertes westliches Publikum aufzuzeichnen. Seit 1973 können die jährlichen Zeremonien zum Todestag Rumis wieder in der traditionellen Tanzhalle des Mevlevi-Konvents abgehalten werden.

Spätestens seit den achtziger Jahren sind Film- und Tonaufnahmen der Derwisch-Rituale von Konya auch in westlichen Staaten einem Bildungsbürgertum geläufig geworden. Seit den neunziger Jahren gehen »tanzende Derwische« sogar regelmäßig auf Auslandstournee, um in Theatern eine zwei- bis dreistündige Vorstellung zu geben. 1993 erlebte ich in Wien eine entsprechende Darbietung, laut Reklame waren damals vierzig Derwische aus Konya mit ihren Tänzen »erstmals« quer durch Europa unterwegs. 2001 konnte ich in Wien eine weitere derartige Aufführung besuchen, nun aber tanzten Männer aus Damaskus im Gewand der Mevlevi. Beide Male war ich von der perfekten Inszenierung beeindruckt, obwohl ich nach Gesprächen mit etlichen Türken wußte, daß sich hier keine »echten« Derwische, sondern staatlich angestellte Tänzer, Musiker und Sänger auf der Bühne bewegten. Die türkische wie die syrische Regierung, die beide dem Phänomen von Derwisch-Bruderschaften sehr mißtrauisch gegenüberstehen, wissen zumindest den Nutzen einer touristischen Vermarktung zu schätzen.

Allerdings sollte man den Begriff »staatlich angestellte Tänzer« nicht falsch interpretieren. Mir drängt sich der Eindruck auf, daß es sich bei den Darstellern durchaus um Männer handelt, die eine intensive Ausbildung in Meditation, mystischem Tanz und entsprechender Philosophie genossen haben – und damit mehr oder weniger eine geistige Nähe zum Sufismus aufweisen. Ja, etliche könnten gar Mitglieder der Mevlevi-Bruderschaft sein. Sonst würde ihre Darbietung nicht derart überzeugend wirken.

Eine neuere Entwicklung in der Türkei bestätigt einen solchen Eindruck. Zu Beginn des 21. Jahrhunderts können in der Türkei die Rituale der Mevlevi-Derwische erstmals wieder außerhalb von Konya öffentlich vollzogen werden. Wie »echt« sind diese Derwische?

Schauplatz ist zuallererst der »Galata Mevlevi Hane« in Istanbul. Dieser Konvent, der als erste Niederlassung der Mevlevi-Bruderschaft 1491 in der damaligen Hauptstadt des Osmanischen Reiches errichtet wurde, ist zwar seit dem Verbot durch Atatürk ebenfalls nur noch ein »Sufi-Museum« oder neutrales »Kulturzentrum«. Aber vielen Türken wie auch sufisch interessierten westlichen Touristen ist der im Stadtteil Galata gelegene historische Gebäudekomplex ein inzwischen bekannter »Geheimtip« für Derwisch-Zeremonien geworden. Nicht minder ein Anziehungspunkt ist die ehemalige Tekke (sufischer Versammlungsort) im Stadtteil Üsküdar, wo sich Sympathisanten und Anhänger der Mevlevi-Bruderschaft jeden Donnerstag unter der Leitung des berühmten Sufi-Meisters Hasan Dede treffen. Eine Anmeldung ist für fremde Besucher zwar erforderlich, doch ist die entsprechende Telefonnummer mitsamt E-Mail-Adresse sogar in einem Artikel der deutschen Wochenzeitung *Die Zeit* vom 27. Juli 2006 zu finden.[64]

Eine solche Entfaltung des Sufismus ist nicht selbstverständlich, denn noch in den neunziger Jahren hat die Regierung gelegentlich Spitzel in die sufischen »Kulturzentren« geschickt, hartnäckig von dem Mißtrauen geleitet, in den Reihen der nur inoffiziell geduldeten Mevleviya könnte weiterhin Opposition gegen Atatürks laizistische Staatsform betrieben werden. Aber je stärker Derwisch-Zeremonien auf westliche Touristen Faszination ausüben, um so mehr lockert die Regierung die restriktiven Bestimmungen. Nur deshalb ist denkbar, daß rituelle Mevlevi-Tänze nun auch in einem ehemaligen Wartesaal des repräsentativen Sirkeci-Bahnhofes am Goldenen Horn, unweit der Hagia Sophia, stattfinden können. Die Derwisch-Veranstaltungen dort werden öffentlich mit englischsprachigen Plakaten für Touristen beworben.[65]

Tanzende Derwische als eine touristische Attraktion? Schadet dies nicht den eigentlichen Intentionen der islamischen Mystik?

Türken, die ich in Konya dazu befragte, kritisierten zu meiner Überraschung eine solche Entwicklung nicht, sondern meinten, es sei ein gutes Zeichen, daß Touristen, türkische sowie ausländische, solche Rituale sehen wollten. Das Interesse sei vorhanden, und das sei gut …

»Ich bin Gott!«

Die radikale Konsequenz der Mystik

Die Provokation durch den Mystiker Hallaj

Der Türke sprach mich auf deutsch an und erklärte, er habe fünf Jahr in Köln gelebt, dann habe er einige Jahre als Deutschlehrer hier in der Türkei gearbeitet, und jetzt sei er mit der Restaurierung historisch wertvoller Bauten beschäftigt. Bei einer Tasse Tee saßen wir im Kuppelbau eines Basars, in dessen Hintergrund Baugerüste aufragten. Das hier sei sein neuestes Projekt, sagte er mit Blick auf die Baugerüste. In Konya, seiner Heimatstadt, habe er türkische Geschichte und Kunst studiert, ergänzte er seine Ausführungen.

Das Gespräch führten wir in Beyşehir, einer Ortschaft, die sich mit einem noch spärlich erhaltenen Altstadtkern, umgeben von gesichtslosen Betonbauten, am Ufer eines Sees hinzieht. Im Hintergrund waren in der Frühlingssonne leuchtende Schneegipfel sichtbar.

Ich erzählte ihm von meinen Eindrücken in Konya, das nur rund 90 Kilometer entfernt liegt, und kam in diesem Zusammenhang auf die Pilgerströme im Mausoleum des Celaleddin Rumi zu sprechen. Hierbei war ich neugierig, wie er auf das von mir beiläufig angeschnittene Thema »islamische Mystik« reagierte. Er erklärte mir, daß er sich viel mit Mystik beschäftige, insbesondere mit Celaleddin Rumi, der an Gedanken so reichhaltig sei wie sonst kaum ein Sufi. Aber es genüge nicht, sich allein mit Rumi zu befassen, fügte er hinzu, ihm seien etliche andere Sufis fast genauso wichtig. Er zählte einige weitere Namen auf, die zum Repertoire des klassischen Sufismus gehören: Ibn al-Arabi, Omar Chaijam. Der dritte Name überraschte mich: Hallaj.

Er nannte tatsächlich Hallaj, jenen Sufi, der im Jahr 922 unserer Zeitrechnung in Bagdad als Ketzer hingerichtet wurde. Zu dessen Todesurteil hatte ein Ausspruch geführt, der für einen orthodoxen

Muslim nur als Gotteslästerung verstanden werden konnte: »Ana al-haqq«, »Ich bin die absolute Wahrheit.« Was war an einer derartigen Formulierung so ketzerisch? Mein Gesprächspartner brachte es selber auf den Punkt, indem er den Satz vom Arabischen folgendermaßen ins Deutsche übersetzte: »Ich bin Gott.«

Erstmals war ich einem Muslim begegnet, der diesen Ausspruch verteidigte und sagte, Hallaj sei von den meisten seiner Zeitgenossen mißverstanden worden und werde auch heute noch von vielen Muslimen mißverstanden. Hallaj habe gemeint: In jedem Menschen sei Gott vorhanden, und durch Meditation könne das Göttliche im Menschen neu erfahren, neu geboren werden. Allerdings habe Hallaj eine sehr provokante Formulierung gewählt, und man könne lange darüber diskutieren, weshalb er das getan habe. Er selber schätze die Lehre Hallajs sehr, denn sie habe wesentliche Einflüsse auf Rumi gehabt. Vieles von dem, was Rumi poetisch so vollendet zum Ausdruck gebracht habe, sei bereits von Hallaj zweihundert Jahre zuvor gedacht worden. Niemand, der sich ernsthaft mit dem Sufismus beschäftige, komme an Hallaj vorbei. Ohne Hallaj lasse sich die geistesgeschichtliche Entwicklung der islamischen Mystik nur sehr unzureichend verstehen. Er sage da zwar etwas, das viele Muslime bestreiten würden, teilweise sogar jene, die aufgeschlossen für die religiös-mystische Erfahrung von Sufis und Derwischen seien. Das jedoch seien Muslime, die letzten Endes nicht verstünden, was der Sufismus eigentlich aussage.

Dieses Gespräch gibt einen ersten Eindruck davon, in welchem Maß Hallaj, der hingerichtete »Ketzer«, bis heute bei den Muslimen im Brennpunkt von Bewunderung, scharfer Kritik und heftiger Ablehnung steht. In dieser Persönlichkeit offenbart sich eine Radikalität des mystischen Schauens und Erlebens, die es zunächst schwierig macht, zu verstehen, weshalb bedeutende Mystiker späterer Generationen gerade von ihm fasziniert sind.

Hallaj ist nicht der eigentliche Rufname. Es ist ein symbolträchtiger Beiname, den sich der Sufi erst später gegeben hat. Übersetzt bedeutet das arabische Wort soviel wie »Baumwollhechler«. Einerseits kann ein solcher Beiname auf den Beruf des Vaters oder auch die eigene ursprüngliche Tätigkeit hinweisen. Andererseits, und dies hat mehr Gewicht, ist im übertragenen Sinn die Tätigkeit als Mystiker gemeint: So wie der Baumwollhechler die spinnbaren Fasern mit Hilfe eines Kamms von unbrauchbaren Kurzfasern trennt, so scheidet der Mystiker seine Erfahrung von oberflächlichem Denken.

Hallajs eigentlicher Name ist Hussein Ibn Mansur. Im Jahr 857 unserer Zeitrechnung wurde er in der iranischen Kernprovinz Fars geboren, deren Hauptstadt Schiras ist. Er stammte aus einer Familie, die noch eine Generation zuvor der Religion Zarathustras angehörte. Bald nach seiner Geburt siedelte die Familie jedoch in die irakische Stadt Wasit über, wo der Knabe Hussein aufwuchs. Wasit liegt in der fruchtbaren Ebene zwischen Euphrat und Tigris, nördlich von Basra. Üppige Baumwollfelder umgaben die Stadt.

Achtzehnjährig kam Hussein Ibn Mansur dann nach Bagdad, in die Hauptstadt der Kalifen der Abbasiden-Dynastie. Diese Stadt am Ufer des Tigris, umgeben von weit ausgedehnten Palmenhainen, war im 9. Jahrhundert nicht nur das unangefochtene kulturelle Zentrum der gesamten islamischen Welt, sondern war darüber hinaus mit ihrer verfeinerten urbanen Zivilisation, ihren Leistungen in Philosophie, Wissenschaft und Kunst auch den Metropolen des christlichen Abendlandes weit überlegen. Der junge Hussein Ibn Mansur aber kam nach Bagdad vor allem, weil die Metropole damals das bedeutendste Zentrum des Sufismus war. Er wurde dort Schüler des persischen Mystikers Abu al-Kassem Junaid. Dieser Scheich versammelte mehr Schüler in seinem Haus als jeder andere Sufi-Meister. Und dies hatte mit Junaids Grundhaltung zu tun, die für Sufis und Derwische damals eine völlig neue Perspektive eröffnete. Um das Neue im Denken des Scheichs Junaid zu verstehen, müssen wir kurz einen Blick in die Vergangenheit werfen.

Gegen Mitte des 9. Jahrhunderts unserer Zeitrechnung, als Junaid zum gefeierten Lehrer wurde, blickten die Anhänger des Sufismus auf eine nahezu schon zweihundertjährige Tradition zurück. Aber bis dahin hatten muslimische Mystiker durchweg ein eher unauffälliges, in der islamischen Welt kaum beachtetes Leben geführt. Zwar hatte es die ersten Sufis historisch nachweisbar bereits drei Jahrzehnte nach dem Tod des Propheten Mohammed gegeben. Aber nahezu zweihundert Jahre lang hatten sich diese Mystiker vorwiegend am Vorbild christlicher Einsiedler und Mönche orientiert – was bei der Mehrzahl der Muslime zu Ablehnung führte. Ähnlich wie christliche Eremiten waren muslimische Mystiker anfangs aus Protest gegen eine nur oberflächlich praktizierte Religion und ein stark verweltlichtes Leben zu Einsiedlern geworden. Ähnlich wie Mönche hatten viele die sexuelle Enthaltsamkeit strikt befolgt. Und wenn Sufis von Pilgern in ihren Klausen besucht wurden, hatten sie die strikte Abkehr von der Welt als höchstes Ideal gepredigt.

Anders Junaid. Er lebte mitten in der Großstadt, war verheiratet und empfahl seinen Schülern die Ehe; sexuelle Enthaltsamkeit solle nur während der Lehrjahre als eine »Übung der Sinne« praktiziert werden. Auch forderte er von seinen Schülern, daß sie einen Beruf ausübten, um ihre Familie ernähren zu können, und daß sie nur einen Teil ihrer Zeit mit religiösen Übungen und Meditation verbrachten. Er selber verdiente seinen Unterhalt als Sufi-Lehrer, der von den Spenden seiner Schüler lebte.

Junaid orientierte sich, indem er als Sufi einen derartigen Lebensstil propagierte, am Vorbild des Propheten Mohammed. Der Prophet des Islam – selbst verheiratet – hatte ja gefordert, jeder Muslim müsse sich verheiraten, müsse berufstätig sein und seine Familie ernähren können, müsse ein aktiver Bürger werden, um zum Wohl des sozial-religiös strukturierten Staates beizutragen. Wie Mohammed bejahte Junaid darüber hinaus auch ausdrücklich die Sexualität und bekannte sich zur Sinnenfreude im Ehebett: »Ich brauche eine Frau, wie ich Nahrung brauche.«[1]

Indem aber Junaid sich derart entschieden vom christlichen Mönchsideal der Askese abwandte, konnte er den Sufismus – durch Bezug auf die Anweisungen Mohammeds – stärker in die islamische Gesellschaft integrieren. Und dann erst vermochte die Frömmigkeit von Mystikern bei Muslimen größeres Interesse zu finden. Denn für die meisten Muslime ist es nur schwer nachvollziehbar, daß man sexuelle Enthaltsamkeit und Ehelosigkeit als einen Ausdruck besonderer Gottesnähe sehen kann. Die überwiegende Mehrzahl von ihnen lehnt den asketischen Verzicht auf Sexualität geringschätzig als einen »christlichen Irrtum« ab.

Der Sufi-Schüler Hussein Ibn Mansur al-Hallaj lebte von Anfang an ganz in diesem neuen Verständnis mystischer Frömmigkeit. Im Alter von 20 Jahren heiratete er. Aber anders als viele seiner Glaubensbrüder nahm er zeitlebens keine weitere Frau ins Haus. Zeitgenössische Berichte bescheinigen ihm, daß er eine glückliche, harmonische Ehe geführt hat. Nur sein Schwiegervater sagte sich früh von ihm los; der Überlieferung nach soll er sich ereifert haben: »Ich habe meine Tochter mit Hussein Ibn Mansur verheiratet, weil er einen guten Lebenswandel hatte und strebsam war, aber nach kurzer Zeit wurde mir klar, daß er ein listenreicher Zauberer, ein Ungläubiger, war.«[2]

Was hatte ihm Anlaß zu einem derartigen Sinneswandel gegeben?

Zu dieser Zeit hatte Hussein Ibn Mansur al-Hallaj bereits »Rechtgläubige« mit seinen Aussprüchen und Gedichten provoziert, verstört, ja in Aufruhr versetzt. Einer dieser Verse lautet:

»Pilgerfahrt ist für das Volk – ich pilgere hin zum Geliebten.
Schafe bringen sie dar, ich bringe mein eigenes Blut.«[3]

Die Botschaft ist: Ein Gläubiger müsse nicht unbedingt die von Mohammed geforderte Pilgerfahrt nach Mekka unternehmen, viel wichtiger sei die Pilgerfahrt auf einer anderen – mystischen – Ebene. Es ist eine Botschaft, die über die enggefaßte Glaubensmeinung der Orthodoxie hinausgeht und die strikte Befolgung vorgeschriebener Rituale ablehnt. Allerdings stimmte Hallaj mit dieser Art von Kritik noch mit einer Reihe differenziert denkender Muslime überein – ohnehin mit vielen Sufis, ohnehin mit seinem Lehrer Junaid als der herausragenden Autorität. Diese Distanz zu Ritualen hatte Hallaj dann auch nicht daran gehindert, die Pilgerreise nach Mekka mehrmals zu unternehmen.

Ein anderer Vers stellt das orthodoxe Selbstverständnis schon stärker in Frage:

»Ich dachte ernsthaft nach: Was sind Religionen?
Und fand: ein Wurzelgrund mit mannigfachen Zweigen.«[4]

Hier kommt zum Ausdruck, was später auch andere Sufis in ihren Gedichten formuliert haben: Der Islam hat seinen Ursprung in demselben »Wurzelgrund« wie alle anderen Religionen! Muslime können daher ihren Glauben nicht schon als die alleinige Wahrheit definieren und so die Gläubigen aller anderen Religionen mehr oder weniger als »irrend« oder gar als »ungläubig« abwerten. Aber wenn auch Hallaj mit einem derartigen Gedicht den Widerspruch orthodoxer Korangelehrter herausforderte – solche Aussagen waren bald zur selbstverständlichen Überzeugung vieler Sufis und Derwische geworden. Auch solche Verse konnten ihn daher dann nicht mehr zur besonderen Zielscheibe der Kritik werden lassen.

Seinen eigentlichen Ruf als »Ketzer« begründete Hallaj erst mit folgenden Versen – und durch sie sollte er sogar eine Reihe Mystiker zum Widerspruch bewegen. Etwa wenn er auf »Gott« bezogen formuliert:

»Ich sah meinen Herrn mit den Augen meines Herzens.
Ich sprach: Wer bist du? Er sagte: Du!«[5]

Eine nahezu gleiche Metaphorik sollte, wie im Kapitel zu Rumi im Abschnitt »Einheit von ›Gott‹ und ›Mensch‹« gezeigt, zwei Jahrhunderte später Celaleddin Rumi benutzen.

In einem weiteren derartigen Gedicht über seine Beziehung zu »Gott« sagt Hallaj:

»Hineingewirkt ist dein Geist in meinen Geist, gleich wie
Ambra in wohlriechenden Moschus.
Wenn etwas dich berührt, berührt es mich.
So bist du also ich, geschieden sind wir nicht.«[6]

Von solchen Gedichten aus ist es nur noch ein Schritt, um zu jenem berühmten und für viele Muslime skandalösen Satz zu gelangen: »Ana al-haqq«, »Ich bin die (absolute) Wahrheit«. Ein Satz, der nach orthodoxem Glaubensverständnis nur Gott selber zusteht!

Die Überlieferung berichtet, daß es wegen dieses Ausspruchs zum Bruch mit seinem verehrten Lehrer Junaid kam. Als Hallaj an die Tür von dessen Studierzimmer klopfte, fragte drinnen der greise Sufi Junaid: »Wer ist da?« Und Hallaj antwortete: »Ich bin die absolute Wahrheit.« Junaid wies den Eintretenden mit folgenden Worten scharf zurecht: »Nein, durch die absolute Wahrheit existierst du. Welchen Galgen wirst du mit deinem Blut beflekken?«[7]

Es war eine Zurechtweisung, wie sie schärfer nicht sein konnte! Allerdings darf man die von Junaid prophezeite Hinrichtung nicht als eine historisch verbürgte Aussage verstehen. Hier wurde nur eine der großen Sufi-Autoritäten der damaligen Zeit in gezielter Propaganda gegen Hallaj ausgespielt. Junaid wurden Worte in den Mund gelegt, die demonstrieren sollen, daß selbst hochangesehene Mystiker die Hinrichtung des »Ketzers« für ganz selbstverständlich hielten.

Zweifellos waren aber Junaid und mit ihm eine Reihe Sufis auf Distanz zu Hallaj gerückt. Junaid beharrte darauf, daß es für Mystiker selbst im raren Moment höchster Ekstase letztlich doch noch einen Unterschied zwischen »Ich« und »Du«, »Mensch« und »Gott« gebe. Denn wer die völlige »Einheit mit Gott« anstrebe, hebe die Hierarchie von Gott als dem »Schöpfer« und dem Menschen als seinem »Geschöpf« auf. Junaid beharrte hier auf der Glaubenshaltung der sogenannten »Personenmystik« und verwarf die »Einheitsmystik«. Hinter dieser Abwehr Junaids steckt eine Furcht, die bis heute aktuell geblieben ist. Denn wenn der Mensch auf dem Höhepunkt der Ekstase »Gott« wird, dann scheint grundsätzlich in Frage gestellt, daß »Gott« als ein eigenständiges Wesen, als »Schöpfer der Welt«, unabhängig vom menschlichen Bewußtsein existiert.

Viele muslimische Mystiker späterer Jahrhunderte haben sich allerdings nicht auf die Seite des Kritikers Junaid gestellt. Gerade herausragende Größen sufischer Klassik sollten Hallajs provozierende Aussage »Ich bin die absolute Wahrheit«, »Ich bin Gott«, vehement verteidigen. Zu jenen, die sich in dieser Hinsicht entschieden zu Hallaj bekannten, zählte Celaleddin Rumi. Überraschen muß dies nicht, schließlich vertrat ja Rumi nahezu dieselbe mystische Grundhaltung von der »Geburt Gottes im Menschen«.[8]

Hallaj war aber nicht einmal der erste Sufi mit einer derart radikalen Äußerung. Er hatte Vorläufer. Der bedeutendste unter ihnen war Bayasid Bistami. Er, ebenfalls ein Perser, der 874 in seiner Heimatstadt Bistam starb (von der sich sein Beiname ableitet), hatte schon Jahrzehnte vor Hallaj Sätze niedergeschrieben, die von einem orthodoxen Muslim als skandalös empfunden werden mußten. So schrieb Bayasid Bistami:

> »Ich schaute auf Gott mit dem Auge der Wahrheit und sagte zu ihm: ›Wer ist das?‹ Er sagte: ›Das bin weder ich noch ist es ein anderer als ich. Es gibt keinen Gott außer mir.‹ Dann verwandelte er mich aus meiner Identität in seine Ichheit [...]. Dann sprach ich mit ihm mit der Zunge Seines Gesichts und sagte: ›Wie ergeht es mir mit Dir?‹ Er sagte: ›Ich bin durch Dich, es gibt keinen Gott außer Dir.‹«[9]

Weiter schrieb Bayasid Bistami: »Preis sei Mir, wie groß ist Meine Majestät.«[10] Oder: »Unter meinem Gewand ist nichts als Gott.«[11] Oder: »Ich streifte mein Ich ab, wie die Schlange ihre Haut abstreift; dann sah ich mein Wesen an, und es zeigte sich, daß ich Er war.«[12] Oder: »Ich ging von Gott zu Gott, bis Er in mir aus mir herausschrie: ›Oh Du Ich!‹ So erreichte ich den Zustand der Auflösung in Gott.«[13]

Solche Sätze erscheinen nicht nur aus der Sicht orthodoxer Muslime, sondern auch aus der Sicht orthodoxer Christen als skandalös. Denn nach der Lehrmeinung islamischer und christlicher »Rechtgläubigkeit« ist ja unter »Gott« ein überirdisches Wesen zu verstehen, das die irdische Welt mit allmächtiger Vollkommenheit lenkt. Aber wie blasphemisch sind solche Sätze tatsächlich?

Hätten sich nun Hallaj und Bayasid Bistami mit der Gottesvorstellung der Orthodoxie identifiziert, dann würden ihre Aussprüche »Ich bin Gott« und »Preis sei Mir!« eine größenwahnsinnige »Vergöttlichung des Menschen« – und tatsächlich eine gotteslästerliche Allmachtsphantasie bedeuten. Aber dabei handelt es sich, wie ich schon am Beispiel Celaleddin Rumis zu zeigen versuchte, um ein Mißverständnis. Dem »Gott« der Mystiker fehlt die Allmacht eines Schöpfer-Gottes.

Es hing von historischen Zufälligkeiten ab, daß Bayasid Bistami nicht ebenfalls heftig in Konflikt mit der Orthodoxie geriet. Ihm blieb dieser Konflikt erspart, weil seine Worte damals nur einem eingeweihten Kreis von Sufis geläufig waren. Denn Bistami hatte darauf verzichtet, seine Lehre so spektakulär bekanntzumachen wie Hallaj. Entsprechend weniger umstritten ist der Nachruhm. Bis heute ist sein Mausoleum in der Heimatstadt Bistam sorgfältig gepflegt und wird von Pilgern besucht.

Aber ob nun Hallaj oder Bistami: Die Distanz zur »Rechtgläubigkeit« ist offenkundig. Beide Sufis gaben schließlich zu verstehen, daß die wahrhafte »Erfahrung« des »Göttlichen« sogar vielen sehr frommen Muslimen verschlossen bleiben kann – ja aufgrund ihrer Vorstellung von einem allmächtigen Schöpfer-Gott verschlossen bleiben muß. Und gerade deshalb grenzten sich Hallaj und Bistami gegenüber der Glaubensüberzeugung orthodoxer Korangelehrter und religiöser Würdenträger ab.

Hallaj war es wiederum, der seiner Haltung in der Öffentlichkeit am provokantesten Ausdruck verlieh. Er sagte: »Wer die göttliche Wahrheit mit dem Licht des Glaubensbekenntnisses sucht, ist wie einer, der die Sonne mit dem Licht der Sterne sucht.«[14] In dieser Aussage lag die eigentliche Herausforderung für die Orthodoxie. Hallaj brachte hier »göttliche Wahrheit« und »Glaubensbekenntnis« in einen Gegensatz. Für ihn als Mystiker bedeuteten die dogmatischen Festlegungen durch ein Glaubensbekenntnis eine beträchtliche Einschränkung. Mehr noch: Hallaj sah für viele Gläubige den »Weg« zu mystischer »Erfahrung« verbaut – eben weil ihr Blick durch scheinbar unerschütterliche Dogmen verstellt war und sie nicht fähig waren, die Bindung an solche Dogmen zu überwinden. Anders als sein späterer Bewunderer Celaleddin Rumi schwächte Hallaj diese Kritik an keiner Stelle seiner Schriften ab.

Und gerade mit dieser Kompromißlosigkeit lebte Hallaj äußerst gefährlich. Der Zusammenprall mit den Machthabern war nur eine Zeitfrage, vor allem, weil er seine Meinung weiterhin provozierend in der Öffentlichkeit vertrat.

Hallaj und sein Mythos als Ketzer

Hallaj war schon zu Lebzeiten berühmt, aber dies nicht nur als eine skandalumwitterte Person. Die Zahl seiner ihn verehrenden Schüler war beträchtlich. Das zeigte sich, als er um das Jahr 900 zum zweiten Mal nach Mekka pilgerte – um »Gott« mystisch zu »erfahren«, nicht, um nur nach vorgeschriebenem Ritus sieben Mal die Kaaba zu umschreiten. Viele Schüler begleiteten ihn. Mancher andere berühmte Mystiker konnte ihn um diese eindrucksvolle Demonstration beneiden.

Darüber hinaus gewann Hallaj aber auch beim einfachen Volk an Ansehen. Und diese Entwicklung mußte den religiösen sowie den weltlichen Machthabern erst recht als bedrohlich erscheinen. Denn Hallaj lehrte die Gläubigen nicht nur, daß sie sich »in Gott versenken« sollten. Er forderte auch gerechtere Steuern für die ohnehin sozial benachteiligten Bauern und Handwerker. Das waren sehr weltliche Töne aus dem Mund eines »heiligen Mannes«. Hallaj erschien den Regierenden nun zunehmend als eine Gefahr, je mehr er nicht nur religiöse Kritik am starren Dogmatismus der orthodox Gläubigen übte, sondern darüber hinaus auch noch heftig soziale Mißstände verurteilte.

Der schon lange schwelende Konflikt verlor vorübergehend an Schärfe, als Hallaj plötzlich aus Bagdad verschwunden war. Dies geschah im Jahr 905 unserer Zeitrechnung. Hallaj sei auf eine Reise gegangen, wie seine Schüler erklärten. Später rankten sich Legenden um diese Reise. Er soll in Indien gewesen sein, habe dort Fakire getroffen und von ihnen allerlei Zauberkünste gelernt. Allerdings ist in der Forschung umstritten, ob er tatsächlich bis in die Indus-Ebene gekommen ist und von der indischen Kultur Anregungen empfangen hat, etwa im Bereich der Meditation und Ekstase.

Kaum war Hallaj zurück in Bagdad, geriet er mit den Herrschenden in größere Konflikte als zuvor. Denn nun kritisierte er noch schärfer orthodoxe Korangelehrte wie auch korrupte Regierende. Schüler rieten ihm zur Flucht. Hallaj reiste in den Iran ab, aber seinen Gegnern am Kalifenhof erschien er bereits als so gefährlich, daß sie ihm Agenten nachschickten, ihn verhaften und in Ketten nach Bagdad zurückbringen ließen.

Großwesir Ibn Isa drängte auf Hinrichtung, Kalif al-Muktadir zögerte. Für den Kalifen und eine Reihe seiner Hofbeamten erschien ein Todesurteil als ein zu großes Risiko, schließlich wurde der religiöse »Ketzer« und unbequeme politische Kritiker nicht nur von vielen Intellektuellen, sondern auch vom Volk geschätzt. Solch einen Mann dürfe man nicht leichtfertig zum Märtyrer machen, der Verurteilte könne sonst nach seinem Tod noch gefährlicher werden als zu Lebzeiten.

Neun Jahre, von 913 bis 922, verbrachte Hallaj angesichts dieser unentschiedenen Situation in Gefangenschaft. Hartnäckig weigerten sich die Richter und mit ihnen der Kalif, das Todesurteil zu unterschreiben. Manche Chronisten äußerten die Vermutung, daß der angefeindete Sufi am Hof einflußreiche Gönner besaß, so vor allem den obersten Kämmerer des Kalifen. Angeblich ließ der Kämmerer sogar einen Pavillon bauen, in dem Hallaj ungehindert weitere philosophische Schriften verfassen konnte. Aber letztlich konnte sich der Großwesir durchsetzen, der nach geschickt eingefädelten Intrigen über achtzig Zeugen aufmarschieren und sie über die Absichten des »Ketzers« berichten ließ. Wichtigste Anklagepunkte: Hallaj wolle, daß die Pilgerfahrt nach Mekka und der Fastenmonat Ramadan abgeschafft würden; auch stehe er mit politisch umstürzlerischen Organisationen schiitischer Ketzer in Verbindung.

Den Ausspruch »Ana al-haqq« nahmen die Gegner Hallajs aus der Anklageschrift heraus, weil sich die Korangelehrten nicht über die Deutung einigen konnten. Dies ist bemerkenswert und beweist, wie wenig die Zeitgenossen zu einer einhelligen Interpretation zu finden vermochten. Den eigentlichen Ausschlag für das Todesurteil gab der Vorwurf, mit regierungsfeindlichen Geheimbünden der Schiiten Kontakte zu haben. Dieser Anschuldigung, die durch manipulierte Zeugenaussagen »bewiesen« wurde, konnte sich weder der Oberrichter noch der Kalif verweigern.

Am 26. März 922 wurde Hallaj in Bagdad hingerichtet. Das Verfahren war grausam und offenbarte den ganzen Haß seiner Gegner: Zuerst peitschte man den dreiundsechzigjährigen Sufi aus, dann hackte man ihm beide Hände und Füße ab, tauchte die blutigen Gliedstümpfe in siedendes Öl, damit der Verurteilte nicht zu rasch verblutete, nagelte ihn an überkreuzte Balken – die in der späteren Überlieferung oft auch als »Galgen« bezeichnet wurden –, und dort ließ man ihn bis zum übernächsten Morgen hängen. Dann erst schlug man dem Gemarterten den Kopf ab.

Es gibt etliche Augenzeugenberichte dieser Hinrichtung, was zeigt, wie sehr Zeitgenossen Anteil an diesem öffentlich inszenierten Ereignis genommen haben. Zwei Jahrhunderte später ist der zweifellos berühmteste Bericht des persischen Sufis Faridud-din Attar entstanden. Was bei Attar in legendenhafter Verklärung seinen Niederschlag gefunden hat, ist symptomatisch für Hallajs Nachwirkung in späteren Epochen. Um nur einige wichtige Sätze zu zitieren:

> »Sie hieben ihm die Hände ab. Er lachte [...]. Sie hackten ihm seine Füße ab. Er lächelte. ›Mit diesen Füßen unternahm ich eine irdische Reise‹, sagte er, ›andere Füße habe ich, mit denen ich jetzt sogar durch beide Welten reise. Wenn ihr dazu in der Lage seid, dann hackt diese Füße ab!‹ [...] Sogar als sie seinen Kopf abschnitten, lächelte Hallaj. Dann gab er seinen Geist auf. Ein Schrei entfuhr der Menge. [...] Jedem seiner Glieder entsprang die Aussage: ›Ich bin die Wahrheit.‹ Am nächsten Tag erklärten sie [die ihn verurteilt hatten]: ›Der Skandal wird jetzt noch größer sein als dann, da er noch am Leben war.‹ Also verbrannten sie seine Gliedmaßen. Aus reiner Asche kam der Schrei: ›Ich bin die Wahrheit‹, genauso wie zur Zeit seiner Hinrichtung jeder Tropfen Blut, der fiel, das Wort ›Allah‹ bildete.«[15]

Attar, der zu einem der bedeutendsten Sufis des iranischen Kulturraums geworden ist, schrieb schwärmerisch über den von ihm verehrten »Märtyrer der Gottesliebe«:

> »Die gleiche Glut, die in Hallaj gefallen,
> Sie ist auch gefallen in meine Seele.«[16]

Der Ausspruch »Ana al-haqq« wurde und wird von vielen Sufis und Derwischen bis heute im ehrenden Andenken an Hallaj zitiert.

Dies geschieht besonders im persischen, türkischen und indischen Kulturraum. Und etliche dieser Mystiker sind ebenfalls hingerichtet worden. Folgenreich war, daß seit dem 13. Jahrhundert einige der großen Begründer mystischer Bruderschaften Hallaj mehr oder weniger in den Rang eines heiligen Märtyrers erhoben. Abdul al-Qadir al-Gilani, geistiger Vater der berühmten Qadiria-Bruderschaft, sprach oft von seinem »Bruder Hallaj« und ließ dessen Gedanken häufig in den Versammlungen zitieren.

Celaleddin Rumi als der geistige Ahnherr der Mevlevi-Bruderschaft lieferte zweieinhalb Jahrhunderte nach Hallajs Tod tiefsinnige Deutungen über den Ausspruch »Ana al-haqq«. In einem seiner Gedichte stellte Rumi metaphorisch eine Verbindung zwischen dem »Wein« des Mystikers und der Ekstase des Hallaj in Bagdad her:

»Ehe es Garten oder Rebe oder Wein gab,
War unsere Seele trunken vom ewigen Wein.
Im Bagdad der Ewigkeit bekannten wir alle ekstatisch:
›Ich bin die höchste Wahrheit!‹«[17]

Aber auch die Bektashi-Bruderschaft trug seit dem Ende des 14. Jahrhunderts sehr viel zum legendären Ruhm des »Ketzers« Hallaj bei. Die Mitglieder dieser alevitischen Bruderschaft weihten ihm in jedem ihrer spirituellen Zentren ein kleines Haus, das sie »Dar al-Mansur«, »Haus des Mansur«, nannten (Mansur war ja Hallajs Familienname). Das arabische Wort ist mit »Sieger« zu übersetzen, und in diesem doppelten Sinn verwendeten die Bektashi sowie viele andere Mystiker das Wort: Der Märtyrer Hallaj sei zugleich der Sieger über die geistige Enge vieler orthodox Gläubigen.

Noch intensiver als im persischen und türkischen Kulturraum hat Hallaj bei indischen Muslimen geistige Spuren hinterlassen. Das früheste uns bekannte Zeugnis lieferte der legendäre Sufi Osman Marwandi, der von seinen Anhängern den ehrenden Beinamen »Lal Shabbas«, »Roter Königsfalke«, erhielt. Osman, aus der persischen Stadt Marwand nahe Täbriz stammend, kam während seiner Wanderjahre in die Indus-Ebene, wo er sich um das

Jahr 1260 in der Stadt Sehwan niederließ. Sein Grabmal, ein im persischen Stil mit blauglasierten Wandkacheln und bunten Ornamenten üppig gestaltetes Mausoleum, gilt bis heute als eines der größten Wallfahrtszentren pakistanischer und indischer Muslime. Täglich versammeln sich dort neben Pilgern Musiker und Sänger, am Todestag des Heiligen kommen gar zehntausend Gläubige in die Stadt. Etliche seiner Lieder, die während der Rituale gesungen werden, nehmen deutlich Bezug auf das Vorbild des Mansur al-Hallaj. Etwa:

»Ich blickte ins Angesicht Gottes
und tanzte stolz vor ihm.
Gesegnet seien die ›Ungläubigen‹,
die die Frömmelei mit Füßen treten.
Seht mich im Gewand eines Heiligen
tanzen. Seht!
Ich bin Osman von Marwand,
ein Komplize Mansurs.
Die Welt zieht an mir vorüber,
da baumle ich am Galgen.«[18]

Die tiefste religiöse Erfahrung öffentlich auszudrücken, dies bedeutete eine Provokation für die »Frömmler« – bedeutete aber auch Lebensgefahr für die »wahrhaft Gott Liebenden«. Dies kommt eindrucksvoll auch in oft zitierten Versen des 1869 gestorbenen indischen Sufi Mirzu Ghalib zum Ausdruck. Auch hier mit deutlichem Bezug auf den »Galgen« des Mansur al-Hallaj:

»Das Geheimnis, das im Herzen ist,
keine Predigt wird es sein –
Auf dem Galgen kannst du's sagen.
Aber auf der Kanzel – nein.«[19]

Der Mystiker Mansur al-Hallaj ist bis in unsere Gegenwart eine der umstrittensten Gestalten der islamischen Geistesgeschichte. Sogar unter den Sufis und Derwischen selber blieb er heftig umstritten. Wie wir später noch sehen werden, lehnten etliche Führer großer

Bruderschaften den »Ketzer« Hallaj schroff ab und urteilten abfällig auch über die von ihm beeinflußten Mystiker. Sie verboten den Mitgliedern ihrer Bruderschaften entschieden, sich mit solchen »Ungläubigen« zu beschäftigen.

Die eminente Nachwirkung Hallajs auf spätere Generationen deutet darauf hin, daß die Sehnsucht nach mystischer Erfahrung jenseits traditionell-religiöser Einengungen weit über eine schmale Bildungsschicht hinaus verbreitet war. Hallaj erreichte auch zahlreiche Gläubige, denen die eigenen Worte für ihre Empfindungen fehlten. Erst er gab ihnen die Sprache und verlieh ihrer Religiosität klarere Konturen.

Omar Chaijam, Naturwissenschaftler und »ungläubiger« Mystiker

Eineinhalb Jahrhunderte nach der Hinrichtung des »Ketzers« Hallaj wirkte in Bagdad der Perser Omar Chaijam, der zu einem der größten Mathematiker und Astronomen der islamischen Welt wurde. In die Algebra und Geometrie führte er neue mathematische Lösungen ein, den komplizierten Lauf der Gestirne berechnete er genauer als alle seine Vorgänger – erst recht übertraf er alle Mathematiker des christlichen Abendlandes, bis ins 16. Jahrhundert hinein. Aber darüber hinaus ist das Besondere an ihm, daß er auch als Mystiker eine bedeutende Stellung in der Geistesgeschichte des Islam einnimmt. Omar Chaijam ist eine Ausnahmeerscheinung, indem er sowohl als Naturwissenschaftler wie auch als Sufi bleibenden Nachruhm errungen hat. Als Sufi jedoch ist er bis heute umstritten wie Hallaj.

Wenn wir seine vierzeiligen Gedichte, die *Rubaijat* (»Vierzeiler«), näher betrachten, scheint Omar Chaijams Kritik an orthodoxer Gläubigkeit allerdings zunächst weit entfernt von einem mystischen Denkansatz zu sein. Denn er vertritt in vielen dieser Gedichte die Position eines rationalen Skeptikers. Und diese Position erscheint aus unserer heutigen Sicht eher mit dem Denken westlicher Aufklärer als mit der Religiosität von Sufis und Derwischen verwandt. So etwa, wenn er sagt:

»Niemand hat Himmel und Hölle gesehen, oh Herz,
sag mir, wer kam zurück von jener Welt?
Unser Hoffen und Bangen besteht aus etwas,
wofür es keine Gültigkeit, doch nur Namen gibt.«[20]

Oder:

»Vom Glauben zum Unglauben ist es ein Blitzeszucken,
nicht mehr als eine Silbe zwischen Zweifel und Gewißheit:
Halte diesen kostbaren Atemzug in Ehren,
denn dieser Atemzug ist unseres Lebens einzige Ernte.«[21]

Oder:

»Der Kreislauf, der unser Kommen und Gehen umspannt,
hat keinen erkennbaren Anfang oder sichtbares Ende,
niemand hat diesen Umstand ganz begriffen:
Woher wir kommen und wohin wir gehen.«[22]

In der Position eines rationalistischen Skeptikers wagte Omar Chaijam, Widersprüchlichkeiten von Glaubensvorstellungen bloßzulegen, wie sie orthodoxe Muslime (und auch Christen) über Gott besitzen. So kritisierte er spöttisch die Vorstellung vom allmächtigen und barmherzigen Schöpfer-Gott, der einerseits den Garten Eden und andererseits das Böse in Gestalt der »Schlange« zur sündenhaften Anfechtung des Menschen geschaffen hat. In einem seiner Vierzeiler redet er Gott mit folgenden Worten an:

»Oh Du, der Du aus niederer Erde den Menschen schufst,
Und der Du für Eden die Schlange ersannst;
Für all die Sünde, die des Menschen Antlitz schwärzt,
Verzeih ihm – und laß Dir verzeihen.«[23]

Solch ironische Zweifel am traditionellen Gottesbild könnten aus westlicher Sicht erst unter dem Einfluß westlicher Aufklärer im 18. Jahrhundert, etwa von Voltaire, verfaßt sein. Zur Zeit Omar Chaijams, an der Wende zum 12. Jahrhundert, war im christlichen Abendland philosophisches Denken noch eng an kirchliche Dogmatik gebunden. Omar Chaijams Denken läßt deshalb Rückschlüsse auf eine völlig andere Situation im islamischen Mittelalter zu: »Aufklärerische« Tendenzen hat es damals zwar in der wissenschaftlich hochentwickelten Kultur der Muslime, nicht aber bei den Christen gegeben. (Eine Ausnahme bei den Christen bildete nur der Staufer-Kaiser Friedrich II. Mitte des 13. Jahrhunderts, der in Sizilien stark vom Denken muslimischer Wissenschaftler beeinflußt war.)

Aber während sich die Wissenschaft im Bagdad des 11. und 12. Jahrhunderts intensiv entfaltete – womit sie einen deutlichen Vorsprung gegenüber dem damaligen christlichen Abendland aufwies –, beargwöhnte die islamische Orthodoxie eine solche Entwicklung. Korangelehrte wachten mißtrauisch darüber, ob Wissenschaftler mit kritisch rationalem Denken religiöse Dogmen anzweifelten. Und so blieb es Omar Chaijams *Rubaijat* nicht erspart, »atheistischer« Tendenzen verdächtigt zu werden. Bestand dieser Vorwurf zu Recht?

Westliche Leser kommen bei der Lektüre der *Rubaijat* oft zu einem ähnlichen Schluß, wenngleich sie den radikalen Zweifel meist nicht verdammen, sondern diese Skepsis als verblüffend »modern« empfinden. Daß aber orthodoxe Korangelehrte wie auch westliche Leser einem Mißverständnis aufsitzen, läßt ein weiterer, vorerst irritierender Sachverhalt ahnen: Von philosophisch gebildeten Sufis wird Omar Chaijam eben bis heute als einer der großen Mystiker des Islam und damit auch als ein tief religiöser Mensch geschätzt.[24] Wir werden sehen, daß Omar Chaijam religiös ist, nur eben nicht in traditioneller Form an einen personalen, allmächtigen Schöpfer-Gott glaubt. Aber bevor ich näher auf diese Problematik eingehe, zunächst einige Details zu Omar Chaijams Leben.

Der Perser Omar Chaijam stammte aus jener kulturträchtigen Provinz Chorassan im Nordosten des Iran, aus der viele bedeutende Mystiker und auch Wissenschafter der damaligen Zeit kamen. Er wurde 1045 in Neischapur geboren, heute eine unscheinbare Provinzstadt mit rund 200000 Einwohnern, »ohne besondere Sehenswürdigkeiten«, wie in Reiseführern meist vermerkt ist. Aber zur damaligen Zeit war Neischapur die Hauptstadt Chorassans mit bedeutenden sunnitischen Moscheen und Akademien (bevor sie diese Rolle an das nahegelegene Meschhed, die heutige Hauptstadt der Provinz und Pilgerzentrum des schiitischen Iran, abgetreten hat). Zweifelsohne hat Omar Chaijam in seiner Heimatstadt wichtige Anregungen empfangen, aber seine große Karriere als Mathematiker und Astronom war erst in Bagdad an der Nisamiya, der damals bedeutendsten Universität der gesamten islamischen Welt, möglich. Er lehrte später noch für kürzere Zeit in den Kulturzentren Isfahan und Merw, bevor er sich wieder nach Neischapur zurückzog und dort 1122 im Alter von 77 Jahren starb.

Chaijams eigentlicher Name lautet Omar Ibn Ibrahim. Den Beinamen »Chaijam«, »Zeltmacher«, legte er sich erst als Erwachsener zu. Manche Historiker vermuten, er habe damit seinen Vater ehren wollen, der eventuell diesen Beruf ausgeübt hatte. Der Wahrheit näher kommen dürften aber jene, die diesen Namen als Symbol verstehen wollen. Omar hat der Nachwelt einen entsprechenden Vers hinterlassen: »Omar, der Zeltmacher, hat von früh bis spät an manchem Zelt der Philosophie genäht.«

Was aber hat den Mathematiker und Naturwissenschaftler Omar Chaijam veranlaßt, zum Mystiker, zum Sufi, zu werden?

Die Erforschung der Naturgesetze ließ Omar Chaijam, wie er immer wieder betonte, nicht zum »Kern« aller Geheimnisse vordringen. Ebensowenig konnten ihm die von der Orthodoxie formulierten Dogmen als letztendliche »Wahrheit« erscheinen. Seine an Erkenntniskritik geschulte Philosophie trieb ihn – wie bereits am Beispiel einiger seiner Gedichte gezeigt – dazu, die religiöse Dogmatik auf ihre innere Logik hin zu überprüfen. Aber darüber hinaus bezweifelte Omar Chaijam in sufischer Tradition, daß orthodox Gläubige die kosmische Wirklichkeit in ihrem wahren Wesen »erfahren«. Er kam zu dem Ergebnis, daß es falsch sei, das Seiende dualistisch in Gott und Welt, Glaube und Unglaube, richtige und falsche Religion zu trennen – und wurde so zu einem entschiedenen Vertreter der Einheitsmystik.

Der Hinweis auf einige exemplarische Verse seiner Gedichte mag genügen, um diese mystische Grundhaltung zu verdeutlichen. Etwa:

»Heiter zu sein und Wein zu trinken, ist meine Regel,
frei zu sein von Glauben und Unglauben meine Religion.[25]

Und:

»Vom Wein [...] berauscht, ich bin's!
Heide, Ungläubiger, Götzendiener, ich bin's.
Jede Sekte [Religion] hat ihren Verdacht gegen mich.
Ich bin mein eigener Herr, bin, der ich bin.«[26]

Die Frage ist nun, an welcher Stelle in solchen Gedichten für die Orthodoxie das eigentlich Ketzerische beginnt.

Das Anstößige beginnt nicht schon bei den Metaphern »Wein« und »Rausch«. Daß selbst viele orthodoxe Muslime diese sprachlichen Bilder nur im übertragenen Sinn verstehen und sich deshalb nicht zu empören brauchen, habe ich bereits im Abschnitt »Berauscht vom Wein der Mystik« erörtert. »Vom Wein berauscht« heißt nur, sich im mystischen Zustand zu befinden; dies ist ja ein weitverbreiteter Topos in der sufischen Literatur. Das »Ketzerische« beginnt für »Rechtgläubige« auf einer anderen Ebene. Etwa wenn Omar Chaijam im rauschhaften Empfinden die Grenzen seiner eigenen Religionsgemeinschaft überspringt und das »Ich« mit anderen Religionen, »Sekten«, unterschiedslos in Verbindung bringt: nicht nur mit dem Glauben der religiös verwandten Christen und Juden, die wie die Muslime den »einen Gott« verehren – sondern offenbar auch mit dem »Unglauben« der »Heiden« und »Götzendiener«.

Hier zeigt sich eine aufschlußreiche Parallele zu Celaleddin Rumi. Auch Omar Chaijams Haltung kann nur im ersten Moment als eine weit über das übliche Maß hinausragende Toleranz anmuten. Toleranz ist auch bei Omar Chaijam eher ein Nebenprodukt mystischer Erfahrung, und auch er distanziert sich im radikalen Sinn von allen Glaubensbekenntnissen! Nur daß er schon mehr als eineinhalb Jahrhunderte vor Rumi solche Verse schrieb! Omar Chaijam kommt zu dem provozierenden Ergebnis: Jede dieser »Sekten«, Religionen, mißtraut ihm zu Recht und hält ihn aus ihrer jeweiligen Sicht für einen Zweifler, Ketzer, Ungläubigen.

Nicht genug damit. Die stärkste Herausforderung liegt in der letzten Zeile: »Ich bin mein eigener Herr, bin, der ich bin.« Die Worte am Ende der Zeile beziehen sich auf den Namen des jüdischen Gottes Jhwh (Jahwe), der oft mit »Ich bin, der ich bin« übersetzt wird. Muslimen der Bildungsschicht war und ist diese Wortbedeutung sehr wohl bekannt. Das aber heißt: Omar Chaijam verknüpft ganz gezielt sein eigenes »Ich« mit »Gott«, Omar Chaijam ist »Gott« in dem Sinn, wie es schon Hallaj und Bayasid Bistami propagierten, er trägt die Eigenschaften »Gottes« in sich. Das eigene »Ich« ist der letzte Grund, in dem sich die ganze Fülle des Daseins, des Kosmos, vereinigt. Auch bei Omar Chaijam darf dieser »Gott« nicht mit der traditionellen Gottesvorstellung in Verbindung gebracht werden.

Aus heutiger Sicht mag man sich wundern, weshalb Omar Chaijam wegen solcher Verse nicht sofort von »Rechtgläubigen« angefeindet, ja mit dem Tod bedroht wurde. Aber er hatte das (zweifelhafte) Glück, daß seine Gedichte zu Lebzeiten nur von einer sehr schmalen Bildungsschicht in ihrer Bedeutung erkannt und diskutiert wurden. Orthodoxe Korangelehrte wurden erst nach Omar Chaijams Tod auf die Gedichte aufmerksam, um sie dann sofort als Ketzerei zu verdammen. Nur noch eine Reihe Sufis und Derwische hat seither das Andenken an seine mystische Dichtung bewahrt.

Es zeugt von einer tiefgehenden Krise islamischer Kultur bis in unsere Gegenwart, daß Omar Chaijam als kritischer Philosoph und Mystiker nicht etwa durch die muslimische Bildungsschicht neu entdeckt wurde – sondern durch westliche Orientalisten, Philosophen und Dichter in Europa. Allerdings war dies auch erst dann möglich, als sich im westlichen Kulturraum Zweifel an religiösen Glaubenswahrheiten immer weiter verbreiteten. Omar Chaijam erreichte seit Mitte des 19. Jahrhunderts bei Europäern einen Ruhm als »Freigeist«, den er im islamischen Kulturkreis nie besessen hat.

Dieser Prozeß hat eingesetzt, nachdem der englische Dichter Edward Fitzgerald 1839 eine Auswahl der *Rubaijat* aus dem Persischen ins Englische übertragen hatte. Von Europa aus strahlte der Ruhm des vergessenen Dichters schließlich während des 20. Jahrhunderts in islamische Länder zurück. Aber widersprüchlich genug: So kam es, daß muslimische Intellektuelle, die der Tradition islamischer Mystik längst entfremdet waren, die Verse Omar Chaijams zuerst in der englischen Übersetzung lasen und sie ganz im Geist der Aufklärung als »Freigeisterei« verstanden.

Noch zu Beginn des 20. Jahrhunderts ist Omar Chaijam als Dichter und Philosoph gerade auch im Iran weitgehend vergessen gewesen. Erst 1934 wurde ihm in seiner Heimatstadt Neischapur über dem zuvor unscheinbaren Grab ein imposantes Mausoleum errichtet – zu jener Zeit, als die *Rubaijat* in der schmalen iranischen Bildungsschicht populär geworden sind. Eine solche Wertschätzung konnte allerdings nur bis 1979, dem Sturz des Schahs Mohammed Reza Pahlevi, offen geäußert werden. Unter der Regierung des Ajatollah Khomeini wurden die *Rubaijat* sofort verboten. Für den Begründer des iranischen Gottesstaates bedeutete Omar Chaijams scharfe Kritik an dogmatisch rigider Religion eine gefährliche Ketzerei.

Aber das Verbot der *Rubaijat* im Iran wurde nach Khomeinis Tod 1989 nicht mehr mit der gleichen rigorosen Strenge gehandhabt. Mehr noch: Das Verbot wurde während der Amtszeit des Staatspräsidenten Mohammed Khatami von 1997 bis 2005 schrittweise zurückgenommen. Dies geschah, als im Gottesstaat Iran unter religiösen Denkern, Wissenschaftlern und Künstlern eine immer offenere Diskussion über Religion und Kultur möglich geworden war.

Eine Bestätigung für eine solche Entwicklung fand ich ausgerechnet in der (bereits schon mehrmals erwähnten) *Iran-Information*, jener *Zeitschrift für Kultur, Kunst und Religion*, die von der Kulturabteilung der Botschaft der Islamischen Republik Iran in Österreich herausgegeben wird. Dort findet sich in der Ausgabe vom November 2002 unter dem Titel »Hakim Omar Chaijam Neischaburi, sein Leben und Wirken« ein zweiseitiger Aufsatz zu Omar Chaijam (allerdings ohne Hinweis auf den Autor). Nicht nur der große Naturwissenschaftler wird blumig gelobt, sondern viel mehr noch der »iranische« Dichter der *Rubaijat* mit folgenden Worten: »Omar Chaijam wird besonders als ein iranischer Dichter beachtet, weswegen er in der iranischen Literatur und Kultur einen großen Ruhm besitzt. [...] In der Zeit, in der er dichtete, war das Gedicht ein Mittel zum Rühmen des Schahs und der Sultane. Aber er verwendete diese kulturell-literarische Gattung als ein Mittel für den Kampf gegen Aberglauben, Unwissenheit und geistige Finsternis. [...] Er war aber kein unreligiöser Mensch, denn in seinen Worten betont er Ehrlichkeit, Aufrichtigkeit und den Dienst am Nächsten als die Tinte der Religion.«[27]

Omar Chaijam wird hier ausdrücklich in Schutz genommen gegen den Vorwurf, »unreligiös« zu sein. Doch auch wenn sich keinerlei Hinweis auf die radikale mystische Konsequenz seiner Gedichte findet, muß ein derartiges Lob überraschen. Möglicherweise ist eine solch offene Verteidigung der *Rubaijat* nur in einer iranischen Zeitung deutscher Sprache möglich, die sich werbend an ein deutschsprachiges Leserpublikum wendet mit der Botschaft eines »Dialogs der Religionen und Kulturen« (so eine wörtliche Anspielung). Und vielleicht ist es kein Zufall, daß in dieser Ausgabe nur bei dem Artikel über Omar Chaijam und sonst nirgends der Name des Verfassers fehlt. In Gesprächen mit Iranern konnte ich erfahren: Es sei noch immer nicht einfach, Gedichte Omar Chaijams in iranischen Buchhandlungen zu bekommen, entsprechend sei es auch nicht ohne Risiko, sich öffentlich zu Omar Chaijam zu bekennen. Aber im Gegensatz zu den ersten fünfzehn Jahren der Islamischen Republik habe sich immerhin schrittweise einiges geändert. Sogar in der Amtszeit des radikal-fundamentalistischen Staatspräsidenten Mahmud Ahmadinejad könne das Mullah-Regime die kulturelle Entwicklung des Iran nicht mehr umfassend im islamistischen Sinn kontrollieren.

Aber ob nun im Iran oder anderen Ländern der islamischen Welt: Bis heute gilt Omar Chaijam bei der muslimischen Bildungsschicht noch immer zuallererst als genialer Naturwissenschaftler, der zu seinen Lebzeiten im 11. Jahrhundert alle westlichen Naturwissenschaftler weit übertraf. Schon wesentlich kleiner ist die Zahl derjenigen, die ihn auch noch als scharfsinnigen Kritiker eines religiösen Dogmatismus schätzen. Dagegen ist selbst unter Gebildeten nur eine Minderheit mit der mystischen Dimension seiner Dichtung vertraut. Außerdem leben die meisten jener Muslime, die die Verse Omar Chaijams mit wachsendem Interesse lesen, in

Westeuropa und Nordamerika – wo sie in die liberale Atmosphäre westlicher Industriestaaten eingebettet sind.

Zu denken geben muß darüber hinaus, daß der muslimische Dichter Omar Chaijam weiterhin erheblich mehr Leser in der nichtmuslimischen westlichen Bildungsschicht besitzt als im islamischen Kulturraum.

Ghasali, der größte Theologe des Islam – und seine »orthodoxe Mystik«

Monatelang meditierte er im groben Wollgewand eines Sufi auf einem Minarett der Omayaden-Moschee von Damaskus. Seinen Platz verließ er nur, wenn er aus dem Brunnen des Hofes Wasser trank und von mildtätigen Gläubigen Brotfladen, Datteln oder Oliven entgegennahm. Niemand hatte dem Frommen den Rückzug auf das Minarett verwehrt. Niemand hatte auch Notiz von ihm genommen, wenn er sich im weiträumigen Hof zur Hauptgebetszeit unter den versammelten Muslimen aufhielt. Denn keiner wußte, daß sich hinter dem äußerlich so unscheinbaren Asketen der berühmteste Korangelehrte der Kalifen-Hauptstadt Bagdad verbarg: Abu Hamid al-Mohammed al-Ghasali. Und damals, im Jahr 1095 unserer Zeitrechnung, konnte auch niemand ahnen, daß die einsame Meditation beträchtliche Folgen für die Gläubigen des gesamten islamischen Kulturraums haben würde.

Mit Ghasali ist gegen Ende des 11. Jahrhunderts jener Mann aufgetreten, dem es schließlich gelang, die immer stärker werdenden Spannungen zwischen »ketzerischen« Sufis und »Rechtgläubigen« entscheidend zu mildern. Er, der aus der Tradition eines orthodoxen sunnitischen Denkens kam, war ein Sufi geworden. Dies geschah mehr als eineinhalb Jahrhunderte nach der Hinrichtung des »ketzerischen« Mystikers Hallaj und zu Lebzeiten des »Ketzers« Omar Chaijam. Ghasali, der sich mehr als die Hälfte seines Lebens im arabischen Kulturraum aufhielt und seine Werke auf arabisch, in der Sprache des Koran, verfaßte, war allerdings kein Araber. Er war Perser wie Hallaj und Omar Chaijam. Geboren wurde er 1058, dreizehn Jahre nach Omar Chaijam, in Tus, einer Stadt der kulturträchtigen Provinz Chorassan.

Den Namen Ghasali legte sich Abu Hamid al-Mohammed erst im Erwachsenenalter zu. Der Beiname bedeutet »Wollspinner«. Eine solche Bezeichnung kann auf den Beruf des Vaters hindeuten, ähnlich wie bei Hallaj, dem »Baumwollhechler«, oder Omar Chaijam, dem »Zeltmacher«. Und wie diese beiden hat Ghasali den Beiname bewußt als Symbol gewählt. So wie der Wollspinner die rohe Wolle zu Fäden, so verarbeitet der Gelehrte die ungestalteten Gedanken zu einem Denksystem von philosophischer Tiefe.

Ghasali wuchs in seiner Heimatstadt Tus auf und studierte anschließend sunnitische Theologie und religiöses Recht in Neischapur, der damaligen Hauptstadt Chorassans. Dort, wo auch wenige Jahre zuvor Omar Chaijam die Universität besucht hatte, übernahm er schließlich eine Professur. Bereits in Neischapur wurde Ghasali zu einem berühmten Korangelehrten, aber einen weiteren Aufstieg bedeutete es, daß er – wie Omar Chaijam – an der Nisamiya in Bagdad, der damals bedeutendsten Universität der islamischen Welt, eine Professur erhielt. Einige Jahre wirkte dort der große Theologe neben dem großen Naturwissenschaftler.

Als Ghasali nach Damaskus gekommen war, hatte er alles erreicht, was ein muslimischer Theologe erreichen konnte, denn in Bagdad war er mehr als jeder andere Korangelehrte zur unangreifbaren Autorität geworden. Aber nachdem Ghasali vier Jahre lang an der Nisamiya gelehrt hatte, veränderte eine psychosomatische Erkrankung sein Leben von einem Tag auf den anderen grundlegend. Eines Tages stockte er mitten in der Vorlesung, eine Zungenlähmung hinderte ihn am weiteren Sprechen. Die Ärzte urteilten für damalige Verhältnisse mit bemerkenswertem Scharfblick: Sie registrierten eine seelische Erkrankung. Aber niemand konnte nachvollziehen, welche psychischen Prozesse die tiefgehende Krise bei dem gefeierten Lehrer ausgelöst hatten.

Rückblickend betonte Ghasali in seinen Lebenserinnerungen, die er erst kurz vor seinem Tod in seiner Heimatstadt Tus abgeschlossen hatte: »Der Durst, die Dinge zu verstehen, wie sie wirklich sind, war von jung auf meine Natur und Gewohnheit. [...] Infolgedessen hörten die Bande der Autorität und Überlieferung auf, mich zu halten, sobald ich mich dem Mannesalter näherte. Ererbte Glaubenssätze verloren ihren Griff über mich.«[28]

Diese aus weiter Distanz gewonnenen Einsichten verdeutlichen, daß es sich um eine langsam wachsende, schleichende Krise gehandelt haben muß. Um so widersprüchlicher muß es anmuten, daß Ghasali trotzdem eine Laufbahn innerhalb der herrschenden Autoritätenhierarchien angestrebt hatte und es dort sogar zu höchsten Ehren brachte. Es war eine Widersprüchlichkeit, die seine Krise erst ins Unerträgliche steigerte – und schließlich bei ihm im Alter von 37 Jahren zum psychischen Kollaps führte. Als gefeierter Lehrer hatte er beobachten können, daß selbst Schüler mit hoher Intelligenz oft sehr kritiklos ihre Anschauungen von religiösen Autoritäten übernahmen. Ein solcher Gehorsam hatte aus seiner Sicht nichts mit Frömmigkeit zu tun, er nannte diese Anpassung »bequem, gedankenlos«.

Zu Ghasalis Lebzeiten hatte die islamische Kultur zwar den Zenit ihrer Entwicklung erreicht, aber der scharfsinnige Gelehrte erkannte besser als viele andere erste Anzeichen eines drohenden Niedergangs: daß der Islam geistig zu erstarren drohte und viele Korangelehrte unfähig waren, auf die Herausforderung von »Ketzern« intellektuell überzeugend zu reagieren. Ghasali genügte es nicht, Muslime mit abweichender Glaubensüberzeugung als »Irrende« abzulehnen oder gar als »Ungläubige« zu verdammen. Er wollte selbstkritisch hinterfragen, ob nicht vielleicht auch die eigene Position innerhalb der sunnitischen Orthodoxie anfechtbar sei und ob er durch die Auseinandersetzung mit »Ketzern« nicht wichtige Anregungen erhalten könne. Seine Skepsis vertiefte sich noch, als er sich mit der Gedankenwelt des Sufismus zu beschäftigen begann.

Im Jahr 1095 unserer Zeitrechnung gab Ghasali, geistig und seelisch zutiefst erschüttert, seine Stellung als gefeierter Korangelehrter in Bagdad auf. Er verließ Frau und Kinder und ging, unter dem Vorwand einer Pilgerreise, auf unstete Wanderschaft. Einsam meditierend, auf einem Minarett der Omayaden-Moschee in Damaskus, überwand er seine Krise. Indem sich bei ihm durch mystische Erfahrung neue Gedanken formten, erschloß er dem religiösen Selbstverständnis der orthodoxen Muslime neue Wege.

Bemerkenswert ist, daß er zu dieser Zeit bereits das einfache Wollgewand eines Sufi trug.

Nach zwei Jahren Aufenthalt in Damaskus führte ihn seine Wanderschaft nach Jerusalem, Mekka und Medina, den weiteren spirituellen Zentren des sunnitischen Islam. Jahrelang hielt er sich in diesen Städten bei religiösen Studien und Meditation auf, bevor er wieder einige Jahre in Damaskus verbrachte. 1105 kehrte er in die persische Heimatprovinz Chorassan zurück, wo er zuerst an der Universität der Hauptstadt Neischapur lehrte, seit 1106 in seiner Geburtsstadt Tus nahe Meschhed. 1111 starb er dort im Alter von nur 53 Jahren.

Die elf Wanderjahre ohne gesicherte Stellung, aber auch frei von aller Abhängigkeit wurden für Ghasali entscheidend. Damals entstanden jene Bücher, die ihm einen herausragenden Rang unter den Großen der islamischen Geistesgeschichte einräumen sollten. Allerdings fanden die meisten Werke ihre endgültige Fassung erst während der letzten sechs Lebensjahre in der persischen Heimat. Die Bücher tragen bezeichnende Titel wie: *Die Widersprüche der Philosophie, Die Nische der Lichter, Der Führer aus dem Irrtum* (auch: *Der Erretter aus dem Irrtum*), *Die Erneuerung (Neubelebung) der Religionswissenschaften.* Da das letztgenannte Buch zu umfangreich war, verfaßte er auf Bitten seiner Freunde davon einen Auszug unter dem Titel: *Das Elixier der Glückseligkeit.*

Besonders das erste Buch, *Die Widersprüche der Philosophie,* stand schon zu Lebzeiten Ghasalis im Zentrum der Auseinandersetzung. Ghasali wandte sich in diesem umfangreichen Werk entschieden gegen die rationalistisch-spekulative Philosophie, deren Methodik die Muslime von griechisch-antiken Vorbildern, insbesondere Aristoteles, übernommen hatten. Das Besondere war, daß er, der sich doch selber als moderner aufgeschlossener Philosoph an Aristoteles geschult hatte, nun dieses Denken einer kritischen Prüfung unterzog.

Wie sehr können wir uns auf unsere Sinneswahrnehmung verlassen?, fragte er. Und wie sehr auf unsere Vernunft? Ein naiver Mensch, der den Sternenhimmel betrachte, müsse die Sterne für winzig halten. Wenn ein Mensch aber Vernunft und Wissenschaft zu Hilfe nehme, begreife er sehr rasch, daß viele Gestirne so groß wie unsere Erde oder gar noch größer sein müßten, denn sonst könnten diese, derart weit entfernt, gar nicht mehr sichtbar sein. Also müsse die Vernunft höher als die sinnliche Wahrnehmung bewertet werden, schloß Ghasali ganz in der Tradition der klassischen griechischen Philosophie. Aber, so fragte er weiter: Stützt sich nicht letztendlich auch die Vernunft mit ihren Prämissen auf die Sinneswahrnehmung? Ja, antwortete er, und deshalb könnten auch Philosophie und Wissenschaft nicht absolut verläßliche Wahrheit ergründen.

In einer weiteren Schlußfolgerung verneinte Ghasali, daß man mit Hilfe der Vernunft etwa die Existenz Gottes oder die Unsterblichkeit der Seele beweisen könne. Umgekehrt lasse sich auch nicht mit Hilfe der Logik zwingend nachweisen, daß Gott nicht existiere. Ghasali wies entsprechend den Anspruch der Korangelehrten zurück, ein Theologe könne mit Hilfe des Koran die Aussagen von Naturwissenschaftlern korrigieren. Er argumentierte: Koran und Naturwissenschaft stellten zwei sehr verschiedene Ebenen dar, keine lasse sich der anderen unter- oder überordnen.

In seinem Buch *Der Führer aus dem Irrtum* setzte sich Ghasali schließlich gründlich mit den Schwächen einer rationalistischen islamischen Theologie auseinander – er, der während eines Teils seiner Laufbahn selber solche theologischen Positionen vertreten hatte. Entschieden lehnte er Versuche ab, etwa die Aussagen des Koran und des Hadith mit philosophischer Logik zu verteidigen oder zu beweisen. Denn weil Denken auch in diesem Fall sich nicht aus den Fängen sinnlicher Wahrnehmung lösen könne, bleibe alle begrifflich gefaßte Glaubenswahrheit letztlich durch menschliche Unzulänglichkeit begrenzt. In diesem Sinn erachtete er auch den theologischen Streit von Sunniten und Schiiten um die richtige Auslegung der heiligen Schriften auf der Basis rationalistischer Argumentationen als fruchtlos.

Was aber führt dann zur Gewißheit im Glauben?

Ghasali fand eine Antwort, die – anfangs – bei vielen Korangelehrten auf heftigen Widerstand stieß. Er empfahl in all seinen Büchern: Es sei am besten, den mystischen Pfad der Sufis und Derwische zu gehen. Religion lasse sich besonders nachhaltig in der Meditation erfahren, »Gott« und »tiefste Wahrheit« würden sich dem Gläubigen am intensivsten in diesem Zustand offenbaren.

»Es gibt viele Arten von Erkenntnis«, schrieb Ghasali in *Die Erneuerung der Religionswissenschaften*. »Der bloß physische Mensch ist wie eine Ameise, die über ein Blatt Papier krabbelt, schwarze Buchstaben bemerkt und ihre Entstehung auf die Schreibfeder und nichts sonst zurückführt.« Und: »Die göttliche Erkenntnis ist so tief, daß wirklich nur jene, die sie erlangt haben, darum wissen. Ein Kind weiß nicht wirklich um die Errungenschaften eines Erwachsenen. Der gewöhnliche Erwachsene versteht nichts von den Kenntnissen des Gelehrten. Und genauso kann ein Gelehrter die Erfahrungen erleuchteter Heiliger oder Sufis nicht verstehen.«[29] Orthodoxe Korangelehrte sahen anfangs in solchen Formulierungen einen Grund, nun auch Ghasali als einen Gegner der Orthodoxie zu verdächtigen. Stellte er nicht den Sufi höher als den Theologen und Korangelehrten?

Für die Orthodoxie gab es keinen ernsthaften Grund zur Beunruhigung. Ghasali, einst einer der streitbarsten Vertreter ihrer Richtung, identifizierte sich keineswegs voll und ganz mit dem mystischen Pfad der Sufis und Derwische. Zwar konnte er, wie er immer wieder betonte, das Bedürfnis nach mystischer »Einheit mit Gott« nachempfinden. Aber er kritisierte heftig, daß eine Reihe Mystiker von sich sagten, sie könnten den Dualismus von Gott und Mensch überwinden. Dieser Dualismus sei unaufhebbar. Sufis und Derwische könnten sich in der Meditation und Ekstase »Gott« nur annähern, blieben letztlich jedoch durch einen weiten Abstand von »Gott« getrennt. »Einheit« könne nicht erreicht werden. Ghasali formulierte dies mit folgendem Vers:

> »Ich will Vereinigung mit Ihm, Trennung will Er,
> so lasse ich, was ich will, damit Sein Wunsch sich erfülle.«[30]

Ghasali vertrat damit das Prinzip der Personenmystik und wandte sich gegen die Einheitsmystik. Diese Haltung erinnert an jene des Mystikers Junaid, der sich gegen den Mystiker Hallaj wandte.

Ghasali wurde aber gerade deshalb zu einem bahnbrechenden Vermittler zwischen dem Sufismus und der Orthodoxie. Er wies auf der Basis der Personenmystik dem Sufismus eine wichtige Rolle im Glaubensleben zu. Entsprechend entwickelte er in seinem Buch *Die Nische der Lichter* die These, daß jede religiöse Offenbarung eine äußere und eine innere Bedeutung habe. Das »Außen« des Islam erschließe sich allen Muslimen, aber das »Innen« nur einer begrenzten Anzahl der Gläubigen, eben den Mystikern. »Außen« und »Innen« seien auf diese Weise gleichwertig in ihrer jeweils eigenen Dimension gültig.

Ghasali beschrieb in diesem Zusammenhang den »vollendeten Menschen« als jenen Typus, dem es gelinge, den Regeln mehrerer Systeme zu folgen – und somit in verschiedenen religiösen Dimensionen zu leben. Der »vollendete Mensch« bewege sich in drei Glaubenssystemen: zunächst in dem seiner Umgebung, dann in dem, welches er seinen Schülern unter Berücksichtigung ihrer Erkenntnisfähigkeit weitergebe. Letztendlich aber bewege sich der Vollkommene Mensch auch noch in einem dritten Glaubenssystem, welches er aus innerer Erfahrung kenne und von dem nur ein kleiner Kreis von Menschen wisse.[31]

Hier brachte Ghasali zum Ausdruck, was später in der Metaphorik von »Schale« und »Kern« zu einem Allgemeingut sowohl für muslimische Mystiker als auch für eine Reihe Korangelehrter werden sollte. Einzelne Sufis hatten zwar bereits im 9. Jahrhundert damit begonnen, zwischen »Schale« und »Kern« zu unterscheiden und das »Außen« wie das »Innen« als gleichermaßen unverzichtbar für den Gläubigen darzustellen. Aber erst Ghasali lieferte für dieses Verhalten eine systematische Rechtfertigung. Das »Außen« bezieht sich auf das dogmatisch festgefügte Gerüst des Islam und dessen sozial-religiöse Gebote – das »Innen« dagegen auf die mystische, die grenzüberschreitende Erfahrung.

Ghasali vermochte hier – zumindest an der Oberfläche – einen Kompromiß zu finden, der sowohl für Mystiker als auch für »rechtgläubige« Korangelehrte hilfreich war. Viele Mystiker bezweifelten wie er, daß Theologen und Philosophen »göttliche Wahrheit« mit Hilfe der Vernunft und durch Begrifflichkeit der Sprache schon ausreichend erfassen könnten. Aber sie folgten auch Ghasalis Beispiel, indem sie den Koran in seiner Eigenschaft als Richtlinie für das soziale und politische Handeln rückhaltlos anerkannten. Damit lehnten es viele Mystiker ab, die Autorität der Korangelehrten und geistlichen Rechtsgelehrten grundsätzlich in Frage zu stellen. Mystiker fochten zwar an markanten Einzelbeispielen die Argumentation orthodoxer Gelehrter an, aber nicht grundsätzlich deren religiös-politische Funktion.

Je mehr nun Korangelehrte erkannten, welch unschätzbare Stütze ihnen durch die konstruktive Kritik des Theologen Ghasali zuwuchs, um so mehr gaben sie ihren Widerstand gegen seine Wertschätzung des Sufismus auf. Zwei Jahrhunderte mußten allerdings vergehen, bis Ghasali allgemein anerkannt wurde. Dann aber ist er für Korangelehrte, ja für viele intellektuelle Muslime sunnitischer Orthodoxie zur wegweisenden »Autorität des Islam« (so sein Ehrentitel) geworden. Ghasali nahm schließlich im sunnitischen Islam eine ähnlich herausragende Stellung ein wie im katholischen Christentum Thomas von Aquin. Konservativer Widerstand gegen Ghasali findet sich heute nur noch bei einer Reihe Fundamentalisten, so vor allem bei den Wahhabiten, denen jeder Ansatz von mystischem Denken als »unislamisch« erscheint.[32]

In religiös-politischer Hinsicht ist die Vermittlerrolle des Theologen Ghasali zwischen Sufismus und Orthodoxie also nicht zu unterschätzen. Obwohl er »ketzerische« Tendenzen bei einer Reihe muslimischer Mystiker verurteilte, brachte sein Wirken für Sufis und Derwische doch insgesamt eine entscheidende Aufwertung. Ghasali hat bei vielen Muslimen das Vorurteil beseitigen oder zumindest erheblich abschwächen können, daß Mystiker religiöse Gesetze mißachteten, ja die koranische Offenbarung anzweifelten und eine »unislamische« Religiosität lebten.

Aber die grundsätzlichen Probleme konnte Ghasali trotzdem nicht beseitigen. Auch in den folgenden Jahrhunderten sollten Sufis und Derwische auftreten, die in erheblichen Gegensatz zu »rechtgläubigen« Muslimen gerieten.

Der Mystiker »erschafft Gott«

Die Ketzerei des Ibn al-Arabi

Von Sevilla über Mekka nach Damaskus: eine maurisch-arabische Biographie

Im groben Wollgewand eines Sufi meditierte Ibn al-Arabi in Damaskus und schrieb dort etliche seiner wichtigsten Bücher. Auf den ersten Blick mutet dies wie eine Parallele zu dem Theologen Mohammed Ghasali an, der zwei Jahrhunderte früher ebenfalls in derartiger Kleidung eine für ihn entscheidende Zeit in der syrischen Metropole wirkte. Aber während Ghasali Orthodoxie und Sufismus zu versöhnen versuchte, stand Ibn al-Arabi für eine andere Entwicklung: Er wurde – neben seinem Zeitgenossen Celaleddin Rumi – zu einem jener herausragenden Mystiker, die deutlich machten, daß die Spannungen zwischen beiden Glaubensformen nur oberflächlich verwischt werden konnten, letztlich aber nicht zu beseitigen waren.

1240 starb Ibn al-Arabi im Alter von 75 Jahren in Damaskus, wo er im Stadtbezirk Muhiyeddin bestattet ist. Den Ehrentitel »Muhiyeddin«, »Erneuerer des Glaubens«, haben seine Schüler dem Sufi-Scheich schon zu Lebzeiten verliehen, und dieser Name wurde später auf das dortige Wohnviertel übertragen. An weiteren Titeln hat es nicht gefehlt. »Sheik al-akbar«, der »Größte Meister«, ist der bis heute bekannteste Beiname.

Abu Bakr Mohammed Ibn al-Arabi, so sein vollständiger Name, war allerdings kein gebürtiger Syrer, er verbrachte nur die zwei letzten Jahrzehnte seines Lebens in Damaskus. Zuvor hatte ihn eine Wanderschaft durch weite Teile der arabischen und türkischen Welt geführt. 1165 wurde er in der südspanischen Stadt Murcia als Sohn eines Korangelehrten geboren, und die ersten Jahrzehnte lebte er vorwiegend im maurischen Spanien, zwischendurch für Monate immer wieder auch in Marokko. Ibn al-Arabi gehörte innerhalb der ethnischen Vielfalt von muslimischen Arabern, Berbern und spanischstämmigen Andalusiern zur Minderheit der Araber, die zur Zeit der Eroberung noch die Führungsschicht gebildet hatten. Wegen dieser »rein« arabischen Abstammung genoß seine Familie hohes gesellschaftliches Ansehen, daher durften die männlichen Mitglieder auch den ehrenden Beinamen »Ibn al-Arabi«, »Sohn des Arabers«, tragen.

Ibn al-Arabi war mit seinen Eltern als achtjähriges Kind von Murcia, damals Hauptstadt eines kleinen maurischen Fürstentums, nach Sevilla übersiedelt. In Sevilla studierte er Koranwissenschaft, setzte seine Ausbildung an den islamischen Universitäten von Córdoba und Lissabon fort, um dann wieder nach Sevilla zurückzukehren. Von der multi-religiösen Atmosphäre Andalusiens wurde er zutiefst geprägt. Toleranz gegen Andersgläubige hatte bei Muslimen im maurischen Spanien mit seinem großen Anteil an Christen und Juden eine besonders ausgeprägte Tradition.

Ibn al-Arabi erlebte noch die Spätblüte klassischer islamischer Kultur, aber auch schon ihre zunehmende Gefährdung. Sevilla wurde zu einem exemplarischen Schauplatz dieser Entwicklung. Er wohnte in Sevilla, als die Metropole den Zenit ihrer Kultur erreicht hatte und bereits zu überschreiten begann. Sevilla hatte Ende des 12. Jahrhunderts die einstige Kalifen-Residenz Córdoba an Bedeutung übertroffen und war zum politischen und kulturellen Mittelpunkt des maurischen Spanien geworden. Mehr noch: Der Ruhm von Sevillas Universitäten war bis weit ins christliche Abendland gedrungen, so daß zunehmend Gelehrte aus Frankreich, deutschen Fürstentümern und italienischen Stadtstaaten nach Sevilla kamen. Allerdings war das maurische Spanien damals, auf dem Höhepunkt seiner kulturellen Entfaltung, auch schon von tiefgehenden Zerfallserscheinungen geprägt. Machtkämpfe rivalisierender Fürstentümer schwächten bereits seit Mitte des 12. Jahrhunderts zunehmend die politische Stabilität. Andalusien splitterte in kleinere Fürstentümer auf – eine leichte Beute für Eroberer. Im Norden Spaniens rüsteten die Katholiken zur Rückeroberung der einst verlorenen Gebiete, und von Marokko her drängten Berberstämme ins Land.

Als Ibn al-Arabi in Sevilla lebte, regierte dort bereits die Berber-Dynastie der Almohaden. Zwar hatten etliche ihrer Herrscher die hochentwickelte urbane Kultur bewundert und gefördert. Aber schließlich gelangten Emire an die Macht, die sich von islamischer Orthodoxie in ihrer strengsten Form leiten ließen. Entsprechend machten viele dieser Herrscher den Intellektuellen das Leben schwer. Die Unterdrückung geistiger Freiheit erreichte ihren Höhepunkt, als im Jahr 1187 ein geistliches Gericht Ibn Rushd (Averroës), einen der herausragenden Philosophen der islamischen Welt, in Sevilla als »Ketzer« verurteilte. Ibn al-Arabis Familie war von diesem »Ketzer«-Prozeß aufs innigste berührt, denn der Vater, selbst ein Korangelehrter, war eng mit Ibn Rushd befreundet. Auch der Sohn hatte persönlichen Kontakt zu ihm. Angeklagt wurde Ibn Rushd wegen seiner intensiven Beschäftigung mit Aristoteles und der Übernahme aristotelischer Denkmethodik für eine rationale Interpretation des Koran. Was aus heutiger westlicher Sicht als eine der bedeutendsten Leistungen islamischer Geistesgeschichte gilt, konnte damals nach dem Maßstab rigid orthodoxer Korangelehrter nur als ketzerisch eingestuft werden. Die geistlichen Richter verurteilten den Philosophen zu lebenslanger Verbannung in die marokkanische Stadt Marrakesch. Seine Bücher wurden, soweit sie für die Obrigkeit greifbar waren, öffentlich verbrannt. Als Ibn Rushd 1198 nach elfjähriger Verbannung in Marrakesch starb und seine Leiche nach Córdoba überführt wurde, nahm Ibn al-Arabi am Begräbnis teil.[1]

Ibn al-Arabi war im Todesjahr des Ibn Rushd 34 Jahre alt. Er, der Korangelehrte, hatte zu dieser Zeit eine spirituelle Ausbildung auch als Sufi abgeschlossen. Im selben Jahr begann er mit seiner Lehrtätigkeit als Sufi-Scheich in Sevilla. Aber er blieb nicht mehr lange im politisch und kulturell gefährdeten Andalusien. Um das Jahr 1200 verließ er Sevilla. (Vier Jahrzehnte später zogen dort katholische Spanier als Eroberer ein und unterwarfen die Metropole auf Dauer der christlichen Herrschaft.) Ibn al-Arabi war offiziell nur zu einer Pilgerreise nach Mekka aufgebrochen, aber er kehrte nicht mehr nach Andalusien zurück. Er hoffte, daß er in Ägypten und Syrien unter kulturell liberaleren Bedingungen wirken könnte.

Ibn al-Arabis Hoffnung sollte – zunächst – nicht trügen. In Ägypten und Syrien regierte die sunnitische Dynastie der Ayyubiden. Ihr herausragender Herrscher, Sultan Saladin, hatte zwar erbittert Krieg gegen die schiitische Dynastie der Fatimiden in Ägypten sowie gegen die christlichen Kreuzritter in Syrien geführt und sie beide besiegt. Aber er hatte ein leuchtendes Beispiel für Toleranz gegenüber Schiiten, Christen und Juden gegeben, sofern sie sich seiner politischen Herrschaft unterwarfen. Nachdem Saladin 1193 in Damaskus gestorben war, hielten seine Nachfolger an der religiös und kulturell weltoffenen Politik fest.

Ibn al-Arabi lebte jeweils längere Zeit in Kairo, Mekka, Jerusalem, Damaskus, Aleppo und Konya, rastlos lehrend und schreibend. Er wurde von einer rasch wachsenden Zahl an Schülern verehrt, jedoch auch von Gegnern angefeindet und der »Ketzerei« beschuldigt. In Kairo wäre er beinahe einem Mordanschlag zum Opfer gefallen, als ihn ein »Rechtgläubiger« mit einem Messer niederstechen wollte. Ibn al-Arabi war damals um die 40 Jahre alt. Hätte der Fanatiker Erfolg gehabt, wären etliche seiner wegweisenden Bücher überhaupt nicht geschrieben worden.

Mit der Niederschrift seiner bedeutendsten Bücher begann Ibn al-Arabi um das Jahr 1202 in Mekka. Den Anfang machte er mit seinem monumentalen Werk *Futuhat al Makkiya, Mekkanische Offenbarungen*, der Sammlung einer Fülle von Interpretationen des Koran und zeitgenössischer philosophischer Abhandlungen. Er brauchte 21 Jahre, um auch nur die erste Fassung des umfangreichen Werkes abzuschließen, das auf 560 Kapitel und mehrere tausend Seiten angewachsen war.

Der Aufenthalt in Mekka inspirierte ihn auch zu seiner Gedichtsammlung *Tarjuman al-ashwaq, Deuter der Sehnsüchte*. Er verfaßte die umfangreiche Sammlung parallel zu den *Mekkanischen Offenbarungen* und benötigte dazu ebenfalls nahezu zwei Jahrzehnte. Den Anstoß zu seinen Gedichten hatte die junge Perserin Nizam Bint Rustam gegeben, der er in Mekka bei der Umgehung der Kaaba begegnet war. Ihr, der Tochter eines Sufi-Scheichs, widmete er eine große Zahl Liebesgedichte. Die Gedichte haben jedoch weniger die reale (und unerfüllte) Liebe zu jener schönen Frau zum Gegenstand, sondern die Verse sind vielmehr symbolisch ausgeweitet zum Thema der »Liebe« des Mystikers zu »Gott«. Die Gedichte im Deuter der Sehnsüchte haben damit die gleiche Funktion wie jene in Celaleddin Rumis *Großem Diwan,* wo die »Liebe« zu Shamseddin, der »Sonne des Glaubens«, metaphorisch überhöht ist.

Fusus al-hikam, Siegelsteine der Weisheit, das dritte der herausragenden Werke, hatte Ibn al-Arabi erst zu schreiben begonnen, nachdem er 1223 seinen endgültigen Wohnsitz in Damaskus genommen hatte. Dieses Buch ist, verglichen mit den beiden anderen Hauptwerken, relativ kurz, es umfaßt in der gedruckten Ausgabe rund 180 Seiten. Aber es ist jenes Werk, mit dem sich die Bewunderer wie die Kritiker am meisten auseinandersetzen, denn es bildet die äußerst komprimierte Zusammenfassung der vielschichtigen Lehre des »Größten Meisters«.

Das Gesamtwerk Ibn al-Arabis ist unüberschaubar und bis heute von Forschern nicht vollständig aufgearbeitet. Bei seinem Tod 1240 in Damaskus hatte er schätzungsweise 600 Schriften sehr verschiedenen Umfangs hinterlassen. Entsprechend vielfältig sind die Themen, mit denen sich Ibn al-Arabi in seiner Eigenschaft einerseits als Korangelehrter, andererseits als Mystiker auseinandersetzte. Ich kann hier nur auf die heftig umstrittene Mystik der »Einheit« näher eingehen.

»Hüte dich davor, dich an eine bestimmte Bekenntnisformel zu binden!«

Eines der berühmtesten und meistzitierten Gedichte Ibn al-Arabis in seinem Buch *Deuter der Sehnsüchte* lautet:

> »Mein Herz ist offen für jede Form:
> Es ist eine Weide für Gazellen,
> ein Kloster für christliche Mönche
> ein Götzentempel, die Kaaba des Pilgers,
> die Tafeln der Thora und das Buch des Koran.
> Ich übe die Religion der Liebe.
> In welche Richtung immer die Karawane zieht,
> die Religion der Liebe wird meine Religion
> und mein Glaube sein.«[2]

Ibn al-Arabi bricht hier – wie vor ihm schon Hallaj und Omar Chaijam, wie nach ihm Celaleddin Rumi – ein Tabu. Auch er rückt die Symbole gegensätzlicher Religionen gleichwertig in eine Reihe mit dem Islam: so den Koran nicht nur mit dem »Kloster für christliche Mönche« und der »Thora« der Juden, sondern auch mit dem »Götzentempel« (Synonym für Hinduismus) und der »Weide für Gazellen« (Buddha hielt seine erste Predigt auf einer Gazellenweide nahe der indischen Pilgerstadt Varanasi).

Ein liberaler Muslim mag zwar noch Verständnis dafür aufbringen, daß Ibn al-Arabi neben den Islam das geistesverwandte Judentum und Christentum reiht. Aber es muß auch aus liberaler Sicht spätestens dann ein Glaubensgebot übertreten sein, sobald darüber hinaus Hinduismus und Buddhismus als gleichwertig hinzugefügt sind – Religionen, die in ihrer geistigen Struktur ja nichts mehr mit dem Monotheismus von Islam, Christentum und Judentum gemeinsam haben. Naturgemäß bedeutet ein solches Gedicht eine Herausforderung zumindest auch für orthodoxe Christen und Juden.

Bevor ich ausführlicher auf die mystische Dimension des Gedichts eingehe, beleuchte ich dieselbe Thematik durch weitere Zeilen Ibn al-Arabis. Etwa:

> »Wer den Blitz im Osten aufleuchten sieht,
> dürstet nach dem Osten;
> wenn dieses Licht für einen anderen im Westen scheint,
> so möge er nach dem Westen dürsten.
> Ich begehre das Funkeln des Blitzes
> und nicht die Orte, die er streift.«[3]

Mit der Metapher »Funkeln des Blitzes« ist die mystische Erfahrung gemeint. Sie ist, um im Bild zu bleiben, erhellend und doch im nächsten Moment auch schon wieder verschwunden, sie ist »Erleuchtung« und doch nicht als Dauerzustand festzuhalten. Wichtig ist in diesem Zusammenhang, daß der Mystiker das »Funkeln« begehrt, aber nicht die »Orte«, die der Blitz streift – was heißen soll: Der Blitz kann überall »funkeln«, so wie die Erleuchtung des Mystikers in allen Religionen möglich ist. Nicht die an begrenzte Orte gebundenen Religionen und Weltanschauungen sind entscheidend, sondern die universal gültige mystische Erfahrung.

In *Siegelsteine der Weisheit* finden wir einen Text, der wie ein Kommentar zu diesen beiden hier zitierten Gedichten anmutet:

> »Hüte dich davor, dich an eine bestimmte Bekenntnisformel zu binden und jede andere zurückzuweisen, wodurch dir viel Gutes, ja sogar das Wissen von der wahren Wesenheit Gottes entginge. Betrachte deine Seele als einen Urstoff für die Formeln aller Glaubensbekenntnisse. Denn Gott ist umfassender und größer, als ihn ein Bekenntnis mit Ausschluß eines anderen einschließen könnte.«[4]

Die drei hier vorgestellten Texte haben eines gemeinsam: Ibn al-Arabi läßt durch seine Form der religiösen Erfahrung alle Religionen mit dogmatisch fixierten Gottesbildern und Glaubensbekenntnissen hinter sich.

Mit »Religion der Liebe« ist, wie der persische Religionswissenschaftler Idries Shah diese Metapher interpretiert, der Sufismus gemeint.[5] Dafür spricht, daß ja bei Sufis und Derwischen der Begriff »Liebe« für eine ekstatisch liebende Beziehung des Gläubigen zu »Gott« steht – für eine Religiosität, in der alle dogmatischen Barrieren und herkömmlichen Trennungen dualistischen Denkens zum Verschwinden kommen. Diese »Religion der Liebe« deckt sich allerdings auch bei dem Mystiker Ibn al-Arabi nicht mit unserer herkömmlichen Vorstellung von Toleranz.

Ibn al-Arabi erweckt zwar mit der Metapher »Mein Herz ist offen für jede Form« zunächst vordergründig den Eindruck, *jedes* Glaubensbekenntnis und *jede* Bekenntnisformel auf gleicher Ebene zu tolerieren. Aber auch er tut dies nur auf der Basis mystischer Toleranz: Für ihn verlieren das »Kloster für christliche Mönche«, die »Thora« der Juden, der hinduistische »Götzentempel«, die buddhistische »Weide für Gazellen« sowie der Koran gleichermaßen an Bedeutung gegenüber der mystischen Erfahrung des Göttlichen, dem »Funkeln des Blitzes«. »Gott« sei ja »umfassender und größer«, als dies irgendein Glaubensbekenntnis ausdrücken könne. Ibn al-Arabi verweigert damit letztlich auch dem dogmatisch fixierten Islam das Privileg, im Besitz einer endgültigen Wahrheit zu sein.

Ibn al-Arabi kommt in den hier zitierten Texten zu einer Konsequenz, die ich bereits am Beispiel eines Gedichts von Celaleddin Rumi erörtert habe. Rumi schreibt ja, das »Ich« habe »Ihn«, den mystisch erfahrbaren »Gott«, weder am Kreuz noch im Hindu-Tempel, noch in der buddhistischen Pagode, noch in der Kaaba und am Ort koranischer Offenbarung (dem Ort des »Zwei Bogen weit«) gefunden – das Ich könne »Ihn« nur im »eigenen Herzen« finden.[6] Ibn al-Arabi und Celaleddin Rumi gelangen in der Tat zu der gleichen Konsequenz, daß nämlich »die wahre Wesenheit Gottes« sich nur persönlich in jedem Einzelmenschen erfahren lasse. Diese Erfahrung könne allein in Bildern und Gleichnissen – »die Religion der Liebe«, »das Aufleuchten des Blitzes«, »das eigene Herz« – beschrieben und deshalb durch keine religiöse Lehre vorgegeben oder auch nur ausgedrückt werden.

In diesem Zusammenhang möchte ich den Hinweis wiederholen, daß heute eine Reihe Interpreten dazu neigt, viele Verse Celaleddin Rumis im Licht Ibn al-Arabis zu deuten. Rumi selber war ja in Konya durch Sadreddin Qonawi, den Stiefsohn Ibn al-Arabis, mit dessen Lehre intensiv vertraut gemacht worden.[7] Der geistige Einfluß ist also offenkundig. Sadreddin Qonawi lebte in Konya, weil Ibn al-Arabi dessen Mutter, eine dort wohnende Witwe, geheiratet hatte.

Eine weitere Parallele zu Celaleddin Rumi – aber noch klarer zu Hallaj und Bayasid Bistami – wird deutlich, wenn Ibn al-Arabi von sich selber sagt, er sei in der höchsten Intensität der Meditation für kurze Momente der Ekstase selber »Gott« geworden.[8] Wörtlich ist im *Deuter der Sehnsüchte* zu lesen: »Wenn du dich selber erkennst, löst sich dein Ich-Sein auf, und du erkennst, daß du und Gott ein und dasselbe sind.«[9]

Und im selben Buch:

»Er preist mich, und ich preise Ihn,
und Er verehrt mich,
und ich verehre Ihn.

Wie könnte er unabhängig sein,
wenn ich Ihm helfe und ich Ihm beistehe?
Indem ich Ihn erkenne, erschaffe ich Ihn.«[10]

Der Mystiker »erschafft Gott«! Blasphemisch kann eine solche Metapher allerdings nur anmuten, wenn man nach orthodoxem Verständnis an den im Koran oder der Bibel geoffenbarten Gott denkt: jenen Gott, der als ein autonomes Wesen aus einer außerirdischen Sphäre in die irdische Welt hinein wirkt und der den Menschen erschaffen hat. Ibn al-Arabi gebraucht jedoch die Metapher in dem Sinn, wie es auch viele andere entschiedene Einheitsmystiker tun: Die Einheit von »Du« und »Ich«, »Gott« und »Mensch«, war und ist im »Herzen«, in der »Seele«, schon immer angelegt. »Gott« und »Mensch« können gar nicht getrennt gesehen werden. Wenn also der Mystiker eine solche »Einheit« in sich selber »erkennt«, »entdeckt« – dann »erschafft« er »Gott«.

Ibn al-Arabi rückt entschieden auf Distanz zur dogmatisch fixierten Gottesvorstellung jeder Religion. Um so mehr muß es – zumindest auf den ersten Blick – erstaunen, daß er die Gebote des orthodoxen Glaubens akzeptierte. Er, der als Korangelehrter und geistlicher Rechtsgelehrter ausgebildet war, befolgte als Inhaber dieser Ämter buchstabengetreu die durch Koran und Hadith festgelegten sozial-religiösen Gebote. Entsprechend hielt er sich pflichtgetreu an das Gesetz der Scharia.[11]

Hier verhielt sich Ibn al-Arabi aber nicht anders als Celaleddin Rumi. Er sah das dogmatisch festgefügte Gerüst des Islam als »Schale« an – im Gegensatz zur mystischen Erfahrung als dem »Kern« oder der »inneren Wahrheit«. Auch Ibn al-Arabi bezeichnete »Schale« und »Kern« als gleichermaßen unverzichtbar. Und besonders dieses Argument konnte ihm helfen, den Vorwurf seiner Gegner zu entkräften, einen »ketzerischen« Glauben zu vertreten.

Ibn al-Arabi lieferte in seiner Eigenschaft als Korangelehrter sogar eine umfangreiche Interpretation des Koran, vor allem in seinem Sammelwerk *Mekkanische Offenbarungen*. Hierbei äußerte er seine besondere Bewunderung für Mohammed, den er einerseits im orthodoxen Sinn als den höchsten der Propheten bezeichnete – und andererseits im mystischen Sinn als den »vollkommenen

Menschen« pries. Dieses Prädikat der »Vollkommenheit« billigte Ibn al-Arabi nur einigen wenigen auserwählten Menschen zu. Ihnen sei es wie Mohammed gelungen, auf dem mystischen Weg der Meditation »göttliche Eigenschaften innerhalb der menschlichen Grenzen« zu den »eigenen Eigenschaften gemacht« zu haben. In diesem Sinne sei Mohammed also »Gott« geworden.[12] Aber gerade mit dieser Interpretation entfernte sich Ibn al-Arabi dann eben doch von der Lehrmeinung der Orthodoxie: Zum einen, weil er Mohammed zu nahe an »Gott« heranzurücken schien, zum andern, weil er die »Vollkommenheit« des Propheten Mohammed mit der »Vollkommenheit« großer Mystiker auf die gleiche Ebene rückte.

Für Ibn al-Arabi gibt es zwei Erscheinungsformen Mohammeds. Zum einen handle es sich um den Propheten, der in Mekka und Medina gelebt habe. Dieser Mohammed habe den Menschen die festgefügte Offenbarung des Koran vermittelt. Zum anderen gebe es den »Ewigen Mohammed«. Diese Erscheinungsform, die Ibn al-Arabi in seinem Buch *Siegelsteine der Weisheit* als »die Wirklichkeit aller Wirklichkeiten« bezeichnet, wirke als mystische Kraft grenzüberschreitend in den großen Heiligen, Mystikern und Propheten aller Religionen.[13]

Ibn al-Arabi geht hier den für die Orthodoxie nicht tolerierbaren Schritt, den Propheten Mohammed in ein über-religiöses, eben sufisches Interpretationssystem einzuordnen. Er entfernt sich aber auch von den Intentionen vieler Sufis und Derwische, indem er die individuelle und spontane mystische Erfahrung in den Hintergrund rückt zugunsten eines mystischen Systems mit ausgeklügelter rationaler Konstruktion. Er schafft ein Lehrgebäude, dessen gedankliche Kompliziertheit in vielen Teilen nur noch von Gelehrten verstanden werden kann – und begünstigt auf diese Weise die Tendenz, daß Mystik allein den philosophisch gebildeten »Eingeweihten« vorbehalten bleibt, während die »Vielen« ausgeschlossen sind.

Der Zugang zum Werk Ibn al-Arabis gestaltet sich damit um so schwieriger. Desto mehr muß es erstaunen, daß dieser Mystiker bis heute berühmt geblieben ist. Aber es ist ein Nachruhm mit vielen – und teilweise widersprüchlich anmutenden – Facetten.

Eindrücke im Mausoleum des Mystikers

»Muhiyeddin«, »Erneuerer der Religion«, so lautet der bereits erwähnte Ehrentitel, den die Schüler dem verehrten Scheich Ibn al-Arabi verliehen haben. Und diesen Namen trägt bis heute jener Stadtbezirk in Damaskus, in dem sich Ibn al-Arabis Grabmoschee befindet. Damit erweist die Republik Syrien dem Mystiker die offizielle Referenz. »Größter Meister« ist ein weiterer der vielen Ehrentitel. Entsprechend neugierig war ich auf das Mausoleum. Würde ich dort ein Pilgerleben antreffen, das mir einen adäquaten Eindruck von der Bedeutung dieses Mystikers vermittelt?

Zunächst mußte ich durch Straßenschluchten gehen, die von Betonbauten gesäumt waren. Nur zwischendurch hatte ich einen freien Blick auf die ockergelben Steilhänge des mehr als tausend Meter hohen Qassiun, des Hausberges von Damaskus, an dessen unteren Flanken sich schmal der Stadtbezirk Muhiyeddin hinzieht: eine kubisch ineinandergeschachtelte Häuserfront, durchsetzt mit Kuppeln und Minaretten. Steil winden sich die Straßen den Berg hinauf, Marktstraßen, die von Menschen, Eselskarren und ratternden Lieferwagen überquellen. Dann stand ich vor der Grabmoschee, die von einem prächtig ziselierten Minarett überragt wird.

Der Grabraum liegt im Kellergeschoß unter dem Versammlungssaal der Moschee, wo eine schmale Treppe hinunterführt. Vier Sufis sind dort bestattet. Die beiden vorderen Sarkophage, mit grünen Tüchern bedeckt und jeweils mit einem grünen Turban gekrönt, beherrschen das Bild. In ihnen sind Ibn al-Arabi und sein Sohn, der Dichter Saadeddin, beigesetzt. Sonnenstrahlen drangen, wie Speere aus Licht, durch die geometrisch angeordneten Kuppelöffnungen des hochgewölbten Raums und ließen die Bilder an den Wänden aufleuchten: Moscheen von Mekka, Medina und anderen heiligen Orten. Dort, wo ich mich niedergelassen hatte, drängten sich Männer an das silberne Gitter vor dem Sarkophag Ibn al-Arabis. Beim Gebet flüsterten sie nur und gaben damit der Stille um so mehr Gewicht. Viele waren traditionell mit dem Keffiye, dem rotweiß gewürfelten Kopftuch und dem schwarzen Kamelhaarring, bekleidet, manche auch mit dem weiten Umhang der ländlichen Bevölkerung.

Eine Gruppe Frauen strömte in den Kuppelraum, in ihrer Begleitung etliche Kinder, die Frauen durchweg mit Kopftuch und in bunten Röcken. Sie zogen sich in den hinteren Teil des Mausoleums zurück, der durch ein breitgespanntes Tuch den Blicken der Männer entzogen war. Hinter dem Tuch hörte ich sie laut beten und singen, zwischendurch schwatzten sie, kicherten, beruhigten ihre greinenden Kinder. Sie blieben lange. Der Wächter, ein bärtiger alter Mann, fühlte sich anscheinend in seiner Ruhe gestört und wies die Frauen immer wieder barsch über die Trennwand hinweg zurecht. Die Ruhe dauerte allerdings jedesmal nur kurz. Kindergeschrei wechselte weiterhin mit laut gesungenen Gebeten, mit Schwatzen, mit Kichern. Während der zwei Stunden meines Aufenthalts trafen weitere Pilger ein, mehr Frauen als Männer. Als ich an anderen Tagen wiederkam, bot sich mir unverändert die gleiche Atmosphäre.

War Ibn al-Arabi etwa vorwiegend zum Schutzpatron der Frauen geworden, zum Fürsprecher bei Gott, wenn es um Kindersegen, einen guten Ehemann oder Hilfe gegen Krankheiten geht? Viele Frauen wie auch Männer, die vor seinem Sarkophag beteten, schienen nichts von der umstrittenen Größe dieser Persönlichkeit zu wissen, ja sie schienen deren Bedeutung für die Geistesgeschichte des Islam nicht einmal vage zu erahnen. Für viele schien er wirklich »nur« ein Heiliger zu sein, dessen »unsterbliche Seele« in der Lage war, Gebete der Pilger mit guter Fürsprache an Gott weiterzuleiten.

Im Mausoleum Ibn al-Arabis stellte ich mir angesichts einer derartigen Situation beklommen die Frage, ob es noch eine Bildungsschicht gibt, die diesen großen Mystiker tatsächlich auch noch sieben Jahrhunderte nach seinem Tod in der Substanz seiner Lehre erkennt. Und ich stellte mir die weitere Frage: Ob Ibn al-Arabi mit seiner Form der Mystik überhaupt anerkannt werden kann?

Schon mit Blick auf die Vergangenheit scheint Skepsis angebracht. Muslime der Bildungsschicht haben sich zwar immer wieder intensiv mit seiner Lehre auseinandergesetzt, aber mit sehr gegensätzlichen Konsequenzen.

»Größter Meister« – oder »Ketzer«? Die noch immer aktuelle Frage

Bereits einige Berichte aus dem 14. Jahrhundert widersprechen dem Eindruck, daß eine Mehrheit der Muslime Ibn al-Arabi Ehrentitel wie »Erneuerer der Religion« oder »Größter Meister« zugebilligt hätte. So liest man, seine Anhänger hätten die Grabstätte nur kurze Zeit ungestört besuchen können, erbitterte Gegner hätten das Mausoleum zerstört.[14]

Einer anderen Überlieferung zufolge soll Ibn al-Arabi gar den Märtyrertod erlitten haben, indem Orthodoxe ihn aus Empörung über seine »Ketzerei« erschlugen. Nach anderen Quellen soll ihn ein frommer Scheich vor dem Zorn von Fanatikern beschützt und aus dem Gefängnis gerettet haben.[15] Wiederum andere Chroniken berichten, daß Ibn al-Arabi einflußreiche Familien als Gönner gefunden habe. Sogar Sultane der Ayyubiden-Dynastie, Nachkommen des Sultans Saladin, sollen ihm ihre Gunst geschenkt haben.[16] Hierzu paßt dann wiederum ein Bericht, wonach Ibn al-Arabi friedlich, umgeben von Schülern und Verwandten, gestorben sei.[17]

Die genaueren Umstände von Ibn al-Arabis Tod im Jahr 1240 sind also aufgrund der unzuverlässigen, widersprüchlichen Quellen nicht geklärt. Eindeutig aber ist, daß bald nach seinem Tod die Gegner die Oberhand gewannen. Dies geschah unter der Herrschaft der Mamluken-Dynastie, die 1250 in Syrien und Ägypten an die Macht kam. Ihre Sultane waren machtpolitisch mit einem streng orthodoxen Klerus verflochten, und entsprechend verfolgten sie Sufis und Derwische, die ihrer Meinung nach alle mehr oder weniger Ketzer waren.

Mehr als zwei Jahrhunderte lang war die Grabstätte Ibn al-Arabis ziemlich unscheinbar. Die prächtige Grabmoschee sowie das Mausoleum, in dem Ibn al-Arabi heute bestattet ist, wurden erst 1518 auf Befehl des Osmanen-Sultans Selim I. errichtet, nachdem der türkische Regent Syrien und Ägypten erobert und die Mamluken-Dynastie entmachtet hatte. Die Ursache für Selims Respekt vor Ibn al-Arabi ist darin zu sehen, daß in Selims türkischer Heimat Sufis und Derwische ohnehin großes Ansehen genossen, schließlich hatten mystische Wanderprediger einst maßgeblich dabei mitgewirkt, die Türken zum Islam zu bekehren.

Trotz aller Unterdrückung durch die Orthodoxie in vielen Ländern des Vorderen Orients haben die Werke Ibn al-Arabis einen starken Einfluß auf spätere Generationen ausgeübt. Dies gilt vor allem für sein Werk *Siegelsteine der Weisheit*, das, wie bereits erwähnt, in der gedruckten Ausgabe nur 180 Seiten umfaßt und eine äußerst komprimierte Zusammenfassung der vielschichtigen Lehre des »Größten Meisters« bildet. Gerade dieses Buch erscheint wegen seiner überschaubaren Bündelung der philosophisch-mystischen Ideen für eine geistige Auseinandersetzung als geeignet.

Ibn al-Arabis Gedanken verbreiteten sich teilweise schon zu seinen Lebzeiten über die sufischen Kreise hinaus und fanden Eingang in das Denken von Gebildeten. Bemerkenswert ist allerdings, daß Ibn al-Arabi, der doch ein Araber war, die größte Resonanz nicht im arabischen Kulturraum fand, sondern bei Persern und Türken – parallel zu dem im türkischen Konya wirkenden Perser Celaleddin Rumi.

Ibn al-Arabi hat auch bei den Muslimen Indiens nachhaltige geistige Spuren hinterlassen. Seit dem 14. Jahrhundert wurden seine Schriften von indischen Sufis und Derwischen viel gelesen und erörtert. Die Anzahl der Kommentare, die vor allem zu *Siegelsteine der Weisheit* geschrieben wurden, und der indischen Autoren, die sich mit Ibn al-Arabi insgesamt auseinandersetzten, ist unüberschaubar. Ja, unter dem Einfluß seiner Lehre versuchten manche indischen Mystiker, Berührungspunkte zwischen dem Sufismus und dem Vedanta-System der hinduistischen Philosophie zu finden. Sie hatten die Absicht, islamisches und hinduistisches Denken einander anzunähern.[18] Daß solche Versuche allerdings auf vielerlei – und großenteils unüberwindliche – Schwierigkeiten stießen, werde ich noch an anderer Stelle erörtern.

Aber die Diskussion, ob Ibn al-Arabi noch als ein »rechtgläubiger« Muslim zu betrachten ist oder als »Ketzer« abgelehnt werden muß, spaltet sogar die mystischen Bruderschaften. So sprach sich Celaleddin Rumi offen nicht nur für Hallaj, sondern auch für Ibn al-Arabi aus. Und eine Reihe Sufi-Meister haben aus dessen Werken Teilstücke seines Denkens, vor allem Anleitungen zur Meditation, entnommen – wenn auch oft ohne Nennung des Namens und sehr verschlüsselt, um Anfeindungen von seiten der Orthodoxie zu vermeiden.[19] Andererseits lehnt eine Reihe orthodox orientierter Bruderschaften Ibn al-Arabi als »Ketzer« ab, so etliche Gruppierungen der Naqshbandiya[20] und besonders die Bruderschaft der Senussiya. (Auf die politisch zwiespältige Nähe dieser Organisationen zur Orthodoxie werde ich noch ausführlich eingehen.)

Bei den Theologen und Korangelehrten ist Ibn al-Arabi naturgemäß noch um vieles umstrittener. Aus der Masse der religiösen Gutachten und Kommentare, die über seine Hauptwerke *Die Mekkanischen Offenbarungen, Der Deuter der Sehnsüchte* und *Siegelsteine der Weisheit* verfaßt wurden, läßt sich ersehen, daß sich die Zahl der Anhänger und Gegner nahezu die Waage hält: Hierbei versuchen die einen den Nachweis zu erbringen, Ibn al-Arabi sei trotz verschiedener anstößiger Aussagen letztlich eben doch ein rechtgläubiger Muslim gewesen; dagegen versuchen die anderen zu beweisen, daß seine Lehre mit den Grundpositionen des Islam unvereinbar sei.[21]

Teilweise sprechen sich auch Korangelehrte gegen Ibn al-Arabi aus, die den Sufismus nicht schon pauschal der »Ketzerei« bezichtigen. Solche Vertreter der Orthodoxie sind aber nur bereit, eine Personenmystik zu bejahen. Sie anerkennen bei Mystikern zwar die Sehnsucht nach der »Einheit mit Gott«, bestehen jedoch darauf, daß Mystiker den weiten Abstand zwischen Mensch und Gott, zwischen dem mystisch »Liebenden« und dem »Geliebten«, für unaufhebbar halten; Annäherung an Gott sei möglich, nicht »Einheit«.[22] Sie beharren auf jener Form einer »orthodoxen Mystik«, wie sie bereits der Sufi Junaid in seiner Gegnerschaft zu Hallaj vertreten und später der Theologe Ghasali zur Norm für die »Rechtgläubigen« erhoben hat.

Gegen Ende des 20. Jahrhunderts hat der Konflikt politische Dimensionen bekommen, nachdem fundamentalistische Gruppierungen innerhalb der islamischen Welt immer stärkeren Einfluß gewannen. Seither geraten Muslime erst recht in Gefahr – wenn nicht gar in Lebensgefahr –, sobald sie sich dazu bekennen, von Ibn al-Arabi beeindruckt oder gar beeinflußt zu sein.

Ein besonders beunruhigendes Signal war 1979 in Ägypten zu registrieren. Am 15. Februar dieses Jahres legte das »Parlamentskomitee für Soziale und Religiöse Angelegenheiten und Stiftungen« in Kairo dem ägyptischen Parlament eine Empfehlung vor, die Werke des Mystikers Ibn al-Arabi zu verbieten. Besonders verwerflich erschienen dem konservativen, aber religiös-philosophisch geschulten Gremium *Die Mekkanischen Offenbarungen* – was zeigt, wie relevant den orthodoxen Kritikern dieses Werk aus dem 13. Jahrhundert auch noch in unserer Gegenwart erscheint. Nach einer langen, fünfzehnstündigen Marathonsitzung über andere politische Probleme wurde von den inzwischen erschöpften Abgeordneten die Empfehlung der religiösen »Experten« zum Verbot schnell und ohne Diskussion angenommen. Vielen der Abgeordneten, die die Bücher Ibn al-Arabis nur vom Hörensagen oder gar nicht kannten, genügte der Hinweis auf die gefährliche »Ketzerei«.[23]

Dies geschah ausgerechnet in einem Land, das über viele Jahrzehnte dafür berühmt war, eine der liberalsten Bildungsschichten der islamischen Welt zu besitzen und neben der Türkei das wichtigste Zentrum moderner, westlich beeinflußter Entwicklungen zu sein. Aber im selben Land hatten sich auch – von westlichen Beobachtern zunächst weniger bemerkt – gegenläufige Bewegungen formieren können. In Ägypten war 1928 die erste fundamentalistische Bewegung einer »islamischen Moderne« entstanden: die Muslim-Bruderschaft. Gerade sie hatte während der zweiten Hälfte des 20. Jahrhunderts erheblich an politischem Einfluß gewonnen, nachdem die säkulare Regierung durch das Scheitern vieler sozialer Reformprojekte zunehmend unpopulär geworden war. Der Muslim-Bruderschaft hatte es gelingen können, die geschwächte Regierung des Präsidenten Anwar as-Sadat unter Druck zu setzen und ihr Zugeständnisse abzutrotzen – nur so war es möglich, daß im Parlament gefordert werden konnte, die Werke Ibn al-Arabis zu verbieten. In jenem Jahr 1979 war allerdings die liberale Bildungsschicht noch widerstandsfähig genug, um im letzten Moment durch Protestdemonstrationen das Verbot wieder rückgängig zu machen.

Im Nachbarstaat Sudan, wo eine derart aktive liberale Bildungsschicht fehlte, hatten es die wenigen unabhängigen Denker um vieles schwerer. Dort wurde der im arabischen Kulturraum weit bekannte Philosoph und Sufi Mahmud Muhammad Taha 1985 hingerichtet, weil er als Mystiker in Ibn al-Arabi ein Vorbild sah und sich von ihm in der Interpretation des Koran hatte beeinflussen lassen. Taha argumentierte, das Heilige Buch könne in vielen seiner sprachlichen Bilder nicht wörtlich verstanden werden, auch bedinge die subjektive Glaubenserfahrung subjektiv unterschiedliche Deutungen. Eine solche Ansicht konnte bei der Orthodoxie jedes islamischen Landes Kritik ernten, aber unter einer Regierung mit radikal-islamischer Ideologie wie im Sudan war sie lebensgefährlich. Alle Proteste von Intellektuellen aus anderen Staaten der islamischen Welt konnten die Hinrichtung des über achtzigjährigen Sufi nicht verhindern.

Aber auch in Ägypten selber wurde es immer gefährlicher, öffentlich die Lehren Ibn al-Arabis zu loben. Zum exemplarischen Fall wurde hier das Schicksal des international anerkannten Sprach- und Koranwissenschaftlers Nasr Hamid Abu Zaid. Ich möchte auf sein Beispiel etwas ausführlicher eingehen, weil der Justizskandal um Abu Zaid auch in der westlichen Presse ausgiebig Beachtung fand.

1977 hatte Abu Zaid die Gedankenwelt Ibn al-Arabis zum Thema seiner Doktorarbeit gemacht und hierbei *Die Mekkanischen Offenbarungen* in den Mittelpunkt seiner Analyse gestellt. Dieses umfangreiche Buch wählte Abu Zaid, weil er in ihm »das wichtigste Werk der arabischen Geistesgeschichte« sah, und zwar gerade im Hinblick auf die schwierige Problematik einer Koran-Interpretation.[24] Für den Wissenschaftler rückte hierbei allerdings – und dies muß betont werden – weniger Ibn al-Arabis Mystik in den Vordergrund. Ihm ging es vorrangig um die kritisch-rationale Methode, mit welcher der Mystiker Ibn al-Arabi vom wortwörtlichen Verständnis des Koran, vom »Buchstabenglauben« vieler orthodoxer Muslime, abrückte. Doch selbst dieser Denkansatz barg genug Zündstoff für die islamische Gesellschaft der Gegenwart. Das Beispiel des Koranwissenschaftlers Abu Zaid demonstriert, unter welchen Gesichtspunkten heute Ibn al-Arabi als »Ketzer« wahrgenommen wird.

Abu Zaid kam in seiner Dissertation zu dem Ergebnis, »daß sich die Wahrheit verändert, je nachdem, wer sie betrachtet«.[25] In diesem Sinn forderte er eine Interpretation des Koran, die deutlich mache, daß die sprachliche Fassung des Heiligen Buches abhängig von den kulturellen Bedingungen der damaligen Zeit sei. Entsprechend könne der Interpret heute den Text nur abhängig von der modernen kulturellen Situation unserer Gegenwart verstehen. Abu Zaid zog in diesem Zusammenhang eine Verbindungslinie zur Mystik Ibn al-Arabis, indem er verdeutlichte, daß eine kritisch-rationale Interpretation des Koran es den Muslimen ermögliche, auch einen sogenannten Ketzer wie Ibn al-Arabi besser zu verstehen. Bezeichnend ist aber, daß Abu Zaid einen Großteil des literarischen Materials für seine Dissertation nicht in den Bibliotheken Ägyptens aufgespürt hatte, sondern an der Universität von Pennsylvania (USA), für die er durch die Ford Foundation ein Stipendium bekommen hatte.

Mitte der achtziger Jahre wurde Abu Zaids Dissertation über Ibn al-Arabi in Kairo veröffentlicht und von der akademischen Bildungsschicht sehr positiv aufgenommen.[26] Zur gleichen Zeit aber waren die Universitäten Ägyptens auch schon beträchtlich von Islamisten unterwandert, nicht nur in den Reihen der Studenten, sondern bereits bis hinauf zu den Dozenten und dem akademischen Verwaltungsapparat. Und islamistisch beeinflußte Akademiker nahmen Abu Zaid zunehmend ins Visier.

Die Angriffe steuerten einem Höhepunkt zu, als Abu Zaid 1993 zum ordentlichen Professor für Koranwissenschaft an der Universität Kairo ernannt werden sollte. Zwei der wissenschaftlichen Gutachter befürworteten ausdrücklich die Ernennung, der dritte Gutachter jedoch verurteilte heftig die bisherigen Veröffentlichungen Abu Zaids wegen ihrer »ketzerischen«, »unislamischen« Thesen. Der Vorwurf richtete sich einerseits gegen seine Dissertation, aber noch entschiedener gegen sein 1992 veröffentlichtes Buch *Kritik des religiösen Diskurses*, das aus dieser Arbeit hervorgegangen war (1996 auf deutsch unter dem Titel *Islam und Politik* erschienen). Die Universität Kairo folgte – ganz entgegen bisherigen Gepflogenheiten – dem dritten Gutachter mit seiner heftigen Ablehnung und stellte sich damit gegen die beiden Befürworter.

Die Ablehnung seiner Professur stand aber erst am Anfang einer großangelegten Kampagne gegen Abu Zaid. Während der folgenden zwei Jahre prangerten Imame etlicher Moscheen in ihren Freitagspredigten immer häufiger den »ungläubigen« Dozenten an. Etliche Zeitungen zitierten solche Predigten, ohne sie kritisch zu kommentieren, und schließlich begannen Muslime auch schon öffentlich zu diskutieren, ob ein derartiger »Ketzer« und »Abtrünniger« nicht hingerichtet werden müsse. Islamisten drohten mit einem Attentat. Die aufgeheizte Stimmung erreichte ihren Höhepunkte, als 1995 ein staatliches Gericht verfügte, Abu Zaid müsse als »Ungläubiger« von seiner Frau zwangsgeschieden werden. Unmittelbar nach der Verkündung des Urteils forderten nun sogar etliche Professoren der angesehenen Al-Azhar-Universität, Abu Zaid müsse wegen »Abkehr vom Glauben« hingerichtet werden.[27]

Diese Vorgänge erregten Aufsehen weit über Ägypten hinaus und erreichten schließlich den Westen. An etlichen europäischen Universitäten bildeten sich für Abu Zaid Unterstützungskomitees von Wissenschaftlern, unter anderen mit der international bekannten Orientalistin und Sufismus-Expertin Annemarie Schimmel, sowie von Studenten und Journalisten.[28] Aber obwohl auch in Ägypten zahlreiche Studenten, Professoren, Schriftsteller und Journalisten ihre Sympathie für den bedrohten Koranwissenschaftler bekundeten und obwohl die Regierung ständigen Polizeischutz anbot, empfand Abu Zaid einen weiteren Aufenthalt in seiner ägyptischen Heimat als immer unerträglicher. Denn die Zahl jener Muslime nahm zu, die mit einem Attentat, einer »gottgewollten Hinrichtung wegen Abkehr vom Islam«, drohten. Abu Zaid sah schließlich keine andere Möglichkeit mehr, als 1995 dem Ruf der renommierten holländischen Universität Leiden für eine Gastprofessur zu folgen. Er kehrte nicht mehr nach Ägypten zurück.

Auf diese Weise war eine paradoxe Situation eingetreten: Ein muslimischer Koranwissenschaftler konnte sich im europäischen Exil mitten unter Nicht-Muslimen uneingeschränkter als in Kairo mit einer historisch-kritischen Auslegung des Koran befassen. Und vollends konnte er sich erst jetzt ohne dogmatische Bevormundung mit islamischer Mystik, insbesondere mit Ibn al-Arabi, auseinandersetzen.

Abu Zaid versuchte allerdings den direkten Kontakt mit einem muslimischen Publikum aufrechtzuerhalten und nahm dankbar jedes Angebot zu Vorträgen in Ländern der islamischen Welt an. Die Erfahrungen blieben jedoch für einen Koranwissenschaftler, dem der Ruf einer skandalumwitterten Größe voraneilte, zwiespältig. Nur in Tunesien vermochte er ohne Einschränkung einen Vortrag an der Universität zu halten. Bereits in Jordanien konnte er den Hörsaal nur unter Polizeischutz betreten. In der Türkei wurde gar nach massiven Protesten konservativer Zeitungen die Einladung der Universität Ankara zurückgezogen. In Malaysia wäre eine Islam-Tagung wegen Abu Zaids Teilname beinahe geplatzt. Und die Behörden in Syrien zögerten zwei Jahre lang, bis sie eine von der Universität Damaskus ausgesprochene Einladung offiziell genehmigten

In Damaskus erlebte Abu Zaid dann einen seiner raren Triumphe. Zu der schließlich genehmigten Vortragsreihe in der Universität kamen mehrere tausend Menschen, die im großen Hörsaal selber keinen Platz zu finden vermochten und nur auf Monitoren in anderen Sälen den Redner erleben konnten. Außerhalb des Gebäudes standen die Besucher Schlange, so daß die Straße abgesperrt werden mußte. Es wurde, so schrieb Abu Zaid rückblickend, im völlig überfüllten Vortragssaal »geklatscht, als sei ich ein Popstar. So etwas hatte ich noch nie erlebt; es hat mich zutiefst berührt.«[29]

Muslime, die hier demonstrativ dem »ungläubigen« Koranwissenschaftler Abu Zaid ihre Sympathie bekundeten, wußten in ihrer Mehrzahl kaum ausreichend Bescheid über Ibn al-Arabi. Sie zollten dem Koranwissenschaftler Beifall, der sich für mehr Freiheit des Denkens, besonders für eine mutige Auseinandersetzung mit religiös-philosophischen Fragen aussprach. Daß Abu Zaid einen Mystiker wie Ibn al-Arabi zitierte, war eine Tatsache am Rand.

»Der Punkt in der Mitte«. Gespräch mit einem Verehrer Ibn al-Arabis

Ich saß in einem der kleinen Restaurants des Souk Hamadiye, des größten Basarviertels der syrischen Hauptstadt Damaskus, mit Blick auf eine von Menschen überquellende Gasse. Ein junger Syrer hatte mich im Vorbeigehen entdeckt und sich zu mir an den Tisch gesetzt. Er, der fließend Englisch sprach, stellte sich als Student der arabischen Literatur und Philosophie vor. Dies erschien mir der geeignete Anlaß, um über meine Eindrücke im Mausoleum des Ibn al-Arabi zu berichten. Daß ich dort vorwiegend Pilger aus traditionell kleinbürgerlichem oder gar bäuerlichem Milieu angetroffen hatte – Pilger, die kaum vom revolutionären Ansatz im Denken Ibn al-Arabis wußten –, quittierte der Student mit ironischem Lächeln.

Ein Großteil unseres Gespräch konzentrierte sich auf Ibn al-Arabi. Mich überraschte das Interesse des Studenten. Gerade von einem Syrer seines Typs – jung, modisch im Jeansanzug – hätte ich eher Gleichgültigkeit in bezug auf islamische Mystik erwartet. Er lächelte gequält, als ich ihm ein erstes Kompliment über seine Kenntnisse machte. Viele junge Syrer hätten tatsächlich wenig Sinn für derartige geistige Strömungen, erklärte er, aber das gelte ebenso für viele Syrer der älteren Generation, ja für zahlreiche Muslime überhaupt. Den einen sei der Sufismus nicht modern genug, den anderen erscheine er als pure Ketzerei. Beides sei ein Mißverständnis. Für ihn dagegen sei der Sufismus eine wichtige, ja eine zukunftsweisende Form des Islam.

Ich fragte ihn, wie schwierig es sei, in Syrien und anderen islamischen Ländern vertiefende Literatur über einen so kritischen Denker wie Ibn al-Arabi zu erhalten. Er antwortete: Etliche seiner Werke wie auch Abhandlungen über das Gesamtwerk seien in der einen oder anderen Buchhandlung zu bekommen. Aber das Angebot sei mager angesichts der Fülle dessen, was Ibn al-Arabi geschrieben habe. Es gebe auch nur wenig lesenswerte Kommentare. Die meisten der muslimischen Autoren, die sich mit Ibn al-Arabi befaßten, versuchten zu beweisen, daß er im streng orthodoxen Sinn Muslim gewesen sei. Alles, was nicht in diesen engen Rahmen passe, sei im Buchhandel nicht erhältlich. Er lese da lieber englischsprachige Veröffentlichungen. In London habe er solche kennengelernt, als er dort ein Jahr arabische Literatur studiert habe. Wenn er wirklich etwas über die Vielfalt islamischer Geistesgeschichte erfahren wolle, er also nach Büchern ohne dogmatische und politische Zensur suche, dann müsse er sich bei westlichen Orientalisten informieren. Die Orthodoxie verhindere in Syrien und anderswo alle tiefergehende Diskussion …

Ob er von orthodoxen Muslimen angefeindet werde, wollte ich wissen. – Er verstehe sich selber als orthodox, antwortete er heftig, er meine damit allerdings etwas völlig anderes als die in Glaubensgewohnheiten erstarrte Orthodoxie. Innerhalb des Islam gebe es zahlreiche Richtungen wie innerhalb jeder Religion. Es sei schon sehr viel gewonnen, wenn die Gläubigen endlich unvoreingenommen über ihre Gegensätze hinweg diskutieren könnten. Und gerade vielen Muslimen sei nicht klar, welchen Beitrag hier die Sufis leisten könnten.

Unweigerlich gelangten wir im weiteren Gespräch zu der Frage, ob es für die einzelnen Religionen einen objektiv vertretbaren Anspruch auf absolute, allein gültige Wahrheit geben könne. Nach welchen Kriterien könnten etwa der Koran, die Bibel und andere als heilig verstandene Schriften als »Wort Gottes«, als »Offenbarung Gottes« und damit als unantastbar, unbezweifelbar angesehen werden?

Der Student berief sich in seinen weiteren Ausführungen vorwiegend auf Ibn al-Arabi. Ob es eine absolute Wahrheit gebe? Er zog einen Notizblock aus seiner Umhängetasche und malte mit seinem Kugelschreiber auf die Blattmitte einen Punkt. Das hier solle ich mal symbolisch als grafische Darstellung für das Absolute sehen, sagte er. Er zeichnete um diesen Punkt etliche Ellipsen, wobei sich manche in der Linienführung überschnitten. Diese Ellipsen hier, fuhr er fort, möge ich als die einzelnen Religionen wie auch Philosophien betrachten. Sie alle umkreisten das Absolute, einmal näher an der endgültigen Erkenntnis, einmal ferner, aber keine sei mit der absoluten Wahrheit identisch …

Auch nicht der Islam? – Keine Religion und Philosophie, bekräftigte er. – Und welche der Ellipsen repräsentiere für ihn den Islam? fragte ich. – Für ihn sei das jene Ellipse, die mit ihrer Linie am engsten um den Punkt des Absoluten gezogen sei, antwortete er lächelnd. Aber natürlich würde ein Christ oder Jude diese Ellipse für die eigene Religion beanspruchen.

Das klinge sehr freizügig. Mit einem orthodoxen Muslim könne er da aber nicht einer Meinung sein, sagte ich. – Er lächelte wieder. Das sei Sufismus, antwortete er. Der Sufismus öffne sich allen Religionen. – Der Sufismus verstehe sich also nicht als ausschließlich islamisch? – Der Sufismus verstehe sich als islamisch. Kein Sufi vergesse, daß er Muslim sei. Trotzdem umfasse der Sufismus mehr als den Islam. Auch ein Christ könne Sufi werden.

Mir erscheine eine solche Ansicht nicht mehr als orthodox, widersprach ich. – Orthodox ... Er lachte. Natürlich habe das nichts mit der herkömmlichen Orthodoxie zu tun. Aber er stehe fest im Islam. Es sei nicht möglich, sich gleichzeitig mit mehreren Religionen zu identifizieren, man könne die Inhalte verschiedener Religionen auch nicht vermischen. Um nochmals auf das Bild von vorhin zurückzukommen ... Er wies auf die Zeichnung in seinem Notizblock. Er könne sich geistig nur auf *einer* der vielen Ellipsenbahnen bewegen, wie jeder Mensch. Es werde immer verschiedene Ellipsen geben. Das Entscheidende sei: Keine der Ellipsen könne mit ihrer Linie den Punkt in der Mitte berühren.

Mit orthodoxem Glauben habe das für mich nichts mehr zu tun beharrte ich. – Nicht mit der herkömmlichen Orthodoxie, beharrte er. Aber er verstehe sich ausdrücklich als Muslim.

Wir schienen zunehmend aneinander vorbeizureden. Uns fehlten die gemeinsamen Begriffe. Aber erst nachdem das Gespräch einige Stunden zurücklag, konnte ich das Gesagte einigermaßen einordnen. Beide bewegten wir uns nicht auf der Ebene der Mystik, obwohl im Zentrum des Gesprächs einer der bedeutendsten Mystiker des Islam stand.

Die graphische Darstellung mit dem Punkt in der Mitte und den umkreisenden Ellipsen entsprach letztlich dem Verständnis eines religiös aufgeklärten Kritikers. Ein solcher Kritiker unterscheidet aber noch immer scharf dualistisch zwischen dem »Punkt« als dem Absoluten und den »Ellipsen« als den unvollkommenen Wahrheiten. Ein derartiger Dualismus widerspricht jener Mystik, in der sämtliche Gegensätze aufgehoben sind und eine »Einheit« jenseits aller Begriffe und Bilder »erlebt« wird. Wir bezogen uns demnach nicht auf Ibn al-Arabi als den spirituellen Lehrer, der in einem letzten Schritt zur mystischen »Erfahrung« gelangt. Um so frappierender erschien mir, daß sich der junge Syrer ausdrücklich zum Sufismus bekannte und ihn als eine zukunftsweisende Form des Islam bezeichnete. Aber er schien im Sufismus der klassischen Epoche den Ausdruck einer frühen Aufklärung zu sehen – eine geistige Manifestation, die es nun gegen eine erstarrte Orthodoxie wieder zu aktivieren gilt.

Ibn al-Arabi »lebt«. Wenn auch bei vielen Muslimen nicht der Mystiker, sondern der undogmatische Kritiker im Vordergrund steht. Aber selbst dies bedeutet einen bemerkenswerten Ansatz, um auf die Krise der islamischen Kultur konstruktiv zu reagieren.

Mystik als »Weg für die vielen«

Aufstieg der Derwisch-Bruderschaften

Die Struktur der Bruderschaften

In Bagdad ist das Mausoleum eines persischen Mystikers bis heute Anziehungspunkt für Pilger aus der gesamten islamischen Welt. Die Verehrung gilt dem Derwisch Abdul al-Qadir al-Gilani, der 1088 nahe dem Kaspischen Meer in der Tiefebene Gilan geboren wurde und 1166 in Bagdad starb. Dieser Mystiker hat mit einer Pioniertat Geschichte gemacht: Er begründete 1135 die erste mystische Bruderschaft. Ihr Name Qadiriya leitet sich von »al-Qadir«, dem Hauptnamen des geistigen Ahnvaters, ab.

Gilani war ein Zeitgenosse des großen Theologen Mohammed Ghasali. Er war 23 Jahre alt, als Ghasali starb. Seine Lehrtätigkeit an einer theologischen Akademie in Bagdad begann er 1128, eineinhalb Jahrzehnte nach Ghasalis Tod. Angefeindet von orthodoxen Korangelehrten, wollte er Bagdad verlassen, aber er sei, so will es die Legende, durch einen gewaltigen Ruck zu Boden geworfen worden, und eine Stimme habe ihm befohlen, in Bagdad zu bleiben und sein Werk zu vollenden.[1] Mit einer Schar auserwählter Schüler begann er schließlich 1135 für seine Bruderschaft ein Gebäude mit einer Moschee zu errichten.

Es ist aber kein Zufall, daß diese erste Derwisch-Bruderschaft kaum zweieinhalb Jahrzehnte nach Ghasalis Tod gegründet wurde. Ghasali hatte ja mit dem Versuch Aufsehen erregt, die Orthodoxie zu einer Anerkennung mystischer Strömungen zu bewegen – womit er eine Entwicklung einleitete, die den Sufismus schließlich zu einer breit akzeptierten Bewegung machte.

Die Gründung der ersten Derwisch-Bruderschaft Qadiriya hatte Signalwirkung. Bereits eineinhalb Jahrzehnte später, um das Jahr 1150, entstand in Bagdad eine zweite große Bruderschaft: die der

Rifaiya. Ihr Name geht auf den arabischen Scheich Ahmad Ibn Ali al-Rifai als Begründer zurück. Seine Bruderschaft, die bis heute im Irak und vor allem in Ägypten eine beträchtliche Zahl von Anhängern hat, erregt besonders durch ihre laut gesungenen oder ekstatisch geschrienen Anrufungen Gottes Aufmerksamkeit. Die Mitglieder der Rifaya werden daher oft auch »heulende Derwische« genannt, von den einen mit Hochachtung, von den anderen eher verächtlich.

Eine dritte große Bruderschaft formte sich 1240. Gegründet wurde sie von dem marokkanischen Derwisch Ahmad al-Badawi, der sich, aus Fes kommend, in der ägyptischen Stadt Tanta niedergelassen hatte. Seine Gemeinschaft, die der Ahmadiya, benannt nach seinem Vornamen, ist bis heute die einflußreichste mystische Gruppierung Ägyptens.

Diese drei Derwisch-Bruderschaften gelten als wegweisend für alle späteren. In ihrer Struktur haben sie etwas entscheidend Neues verwirklicht. Zwar hatten schon früher etliche Sufi-Meister eine beträchtliche Schar Schüler um sich gesammelt, aber solche Gruppierungen waren noch weit entfernt davon, hierarchisch gegliederte Organisationen mit Tausenden oder Zehntausenden Mitgliedern zu bilden. Erst Anfang des 12. Jahrhunderts setzte ein Prozeß ein, in dem sich der Sufismus nicht nur als Religiosität einer schmalen Elite, sondern auch als Religiosität für die »vielen« – als eine Massenbewegung für alle Schichten des Volkes – ausformte. Und bereits eineinhalb Jahrhunderte später, zu Lebzeiten Ibn al-Arabis und Celaleddin Rumis, waren Derwisch-Bruderschaften mit großer Mitgliederzahl für das religiös-kulturelle Leben der Muslime selbstverständlich geworden.

Diese großen mystisch geprägten Organisationen werden von Europäern oft als »Orden« bezeichnet. Der Begriff »Orden« ist jedoch mißverständlich, da er in unserem Sprachgebrauch eine Parallele zu christlichen Mönchsorden nahelegt. So viele Ähnlichkeiten es auch in der Organisation gibt, so sind doch die Unterschiede entscheidender. Sinnvoller ist es für Europäer, den Ausdruck »Bruderschaft« zu benutzen, was auch in der Islam-Literatur des Westens allgemein üblich geworden ist. Der Begriff zielt nur auf Männer, was aber die soziale Realität trifft: Frauen haben in einer

»Bruder«schaft einen nur sehr untergeordneten Platz. (Dieses Problem wird uns in einem folgenden Abschnitt näher beschäftigen.) Die Muslime selber bezeichnen ihre mystisch geprägten Organisationen allerdings geschlechtsneutral mit dem arabischen Wort »Tariqa«, »Pfad« (Plural: »Turuq«), und meinen damit den Weg des mystisch-religiösen Lebens.

Falsch wäre es erst recht, die Mitglieder solcher Bruderschaften als »Mönche« und ihre spirituellen Zentren als »Klöster« zu bezeichnen. Zwar gab es durchaus Sufis und Derwische, die wie christliche Mönche strikt auf Sexualität verzichteten und sich einen Großteil ihres Lebens in meditativer Abgeschiedenheit zurückgezogen hatten. Aber die Mehrheit war verheiratet, übte einen Beruf aus und hielt sich nur zeitweise in »kloster«ähnlichen Gebäudekomplexen zu gemeinsamer Andacht, zu Meditation, zu rituellen Gesängen und Tänzen auf. Sufis und Derwische orientieren sich hier überwiegend am Vorbild des Propheten Mohammed.[2] Mohammed hatte sich ja ausdrücklich gegen den völligen Rückzug aus der tätigen Welt nach dem Vorbild christlicher Mönche ausgesprochen. Er hatte nur einen zeitweisen Rückzug in meditative Einsamkeit gutgeheißen und dies selber immer wieder praktiziert.

Die spirituellen Zentren von Sufis und Derwischen dienen daher meist nur für kürzere Aufenthalte. Manche Gläubige sind nur Tage dort, andere etliche Wochen, wenige leben dort über Jahre. Jene Mystiker, die sich »ganz« für ein Leben in einem Derwisch-Konvent entschieden haben, sind als Prediger tätig oder engagieren sich in der Krankenpflege und Armenfürsorge. Etlichen dieser spirituellen Zentren sind Spitäler und Küchen angeschlossen, in denen Notleidende versorgt werden, hier und da gibt es Schulen.

Aber so ähnlich sich die Derwisch-Konvente in der Struktur auch sind, so haben sie doch unterschiedliche Namen. Im iranischen Kulturraum werden sie »Khankah« genannt (in dem Begriff steckt das persische Wort »Khan«, »Herrscher«, im weiteren Sinn: »Haus«, »Herberge«). Im mittelalterlichen Ägypten wurde dieser Ausdruck ebenfalls häufig verwendet. Bei den Türken ist an die Stelle des persischen »Khankah« zunehmend der türkische Begriff »Tekke« getreten. Und bei den Arabern kommt zu »Khankah« noch die Bezeichnung »Zawiya« hinzu, was »Winkel« bedeutet und oft nur auf kleinere Einheiten wie den einsamen Wohnplatz eines Scheichs bezogen ist. Im indischen Kulturraum dagegen nennt man einen Derwisch-Konvent »Dargah«, was »Pforte« heißt. (Die Wurzel des arabischen Wortes »Dar«, »Tor«, ist erkennbar.) Diese Begriffe werde ich im folgenden anstelle des mißverständlichen Wortes »Kloster« verwenden.

Innerhalb der einzelnen Bruderschaften hatten sich bald sorgfältig abgestufte Hierarchien ausgeformt. An der Spitze befinden sich theologisch und philosophisch hochgebildete Mystiker, die einen Großteil ihrer Zeit in einem spirituellen Zentrum verbringen. Ihrer Obhut sind die Schüler anvertraut, die den Weg des Sufismus gehen möchten. Sie tragen den arabischen Namen »Murid«, was soviel bedeutet wie »der den Willen hat, den Pfad zu betreten« oder »der die Einweihung will.« Oft muß der Suchende lange warten, ehe er überhaupt angenommen wird, dann werden seine Fähigkeiten durch einen »Meister« geprüft.[3] Neben den ständig im Konvent wohnenden Derwischen und Murids gibt es, wie schon erwähnt, die zahlreichen Mitglieder, die sich zwar der geistigen Führung eines »Meisters« anvertrauen, aber im Alltag einem Beruf nachgehen und nur zeitweilig zu Zeremonien in ein sufisches Zentrum kommen. Und schließlich gibt es Laien ohne jede religiöse Ausbildung. Sie übernehmen innerhalb der Organisation die vielen praktischen Arbeiten der Verwaltung, der Verpflegung, des Handwerks.

Der Führer einer Derwisch-Bruderschaft hat im arabischen Kulturraum überwiegend den Titel »Scheich« (Ältester), im persischen ist es der »Pir« (Ältester), im indischen der »Murshid« (Wegweiser). Meist geht das hohe Amt vom Vater auf einen der Söhne über, so daß sich in vielen Bruderschaften regelrechte Dynastien mit Erbfolge herausgebildet haben. Seltener wird die Nachfolge durch einen Rat ranghoher Mitglieder geregelt; dies geschieht dann, wenn kein Kandidat aus den Reihen der »Dynastie« zu Verfügung steht.

Ihre Autorität leiten die Führer von der Tatsache ab, daß sie von einem bedeutenden Lehrer in den mystischen »Weg« eingeweiht wurden, oft dem eigenen Vater. In der Regel sehen sie sich in einer ununterbrochenen Kette mystischer Lehrer, die sich aber – so will es die Überlieferung – über den Begründer der Bruderschaft hinaus bis auf den Propheten Mohammed oder zumindest einen herausragenden Weggefährten zurückführen läßt. Aus der Sicht vieler Sufis und Derwische ist ja Mohammed selber schon ein Mystiker gewesen. Jeder Schüler, der in eine Bruderschaft eintritt, muß die Traditionskette seiner mystischen Gemeinschaft kennen.[4]

Die Autorität eines Scheichs, Pirs, Murshids wird letztlich unantastbar, eben weil sich vom jeweiligen Oberhaupt einer Bruderschaft eine direkte Verbindungslinie zu Mohammed oder seinen engsten Weggefährten als den höchsten Autoritäten konstruieren läßt. Kein Mystiker wagt es daher auch, dem religiösen Führer zu widersprechen. Daß aber eine derart rigorose Gehorsamspflicht und Verehrung dem Oberhaupt gegenüber zu einem Kadavergehorsam, darüber hinaus zu geistiger Stagnation bei den Schülern – und zu Machtmißbrauch bei den »erleuchteten« Lehrern – führen kann, werden wir noch sehen.

Religion und Politik

Muslimen erschien es im Verlauf der Jahrhunderte immer verlokkender, einer Derwisch-Bruderschaft beizutreten. Denn zu den religiösen Bedürfnissen kamen bald auch soziale, ja schließlich politische.

Sozial waren (und sind) die Bruderschaften allerdings unterschiedlich strukturiert. Manchen hatten (und haben) Anhänger und Sympathisanten vor allem aus der gebildeten Ober- und Mittelschicht, so etwa die Mevlevi-Bruderschaft des Celaleddin Rumi, andere eher im einfachen Volk, so die ebenfalls in Anatolien entstandene Bektashi-Bruderschaft, und wiederum andere zeigten sich offen für alle Schichten. Aber über solche Gegensätze hinweg gehörte es zur Eigenart fast aller Bruderschaften, mehr oder weniger stark die Interessen bestimmter sozialer Schichten wahrzunehmen. So schufen einzelne Bruderschaften Netzwerke und Informationsstrukturen vorrangig für Wissenschaftler, andere für Kaufleute, andere für Handwerker, die ihrer Vereinigung angehörten.

Solche Netzwerke waren jahrhundertelang für viele Muslime unverzichtbar. Denn in den meisten Staaten gab es eine mehr oder weniger große Rechtsunsicherheit. Bruderschaften, und hier vorrangig Derwisch-Bruderschaften, boten anstelle staatlicher Organisation soziale Sicherheit und vor allem auch Unterstützung für sozial Benachteiligte. Zu den besonderen Kennzeichen vieler Bruderschaften sind die Küchengebäude und Speisesäle geworden. Die Küchen waren nicht nur für die im Konvent lebenden Derwische bestimmt, sondern auch für die Pilger, darüber hinaus für die vielen Besucher, die am Rand des Existenzminimums lebten. Derwisch-Küchen waren zugleich auch Armenküchen. Und gerade wegen dieser tatkräftigen Armenfürsorge wurden die spirituellen Zentren sogar lebensnotwendig für jene, die von nirgendwo sonst Hilfe erwarten konnten.

Derwisch-Bruderschaften mit solch vielfältigen sozialen und politischen Funktionen breiteten sich schließlich derart aus, daß noch bis zur Mitte des 20. Jahrhunderts die überwiegende Mehrheit der Muslime von Westafrika bis hin nach Indonesien in einer ihrer vielen Vereinigungen organisiert war.[5] Erst in den letzten Jahrzehnten haben staatliche und karitative Institutionen damit begonnen, diese Aufgaben von den Bruderschaften zu übernehmen. Solche Funktionen von Bruderschaften haben allerdings kaum mehr etwas mit dem mystischen Konzept ihrer Begründer zu tun. Aber erst die Verbindung beider Aspekte – des mystisch-religiösen wie des sozial-politischen – erklärt die Breitenwirkung dieser Vereinigungen über viele Jahrhunderte hinweg.

Manchmal jedoch entwickelten sich die Bruderschaften durch Stiftungen und Spenden ihrer Mitglieder nicht nur zu wirtschaftlich starken Interessenvertretungen, sondern übten darüber hinaus bald auch einen beträchtlichen politischen Einfluß aus. Etliche Bruderschaften konnten sogar zu einer ernsthaften Bedrohung für weltliche Herrscher werden, ja konnten gar selber die Staatsgewalt an sich reißen und erfolgreich einen Staat regieren.

Eines der berühmtesten und welthistorisch folgenreichsten Beispiele für politische Herrschaft bot Pir Ismail Safavi, der Führer der schiitischen, militärisch organisierten Derwisch-Bruderschaft der »Kizilbaschi« (»Rotköpfe«, so genannt wegen ihrer roten Kopfbedeckungen). Diese Bruderschaft hat ihren Stammsitz mit einem prächtigen Mausoleum in Ardebil, einer nordwestpersischen Kleinstadt nahe dem Kaspischen Meer. Von dort war Ismail

Safavi 1501 mit einem Heer seiner Derwisch-Krieger aufgebrochen und hatte eine Reihe persischer Fürstentümer unterworfen. Damit hatte er den seit Jahrhunderten in viele Herrschaftsgebiete zersplitterten Iran unter seiner Führung als Schah großenteils einigen können. Mehr noch: Der Derwisch-Führer Ismail Safavi vermochte als erster Schah den schiitischen Islam als Staatsreligion im Iran zu etablieren. Seit der schiitischen Dynastie der Safaviden ist der Iran mehrheitlich schiitisch geblieben. Allerdings pflegte Schah Ismail Safavi, kaum an der Macht, nur noch eine lockere Verbindung zu seiner Derwisch-Bruderschaft, und die Nachfolger wurden vollends zu Machtpolitikern ohne jede tiefere Verbindung zu mystischer Religiosität.[6] Der Iran hat dabei nur ein Beispiel unter vielen geboten. Ich werde später in bezug auf Libyen, den Sudan und etliche Kaukasus-Regionen eine ähnliche Entwicklung ausführlich darstellen.[7]

Etliche Bruderschaften wurden auch zu wichtigen Verbündeten etablierter Mächte. Eine Reihe Sultane, Emire und Paschas erkannten sehr bald, welch wichtige Leistungen Derwisch-Bruderschaften in der Erziehung des Volkes und auch der sozialen Fürsorge vollbringen konnten – hier den christlichen Mönchsorden ähnlich. Entsprechend förderten die Regierenden solche Organisationen durch Stiftungen etwa von Ländereien, prächtig gestalteten Moscheen, Kuppelräumen für Tanzzeremonien, Bibliotheken.

In vielen Regionen unterstützten muslimische Machthaber auch die Aktivitäten von Derwisch-Predigern, weil sie in ihnen wertvolle Helfer für die Verbreitung »islamischer Werte« sahen. Dies betraf vor allem Gebiete, in denen Muslime als Eroberer erst eine schmale Oberschicht bildeten und über eine Mehrheit Andersgläubiger regierten. Dort gelang es Sufis und Derwischen mit ihrem vorbildlichen Lebensstil und ihrer bildhaften Sprache eher als den Korangelehrten, Andersgläubige gerade aus der einfachen Volksschicht anzusprechen und sie zu einem Islam mit meist sehr toleranter Glaubenshaltung zu bekehren. Außerdem fanden philosophisch gebildete Sufis zur Bildungsschicht fremder Religionen oft einen besseren Zugang als Korangelehrte – eben weil Mystiker sich im allgemeinen offener gegenüber anderen Glaubensformen zeigen als orthodoxe Muslime.

Viel zu wenig bekannt ist, daß die Ausbreitung des Islam in weiten Teilen Asiens, Schwarzafrikas und auch in Anatolien weniger der gewaltsamen Unterwerfung durch muslimische Eroberer als durch friedliche Aktivitäten von Derwisch-Predigern und ihren Bruderschaften erfolgt ist. Ich werde einen solchen Prozeß später ausführlich am Beispiel der Chisti-Bruderschaft im indischen Kulturraum darstellen.

Viele der Derwisch-Bruderschaften trugen bald auch den Keim der Dekadenz und des Niedergangs in sich. Eine Reihe jener religiösen Führer, die in ihren Predigten die »Armut« und die »Bedürfnislosigkeit« als den »Stolz« eines Sufi und Derwischs priesen, kam durch die Gunst der Herrschenden zu größerem Landbesitz und zur Steuerhoheit über eine Reihe Dörfer – mit der Folge, daß diese Derwisch-Scheiche sich bald selber kaum noch von machtverliebten Fürsten unterschieden. Nicht wenige von ihnen wurden durch ihr Bündnis mit weltlichen Machthabern gar zu Großgrundbesitzern und beuteten gemeinsam mit dem Feudaladel die Bauern aus.

Gerade eine derartige Entwicklung hat maßgeblich dazu beigetragen, daß im 20. Jahrhundert viele der Reformpolitiker entschieden auf Distanz zu Derwisch-Bruderschaften gegangen sind. Zu den Folgen gehört aber auch, daß viele reformorientierte Muslime die geistige Substanz der islamischen Mystik weitgehend nicht mehr – oder nur noch durch Mißverständnisse getrübt – wahrnehmen.

Außerhalb der etablierten Bruderschaften: die Wanderderwische

Ein zottiger Bart und eine verfilzte Haarmähne, ein nackter Körper, mit grauer Asche bestrichen, schwere Eisenketten um den Hals bis hinab zu den Fußgelenken ... So stand er plötzlich vor mir. Er schüttelte den ausgemergelten Oberkörper, daß die Ketten rasselten, und folgte mir mit ausgestreckter Hand quer über den Haupthof des Nizamuddin-Auliya-Heiligtums, einer Dargah der Chisti-Bruderschaft in Delhi. Er bettelte um ein paar Rupien.

Die nächste Überraschung erwartete mich in einem Seitenhof der Dargah. Von dort klang eine Trommel, dumpf, monoton, spannungsvolle Pausen zwischen den Schlägen. Ich folgte dem Klang und kam zu einem sitzenden Mann, dessen nackter Körper ebenfalls mit grauer Asche eingerieben war. Der Trommler bewegte seine Hände langsam wie in Zeitlupe, saß starr, die Augen verzückt, in Trance ...

Waren dies etwa Fakire? Mich irritierten solche Gestalten in einem islamischen Heiligtum, als ich 1964 das erste Mal Indien bereiste. Damals war ich noch wenig mit dem Phänomen von Sufis und Derwischen vertraut, entsprechend waren für mich Fakire eher den hinduistischen Wanderasketen, den Yogis und Sadhus, zuzurechnen. Fakir und Nagelbrett, Fakir und bizarrer Hindu-Heiliger, dies schien untrennbar zusammenzugehören.

Es handelte sich tatsächlich um Fakire, wie ich bald erfahren sollte – nur daß eben in Indien das Wort »Fakir« ausschließlich für einen bestimmten Typ des Sufi und Derwischs verwendet wird. Es sind muslimische Wanderasketen oder -derwische, die von Heiligtum zu Heiligtum ziehen und von den Spenden der Pilger leben. Das arabische Wort »Fakir« bedeutet – parallel zu »Sufi« und »Derwisch« – der Arme, der Bedürfnislose. Gemeint ist mit »Fakir« ebenfalls ein Muslim, der sich ganz auf ein religiös-meditatives Leben konzentriert und deshalb auf alle Besitztümer verzichtet. Daß aber Fakire Ketten um den Hals und die Fußgelenke tragen und beim Betteln durch heftiges Rasseln auf sich aufmerksam machen, ist die Eigenheit nur einer bestimmte Gruppierung von Wanderderwischen: Die Ketten signalisieren, daß sich die Asketen als »Gottesgefangene« fühlen.[8] Die einzelnen Gruppierungen unterscheiden sich beträchtlich bereits durch ihr Aussehen.

In den Höfen des Nizamuddin-Auliya-Heiligtums – zweites bedeutendes Pilgerzentrum der Chisti-Bruderschaft[9] – begegnete ich weiteren bettelnden Fakiren. Sie jedoch waren schon vom Aussehen her deutlich dem Islam zuzurechnen: Sie trugen einen Turban in Grün, der Farbe des Propheten, und hatten in der Hand einen Stab mit einem grünen Fähnlein, das mit Koranversen bestickt war. Auf späteren Reisen begegnete ich Fakiren, die ich dem ersten Anschein nach wieder eher für hinduistische Yogis und Sadhus gehalten hätte. Ich traf sie nahe der Pilgerstadt Ajmer im Bergland, das sich hinter dem Heiligtum des Muinuddin Chisti ausdehnt. Die

Beine im Yogasitz gekreuzt, ihr Gesicht von langem Haar und Bart umrahmt, so saßen sie mit der Bettelschale am Weg gereiht. Aber Wanderderwische gibt es in allen Teilen der islamischen Welt, nur eben unter jeweils anderen Namen und teilweise mit anderen Verhaltensweisen. Bevor ich auf eine dieser Gruppierungen im Detail eingehe, zunächst einige allgemeine Merkmale.

Die meisten Wanderderwische glauben, daß nur derjenige das »Göttliche« oder »Gott« wirklich intensiv mystisch »erfahren« könne, der ein völlig bindungsloses Leben führe, also auf festen Wohnsitz und Familie strikt verzichte. Wanderderwische halten damit Abstand nicht nur vom Verhaltenskodex orthodoxer Muslime, sondern selbst vom Lebensstil vieler Sufis und Derwische, entsprechend von den Regeln etablierter Bruderschaften. Wanderderwische haben, wie es der Ethnologe Jürgen Frembgen formuliert, sogar »die Ordnung des institutionalisierten Sufismus häufig umgekehrt: Sie legen kaum Wert auf mystische Lehren, die von einem Meister vermittelt werden, vernachlässigen das rituelle Gottesgedenken und ignorieren die Pilgerfahrt nach Mekka.«[10]

Wanderderwische definieren sich als »frei« oder als »bi-shar«, »ohne das Gesetz«. Sie meinen damit: außerhalb der islamischen Rechtsordnung der Scharia stehend. Ihr Prinzip von »bi-shar« stellen sie oft demonstrativ gegen »ba-shar«, »mit dem Gesetz«. Der letzte Begriff bezieht sich auf all jene Mystiker und Bruderschaften, die neben der »inneren Erfahrung« auch die »äußeren Gesetze« einer dogmatisch fixierten Religion – neben dem »Kern« also auch die »Schale« – anerkennen. Die großen, fest institutionalisierten Bruderschaften sind nahezu alle »ba-shar«, mit Ausnahme der Bektashiya, einer alevitischen Vereinigung (auf die ich später noch ausführlich eingehen werde).

Obwohl »bi-shar«-Derwische einen alternativen Lebensstil jenseits der »ba-shar«-Bruderschaften pflegen, lassen sich diese »Freien« doch oft nahe den etablierten Konventen in Höhlen, Zelten oder Strohhütten nieder. Dort können sie sich am besten von der Spende der Pilger ernähren, die zahlreich in die Konvente kommen. Ja, nicht wenige dieser »Freien« lagern gar im Inneren eines Derwisch-Konvents. Ich habe dies vor allem in Dargahs der Chisti-Bruderschaft sowohl in Ajmer als auch in Delhi beobachten können. Wanderderwische fegen in solchen Heiligtümern zeitweise die Böden oder beseitigen Abfall. Sie werden in einem Konvent nicht unfreundlich oder gar ablehnend behandelt, denn der Lebensstil der »Freien« wird von den Mitgliedern etablierter Bruderschaften als »ein Weg der Gottesnähe« unter »vielen Wegen« anerkannt.

Anders sehen dies die meisten orthodoxen Muslime. Wanderderwische praktizieren ihrer Ansicht nach »Unglauben«. Etwa wenn solche »bi-shar«-Derwische Haschisch rauchen oder sonstige Drogen konsumieren, um durch diese Stimulanz in Ekstase zu geraten und »Gott« zu »erfahren«. Oder wenn Unverheiratete mit Frauen schlafen. Oder wenn Asketen strikt auf Sexualität verzichten, um durch strenge Enthaltsamkeit »Gott nahezukommen«. All dies sind Verhaltensformen, die nicht durch das Vorbild des Propheten Mohammed mit seiner Betonung des familiären Lebens und sozialen Engagements als gerechtfertigt erscheinen. Ein derartiges Verhalten ist nach orthodoxer Maßgabe doppelt verwerflich, weil es sogar von der Lebensweise vieler scharia-treuer Mystiker abweicht.

Wanderderwische des »bi-shar« bilden allerdings innerhalb der sufischen Bewegung eine Minderheit. Aber sie genießen besonders bei Muslimen unterer Gesellschaftsschichten große Verehrung. Das ist kein Zufall. Denn viele der Wanderderwische kommen selber aus Schichten der Handwerker, Kleinbauern und Nomaden, sie bilden auf der untersten Stufe des Sufismus eine Sondergruppe von Ekstatikern, Wanderpredigern, frei schweifenden Bettlern – und damit ein Sammelbecken für Menschen am Rand der Gesellschaft. Bei Wanderderwischen im indo-pakistanischen Kulturraum ist sogar deutlich eine Parallele zum Verhalten der Hindus aus sozialen Randgruppen, von Angehörigen niederer Kasten, festzustellen. Entsprechend werden Wanderderwische von Indern, ob nun von Hindus oder Muslimen, auch bewertet. Der soziale Status eines indischen Fakirs entspricht etwa dem eines Metzgers oder Barbiers – für Hindus rituell »unreine« Berufe. Ein Fakir steht damit zwar über den hinduistischen »Unberührbaren«, ist aber rituell und sozial niedriger eingestuft als die ebenfalls niederkastigen Handwerker. Die Nähe zu einer Organisation kastenähnlicher Gruppierungen ist bei Fakiren in Indien und Nepal sehr auffällig. Dort ist es teilweise schon zur festen Gewohnheit geworden, daß sich das Derwischtum oder Fakirtum vom Vater auf den Sohn vererbt.[11]

Wanderderwische bilden aber auch ein Sammelbecken für sozial Unangepaßte, für Nichtintegrierbare, für psychisch Kranke. Menschen, die bei uns in psychiatrischen Anstalten landen, finden im Gefolge von Wanderderwischen und Fakiren einen Schonraum. Dort, wo das »Außer-sich-Sein« als ein Ausdruck der Ekstase »Nähe zu Gott« bedeutet, vermag der krankhafte Hysteriker, der Schizophrene wie auch der Psychotiker Anerkennung zu finden. Denn Geisteskranke werden im islamischen Orient als »Günstlinge Gottes« angesehen, sie haben im wahrsten Sinne des Wortes »Narrenfreiheit« und sind daher von der Bindung an die Scharia befreit.[12] Für uns Europäer ist eine derartige Mentalität nur schwer nachvollziehbar. Dabei hat es bei uns im Mittelalter eine ähnliche Einstellung zu gewissen Formen der »Besessenheit« gegeben.

Wie schon angedeutet, fächern sich die Wanderderwische in eine Vielzahl von Gruppierungen mit unterschiedlichen Verhaltensformen und Namen auf. Es würde allerdings zu weit führen, solche Gruppierungen im Detail darzustellen. Hier soll es genügen, exemplarisch auf einen Typus einzugehen, der in der islamischen Geistesgeschichte eine besondere Wirkung ausgeübt hat: der Qalandar-Derwisch. An seinem Beispiel läßt sich besonders gut zeigen, daß Wanderderwische »ohne Gesetz« zwar durchweg Außenseiter innerhalb der sufischen Bewegung sind – daß aber aus ihren Reihen auch Mystiker mit hohem Intellekt und großer religiöser Bildung kommen.

Der Begriff »Qalandar« stammt aus dem Persischen und bedeutet wörtlich übersetzt »ungeschliffen«, »unpoliert«, was auf das Selbstverständnis der Bewegung hinweist: nicht geformt durch sozial-religiöse Anpassung. Die Qalandar-Bewegung ist, wie so viele Bewegungen islamischer Mystik, im östlichen Iran entstanden, hat sich aber bereits im 13. Jahrhundert über weite Teile Anatoliens, Vorderasiens und der Indus-Ebene ausgebreitet. Letztlich bildet die Qalandariya eine bruderschaftsähnliche Bewegung, aber sie lehnt die festen Organisationsformen etablierter Bruderschaften sowie die Bindung an die Scharia ab. Im Detail fächert sie sich allerdings in Untergruppierungen mit sehr verschiedenen, ja teilweise konträren Verhaltensformen auf. Es gibt Qalandar-Derwische, die ungeniert Wein trinken, Drogen nehmen, Sexualität »ohne Gesetz« genießen. Andere dagegen weisen Alkohol und Drogen zurück und leben im Zölibat.[13]

Der wohl bekannteste Wanderderwisch aus den Reihen der Qalandar ist Shamseddin Täbrizi, die »Sonne des Glaubens«. Er zeigte seine Zugehörigkeit zu den Qalandar in der Art, wie er auf den etablierten Korangelehrten Celaleddin Rumi einwirkte. Shamseddin, der sich keiner festen Regel unterordnete und ätzende Kritik an allen dogmatischen Festlegungen der Orthodoxie äußerte, hatte ja Rumi dazu veranlaßt, viele Monate lang alle sozial-religiösen Verpflichtungen – die Einhaltung der Gebetszeit, des Moscheebesuchs, der Fastengebote, der familiären Pflichten – aufzugeben. Rumi wurde zwar in seiner späteren Entwicklung zu einem »ba-shar«-Derwisch, der sowohl »Kern« als auch »Schale« gelten ließ. Aber es ist bemerkenswert, daß er sich in seiner mystischen Erfahrung wesentlich von einem »bi-shar«-Derwisch beeinflussen ließ.

Zu Ehren Shamseddins hat sich in späteren Jahrhunderten eine Vereinigung der Shamsi, der Shams-Wanderderwische, gebildet. In ihrem Verhalten weisen sich die Shamsi naturgemäß als eine Qalandar-Bewegung aus. Anfangs waren sie im Osmanischen Reich stark verbreitet, heute haben sie ihren Schwerpunkt im indo-pakistanischen Kulturraum. Ihr spirituelles Zentrum befindet sich in der pakistanischen Stadt Multan, wo ja, wie schon erwähnt, Shamseddin nach legendärer Überlieferung indischer und pakistanischer Muslime als Märtyrer gestorben und begraben ist.[14]

Weitere Qalandar-Derwische, die für den Sufismus bedeutsam wurden, haben vor allem in der Indus-Ebene gewirkt. Ihre Grabstätten sind nach wie vor vielbesuchte Pilgerzentren. Wir werden uns mit ihnen näher im Abschnitt »Der Rote Königsfalke und andere Mystiker der Indus-Ebene« beschäftigen.

Frauen in untergeordneter Rolle

Ich habe bereits darauf hingewiesen, daß der Begriff »Orden« für die Organisationen der Sufis und der Derwische mißverständlich ist und wir besser das Wort »Bruderschaft« verwenden sollten.

Hier aber drängt sich die Frage auf: Wo bleiben die Frauen? Gibt es keine »Schwesternschaft«, keine gleichrangige mystisch orientierte Gemeinschaft von Frauen? Frauen durften und dürfen keine eigenen mystischen Gemeinschaften gründen. Dabei gab und gibt es auch weibliche Sufis und Derwische, ja etliche Frauen haben sogar herausragende Bedeutung erlangt.

Ich begnüge mich mit dem Hinweis auf die in der Literatur meistzitierte Mystikerin des Islam: Rabia al-Adawiya, die »Heilige von Basra«, die im Jahr 801 unserer Zeitrechnung starb. Rabia wird von vielen Männern als Größe innerhalb der sufischen Bewegung anerkannt. Sie, die einige Generationen vor den großen Klassikern des Sufismus lebte, genießt – obwohl von ihr kaum literarische Texte erhalten sind – den Ruf, eine der ersten herausragenden Persönlichkeiten in der Geschichte des Sufismus gewesen zu sein. In der islamischen Tradition ist es üblich geworden, eine besonders fromme Frau gar als »zweite Rabia« zu bezeichnen.[15]

Rabia al-Adawiya war eine Ausnahmeerscheinung. Und warum das so ist, können wir bereits an der Art sehen, mit denen ihr später berühmte Vertreter der sufischen Lehre Lob spendeten. Der persische Mystiker Fariduddin Attar etwa stellte sie als einzige Frau in seinem vielgelesenen, Ende des 11. Jahrhunderts verfaßten Buch über muslimische Heilige und Mystiker vor. Attar betonte hierbei, daß Rabia »großen Ruhm als Heilige und Predigerin« erlangt habe. Aber er hat diesem Lob wenige Sätze später die bezeichnende Frage hinzugefügt, weshalb es möglich gewesen sei, Rabia »in die Reihe der Männer« aufzunehmen? Und Attar gab die Antwort: Wenn eine Frau auf dem Pfad Gottes »wie ein Mann« wandle, dann könne sie von niemandem mehr als eine Frau bezeichnet werden.[16]

Dieses äußerst zwiespältige Lob ist typisch für die Haltung vieler Sufis und Derwische gegenüber Frauen. Das Ideal mystischer Frömmigkeit und geistiger Schöpferkraft konnte – und kann – sich nach weitverbreiteter Meinung am besten im Mann verwirklichen.[17] Dies steht in bemerkenswertem Widerspruch zu der Tatsache, daß in den arabischen und persischen Überlieferungen des 9. und 10. Jahrhunderts eine beträchtliche Anzahl Frauen wegen ihrer herausragenden Frömmigkeit und Askese erwähnt wird.[18]

Auch im indo-pakistanischen Kulturraum ist es nicht zu einer wesentlich anderen Grundhaltung gekommen, obwohl dort eine Reihe weiblicher Sufis und Derwische bis heute bei den Gläubigen hohes Ansehen genießt.[19]

Im Grundsätzlichen spiegeln Sufis und Derwische mit einem solchen Verhalten mehr oder weniger die patriarchalische Struktur der islamischen Welt. Auch sie halten überwiegend das für richtig, was in der 4. Sure des Koran, Vers 35, festgeschrieben ist: »Männer sollen vor Frauen bevorzugt werden, weil Allah die einen vor den anderen mit Vorzügen begabte.« Allerdings bejahen die meisten muslimischen Mystiker nach dem Vorbild des Propheten Mohammed, daß Sexualität und Erotik in der Ehe lustvoll ausgelebt werden dürfen. Fremd bleibt ihnen also die Doktrin asketischer Körperfeindlichkeit, wie sie die christlichen Mönche pflegten. Bei Sufis und Derwischen ist es daher auch kaum zu einer derart schroffen Abwertung der Frau gekommen wie bei christlichen Mönchen. Eine Ausnahme bildeten hier nur eine Reihe muslimischer Mystiker der Frühzeit, die sich, von vielen ihrer Glaubensbrüder beargwöhnt, am betont die Sexualität verneinenden Verhalten christlicher Eremiten orientierten.[20]

In der kulturellen Glanzzeit des Islam, vom 7. bis zum 14. Jahrhundert, wurden die Frauen in ihrem sozialen und rechtlichen Status noch nicht derart eingeschränkt, wie es in späteren Epochen zu beobachten war. Trotzdem gab es schon im 11. Jahrhundert intensive Bestrebungen, den Frauen die Rechte weiter zu beschneiden. Anschaulich belegt dies die Anweisung eines der berühmtesten Theologen und geistlichen Rechtsgelehrten dieser Zeit: »Eine Frau sollte die Spindel und ihre Privatgemächer nicht verlassen, noch von ihrer Terrasse auf die Straße blicken.«[21] Diese Anweisung ist in den religiös-rechtlichen Schriften des Mohammed Ghasali enthalten, der ja, wie dargestellt, in der Geistesgeschichte des Islam und auch des Sufismus eine unverzichtbare Größe ist.

Es braucht angesichts solch prominenter Anweisungen nicht zu überraschen, daß Frauen von Anfang an in mystischen Gemeinschaften mehr oder weniger nur eine untergeordnete Rolle spielen konnten. Indem sie keine eigenen Organisationen gründen durften und dürfen, war und ist es ihnen nur erlaubt, Mitglied einer »Tariqa« zu werden, die von Männern geführt – und von der Zahl her dominiert – wird.

Im 12. und 13. Jahrhundert gab es allerdings in Kairo, Aleppo, Bagdad und Mekka eigene klosterähnliche Konvente für weibliche Derwische unter Leitung einer »Sheika«. Und diese Frauen trugen teilweise auch das Flickenkleid der Derwische.[22] Aber sie lebten nicht etwa in einer *eigenen* »Schwesternschaft«, sondern ihre Vereinigung war einer Bruderschaft angegliedert und untergeordnet. Manche Frauen wohnten auch in einer Khankah der Männer, nur durch einen Hof von ihnen getrennt. Gemeinsam mit den Männern fanden sie sich zu den Predigten der Scheichs, Pirs und Murshids ein. Hierbei saßen sie als eine eigene Gruppe jeweils strikt getrennt und völlig verschleiert, mit der offiziellen Begründung, sie könnten sonst die Männer sexuell erregen.

Manche Bruderschaften gingen mit ihren Zugeständnissen an Frauen allerdings weiter, als es der patriarchalisch-islamischen Tradition entsprach. Dies galt vor allem für die Bektashi-Bruderschaft. In dieser Organisation alevitischer Muslime (deren Gemeinschaftsregeln ich in einem eigenen Kapitel noch ausführlich erörtern werde) konnten die Frauen nahezu gleichberechtigt auftreten. Sie konnten an allen Zeremonien teilnehmen, ohne von den Männern getrennt sitzen oder getrennt tanzen zu müssen, auch mußten sie das Gesicht nicht verschleiern. Ohnehin war es ihnen erlaubt, mit Männern frei zu sprechen.[23] Eine derartige Freizügigkeit konnten die Bektashi aber nur abgeschirmt von aller Öffentlichkeit praktizieren, sonst hätten sie Konflikte mit den Sunniten heraufbeschworen.

Die sunnitische Bruderschaft der Mevlevi mit Celaleddin Rumi als Ahnvater räumte den Frauen anfangs ebenfalls einen vergleichsweise großzügigen Bewegungsspielraum ein. Rumi selber hatte die Maßstäbe gesetzt, indem er zuließ, daß ihm Frauen als Schülerinnen folgten und sich auch im Derwischtanz drehten – allerdings in eigenen Zeremonien, strikt getrennt von den Räumlichkeiten der Männer. Die eine oder andere Frau soll immerhin eine kleinere Mevlevi-Khankah geleitet haben, wie etliche türkische Chronisten berichten. Lange haben die Mevlevi jedoch diese für ihre Zeit sehr freizügige Gesinnung nicht durchgehalten. Im 17. Jahrhundert wurden die letzten Frauen als praktizierende Mitglieder aus der Mevlevi-Bruderschaft verdrängt – exakt zu jener Zeit, als die Frauen in nahezu allen Ländern des islamischen Orients ihre soziale Freiheit verloren.[24]

Die Organisationsformen der Bruderschaften schienen nun hoffnungslos gegen alle Reformversuche resistent. Daran änderte sich bis in unsere unmittelbare Gegenwart nur wenig.

Erste Reformen zugunsten der Frauen

Erst in der zweiten Hälfte des 20. Jahrhunderts ist wieder Bewegung in die erstarrten traditionalistischen Strukturen gekommen, was die Situation der Frauen betrifft. Ein solcher Prozeß ist bei etlichen Bruderschaften zu beobachten, besonders allerdings bei der Mevleviya.

Im Zusammenhang mit der Mevlevi-Bruderschaft konnte ich selbst eine sehr anschauliche Erfahrung machen. Daher will ich dieses Beispiel herausgreifen. Aber bezeichnenderweise hatte ich das Erlebnis nicht in der Türkei, sondern in Deutschland, wo die Mevleviya ohne jede staatliche Zensur weiterexistieren kann – und wo sie die Chance hat, sich in der Auseinandersetzung mit einer liberalen westlichen Kultur weiterzuentwickeln.

Ich besuchte 2006 in einem Sufi-Zentrum des industriellen Ballungsraums Mannheim-Ludwigshafen die Veranstaltung eines Mevlevi-Sema, des Drehtanzes der Derwische. Diese Veranstaltung unterschied sich in einigen Details beträchtlich von bisher beobachteten Darbietungen. Zunächst hatte ich allerdings den Eindruck gewonnen, als existiere auch hier, wie sonst bei Präsentationen, eine strenge Trennung zwischen Tanzenden und einem passiven Publikum. Aber dann: Aus dem Publikum lösten sich Zuhörer und begannen ebenfalls zu tanzen. Etwas derartiges hatte ich schon bei sufischen Zeremonien in etlichen Ländern der islamischen Welt gesehen – diesmal jedoch waren etliche Tanzende aus dem Publikum Frauen. Es waren deutsche Frauen, Nicht-Muslima. Andererseits waren die Musiker und Sänger türkische Muslime. Die Muslime schienen das Tanzen von Männern und Frauen unmittelbar nebeneinander ganz selbstverständlich zu akzeptieren.

Mehr noch: Dies sei ausdrücklich erwünscht, erklärte mir einer der türkischen Zuhörer.

Aber wie repräsentativ ist ein derartiger Vorgang für den Sufismus insgesamt? Handelt es sich hier nur um eine spezifische Sonderentwicklung in Deutschland – ohne Auswirkung auf Staaten des islamischen Kulturraums?

Ich hatte das Glück, über solche Fragen ein Gespräch mit dem Leiter der Musikergruppe führen zu können: mit Rahmi Oruc Güvenç, einem Türken, der als promovierter Musikethnologe und als Sufi-Meister in der Türkei wie auch in einer Reihe westlicher Staaten berühmt ist. Inzwischen bildet er in Deutschland, Österreich, der Schweiz, Belgien und Spanien ebenfalls Schüler für sufische Musiktherapie aus.

Güvenç gab mir einleitend zu verstehen, daß er nicht nur bei Sufi-Meistern der Mevleviya, sondern auch bei anderen Bruderschaften gelernt habe, unter anderem auch bei der alevitischen Bektashiya. Auf meine Frage nach dem gemeinsamen Tanz von Männern und Frauen antwortete er: Bei den Derwischen der Mevleviya hätten nicht einmal in der progressiven Frühzeit Männer und Frauen gemeinsam im selben Raum getanzt; etwas derartiges sei bisher nur in der Tradition der Bektashiya möglich gewesen. Aber heutzutage seien die Verhaltensregeln der einzelnen Bruderschaften gerade in der Türkei nicht mehr so scharf voneinander geschieden. Er selbst habe sich, was das Tanzen betreffe, von der Bektashiya inspirieren lassen.

Ob das, was heute abend hier geschehen sei, auch bei den Mevlevi-Derwischen in der Türkei geschehen könne? Oder bleibe eine solche Entwicklung auf westeuropäische Länder beschränkt?

Güvenç antwortete, in der Türkei gebe es ähnliche Ansätze, wenn auch nur sehr vereinzelt. Das herausragende Beispiel biete der berühmte, inzwischen über siebzig Jahre alte Sufi-Meister Hasan Dede. Er leite das »Galata Mevlevi Hane« in Istanbul. Im dortigen Kulturzentrum für Sufi-Musik, einem ehemaligen großen Konvent der Mevlevi-Bruderschaft, dürften sich auch Frauen zum mystischen Ritual des Derwischtanzes treffen. Allerdings dürften die Frauen nur in einem eigenen Raum, also strikt getrennt von den Männern, tanzen. Das bedeute eine Rückkehr zur nur eingeschränkten Freizügigkeit, wie sie Celaleddin Rumi geduldet habe. Doch selbst eine solche Reform stoße bei vielen Muslimen in der Türkei auf Unmut, ja auf offenen Widerstand. Hasan Dede sei in etlichen Zeitungen heftig beschimpft, ja bedroht worden.

Die Gattin des Sufi-Meisters Güvenç, eine Deutsche, beteiligte sich am Gespräch. Von ihr erfuhr ich weitere, aufregende Einzelheiten. Sie selber habe im Dezember 2005 in einem ehemaligen Derwisch-Konvent der Türkei einen Mevlevi-Tanz initiiert, wobei erstmals Männer und Frauen gemeinsam in derselben Kuppelhalle getanzt hätten. Sie zeigte mir Farbfotos von dieser Veranstaltung: Ich sah dort Männer in der charakteristischen Tracht der Mevlevi-Derwische – mit den herkömmlichen Farben weiß (beim Gewand), braun (beim Mantel) und mit der hohen Filzmütze –, unmittelbar daneben Frauen, die zur Unterscheidung eine ähnlich geschnittene Derwischtracht in blauen Farbschattierungen trugen.

Dieser gemeinsame Tanz von Männern und Frauen, erklärte sie, sei im türkischen Fernsehen gesendet worden und habe so eine breite Öffentlichkeit erreicht. Die Reaktion bei Männern sei mehrheitlich ablehnend gewesen, nur wenige hätten sich vorbehaltlos zustimmend geäußert. Türkische Frauen dagegen hätten, soweit sie sich zu öffentlicher Bekundung hätten entschließen können, diesen gemeinsamen rituellen Tanz von Männern und Frauen gutgeheißen, etliche sogar mit äußerst bewegten Worten. Naturgemäß sei es unter solchen Umständen in der Türkei noch immer schwierig, eine tiefgehende Änderung erstarrter Traditionen herbeizuführen. Aber andererseits zeige ein solcher Vorgang eben auch: Aufhalten lasse sich eine Veränderung auf Dauer nicht mehr. – Soweit die Gespräche mit Oruc Güvenç und seiner Gattin.

Tatsächlich lassen sich solche Neuerungen nicht aufhalten. Im Juli 2006 konnte ich der deutschen Wochenzeitung *Die Zeit* entnehmen, daß Mevlevi-Derwische des Sufi-Meisters Hasan Dede jeden Dienstag und Samstag zum rituellen Tanz in einem ehemaligen Wartesaal des repräsentativen Sirkeci-Bahnhofes am Goldenen Horn, nahe der Hagia Sofia, auftreten. Offensichtlich tanzen dort Männer und Frauen gemeinsam unmittelbar nebeneinander in traditioneller Derwischtracht, unterschieden nur in den Farben der Umhänge. Diese Neuerung ist für westliche Touristen englischsprachig auf Werbeplakaten mit eindeutigen Worten angekündigt: »Whirling Dervishes – men and women together.«[25]

Daß der Widerstand muslimischer Männer gegen eine Beteiligung von Frauen an Sema-Zeremonien weit verbreitet ist – und dies sogar bei Mitgliedern und Sympathisanten der Mevleviya –, hat allerdings nicht nur mit der bereits erwähnen Entwicklung seit dem 17. Jahrhundert zu tun. Anstöße zu einer derartigen Haltung lassen sich bereits aus einigen Aussprüchen des geistigen Ahnvaters der Mevlevi-Bruderschaft ableiten. Celaleddin Rumi wird zwar in der Literatur als einer jener Mystiker gepriesen, der eine sehr tolerante Einstellung gegenüber Frauen zeigte. Aber genau besehen ist auch bei ihm immer wieder die traditionelle Neigung durchgebrochen, Frauen im Rang unter die Männer zu stellen, ja sie sogar dezidiert in überkommenen Klischees abzuwerten. So beklagte auch Rumi gelegentlich den »angeborenen Schwachsinn des Weibes«, warnte vor der Herrschsucht und der Streitsucht der Frauen. Selbst wenn er gelegentlich die »Schöpferkraft« der Frauen und ihre »Mütterlichkeit« lobte, glaubte er doch wie viele seiner Zeitgenossen, daß selbst der Traum einer Frau weniger Wahrheitsgehalt habe als der Traum eines Mannes.[26]

Wenn also sogar ein so geistig herausragender Mystiker eine derart ambivalente Einstellung gegenüber Frauen hat, muß es nicht wundern, daß die Geschichte der islamischen Mystik vorrangig eine Geschichte der Männer ist – und hier der Sufismus deutlich an seine Grenzen stößt. Entsprechend werden wir auch in der weiteren Entwicklung an herausragender Stelle vor allem Männern begegnen.

Aber derartige Sachverhalte können wir nicht nur bei Sufis und Derwischen entdecken. Wenn wir im folgenden zum Vergleich die Mystik des Hinduismus betrachten, ist es kein Zufall, daß wir dort ebenfalls an exponierten Plätzen auf Männer treffen.

Gemeinsamkeiten mit dem Sufismus?

Mystik in anderen Religionen. Hinduismus als Beispiel

Der Blick über den Sufismus hinaus

In Indiens sufischen Pilgerzentren ist es für Muslime selbstverständlich, einträchtig neben Hindus zu beten und sich segnen zu lassen. Denn die muslimischen Besucher empfinden im Ritual der meditativen Musik, des Singens, des Betens eine mystische Einheit hinter den dogmatischen Gegensätzen selbst der unterschiedlichsten Religionen und Weltanschauungen. Mit diesem Empfinden unterscheiden sie sich nicht von den hinduistischen Besuchern. Ich habe eine solche Haltung bereits anhand des Pilgerzentrums von Ajmer, dem »Mekka Indiens«, zu verdeutlichen versucht.

Eine entscheidende Frage ist jedoch in dieser Schilderung offen geblieben: Auf welcher Grundlage kann sogar bei Gläubigen derart unterschiedlicher Religionen wie Islam und Hinduismus ein Gefühl von »Einheit« entstehen?

Westlichen Beobachtern erscheint es zunächst naheliegender, daß mystisch gläubige Muslime nur bei den geistig verwandten Religionen Islam, Christentum und Judentum eine tiefere Gemeinsamkeit jenseits aller dogmatischen Barrieren entdecken, »erleben«, »erfahren«. Schließlich sind diese Glaubensformen monotheistisch, mehr noch, sie gründen bekanntlich auf denselben jüdischen Propheten. Aber namhafte muslimische Mystiker – angefangen von Hallaj über Ibn al-Arabi bis hin zu Celaleddin Rumi – haben ausdrücklich den Hinduismus und Buddhismus in ihr Denken einbezogen. Mehr noch: Sie haben, wie bereits gezeigt, den Islam nicht nur mit dem Christentum und Judentum gleichwertig in eine Reihe gerückt, sondern ebenso mit dem völlig andersgearteten Hinduismus und Buddhismus, eben weil ihrer Überzeugung nach die Anhänger selbst der unterschiedlichsten Religionen in der Meditation und Ekstase die gleiche mystische Erfahrung des »Göttlichen« machen. Voraussetzung für diese Mystiker ist allerdings, daß ihre Erfahrung die der Einheitsmystik ist.

Um zu verdeutlichen, daß Einheitsmystiker *aller* Religionen letztendlich zu den gleichen Konsequenzen kommen, wäre es verlockend, zum Vergleich sowohl Mystiker des Christentums als auch des Hinduismus und Buddhismus vorzustellen. Gerade ein Blick auf den eigenen, den christlich geprägten Kulturraum könnte zur Herausforderung werden. Für mich eröffnete sich in dieser Hinsicht eine aufregende Perspektive, als ich zum Beispiel bei dem christlichen Mystiker Meister Eckhart verblüffende Parallelen zu Hallaj, Ibn al-Arabi und Celaleddin Rumi entdeckte. Meister Eckhart, der von 1260 bis 1328 lebte und als der größte Mystiker deutscher Sprache gilt, hat sich ebenso wie die großen Klassiker des Sufismus von dem Dogma gelöst, daß »Gott« als ein personales, außerirdisches Wesen strikt getrennt und autonom von der irdischen Welt, vom Menschen, existiert. Bei Eckhart ist zu lesen: »Wenn aber Gott in mir ist und ich in Gott bin, so bin ich nicht geringer und Gott ist nicht höher.«[1] Und: »Soll ich Gott [...] unmittelbar erkennen, so muß ich schlechthin er und er muß ich werden.«[2] Und letztlich: »Gott und ich, wir sind eins.«[3]

Es würde jedoch den Rahmen der Darstellung sprengen, ginge ich auch nur in vagen Umrissen auf die äußerst komplexen Konflikte zwischen einzelnen christlichen Mystikern und den Kirchen ein. Ich werde im Schlußkapitel einige interessante gegenwartsbezogene Aspekte dieser Problematik aufgreifen.[4] Hier begnüge ich mich mit der Konzentration auf die ganz anders strukturierte Religion und Gesellschaft des Hinduismus, zumal ich das Nebeneinander – und Miteinander – von islamischer und hinduistischer Religiosität bereits am Beispiel der indischen Pilgerstadt Ajmer veranschaulicht habe.

Ich wähle als exemplarisches Beispiel den Hindu Ramakrishna. Er, der im 19. Jahrhundert lebte, ist einer der markantesten und zugleich populärsten Mystiker seiner Religionsgemeinschaft, darüber hinaus ist er einem westlichen Publikum bekannt geworden. Gerade auch bei Ramakrishna finden wir zahlreiche Aussagen zur mystischen Einheitserfahrung, wie sie in der Substanz die großen Klassiker des Sufismus – und der oben zitierte Meister Eckhart – formuliert haben. Doch bevor ich näher auf Ramakrishna eingehe, muß zunächst einmal deutlich werden, in welchem Maß die geistige Struktur des Hinduismus den monotheistischen Offenbarungsreligionen Islam und Christentum entgegensteht.

Was den Hinduismus grundsätzlich von Islam und Christentum unterscheidet

Für uns westliche Beobachter sind bereits die »optischen Signale« des Hinduismus um vieles irritierender als die des Islam. Schließlich können wir im Umkreis von Hindu-Tempeln auch Bilder der Kaaba von Mekka ebenso wie von Christus inmitten der Vielfalt von Hindu-Gottheiten zum Verkauf angeboten sehen. Aber die Irritationen gehen noch weiter.

Wie viele Gottheiten verehren die Hindus? Und welche Gottheit läßt sich als die übergeordnete Instanz erkennen? Auf solche Fragen habe ich, unterwegs in hinduistischen Pilgerzentren, sehr unterschiedliche Antworten erhalten. Es gebe tausende Gottheiten, sagen die einen. – Es existiere nur ein Gott, erklären andere, und der sei Vishnu, alle übrigen Gottheiten müßten als Erscheinungsformen seiner unermeßlichen Vielfalt verstanden werden. – Shiva sei der höchste Gebieter, so wird auch behauptet, Vishnu sei ihm untergeordnet. – Eine Urkraft, verkörpert in einer weiblichen Gottheit, bewege in letzter Ursache die Welt, meinen andere. – Sämtliche Gottheiten seien Erscheinungsformen des letztlich namenlosen und nicht faßbaren All-Einen, ist eine andere weit verbreitete Auffassung. Ein unpersönliches Weltgesetz, nicht ein Gott, sei der eigentliche Beweger des Universums, ist wiederum eine andere Ansicht.

Die Antworten erscheinen so verwirrend wie die Figurenfriese an den Tempelwänden mit ihrer unüberschaubaren Vielfalt von Göttern, Göttinnen, Dämonen und mythologischen Gestalten. Was sich hier deutlich herauskristallisiert: Die Hindus scheinen keine Gottheit zu kennen, die von allen Gläubigen gleichermaßen als höchste Instanz anerkannt wird.

Ein intellektueller Brahmane antwortete auf meine Frage, ob es hinter dieser widersprüchlich erscheinenden Vielfalt nicht doch eine höchste Instanz gebe, mit folgenden Worten: Es seien Widersprüche an der Oberfläche. Das All-Eine erscheine den Menschen, die mit ihrer Wahrnehmung an Sinne und Begrifflichkeit gebunden seien, in tausenderlei Formen. Viele Gläubige hätten Bilder, Symbole und Begriffe nötig, weil sie anders das Göttliche nicht erfassen könnten. Das Göttliche in seinem wahren Wesen zu erfahren, dies setze eine höhere Bewußtseinsstufe voraus. Man dürfe jene Bilder und Begriffe, wie sie zahlreichen Gläubigen selbstverständliche Wahrheiten seien, nicht schon für die höchste Wirklichkeit nehmen. »Götter sind Illusion«, erklärte er mit besonderer Betonung.

So könnte ein Mystiker gesprochen haben. War er ein Mystiker?

Er war Hindu. Er antwortete, wie viele religiös gebildete Hindus antworten. Und als Grundlage besaß er ein Denksystem, das sich bereits in den heiligen Schriften der Upanishaden ein Jahrtausend vor unserer Zeitrechnung auszuprägen begonnen hat.

Zu einer letzten Systematisierung dieser Lehre war der Brahmane Shankara um das Jahr 800 unserer Zeitrechnung gelangt. Shankara hatte für einen Großteil der Hindus eine bis heute überzeugende philosophische Synthese von scheinbar unvereinbaren Gegensätzen geschaffen: die Lehre des »Advaita«, der »Nicht-Zweiheit« (wie das Sanskrit-Wort zu übersetzen ist). Shankara, ein Zeitgenosse Karls des Großen wie Harun ar-Rashids, hat für seine Religion ähnlich prägend gewirkt wie Ghasali (12. Jahrhundert) für den sunnitischen Islam und Thomas von Aquin (13. Jahrhundert) für das katholische Christentum.

Shankara lehrte die »zweistufige Wahrheit«. Der Mensch könne mit seinem an das Sinnliche gebundene Bewußtsein das Göttliche und Absolute nicht in seiner eigentlichen Wesenheit erfassen, sondern nur als Erscheinungsform, als »Illusion«, durch den Schleier der »Maya« getrübt. Je stärker das Erkenntnisvermögen des Menschen an irdische Denk- und Erfahrungsgewohnheiten gebunden bleibe, desto mehr neige er dazu, die ihm vertraute Form einer personalen Gottheit – ob nun Shiva, Vishnu oder andere – bereits als »Wirklichkeit« zu verstehen. Nur der wahrhaft Weise könne sich aus dieser »Illusion« lösen, könne den Schleier der »Maya«

zerreißen, um hinter all den wahrgenommenen Gegensätzen die »Einheit« des unpersönlichen »All-Einen« zu »erleben«. Dieses höhere Bewußtsein könne nur durch verschiedene »Wege« des Yoga, zum Beispiel durch Meditation, erreicht werden.

Das Ergebnis der Advaita-Lehre Shankaras ist: Mögen viele Hindus auch mehrere Gottheiten unter einem bestimmten Namen verehren, und mögen sie auch eine klare Vorstellung von deren Gestalt haben, so ist es doch für sie selbstverständlich, daß diese Gottheiten nur Erscheinungsformen sind. Das »wahre Wesen« des »Göttlichen« offenbart sich dem Meditierenden »gestaltlos«, »namenlos«, jenseits aller visuellen und dogmatischen Fixierungen. – Daß es aber Hindus gibt, die selbst noch diese mystisch begründete Vorstellung von der »Nicht-Zweiheit« des »Seins« hinter sich lassen, werden wir dann gerade am Beispiel des Ramakrishna sehen.

Hindus haben es schon aufgrund der Advaita-Lehre von vornherein leichter, Andersgläubige mit ihren unterschiedlichen Gottesvorstellungen zu tolerieren. Für Hindus ist es schließlich nicht entscheidend, ob ein Gläubiger Shiva, Vishnu, Buddha, Christus, Allah verehrt, ob er die Existenz eines einzigen Gottes oder vieler Gottheiten für »wahr« hält oder ob er das Vorhandensein personaler Gottheiten grundsätzlich bezweifelt oder eine Art von Atheismus vertritt. Denn all diese Gegensätze sind ja sinnlich gebundene, »trügerische« Wahrnehmungen, sie sind mehr oder weniger gleich »richtig« und gleich »falsch«. Entsprechend verständnislos hatten Hindus zur Kenntnis nehmen müssen, daß etwa muslimische Eroberer Hindu-Tempel als Stätten des »Götzenglaubens« zerstörten und auf ihren Fundamenten Moscheen als Kultstätten des »einzig wahren Gottes« errichteten.

Aber obwohl wir den Hinduismus letztlich als eine Religion mit einer sehr weitreichenden religiösen Toleranz verstehen können, besitzen auch Hindus Kriterien der Abgrenzung gegenüber fremden Religionen. Die Grundlage ist allerdings völlig anders als bei Monotheisten. Hindus kritisieren speziell an Christen und Muslimen deren Anspruch auf ausschließliche Wahrheit. Sie bemängeln darüber hinaus an allen fremden Religionen – und dies bedeutet den eigentlichen Gegensatz – das Fehlen eines Kastensystems.

Für Hindus ist es (dies kann ich in diesem Zusammenhang nur kurz streifen) eine unbedingte Voraussetzung ihrer Religionszugehörigkeit, daß man die Lehre von der kosmisch verankerten Ordnung des Kastensystems für unumstößlich hält. Der orthodoxe Hindu glaubt, er werde nach seinem Tod immer wieder in eine neue Erdenexistenz hineingeboren, bis er sich im Verlauf vieler Existenzen zur Vollkommenheit herangebildet hat. Dann erst kann er aus dem leidvollen Kreislauf der Wiedergeburten erlöst werden und in das »Nirvana«, das »Nicht-Sein«, die »Leerheit«, eingehen, das heißt, er kann »erlöschen«. Den Grad dieses Fortschritts kann er am jeweiligen Rang seiner Kaste und den damit verbundenen sozialen Vorrechten ablesen. Wenn aber ein Hindu einer hohen Kaste die Ethik seiner Gemeinschaft verletzt, dann hat er zu erwarten, daß er im nächsten Leben als Niederkastiger geboren und damit die Anzahl leidvoller Erdenexistenzen entsprechend verlängert wird. Was für den Christen und Muslim Paradies und Hölle im Jenseits sind, bedeutet für den Hindu das Kastensystem als ausgleichende Gerechtigkeit im Dieseits.

Der Hindu hat das Kastensystem als eine Ordnung zu betrachten, die von einem unpersönlich wirkenden Weltgesetz hervorgebracht worden ist. Und so sehr es einem Hindu auch freisteht, an eine oder mehrere Gottheiten zu glauben oder die Existenz personaler Gottheiten grundsätzlich abzulehnen – immer hat er sich nach den Verhaltensnormen seiner Kaste zu richten.

Für den Hindu ergibt sich damit im Vergleich zum Christen oder Muslim eine geradezu umgekehrte Situation. In theologischen Fragen ist der Hindu völlig undogmatisch, freizügig und tolerant, hier eben ganz in einer mystischen Glaubensform lebend. In sozial-religiösen Fragen jedoch ist er völlig dogmatisch, unfrei und weitgehend intolerant. Ein Hindu kann unter anderem auch an Christus glauben, niemand wird ihn deshalb tadeln. Aber falls er die strengen Regeln seiner Kaste mit ihren Abgrenzungen gegenüber anderen Kasten für null und nichtig erklärt, kann er sich nicht mehr als Hindu betrachten. Ein Hindu darf zwar Fehlentwicklungen innerhalb des Kastensystems kritisieren und Reformen anstreben, niemals jedoch das System prinzipiell ablehnen.[5]

Im Zusammenhang mit der Mystik muß uns das Kastensystem (so unentbehrlich es für das Verständnis des Hinduismus auch ist) nur am Rande beschäftigen. Der kurze Hinweis ist trotzdem nötig, um zu verdeutlichen, wo bei den Hindus die Grenzen der Toleranz zu entdecken sind.

»Einheit« jenseits aller Glaubensbekenntnisse. Der Hindu-Mystiker Ramakrishna

Ein bärtiger Mann sitzt mit gekreuzten Beinen vor einem Hindu-Tempel, in Meditation versunken. Dieses Bild finden wir immer wieder an Verkaufsständen für Pilger. Über der ikonenhaft gemalten Gestalt ist das Om-Symbol des Hinduismus gezeichnet. Auf demselben Bild aber – und hier beginnt für den westlichen Betrachter die Irritation – sehen wir über dem Meditierenden auch den islamischen Halbmond sowie das christliche Kreuz.

Dargestellt ist Ramakrishna, einer der berühmtesten, populärsten und zugleich wichtigsten Mystiker des Hinduismus. Er, der eigentlich Gadadhar Chattopadyaya hieß und sich erst später den Mönchsnamen Ramakrishna zulegte, lebte von 1836 bis 1886. Den größten Teil seines nur knapp fünfzig Jahre dauernden Lebens verbrachte er als Tempelpriester in dem Dorf Dakshineswar nahe Kalkutta, heute ein Vorort der ausufernden Megastadt. Ramakrishnas Tempel am Ufer des Hughli, eines Seitenarms des Ganges, bildet eine weitläufige Anlage mit zahlreichen Kuppelbauten, Türmen und Schreinen und ist nach wie vor ein vielbesuchtes Pilgerziel. Ich erlebte dort einen sozial gemischten Besucherstrom von westlich gekleideten Großstädtern bis zu bäuerlich gekleideten Menschen mit Turban und Hemdbluse.

Am gegenüberliegenden Ufer erwartete mich eine weitere Kultstätte, die einen engen Bezug zu Ramakrishna hat. Auf einem mit Kokospalmen bestandenen Gelände ist neben einem klosterähnlichen Gebäude ein Tempel errichtet worden – rund fünfzig Jahre nach Ramakrishnas Tod. Der Tempel beeindruckt vor allem durch eine ungewöhnliche Architektur. Unklar erscheint für den unvorbereiteten Besucher zunächst, welcher Religion die Kultstätte zuzurechnen ist. Nur das kegelförmige Turmdach erinnert deutlich an einen Hindu-Tempel. Dagegen weisen die gewölbten Vordächer und Bogenfenster unverkennbar auf islamische Mogul-Architektur hin, und das Mittelschiff kann seine Nähe zu einer christlichen Kathedrale nicht verleugnen; die Stilelemente der Eingangsfront lassen an ein buddhistisches Heiligtum denken. Dieser Sakralbau ist bewußt als eine Mischung aus dem stilistischen Reservoir der großen Weltreligionen konzipiert worden – und kann von Gläubigen aller Religionen zur Andacht besucht werden.

Anders als zum Tempel von Dakshineswar kommen zu der neueren Kultstätte auch viele Besucher aus Europa und Nordamerika. Denn hier hatte 1897, elf Jahre nach Ramakrishnas Tod, sein berühmtester Schüler Vivekananda eine spirituelle Vereinigung unter dem Namen »Ramakrishna-Mission« gegründet. Diese Organisation ist zu einer wichtigen Antriebskraft für einen Reform-Hinduismus, den sogenannten Neohinduismus, geworden. Darüber hinaus hat Ramakrishnas religiöse Lehre vor allem durch den wortgewaltigen Vivekananda auch in westlichen Ländern Verbreitung gefunden. Vivekananda war überhaupt der erste Guru, dem es gelang, durch Vortragsreisen in den USA und Europa (seit 1893) bei westlichen Zuhörern Interesse für hinduistische Mystik zu wecken. Von dieser ersten »Mission« eines Vivekananda führt ein direkter Weg zu jenen Hindu-Gurus, die seit Mitte des 20. Jahrhunderts Europäern und Amerikanern – auf sehr unterschiedlichem Niveau – »indische Spiritualität« vermitteln.

Ramakrishna selbst hat keinen einzigen seiner Gedanken schriftlich hinterlassen. Die gesammelten Aussprüche verdanken wir seinen Schülern, die sie aufgezeichnet haben. Entsprechend können wir in der unsystematischen Fülle des Gesammelten gegensätzliche Aussagen, innerhalb einer langen geistigen Entwicklung, entdekken: sowohl Hinweise auf eine Personenmystik, in der »Gott« als der »Schöpfer« getrennt von der »geschaffenen Welt« erscheint, als auch das Bekenntnis zur mystischen »Einheit« alles Seienden. Am Ende ist Ramakrishna zum Einheitsmystiker geworden.

Westlichen Beobachtern fällt aber an ihm – nicht anders als bei Sufis und Derwischen – zunächst einmal die ungewöhnliche Toleranz auf. Etwa wenn Ramakrishna sagt: »Gott hat die verschiedenen Religionen geschaffen, damit verschiedenen Ländern zu verschiedenen Zeiten geholfen wird. Alle Lehren sind so nur verschiedene Wege, aber ein Weg ist niemals Gott selbst.«[6] Diese Formulierung mystischer Toleranz geht weit über die herkömmliche Duldung fremder Glaubensbekenntnisse hinaus. Deutlicher noch bringt Ramakrishna seine Haltung als Mystiker der »Einheit« mit folgender Aussage zum Ausdruck: »Wenn man einen Stock auf die Oberfläche des Ganges legt, scheint das Wasser in zwei Teile geteilt zu sein, aber in Wirklichkeit ist es ein Wasser, die Teilung ist eine Illusion.«[7] In der Sache nicht anders hätten auch Celaleddin Rumi und Ibn al-Arabi gesprochen.

Bevor ich näher auf die Mystik Ramakrishnas eingehe, zunächst ein Blick auf jenen Tempel von Dakshineswar, in dem Ramakrishna als Priester tätig war.

Ramakrishna war als Sechzehnjähriger zusammen mit seinem älteren Bruder aus dem Heimatdorf Kamarpukur, rund hundert Kilometer nordwestlich von Kalkutta, nach Dakshineswar gekommen. Denn sie, Angehörige der Brahmanen-Kaste, hatten im Dorf kein Auskommen als Priester oder Lehrer finden können. Zunächst übte der ältere Bruder das Priesteramt im Tempel von Dakshineswar aus. Etliche Jahre später trat Ramakrishna an seine Stelle. Wäre Ramakrishna in seinem Heimatdorf geblieben, hätte er sich bestenfalls zu einem Mystiker mit geistig sehr begrenztem Horizont – und damit zu einem nur regional bekannten »Dorfheiligen« – entwickeln können. Im Tempel von Dakshineswar aber, der ja im Einzugsbereich der Metropole Kalkutta lag, war Ramakrishna mit Religionsgelehrten, Wanderpredigern und Pilgern der unterschiedlichsten Strömungen des Hinduismus konfrontiert. Darüber hinaus hatte er hier Kontakt mit Gläubigen, die von westlichem Denken beeinflußt waren, andererseits auch mit Muslimen und Christen. In diesem geistigen Spannungsfeld sollte er zum Mystiker reifen, der die Gegensätze in einer »universalen Einheit« aufzuheben versuchte.

Die religiöse Situation in Dakshineswar war und ist typisch für viele größere indische Orte: Auf engstem Raum werden die unterschiedlichsten Gottheiten verehrt. So ist der Haupttempel der Göttin Kali, der »Großen Mutter« und Schutzpatronin der Stadt Kalkutta (»Kali-kut«, »Stätte der Göttin Kali«), geweiht.[8]

In unmittelbarer Nachbarschaft finden sich zwölf kleine Schreine zu Ehren des Gottes Shiva sowie des Gottes Vishnu und seiner menschgewordenen Erscheinung Krishna.[9] Der Priester Ramakrishna, der im Haupttempel für die Rituale vor dem Standbild der Göttin Kali zuständig war, betete auch vor den Schreinen der anderen Gottheiten, meditierte hier wie dort, verlor sich hier wie dort bei Gesang und Tanz in der Ekstase.[10] Allerdings galt der Göttin Kali seine besondere Hingabe.

Aber auf welche Gottheit auch immer sich Ramakrishna konzentrierte, stets blieb er in dieser ersten Phase seiner Entwicklung einer dualistischen Personenmystik verhaftet: »Göttin« oder »Gott« bleiben autonome Wesenheiten außerhalb seines Ichs. Dies änderte sich, als er sich mit Wanderasketen auseinandersetzte, die im Tempel meditierten und die Advaita-Lehre Shankaras vertraten. Die Mystiker des Advaita, der »Nicht-Zweiheit«, lehnen ja, wie geschildert, den Glauben an personale Gottheiten strikt ab. Sie sehen in einem solchen Glauben das Phantom der Maya, der großen Verblendung, wirken. Die sinnliche Täuschung müsse man durch Praktiken des Yoga überwinden, um dann das »Göttliche ohne Gestalt«, das unpersonale Brahman, mystisch erfahren zu können. Die Namen und Formen hätten im »Nichts« aufzugehen, das »kleine Ich« werde auf diese Weise »eins« mit dem »absoluten Bewußtsein«.

Für Ramakrishna entstand in Konfrontation mit dieser Lehre ein schwerer Konflikt. Denn wenn sogar Gottheiten nur Teil der »Scheinwelt« waren, so wurde ihm die Basis entzogen, intensiv seine »Göttin Mutter Kali« zu verehren. Die Axt würde an die Wurzel seiner bisher praktizierten »Gottesliebe« gelegt; die Gottheiten würden letztlich »vernichtet«.[11]

Ramakrishna war hier in aller Schärfe einer Problematik ausgesetzt, die die religiös-philosophischen Denker des Neohinduismus seit dem frühen 19. Jahrhundert beschäftigte. Es gebe zwei Glaubensformen: Entweder verehre man personale Gottheiten nach eigener Wahl, das bedeute »Gott mit Form«, oder man sehe das unpersönlich Göttliche, »Gott ohne Form«, als die tiefste Wahrheit hinter allen Täuschungen an. Beide Glaubensformen seien in letzter Konsequenz unvereinbar. – Diese

Logik ist auch für viele westliche Beobachter sofort nachzuvollziehen.

Für Ramakrishna sah die letzte Konsequenz anders aus. Er kam zu dem Ergebnis, daß alle Glaubensformen gleich »wahr« seien: die Götterverehrung einfacher Menschen ebenso wie die Abstraktion erkenntniskritischer Philosophen, die Konzentration auf eine ganz bestimmte personale Gottheit ebenso wie die auf das unpersönliche Brahman. Entsprechend sagte Ramakrishna laut Überlieferung seiner Schüler:

> »Es ist völlig richtig, über Gott zu meditieren und Ihn dabei als gestaltlos zu betrachten. Aber hege nicht den Gedanken, daß lediglich deine eigene Vorstellung von Gott richtig ist und die Vorstellungen der anderen auf Irrtum beruhen! Auch über Gott als einer Gestalt zu meditieren, ist ein gangbarer Weg. Du hältst an deinem Weg standhaft fest, bis du die Vergegenwärtigung Gottes erreichst. Danach wirst du einsehen, daß alle Wege zum selben Ziel führen.«[12]

Nach Ramakrishnas Meinung hielt sogar Shankara mit der Lehre des Advaita, der »Nicht-Zweiheit« des Seienden, letzten Endes noch an einer Zweiheit fest. Denn, so argumentierte Ramakrishna, die Advaita-Lehre würde strikt zwischen der »trügerisch« sinnlichen Erscheinungswelt und der gestaltlosen »wahren« Sphäre trennen. Man dürfe in keiner Weise hierarchisch abgestuft Materie und Geist, Vordergründiges und Hintergründiges, die Welt des Scheins (»Maya«) und die des wahren Seins, einander entgegensetzen, denn alle Materie sei von »Gott« durchdrungen. Erst wenn der Mystiker auch diese Trennung überwunden habe, gelange er zur tatsächlichen »Erfahrung« der »Nicht-Zweiheit«.

Gerade weil Ramakrishna in seine Mystik die sinnlichen Rituale hinduistischer Volksfrömmigkeit integrierte, hat er bei Hindus sogar der Bildungsschicht eine größere Breitenwirkung erreicht als viele andere religiöse Denker seiner Zeit. Und gerade deshalb hat Ramakrishna – abgesehen von seinem berühmtesten Schüler Vivekananda – auch mehr als jeder andere Hindu-Mystiker Einfluß auf spätere Generationen bis in unsere unmittelbare Gegenwart ausgeübt.

Ramakrishna brachte seine mystische Praxis anschaulich auf den Punkt, als er etlichen seiner Schüler beim Anhören von Musik folgende Erklärung gab:

»Hört ihr, wie melodiös diese Musik ist? Der eine Spieler bringt nur einen monotonen Laut auf seiner Flöte hervor, während ein anderer viele Melodien in verschiedenen Ragas und Raginis erzeugt. Das ist auch meine Haltung. Warum sollte ich nur einen Ton spielen, wenn ich ein Instrument mit sieben Löchern habe? Warum sollte ich immer nur sagen: ›Ich bin Er! Ich bin Er!‹ oder ›Brahma! Brahma!‹? Ich möchte verschiedene Melodien auf meinem Instrument spielen, ich möchte Gott in verschiedenen Haltungen anrufen – als Freund, als Mutter, als Kind, als Geliebte [...]. Ich möchte fröhlich sein mit Gott. Ich will mit Gott spielen!«[13]

Vor dem Hintergrund dieser Aussage möchte ich auf jene Abbildung zurückkommen, mit der Ramakrishna als Meditierender oft präsentiert wird: Über ihm ist das Om-Symbol des Hinduismus gemalt, daneben in gleicher Größe der islamische Halbmond und das christliche Kreuz. Die in gleicher Rangstufe geordneten Symbole der einzelnen Religionen deuten darauf hin, daß sich Ramakrishna als Mystiker auf all diese Religionen gleichermaßen eingelassen hat. Eine solche Darstellung kann aber nur im Zusammenhang mit seiner anschaulichen Auffassung von dem »Spiel« auf einem »Instrument mit sieben Löchern« verstanden werden. Auf jedem der Flötenlöcher läßt sich ein anderer Ton spielen – im übertragenen Sinn: »Gott« offenbart sich im Spiel der Musik wie im Spiel der Welt und des Lebens mit vielerlei Variationen, ist nicht einzuschränken auf das Glaubensbekenntnis einer Religion.

Hans Torwesten, der die bisher ausführlichste deutschsprachige Monographie über Ramakrishna verfaßt hat, gibt eine sehr treffende Deutung der grenzüberschreitenden Religiosität des Hindu-Mystikers. Torwesten stellt fest, daß Ramakrishna es vermieden habe, sich mit der Lehre des orthodoxen Islam auseinanderzusetzen. Er habe sich ausschließlich auf den Sufismus konzentriert. Ebensowenig habe er sich für Jesus Christus als zentrale Gestalt kirchlicher Dogmatik interessiert, sondern er habe in Jesus den »Meister-Yogi«, mystisch »eins mit dem göttlichen Vater«, gesehen.[14]

Das heißt, Ramakrishna nahm an der fremden Religion nur jene Wesenheiten wahr, die in seine Form mystischer Erfahrung paßten. Torwesten schreibt:

»So wendig der Geist Ramakrishnas auch sein mochte und so viele Pfade er auch beschritt – er blieb letzten Endes doch immer seiner mystischen Haltung treu, der es um das Erlebnis der Vereinigung geht und nicht um die Mitgliedschaft bei irgendeiner äußeren Organisation. Ramakrishna hat die anderen Religionen als Wege anerkannt, als ›Sadhanas‹, und als solche hat er sie durchschritten, ohne sich damit aufzuhalten, einen jeden kleinen Winkel in ihren riesigen Kathedralen und Moscheen zu ›studieren‹. [...] Ramakrishna war nicht der ›Anhänger‹ einer Religion, er sah in den Religionen nicht so sehr Institutionen, in denen man sein Leben verbringt, sondern Möglichkeiten zum Heil. [...] Man muß auch kaum darauf hinweisen, daß Ramakrishnas Haltung weit über seine aufgeklärte ›Toleranz‹ hinausging. Es wäre ihm nie in den Sinn gekommen, das Christentum nur zu ›tolerieren‹ – eine solche Einstellung, hinter der sich oft genug noch eine gewisse Arroganz verbirgt, war ihm gänzlich fremd. Für ihn kam nur eine wirkliche ›Annahme‹ in Frage – wenn diese Annahme auch nicht gleich das ganze Dogmengebäude mit einschließen mußte und es auch nicht konnte. [...] Zu wissen, daß Shiva und Allah und Shakti und der Logos und Krishna letzten Endes verschiedene Namen der göttlichen Wirklichkeit waren, war [...] wichtig.«[15]

Gerade in einer solchen Überzeugung zeichnen sich Gemeinsamkeiten mit der Einheitsmystik bedeutender Sufis und Derwische ab. Um so interessanter wird ein Blick auf den Kulturraum Indien, wo hinduistische und muslimische Mystiker nebeneinander wirken.

»In euren Herzen werdet ihr beide, Allah und Rama, finden!«

Muslimische Mystiker in Indien

Die Chistiya, Indiens größte Bruderschaft

Muslime, Hindus, indische Christen kommen zum Grab eines Sufi-Heiligen und empfangen dort, unmittelbar nebeneinander stehend, den Segen eines muslimischen Geistlichen. Solche Eindrücke, die ich – wie beschrieben – im Mausoleum des Muinuddin Chisti in Ajmer gewonnen hatte, gehen weit über meine bisherigen Beobachtungen in anderen sufischen Pilgerzentren hinaus. Eine derartige rituelle Gleichberechtigung *aller* Religionen ist, was die islamische Welt betrifft, nur in der religiösen Praxis des indischen Islam zu finden. Und keine Bruderschaft Indiens praktiziert diese Haltung so entschieden wie die Chistiya.

Bereits diese außergewöhnliche Tatsache legt es nahe, genauer auf den indischen Kulturraum einzugehen. Es gibt noch weitere gewichtige Gründe.

In Indien sind zwar rund 82 Prozent der Bevölkerung Hindus, wogegen die Muslime eine Minderheit von nur rund 12 Prozent bilden. Aber diese »Minderheit« besteht heute aus rund 130 bis 140 Millionen Menschen – das sind mehr Muslime, als im gesamten arabischen Orient leben. Der indische Kulturraum geht ferner weit über die politischen Grenzen der Republik Indien hinaus. Wir müssen auch die islamische Republik Pakistan hinzuzählen, die sich 1947 nach blutigen Auseinandersetzungen zwischen Hindus und Muslimen aus dem Staatsverband eines unabhängig gewordenen Indien gelöst hat. Hinzu kommt zudem die Republik Bangla Desh, die sich 1971 von Pakistan abspaltete. In jedem dieser beiden islamischen Staaten leben jeweils noch einmal rund 130 Millionen Muslime.

Im Zusammenhang mit Muinuddin Chisti habe ich bereits darauf hingewiesen, daß zu seinem Heiligtum im indischen Bundesstaat Rajasthan auch zahlreiche Muslime aus Pakistan und sogar aus dem weiter entfernten Bangla Desh kommen – Muslime, die man vor der politischen Aufteilung des Subkontinents 1947 allesamt noch als »Inder« bezeichnet hat. Wenn also die Pilgerstadt Ajmer das »Mekka Indiens« genannt wird, so bezieht sich dieser Beiname auf einen indischen Großraum, der im Westen bis an die Grenze Afghanistans und im Osten bis an die Grenze Burmas reicht.

Für Muslime dieses indischen Großraums ist das Gefühl einer kulturellen Verbundenheit erhalten geblieben. Das zeigt sich gerade auch an der Volksreligiosität in Form der islamischen Mystik. Trotz der politischen Grenzen gibt es nach wie vor Verbindungen zwischen Sufi-Heiligtümern aller drei Staaten. Pilgerströme bewegen sich, soweit dies die politische Situation zuläßt, besonders zwischen Nordindien und der Indus-Ebene im heutigen Pakistan. Wir werden im folgenden die Aufmerksamkeit vor allem auf diese geographisch zusammenhängende Region richten, denn sie bildet bis in unsere Gegenwart einen der lebendigsten, vitalsten Kulturräume des Sufismus und des Derwischwesens.

Doch zunächst zu Muinuddin Chisti und dessen Bruderschaft, der Chistiya.

Die Dargah der Chistiya in Ajmer ist das historisch älteste Sufi-Zentrum. Von dort gingen die ersten Impulse zur Islamisierung des nördlichen Indien und der Indus-Ebene aus. Und in diesem Heiligtum gewann ich auch meine ersten Eindrücke, was Sufismus in der Auseinandersetzung mit indischer (und das heißt hinduistischer) Kultur bedeutet. Dort konnte ich nicht nur beobachten, daß Geistliche vor dem Sarkophag Muinuddin Chistis Gläubige aller Religionen gleichermaßen segneten. In den weitläufigen Höfen des Chisti-Heiligtums sah ich Muslime und Hindus gleichermaßen um Sänger und Musikanten geschart. Gemeinsam hörten sie Lieder – »Liebeslieder«, wie mir einer der Muslime erklärte –, Lieder über die Liebe zu Gott, zum Göttlichen, das allen Religionen innewohne. Es ist eine Religiosität, die tief in das Alltagsleben der Pilger hineinwirkt und, wie schon mehrfach angedeutet, ihr ethisches Handeln bestimmt. Denn ein Muslim kann sich im Alltag nicht schroff gegen

Andersgläubige abgrenzen, wenn es für ihn selbstverständlich ist, diese im religiösen Ritual gleichberechtigt zu erleben.

Muinuddin Chisti hat diese Haltung mystischer Toleranz als erster Sufi vorbildhaft im multi-religiösen Indien gelebt, und gerade deshalb ist er zum populärsten Heiligen der indischen Muslime geworden. Besonders mit den Ausdrucksmitteln mystischer Musik hat er Gläubige unterschiedlichster Religionen berührt und ihnen einen emotionalen Zugang zum Islam eröffnet. Für viele Religionshistoriker gilt daher Muinuddin Chisti, sowie die nach ihm benannte Bruderschaft, als der überzeugendste Beleg, daß der Islam auf dem indischen Subkontinent Anhänger weniger durch Gewalt und politischen Druck fand als durch die friedliche Überzeugungskraft von Sufis und Derwischen. Dies ist die eigentliche Bedeutung Muinuddin Chistis, weniger dagegen, daß er der islamischen Mystik philosophisch und literarisch neue Impulse gegeben hätte.

Muinuddin Chisti war allerdings kein indischer Muslim. Er stammte aus dem Iran. Und er hatte bereits aus der dortigen Sufi-Tradition – der ja schließlich auch Mystiker wie Celaleddin Rumi, Hallaj und Bayasid Bistami entstammen – eine große Offenheit für andere Religionen nach Indien mitgebracht. Aber Einflüsse aus indischen Traditionen sollten zusätzlich das geistige Leben seiner Bruderschaft bestimmen.

Muinuddin Chisti wurde um das Jahr 1145 in der ostpersischen Stadt Chist geboren, die damals zu der persischen Provinz Sistan gehörte und rund 100 Kilometer östlich der heute afghanischen Stadt Herat liegt. Chist war zu Lebzeiten Muinuddins schon nahezu zwei Jahrhunderte lang ein regionales Zentrum des Sufismus gewesen. Bereits in seiner Heimatstadt, von der er seinen Beinamen Chisti ableitete, wurde er daher intensiv mit sufischer Religiosität vertraut. Aber seine spirituelle Ausbildung schloß er in Buchara und Samarkand ab, wo er zum Sufi-Meister geweiht wurde.

Weshalb kam er nach Ajmer? Über die Beweggründe erfahren wir nur aus Legenden, entsprechend spärlich bleiben historisch belegbare Fakten. Eines Nachts, so heißt es in den späteren Berichten seiner indischen Biographen, sei ihm der Prophet Mohammed im Traum erschienen und habe ihm aufgetragen, als »Verkünder des Islam« nach Ajmer zu gehen. Er habe nicht gewußt, wo diese Stadt liegt, aber in einem weiteren Traum habe ihm Mohammed eine Landkarte mit exakten Angaben gezeigt. Muinuddin Chisti sei nach Indien gereist und habe noch vor seiner Ankunft in Ajmer die Sufi-Bruderschaft gegründet.

Für Historiker sehen die Zusammenhänge anders aus. Muinuddin Chisti kam im Gefolge der Truppen des afghanischen Fürsten Mohammed Ghori nach Indien, der im Jahr 1192 die hinduistischen Fürstentümer Delhi und Ajmer eroberte (Residenzstädte, die dann für mehr als fünfhundert Jahre unter der Herrschaft von Muslimen blieben). In Ajmer wirkte Muinuddin Chisti über vier Jahrzehnte lang als religiöser Führer seiner Bruderschaft wie auch als Missionar unter den Hindus. 1236 starb er dort im Alter von 91 Jahren.

Muinuddin Chisti selbst hat allerdings nicht schon eine Bruderschaft mit festen organisatorischen Strukturen hinterlassen. Den Aufbau der Bruderschaft begann sein Nachfolger Qutbuddin Baktihiyar Kaki, der zusammen mit Muinuddin Chisti aus dem Iran gekommen war; auch dessen Grabstätte ist heute noch Pilgerziel, sie befindet sich in Delhi nahe dem Qutb Minar, wo sich Gläubige versammeln, um mystische Lieder zu singen.[1] Die endgültige Form erhielt die Bruderschaft unter Kakis Nachfolger Fariduddin Shakarganj. Er hat sich dem Gedächtnis der Nachwelt vor allem durch seine Missionsarbeit im Punjab eingeprägt, wo er nahezu die Hälfte der damals noch überwiegend hinduistischen Landbevölkerung zum Islam bekehrte. Im südwestlichen Punjab, dem Ort Pakpattan nahe der traditionsreichen Mogul-Stadt Lahore (heute Pakistan), befindet sich sein Mausoleum. Zur Feier des Todestages (gestorben 1265) kommen Jahr für Jahr Zehntausende Gläubige, um gemeinsam zu beten, zu meditieren, den Klängen mystischer Musik zu lauschen.[2]

Die Chistiya wurde die erste mystische Bruderschaft, die auf dem indischen Subkontinent ein Netzwerk von Niederlassungen, die Dargahs, errichtete und zu Begegnungsstätten für Pilger unterschiedlichster religiöser Strömungen machte. Zu ihrem Erfolg trug wesentlich bei, daß die Mitglieder der Chistiya – im Gegensatz zu den orthodoxen Korangelehrten – von Anfang an mit Menschen aus allen sozialen Schichten Indiens, vor allem des einfachen Volkes, zusammenlebten.

Die Chistiya war auch die erste der indischen Derwisch-Bruderschaften, die sich um Notleidende kümmerte und an vielen Orten eine Armenfürsorge einrichtete. Bis heute stehen in den Vorhöfen der Dargahs Kessel mit Feuerstellen, wo die von reichen Pilgern gespendeten Reisgerichte während der großen religiösen Feste zubereitet und kostenlos ausgeteilt werden. Ein besonders mächtiger Bronzekessel befindet sich im Vorhof der zentralen Dargah von Ajmer, er ist bei Pilgerfesten nach wie vor von vielen Menschen umlagert. Verpflegt werden Bedürftige ohne Ansehen ihrer Religion – und ohne Ansehen der Kaste. Gerade das letztere ist von Bedeutung. Hindus aus niederen Kasten, die gewohnt sind, innerhalb ihrer eigenen Tradition vom gemeinsamen Essen mit Angehörigen anderer Kasten ausgeschlossen zu sein, können bereits in der Essensgemeinschaft einer Dargah die Kastenschranken aufgehoben sehen. Niederkastige lernten teilweise in einem Derwisch-Konvent erstmals eine Atmosphäre kennen, die frei war von den einengenden Regeln der hinduistischen Kastengesellschaft.

Immer wieder betonen westliche Beobachter, daß Hindus ihre Religion in erster Linie wechseln, weil sie der Unterdrückung und Diskriminierung im Kastensystem entkommen wollen. Dieses Motiv spielt in der Tat eine beträchtliche Rolle, denn die Mehrzahl indischer Muslime (wie auch indischer Christen) stammt aus niederen Kasten. Hindus der Shudra-Kasten, der »dienenden« Kasten, oder gar der Unberührbaren hoffen darauf, in einer muslimischen oder christlichen Gemeinschaft gleichrangig, ohne sozial-religiöse Diskriminierung, behandelt zu werden und sich besser entfalten zu können.

Aber eine Frage bleibt bestehen: Weshalb haben Sufis und Derwische bei Hindus größere Missionserfolge als etwa Koran-gelehrte und christliche Missionare? Sufis und Derwische unterscheiden sich von orthodoxen Muslimen und Christen nicht schon dadurch, daß sie den Niederkastigen durch einen Glaubenswechsel eine bessere Zukunft in einer kastenfreien Gesellschaft verheißen. Im Gegenteil, hier stimmen sie noch ganz mit der missionarischen Botschaft islamischer und christlicher Orthodoxie überein. Der entscheidende Unterschied liegt auf einer anderen Ebene.

Allein von muslimischen Mystikern gehen Signale aus, die die Hindus als mit ihrer eigenen Religion verwandt empfinden können. Sufis und Derwische verstehen ja »Gott« letztlich als eine Wesenheit, die sich jeder dogmatischen Fixierung entzieht und von Gläubigen *unterschiedlicher* Religionen mystisch »erfahren« werden kann. Gerade dieser Glaube erlaubt es Hindus, den mystischen Islam als eine Religionsform innerhalb des eigenen vertrauten Horizonts zu erleben; denn alle Gottheiten, ob nun Shiva, Vishnu oder Allah, sind aus hinduistischer Sicht nur verschiedene Erscheinungsformen des All-Einen.

Wenn also Hindus zum Islam übertreten, hat ein solcher Wechsel zu einer anderen Religion wenig mit einer Bekehrung nach unserem Verständnis zu tun. Bezeichnend ist, daß viele indische Muslime weiterhin auch zu hinduistischen Heiligtümern pilgern und sich dort ebenfalls, wie ich immer wieder beobachten konnte, einen Segen von der Gottheit erbitten. Hindus lassen den Hinduismus tatsächlich erst dann ganz hinter sich, wenn sie sich grundsätzlich von der Idee eines kosmisch verankerten Kastensystems lösen.

Umgekehrt pilgern Hindus zu den Heiligtümern von Sufis und Derwischen, ohne das Bedürfnis zu haben, Muslim zu werden. Sie kommen in das Mausoleum eines muslimischen Heiligen, weil sie dort einen Segen erwarten – wie sie es auch in Tempeln der Hindus gewohnt sind. Sie kommen in sufische Pilgerzentren, um im mystischen Ritual von Musik und Gesang das »Göttliche« zu verehren oder sich dem »Göttlichen« nahe zu fühlen – genauso wie sie es beim Hören hinduistischer Tempelmusik gewohnt sind.

Der Rote Königsfalke und andere Mystiker der Indus-Ebene

»Sindhu« nannten die Inder vor Jahrtausenden ihren längsten und mächtigsten Fluß, der im Himalaja entspringt und in das Arabische Meer mündet. »Sindhu« bedeutet in der altindischen Sprache Sanskrit »Fluß« oder gar »Ozean«; die Anwohner hatten es nicht für nötig befunden, für den riesigen, die ganze Ebene prägenden Strom einen eigenen Namen zu finden. Als die Griechen unter

Alexander dem Großen bei ihrem Indienfeldzug im Jahr 327 vor unserer Zeitrechnung den Fluß erreichten, formten sie den flüchtig gehörten Namen in »Indos« um und nannten die Einheimischen entsprechend »Inder«. Ähnlich verfuhren ein Jahrtausend später die muslimischen Eroberer. Sie verstanden den Flußnamen auf andere Weise ungenau und nannten entsprechend alle nicht-muslimischen Bewohner des Subkontinents »Hindu«.

Beide Namen – »Indien« als geographischer und kultureller Großraum sowie »Hindu« als Kennzeichnung für eine große Religion – leiten sich also von diesem Fluß ab. Die Indus-Ebene ist allerdings seit 1947 nicht mehr »indisch«, und dort leben kaum mehr Hindus. Nach blutigen Bürgerkriegswirren waren 1947 und 1948 die meisten Hindus, damals rund ein Drittel der dortigen Bevölkerung, in die Republik Indien geflohen. Seither ist die Region fast nur noch von Muslimen, Bürgern der Islamischen Republik Pakistan (»Land der Reinen«; »Islamische Republik« seit 1956), bewohnt.

Die Indus-Ebene ist, mehr als die meisten anderen Regionen der islamischen Welt, mit einem dichten Netz von Pilgerzentren überzogen. Dies gilt besonders für den südlichen Teil der Ebene, die Provinz Sindh (auch dieser Name ist vom Fluß Sindhu abgeleitet). Die einschneidenden politischen Umbrüche haben wenig an den kulturellen Gemeinsamkeiten der sufischen Pilgerzentren in Indien und Pakistan geändert. Hier wie dort stehen die Heiligtümer für Pilger aller Glaubensrichtungen und Religionen offen, hier wie dort sind islamische und hinduistische Traditionen im religiösen Brauchtum eng verflochten, und hier wie dort spielt die mystische Musik eine wichtige Rolle, um den Besuchern ein spirituell über dogmatisch fixierte Religionsgrenzen hinausführendes Bewußtsein zu vermitteln.

Im folgenden möchte ich auf zwei Mystiker der Indus-Ebene näher eingehen, zu deren Heiligtümern bis heute die größten Pilgerströme kommen. Der eine ist Osman Marwandi, der den ehrenden persischen Beinamen »Lal Shahbas«, »Roter Königsfalke«, erhielt. Er war wie viele andere Derwische des frühen indischen Islam kein Inder, sondern Perser. Anfang des 13. Jahrhunderts wurde er in Marwand nahe Täbriz geboren. Dort machte er sich bereits mit der reichhaltigen Tradition persischer Mystik vertraut, dort setzte er sich intensiv mit der Lehre des »ketzerischen« Sufi Hallaj auseinander und wurde zu einem seiner glühendsten Anhänger. Im Zusammenhang mit der Hallaj-Tradition habe ich auch bereits ein Gedicht Osman Marwandis zitiert, in dem es in bezug auf den »Unglauben« des Mansur al-Hallaj heißt:

»Gesegnet seien die ›Ungläubigen‹, die
die Frömmelei mit Füßen treten.
Seht mich im Gewand eines Heiligen
tanzen. Seht!
Ich bin Osman von Marwand,
ein Komplize Mansurs.«[3]

Mitte des 13. Jahrhunderts verließ Osman Marwandi seine Heimatregion und begab sich auf eine lange Wanderschaft durch die iranischen Fürstentümer in Richtung Indien. Er war ein Zeitgenosse des Celaleddin Rumi sowie von dessen Lehrmeister Shamseddin Täbrizi. Mit dem letzteren verband ihn nicht nur seine Heimatregion, sondern auch die Zugehörigkeit zur Bruderschaft der Qalandar, jener Wanderderwische, die sich radikal gegen alle institutionalisierten Bruderschaften wandten und auch die Scharia strikt ablehnten.

Um das Jahr 1260 erreichte Osman Marwandi den indischen Subkontinent. Das war rund 24 Jahre nach dem Tod Muinuddin Chistis. Zu dieser Zeit hatte die Chistiya bereits eine nennenswerte Missionstätigkeit entfaltet, damals hatte der zweite Nachfolger Chistis in Pakpattan, nahe Lahore, schon ein großes Pilgerzentrum begründet. Der Qalandar-Derwisch Osman Marwandi zog nach einem kurzen Aufenthalt in den Städten Lahore und Multan weiter in den Süden der Indus-Ebene. Seine endgültige Wohnung nahm er am Westufer des Indus bei der Stadt Sehwan in einem alten verlassenen Shiva-Tempel; der Stadtname »Sehwan« weist auf die Bedeutung als einstiges Zentrum für Pilger des Hindu-Gottes Shiva hin: Sehwan ist die verballhornte Form des Namens Shivistan.[4]

In der lebhaften Handelsstadt Sehwan wurde der Wohnort des Qalandar-Derwischs Osman Marwandi bald zum Mittelpunkt des spirituellen Lebens, hierher kamen Muslime wie Hindus gleichermaßen. Ebenso wurde er zum Sammelpunkt für viele andere Wanderderwische. Osman Marwandi wurde ihr Lehrer, und von ihnen erhielt er den bereits erwähnten Beinamen »Lal Shahbas«, »Roter Königsfalke«. »Rot« spielt hierbei auf die Farbe des Rubins an und steht symbolisch für Ekstase, »Königsfalke« weist auf die herausragende Position des spirituellen Lehrers hin. Zum Mittelpunkt der Zeremonien wurden die Musik, die Gesänge, die Tänze, ein spirituelles Ritual, das die Gläubigen aller Konfessionen und Religionen vereinigte.

Als Lal Shahbas 1274 starb (ein Jahr nach Celaleddin Rumi), war er bereits der bekannteste Derwisch-Heilige der Indus-Ebene. Von ihm und seinen Nachfolgern gingen entscheidende Impulse zur Missionierung der Hindus aus. Auch Lal Shahbas konnte den Hindus einfühlsam vermitteln, daß der Islam, wie ihn die Sufis und Derwische lebten, keine Religion der intoleranten Abgrenzung sei – sondern daß »Gott« oder das »Göttliche« von den Gläubigen *aller* Religionen auf dem ekstatischen Weg, vor allem durch meditative Musik und Tanz, gleichermaßen »erfahren« werden könne. Der Zustrom hinduistischer Pilger zu seinem Heiligtum ging erst zu dem Zeitpunkt stark zurück, als durch die politische Aufteilung des Subkontinents und die damit verbundenen blutigen Unruhen von 1947 viele Hindus die Indus-Ebene verließen.

Die Dargah mit dem Mausoleum des Roten Königsfalken ist im Verlauf der Jahrhunderte zu einem immer prächtigeren Gebäudekomplex im persischen Stil, mit blau glasierten Wandkacheln und kunstvollen Ornamenten, geworden. Und wie auch vor dem Mausoleum des Muinuddin Chisti in Ajmer sammeln sich hier jeden Abend, besonders donnerstags und freitags, Sänger und Musiker zum »Lob Gottes«. Oft aber kommen hier noch Tänzer hinzu, meist sind es Qalandar-Derwische, die sich zum dumpfen Klang großer Trommeln und Gongs in Ekstase bringen – in den Zustand des »hoot la makan«, des »Kein-Raum-kein-Selbst«. Zudem tanzen immer wieder Männer und auch Frauen aus den Reihen der Zuschauer; gemäß der Tradition der Qalandar-Derwische sind Frauen bei den Ritualen gleichwertige Teilnehmerinnen.[5] An großen religiösen Festtagen, besonders aber am Todestag des Roten Königsfalken, kommen gar Hunderttausende aus allen Teilen Pakistans. Die Stadt Sehwan ist dann von einem großen Zeltlager umgeben.

Aber selbst heute, wo in der Islamischen Republik Pakistan der Anteil der Hindus auf ein bis zwei Prozent der Gesamtbevölkerung zurückgegangen ist, hat sich im Heiligtum unverändert eine alte Tradition erhalten: Das Amt der Grabwache teilen sich ein Muslim und zwei Hindus, die dieses Privileg von Generation zu Generation vererben. Und die Prozessionen, die von Hochzeitsgesellschaften rund um das Heiligengrab veranstaltet werden, beginnen am ersten Tag vor dem Haus des muslimischen Grabwächters, an den beiden darauffolgenden Tagen vor den Häusern der Hindus.[6] Auch hat sich innerhalb des Mausoleums nahe dem Sarkophag bis heute unangefochten ein Shiva-Lingam, das Fruchtbarkeitssymbol des Gottes Shiva, als Überrest des alten Hindu-Tempels erhalten.[7]

Ein weiteres Derwisch-Heiligtum, das eine fast ebenso große Popularität genießt wie das des Roten Königsfalken, liegt weiter südlich nahe der Stadt Hyderabad in Pakistan. Es trägt den Namen »Bhit Shah«, »Hügel des Königs«, weil das Mausoleum auf einem Hügel liegt und dort ein »König« der Mystiker bestattet ist: Abdul Latif. Er, der 1689 in einem nahegelegenen Dorf geboren wurde und 1752 in Bhit Shah starb, gilt als der bedeutendste Meister volkstümlicher Sufi-Dichtung in Pakistan. Auch Abdul Latif war ein Derwisch der Qalandar-Bewegung. In seinen Gedichten ist deutlich die Sympathie für Menschen am Rand der Gesellschaft zu spüren, ob nun für sozial ausgebeutete Muslime oder Hindus der niederen Kasten. Etwa:

»Steht auf! Ihr habt keine Stimme,
Gott erhört die Sanftmütigen,
singt und musiziert zum Gefallen eures Gottes,
auf daß er eure Gebete erhöre.
Lasset die Saiten nicht verstummen,
spielt die Laute, schlagt die Trommeln.
Gott kümmert weder Name noch Herkunft.
Seine Gunst erlangt,
wer die Arbeit gewissenhaft verrichtet.«[8]

Dieses Gedicht, in dem Abdul Latif gerade den sozial Benachteiligten religiöse und menschliche Würde gibt, läßt erahnen, weshalb seine Grabstätte bis heute von Pilgern besonders aus ärmeren Schichten besucht wird.

Ganz Mystiker ist Abdul Latif dann aber erst in folgendem Gedicht:

»Welche sich verlieren, die hat der Geliebte erkannt,
So du dich selber noch siehst, wo wäre wahres Gebet?
All diese Formen gib auf –
dann erst ruf nur: ›Gott ist groß!‹
So du dich selber noch siehst, wo wäre wahres Sich-Neigen?
All dieses Dasein gib auf,
dann erst ruf aus: ›Gott ist groß!‹«[9]

Hier ist Abdul Latif ganz und gar ein Mystiker der »Einheit« im Sinne von Hallaj, Ibn al-Arabi, Celaleddin Rumi. Der Dualismus von einerseits dem betenden Gläubigen in der irdischen Welt und andererseits dem angebeteten Gott in der jenseitigen Welt kommt zum Verschwinden. Der Gegensatz von »Liebendem« und »Geliebtem«, von »Ich« und »Du«, löst sich auf. »Gott« und »Ich« werden als eine untrennbare Einheit erfahren.

Und wie viele andere indo-muslimische Mystiker hat auch Abdul Latif eine geistige Brücke zum Hinduismus geschlagen. In seiner Jugend war er in Begleitung hinduistischer Yogis und Sadhus durch das Land gezogen, bevor er sich in Bhit Shah niederließ und eine kleine Moschee erbaute. Er sah die hinduistischen »Gottessucher, die im Feuer der Liebe brennen«, gleichrangig neben den muslimischen. Und so ist es nur folgerichtig, daß zu seinem Heiligtum bis heute auch Hindus kommen, um zum Klang der Musik und der gesungenen Gedichte Abdul Latifs zu tanzen.[10]

Die Mausoleen des Roten Königsfalken und des Abdul Latif sind aber nur herausragende Beispiele aus einer Vielzahl ähnlich strukturierter Heiligtümer. Und an vielen dieser Grabstätten läßt sich eine ähnliche Durchmischung religiöser Strömungen – von sufischer Religiosität bis hin zu hinduistisch und animistisch geprägten Fruchtbarkeitsriten – beobachten.

Eine solche Tatsache bildet einen bemerkenswerten Kontrast zu dem Bestreben radikal-islamischer Gruppierungen, den Muslimen Pakistans insgesamt einen starr orthodoxen Islam aufzwingen zu wollen. Gerade am Beispiel Pakistans läßt sich beobachten, in welchem Maße sufische Religiosität eine Barriere gegen religiös-politische Radikalisierung bieten kann.

»Nichts gegen Moscheen – aber die wirklich Liebenden muß man woanders suchen«, heißt es bezeichnenderweise in einem der volkstümlichen Lieder von Derwischen der Indus-Ebene.[11]

Muslim oder Hindu? Der Mystiker Kabir jenseits aller festen Zuordnung

Es gibt im indischen Kulturraum eine Reihe Mystiker, bei denen sich ihre Verehrer nicht darauf einigen können, ob sie es letztlich mit einem Muslim oder einem Hindu zu tun haben. Beide Religionsgemeinschaften nehmen diese Mystiker mehr oder weniger als einen der Ihrigen in Anspruch. – Wie das? Eine derartige Situation kann nur in einem Kulturraum entstehen, der nicht wie der islamische oder der christlich-abendländische eine traditionell scharfe Abgrenzung zwischen dem »einen Gott« und den vielen »falschen Göttern«, den »Götzen«, kennt.

Einer der bedeutendsten Mystiker, der – besonders aus westlicher Sicht – Anlaß zu derartigen Irritationen gibt, ist Kabir. Ihn wähle ich als exemplarisches Beispiel, weil er zugleich auch einer der größten Dichter indo-islamischer Mystik ist.

Kabir lebte nahezu dreihundert Jahre nach Muinuddin Chisti. Er wurde um das Jahr 1440 in der hinduistischen Pilgerstadt Varanasi (Benares) geboren und starb dort um das Jahr 1518. Er, der Sohn eines muslimischen Webers, war in Indiens bedeutendstem Pilgerzentrum naturgemäß besonders intensiv mit religiösen Riten und geistigen Strömungen des Hinduismus konfrontiert – und andererseits auch mit den Barrieren, die seine eigene Religion von der fremden trennen. Hinzu kam, daß die muslimischen Eroberer ausgerechnet in Varanasi die wichtigsten Hindu-Tempel als Stätten des »Götzenkultes« und »Unglaubens« zerstört und auf ihren Fundamenten Moscheen als Triumph des »allein richtigen« Glaubens gebaut hatten. Gerade in der heiligsten Stadt der Hindus konzentrierten sich damit wie in einem Brennglas die geistigen und politischen Konflikte zwischen beiden Weltreligionen.

Kabir löste sich schon in seiner Jugend von den Abgrenzungstendenzen orthodoxer Korangelehrter. Er fühlte sich jener schmalen Schicht von Muslimen zugehörig, die interessiert nicht nur Impulse der islamischen, sondern auch der hinduistischen Mystik aufnahmen. Kabirs Werdegang ist in dieser Hinsicht exemplarisch. Zuerst wurde er durch Lehrer im engsten Umkreis seiner muslimischen Eltern erzogen, eine höhere Ausbildung erhielt er schließlich durch Lehrer einer Brahmanen-Kaste. Entsprechend vielfältig gestaltete sich auch seine Schulung bei Mystikern: Anfangs unterrichtete ihn ein Sufi, dann ein hinduistischer Yogi. So lernte er aus unterschiedlichen Richtungen, was »Religion«, was »Gott« jenseits starr dogmatischer Eingrenzung bedeutet. Er hat allerdings nie eine Bruderschaft gegründet, noch hat er einer angehört.

Ein Merkmal vieler seiner Gedichte ist, daß er sich gegen vordergründiges Ritualisieren und Dogmatisieren sowohl des Islam als auch des Hinduismus verwahrt. An den Muslimen kritisiert er:

»Wenn Gott die Beschneidung gewünscht hätte,
hätte er euch beschnitten in die Welt geschickt [...]
Oh Mauvli [Mullah], was für Bücher erklärst du?
Ihr plappert und schnattert Tag und Nacht,
aber ihr habt nicht die wahre Religion gefunden.«[12]

Gegenüber den Hindus formuliert er:

»Götter sind aus Stein gemacht;
[die heiligen Flüsse] Ganges und Yamuna sind Wasser;
Rama und Krishna sind tot;
es gibt weder Familie noch Kaste im Mutterleib.«

An Muslime wie Hindus gewandt fordert er schließlich:

»Seht in eure Herzen,
dort werdet ihr beide, Allah und Rama, finden.«[13]

Oder Kabir läßt »Gott« mit folgenden Worten zum »Gottsucher« sprechen:

»Wo suchst du MICH denn, mein Diener?
[...] Ich bin nicht im Tempel, nicht in der Moschee,
nicht in der Kaaba,
auch nicht auf dem [heiligen Berg] Kailash.
ICH bin nicht in Riten und feierlichen Bräuchen,
nicht im Yoga und in der Entsagung.
Wenn du ein wahrer Gottessucher bist, dann wirst du MICH
ganz plötzlich sehen; du sollst MIR in einem einzigen
Augenblick begegnen.«[14]

Kabir beschreibt »Gott« als das letztlich Unfaßbare mit Worten aus der hinduistischen Tradition:

»Alle Dinge sind geschaffen durch das OM:
Die Gestalt der Liebe ist SEIN Leib;
Ohne Gestalt ist ER, ohne Eigenschaft, ohne Verfall.
Suche Vereinigung mit IHM.
Doch dieser gestaltlose Gott hat tausend Formen in den
Augen seiner Geschöpfe.«[15]

In einem anderen Gedicht:

»Der Erkennende erfährt es durch das Wort;
und der Unwissende steht da und gafft.
Die einen betrachten das FORMLOSE,
die anderen sinnen über Form; aber der Weise weiß,
daß Brahma jenseits von beiden ist.«[16]

»OM« ist den Hindus das Symbol für das allumfassend Göttliche, Unfaßbare. »Brahma« erscheint vielen Hindus als Weltenschöpfer, besitzt aber nur vage Merkmale eines personalen Gottes, ja er ist im Verlauf der hinduistischen Geistesgeschichte immer mehr zum völlig abstrahierten Prinzip des wirkenden Weltgeistes, des »Brahman«, geworden. Damit kann auch Brahma letztlich zum Symbol des gestaltlos Göttlichen werden.

Kabir geht noch den entscheidenden Schritt weiter: »Gott im Menschen« wird für ihn zur zentralen mystischen Erfahrung. Kabir vermag dieser Erfahrung dichterisch in einer Intensität Ausdruck zu geben, die an Celaleddin Rumi erinnert. Und daß der indische Mystiker Verse des persischen Mystikers gekannt hat, ist wahrscheinlich, denn zu Lebzeiten Kabirs hat Rumi längst seine starke Wirkung auch schon auf indische Muslime ausgeübt.

In einem seiner schönsten Gedichte beschreibt Kabir das unfaßbar Göttliche als Bestandteil der menschlichen Seele metaphorisch kühn mit folgenden Worten:

»Es gibt einen Vogel auf diesem Körper-Baum,
Der in des Lebens Ekstase tanzt.
[...] Wer könnte jemals wissen,
Was seine Musik bedeutet?
Er brütet dort, wo die Äste dunkle Schatten werfen;
[...] Niemand kann mir etwas über diesen Vogel sagen,
Der in meinem Blute singt.
Er ist nicht farbig oder farblos,
Er hat keine Form oder Silhouette,
Er sitzt immer im Schatten der Liebe,
Er lebt im Inneren des Unerreichbaren,
Des Grenzenlosen, des Ewigen,
Und niemand kann sagen,
wann er kommt und wann er geht.
Kabir spricht: ›Gefährten auf dem Weg,
Das Geheimnis dieses Vogels
Ist wunderbar und unergründlich.
Seid weise und ringt darum zu wissen,
wo dieser Vogel sich niederläßt.‹«[17]

Und ähnlich:

»Wie könnte ich das Geheimnis aussprechen?
Wollte ich sagen, daß Er in mir ist,
Würde das ganze Universum den Kopf senken vor Scham.
Doch würde ich behaupten, Er sei außerhalb von mir,

Wüßte ich, daß ich lüge!
Er macht die innere und äußere Welt zu Einer:
Bewußt und Unbewußt sind beide Seine Schemel.
Er ist weder manifestiert noch verborgen;
Er ist weder offenbart noch nicht offenbart.
Es gibt keine Worte, die beschreiben können,
was Er ist.«[18]

Wie alle großen Mystiker beschreibt auch Kabir die Sehnsucht des »Liebenden« nach »Einheit« mit dem »Geliebten«:

»Kabir singt: Wenn ich Dir jemals begegnen sollte,
mein Geliebter,
Werde ich so heftig an Dir festhalten, daß Du mit mir
verschmilzt,
Ich werde aus Deinem Inneren Gesänge der Einheit singen,
Weltauflösende Gesänge ewigen Segens.«[19]

Und:

»Der Herr ist in mir, und der Herr ist in dir,
So wie das Leben in jedem Samen verborgen ist.
Also zertrümmere deinen Stolz, mein Freund,
Und schaue nach in deinem Innersten.
[...] Lausche den tonlosen Glocken und Trommeln!
Liebe ist hier; tauch ein in ihr Entzücken!
Wasserloser Regen strömt hernieder;
Flüsse sind Ströme aus Licht.
Wie könnte ich jemals ausdrücken,
Wie gesegnet ich mich fühle,
In solch einer unermeßlichen Ekstase
In meinem eigenen Körper zu taumeln?
Dies ist die Musik der Seele
Und der Begegnungen der Seele,
Des Vergessens allen Kummers.
Dies ist die Musik,
Die alles Werdende und Vergehende transzendiert.«[20]

Kabir schrieb nicht wie viele andere indische Sufis seiner Zeit in der Literatursprache des Persischen, sondern bereits auf Hindi, einer weit verbreiteten Volkssprache in Nordindien. Und um so mehr konnten seine Gedichte sowohl von Muslimen als auch von Hindus aus unterschiedlichen sozialen Schichten verstanden werden. Und um so rascher fanden sie Verbreitung.

Bereits zu Lebzeiten war Kabir sowohl bei Muslimen als auch bei Hindus derart populär, daß die Muslime ihm den persischen Titel »Pir« verliehen und die Hindus ihm den Sanskrit-Namen »Bhagat« gaben; mit beiden Bezeichnungen ist ein religiöser Führer gemeint. Und als Kabir um das Jahr 1518 in Varanasi starb, wollten ihn die Muslime in einer feierlichen Zeremonie beerdigen, die Hindus ihn einäschern.[21] Kabir wurde als Muslim bestattet.

Für Hindus ist Kabir trotz seiner offiziellen Zugehörigkeit zum Islam bedeutsam geblieben. Dies zeigt sich nicht zuletzt daran, daß sogar einer der größten Dichter Indiens, Rabindranath Tagore, ein Hindu, sich zu Beginn des 20. Jahrhunderts intensiv mit Kabir auseinandersetzte und Gedichtsammlungen des Mystikers als eines Vermittlers zwischen den Religionen zusammengestellt hat.

Kabir ist aber nur einer von vielen Mystikern, bei denen sich Muslime wie Hindus schwertun, ihn eindeutig einer Religion zuzuordnen. Wir können bis in unsere Gegenwart gehen und derartige Mystiker des »muslimisch-hinduistischen« Typs entdecken.

Sai Baba von Shirdi – in der Nachfolge Kabirs

Ich wähle aus Indiens jüngerer Geschichte einen Heiligen, der einen starken Bezug zu dem Mystiker Kabir hat. Es handelt sich um Sai Baba von Shirdi. Sein Bild ist selbst vielen westlichen Indien-Reisenden bekannt, sofern sie unterwegs hin und wieder die Auslagen in Verkaufsständen nahe den Hindu-Tempeln betrachten.

In solchen Verkaufsständen sind naturgemäß Bilder hinduistischer Gottheiten wie auch Heiliger ausgehängt. Die Heiligen fallen durch ihre turmartigen Haarknoten, ihre mit Symbolen bemalte Stirn und meist durch safrangelbe Gewänder auf. Manchmal aber findet sich neben solchen Sadhus und Gurus das Bild des Sai Baba von Shirdi, der vom Erscheinungsbild her nicht dazu passen will:

Er, mit silbergrauem Vollbart, trägt einen weißen Umhang und Turban, was eher dem Aussehen eines indischen Sufis oder Derwischs entspricht. Wie kommt sein Bild neben das von Hindus?

Der Name Sai Baba überrascht ebenfalls. »Sai« ist persisch und läßt sich mit »heilig« übersetzen, »Baba« ist ebenfalls persisch und zugleich auch ein Lehnwort im Hindi, es bedeutet »Vater«, »Papa«. Mit »Baba« kann sowohl ein muslimischer als auch ein hinduistischer Asket bezeichnet werden, der sich von der Welt zurückgezogen hat. So kulturell gemischt wie der Name ist das religiöse Selbstverständnis dieses Heiligen.

Leben und Lehre Sai Babas sind in indischen Büchern mit stark legendären Tendenzen überliefert, ja sogar in Comic strips. In diesen machen grellbunte Bildfolgen Jugendliche, aber auch Erwachsene in Indien mit den bedeutendsten Mythen, Göttersagen und Heiligenlegenden ihrer Religion, ob nun Hinduismus, Islam oder Christentum, vertraut.

Geboren wurde Sai Baba um das Jahr 1840. Niemand kennt seinen ursprünglichen Familiennamen, niemand weiß etwas über seine Herkunft. 1858 war Sai Baba vermutlich das erste Mal in Shirdi, einer im Norden des heutigen Bundesstaates Maharashtra nahe der Pilgerstadt Nasik gelegenen Ortschaft, 1872 blieb er endgültig dort,[22] wo er 1918 auch starb. Sai Baba ließ sich ausgerechnet in einer Ortschaft nieder, wo Hindus und Muslime in etwa gleich großer Zahl miteinander, nebeneinander oder auch gegeneinander lebten. Hierher kamen schon zu seinen Lebzeiten Jahr für Jahr zahlreiche Verehrer, Muslime wie Hindus. Wenige Jahre nach seinem Tod ist Shirdi endgültig zu einem weit über Maharashtra hinaus bekannten Pilgerort, gleichermaßen für Muslime wie Hindus, geworden.

Sai Baba erregte Aufsehen, weil er als Heiliger Wunder tun konnte; die Bilderfolge eines der Comic strips gibt anschaulich die vielfach schon nacherzählten, legendär verklärten Begebenheiten wieder. Sai Baba heilte durch Handauflegen Kranke, ohne Ansehen ihrer Religion oder sozialen Stellung, er behandelte alle mit der gleichen Güte. Sein Wohnort war eine kleine Moschee. Den Muslimen erschien dies selbstverständlich, denn sie hielten den Asketen im weißen Sufi-Gewand ohnehin für einen der Ihren, zumal er in seinen Predigten viel von Allah und dem Propheten Mohammed sprach, den Koran sachkundig auslegte und die Verse persisch-muslimischer Mystiker zitierte. Aber auch die Hindus betrachteten Sai Baba nach anfänglichem Mißtrauen zunehmend als ihnen zugehörig, denn er interpretierte sachkundig wie ein Brahmane die *Bhagavad Gita* und erzählte Mythen der menschgewordenen Götter Krishna und Rama. Verblüfft folgten die Hindus seiner Einladung, in die Moschee zu kommen und dort nach hinduistischem Ritus »Gott« zu ehren. Und während sie das heilige Feuer anzündeten, erklärte ihnen Sai Baba, er stamme aus einer Hindu-Familie.[23]

War Sai Baba nun Muslim oder Hindu? Der Heilige hat diese Frage auf verblüffende Weise beantwortet. In einem aus dem Jahr 1900 überlieferten Interview ist statt einem Bekenntnis zum Islam oder zum Hinduismus zu lesen: »Ich gehöre zu Kabir.«[24] Sai Baba bezog sich hier ausdrücklich auf jenen Mystiker, der es den Indern ebenfalls schwergemacht hat, die Religionszugehörigkeit zu klären. In anderen Gesprächen gab Sai Baba gar zu verstehen, daß er in einem seiner früheren Leben Kabir gewesen sei.[25] Glaubte er also an die Wiedergeburt? Demnach wäre er doch Hindu gewesen? Weiteren Fragen nach seiner religiösen Herkunft war Sai Baba meist ausgewichen. Nur einmal, 1916, gegen Ende seines Lebens, hatte er sich vor seinen Anhängern völlig entkleidet, worauf diese sehen konnten, daß sein Glied unbeschnitten war. Ein Muslim war er also von der Herkunft her nicht, sondern vermutlich wirklich ein Hindu.[26]

Für Sai Baba selbst blieben solche Erörterungen völlig überflüssig. Ihm kam es darauf an, daß seine Religiosität über allen Glaubensbekenntnissen stand. Genau hiermit knüpfte er an Kabir an, wenngleich er keinerlei Verse hinterlassen hat, die in ihrer Bedeutung an sein Vorbild erinnern. Aber bereits mit seiner geistigen Grundhaltung provozierte Sai Baba eine Reihe Gläubiger – zumindest galt dies für diejenigen Muslime, die auf eine dogmatisch klar umrissene Religion fixiert waren.

Die Bildfolge des Comic strip *Tales of Sai Baba* stellt anschaulich dar, daß sich vor Sai Babas Moschee erzürnte Muslime versammelten. In den Sprechblasen der englischsprachigen Fassung sind Ausrufe zu lesen wie: »Was für ein Unsinn! Dies ist eine Moschee und kein Hindu-Tempel!« Die Muslime bedrohten Sai Baba mit Keulen und Säbeln, er aber belehrte sie: »Gott ist einer. Sie nennen ihn mit verschiedenen Namen. Rama und Rahim [der Erbarmer, Allah] sind eins. Deshalb streitet euch nicht. Liebt einander. Folgt eurer eigenen Religion und sucht die Wahrheit.«[27]

Entsprechende Szenen finden wir auch in einem anderen Comic strip über Sai Baba. Auch dort sehen wir den Mystiker vor versammelten Muslimen wie Hindus verkünden: Er glaube an Allah und sei ein Diener Allahs. Die Zuhörer erinnern sich jedoch, daß er in einer anderen Predigt Rama als höchste Instanz gepriesen hat, ein anderes Mal Krishna. Einer der Muslime hebt wütend den Knüppel gegen Sai Baba, aber der Heilige sieht den Angreifer verzeihend an, so daß dieser auf die Knie sinkt und erkennt: »Ah! Nun verstehe ich Eure Toleranz. Allah ist Krishna! Krishna ist Allah!« Zustimmend zitiert er die Worte Sai Babas.[28]

In Sai Baba haben wir einen Mystiker, der ganz bewußt die dogmatischen Grenzen zwischen Islam und Hinduismus überspringt – der sogar äußerst provozierend die Grenzen verwischt. Aber nur Hindus tun sich leicht damit, im Sinne von Sai Baba Allah mit Hindu-Gottheiten wie Rama und Krishna gleichzusetzen. Denn ihnen gibt ja ihre Religion von vornherein den Spielraum, jede Gottheit, auch die eines fremden Glaubensbekenntnisses, als eine Erscheinungsform des »All-Einen« zu begreifen. Muslime dagegen (wie auch Christen) sehen sich durch das Gebot gehemmt, keine anderen Gottheiten neben dem »Einen« zu verehren. Stets müssen daher die Muslime überzeugt werden, daß diese vielen Gottheiten nur unterschiedliche Erscheinungsformen des »Einen« seien.

Sieben bis acht Jahrzehnte nach dem Tod Sai Babas machte dann ein hinduistischer Guru von sich reden, der sich Sathya Sai Baba nennt (eigentlich: Sathyanarayan Raju; geboren 1926). Er behauptet, eine Wiedergeburt des legendären Sai Baba von Shirdi zu sein. Einige Millionen Hindus wie auch Muslime verehren ihn als ihren maßgeblichen Lehrer. Darüber hinaus lesen etliche Europäer und Amerikaner mit großer Zustimmung seine Traktate. Die eifrigsten Anhänger aus dem In- und Ausland kommen als Pilger zu seinem Ashram in Südindien. In deutlicher Anlehnung an sein Vorbild verkündet dieser zweite Sai Baba: »Es gibt nur einen Gott.

Er ist allgegenwärtig. Es gibt nur eine Religion, die Religion der Liebe.«[29] Diese Sätze, von einem hinduistischen Guru geäußert, könnten nahezu wortgleich von einem Sufi oder Derwisch gesprochen sein. Es gibt ja auch, wie bereits gezeigt, ein berühmtes Gedicht mit ähnlichem Wortlaut von Ibn al-Arabi.[30]

Die Chistiya und die Mogul-Kaiser: ein religiös-politisches Bündnis mit Folgen

Seit dem 11. Jahrhundert waren muslimische Turkvölker aus dem iranischen Großraum weit in den indischen Subkontinent vorgestoßen. Viele dieser Eroberer zerstörten Hindu-Tempel als Kultstätten eines verabscheuungswürdigen »Götzenglaubens« und ließen auf den Fundamenten Moscheen als Triumph des »wahren Glaubens« errichten (die islamische Toleranz galt ja nur gegenüber monotheistischen Religionen). Die Folge war, daß Hindus gegen die brutale Unterdrückung ihrer religiösen Kultur rebellierten und in blutigen Aufständen die islamische Herrschaft gefährdeten.

Sultane und Emire waren also gezwungen, Strategien zu entwikkeln, um das Zusammenleben einer schmalen muslimischen Herrenschicht und der Masse der unterworfenen Hindus zu stabilisieren. Sie mußten zu einem tragfähigen Konsens nicht nur auf politischer, sondern auch auf religiöser und kultureller Ebene gelangen. Das überzeugendste Vorbild für eine Koexistenz der Religionen boten hier die Sufis und Derwische. Denn den muslimischen Mystikern gelang es am besten, friedlich mit Hindus zu leben und sie teilweise sogar allein durch ihre Überzeugungskraft zum Islam zu bekehren. So kam es, daß etliche muslimische Fürsten dazu übergingen, die Bruderschaften tatkräftig zu unterstützen, ihnen Ländereien schenkten und Geld für den Ausbau ihrer Dargahs zufließen ließen.

Zu den tatkräftigsten Förderern mystischer Bruderschaften wurden die Moguln. Diese Dynastie turkmenisch-mongolischer Herkunft (ihr Name bedeutet »Mongolen«) war 1526 unter dem Fürsten Babur mit einem großen Heer von Afghanistan in die Ebenen von Indus und Ganges eingedrungen. Die Moguln herrschten dann bis ins 18. Jahrhundert über ein Großreich, das nahezu zwei Drittel des indischen Subkontinents umfaßte.

Die entscheidenden Weichen für eine Verbindung zu Bruderschaften stellte Akbar, der Enkel Baburs und bedeutendste aller Mogul-Kaiser. Akbar regierte von 1556 bis 1605. Er förderte vor allem die Chistiya, und damit wurde diese Bruderschaft endgültig zur religiös bedeutendsten Organisation islamischer Mystik auf dem indischen Subkontinent. Den Anlaß zur innigen Partnerschaft mit der Chistiya soll der Besuch des Kaisers Akbar bei dem Chisti-Einsiedler Salim Chisti gegeben haben, so ist in legendär ausgeschmückten Chroniken zu lesen. Der Sufi lebte auf einer Anhöhe über der Ortschaft Sikri nahe der Reichshauptstadt Agra. Akbar habe den berühmten Chisti-Heiligen um Fürbitte bei Gott gebeten, damit endlich der bisher kinderlosen Gattin der ersehnte Thronfolger geboren werde. Als neun Monate später tatsächlich ein Sohn zur Welt kam, bedankte sich Akbar, indem er 1571 zu Ehren Salim Chistis nahe seiner Einsiedlerklause den Grundstein für eine neue Residenzstadt mit dem Namen Fatehpur Sikri legte (Fatehpur bedeutet »Stadt des Sieges«).

Nach dem Tod des Chisti-Heiligen ließ Akbar in Fatehpur Sikri ein prächtiges Mausoleum bauen, dessen Marmorgitter um den Sarkophag sowie die Fenstergitter aus Marmor zu den schönsten in ganz Indien zählen. Und obwohl die neue Residenzstadt selbst wegen Wassermangels bald wieder verlassen wurde und die Paläste seither nur noch ein grandioses Museum sind, ist das Grab des Salim Chisti ein vielbesuchtes Wallfahrtszentrum geblieben: Zu ihm kommen bis heute immer noch Pilger mit der Bitte um Kindersegen, und wie bei anderen Chisti-Mausoleen sind es gleichermaßen Muslime und Hindus.

Akbar pilgerte nach der Geburt des ersehnten Thronfolgers ebenso zum zentralen Chisti-Heiligtum von Ajmer und ließ gegenüber dem Mausoleum des Muinuddin Chisti eine prächtige Moschee bauen. Seinem Beispiel als Bauherr folgten etliche, seinem Beispiel als Pilger nahezu alle späteren Mogul-Kaiser. Auch für sie wurde das Chisti-Heiligtum von Ajmer zu einem wichtigen Wallfahrtsort.

Hinter dieser demonstrativen Sufi-Frömmigkeit von Politikern steckt, wie schon angedeutet, realpolitische Weitsicht. Mehr als alle anderen Herrscher aber begriff Akbar, daß die muslimischen

Eroberer die Hindus nur dann dauerhaft regieren konnten, wenn die Mogul-Kaiser sich gegen Andersgläubige ähnlich tolerant verhielten, wie es die Sufis und Derwische taten. Unter dem Einfluß sufischer Religiosität hatte Akbar bereits 1564 völlige Rechtsgleichheit zwischen Muslimen und allen anderen Religionsgemeinschaften Indiens hergestellt.

In der Folge erlaubte Akbar den Hindus, ihre Tempel, die durch Muslime zerstört worden waren, wiederaufzubauen, mit Ausnahme jener, auf deren Grundmauern Moscheen standen. Auch durften Hindus wieder ihre Zeremonien und Wallfahrten ungehindert mit traditioneller Prachtentfaltung durchführen. Außerdem übertrug er Hindus der ehemaligen Führungsschicht Regierungsämter. Zudem heiratete er Töchter der Hindu-Fürsten, ohne von den Gattinnen den Übertritt zum Islam zu fordern. Die Mutter des ersehnten Thronfolgers war eine solche Hindu-Frau. Akbar wurde somit zum ersten muslimischen Herrscher eines indischen Großreiches, dem es gelang, politisch solide Bindungen zwischen Muslimen und Hindus herzustellen. Damit verstärkte er entschieden die Tendenz, daß über religiöse Grenzen hinweg eine kulturelle Gemeinschaft entstehen konnte. Die Mogul-Dynastie konnte nahezu ein Jahrhundert von den Folgen dieser Entwicklung profitieren, denn eine Reihe Hindu-Fürsten wurde – angesichts der doch mehr oder weniger konsequent praktizierten Toleranz – gar zu engen Verbündeten der muslimischen Herrscher.

Aber Mitte des 17. Jahrhunderts kam mit Aurangzeb ein Mogul an die Regierung, dessen Politik wieder dazu führte, daß Hindus und Muslime einander mehr und mehr feindlich begegneten. Aurangzeb regierte fast aufs Jahr genau ein Jahrhundert nach Akbar, von 1658 bis 1707. Aurangzeb stand völlig unter dem Einfluß der Orthodoxie, die in der großen »Offenheit« muslimischer Mystiker gegenüber anderen Glaubensformen eine Gefahr für den Absolutheitsanspruch des Islam sah. Deshalb ging er scharf gegen derartige »Ketzer« vor.

Aurangzeb ließ 1659, kaum ein Jahr an der Regierung, seinen älteren Bruder Mohammed, der den persischen Beinamen »Dara Shikoh« (»Besitzer der Herrlichkeit«) trug, hinrichten. Dara Shikoh, der ursprünglich der Kronprinz war (bevor ihn Aurangzeb entmachtete), war als Mystiker sowohl bei Muslimen wie Hindus gleichermaßen zu Ruhm gekommen – und gerade deshalb bei orthodoxen Korangelehrten als »Ketzer« verhaßt. Aber indem Aurangzeb mit der Hinrichtung seines Bruders einen Wunsch der »Rechtgläubigen« erfüllte, hatte er zugleich die eigene Macht abgesichert.

Dara Shikohs »Ketzerei« hatte darin bestanden, die Upanishaden als eines der großen heiligen Bücher der Hindus gleichwertig neben den Koran zu stellen. Für Dara Shikoh waren die Upanishaden jenes herausragende Werk, auf das sich das koranische Wort von einem »verborgenen Buch« (Sure 56/78) bezieht.[31] Zusammen mit hinduistischen Gelehrten übersetzte der Kronprinz der Mogul-Dynastie die Upanishaden unter dem Titel *Sirr-e-Akbar,* »Das große Geheimnis«, ins Persische, um dieses Werk einer muslimischen Bildungsschicht leichter zugänglich zu machen. Darüber hinaus vertrat er in einem weiteren Buch mit dem Titel *Majma'al-Bahrain,* »Der Zusammenfluß zweier Meere«, die Auffassung, daß der Sufismus und die Hindu-Lehre des Vedanta ein und dieselbe Grundwahrheit enthielten. Hierbei ging es Dara Shikoh nicht darum, die beiden Religionsformen miteinander zu vermischen – er wollte nur auf die göttliche Wahrheit hinweisen, die vielfältig in sehr unterschiedlichen Offenbarungen der Religionen zum Ausdruck kommt. Bemerkenswert ist, daß er sich mit solchen Gedanken weitgehend auf Celaleddin Rumi – und hier vor allem auf dessen Gedichtsammlung des *Mathnawi* – berief. Das *Mathnawi* war damals im islamischen Indien bereits weit verbreitet und von Mystikern vielfach interpretiert worden.[32]

Die Hinrichtung des prominenten Mystikers Dara Shikoh bedeutete den Auftakt zu einer rigorosen Abkehr von allen »verderblichen« Einflüssen der hinduistischen »Götzendiener«. Aurangzeb kehrte wieder zu jener fatalen Praxis zurück, im Namen des »allein wahren Gottes« Hindu-Tempel zu zerstören und auf ihren Fundamenten Moscheen zu errichten. Unter kaum einem muslimischen Herrscher, vor allem unter keinem Mogul-Kaiser, wurden derart viele hinduistische Kultstätten vernichtet wie unter Aurangzeb. Wenn heute der Reisende in so berühmten Hindu-Pilgerzentren wie Varanasi (Benares), Mathura und Somnath vergeblich nach jahrhundertealten, künstlerisch bedeutsamen Sakralbauten sucht, so liegt dies vor allem am Zerstörungsfanatismus dieses Moguls. Heiligtümer, die an Schönheit zu den größten architektonischen Leistungen des Hinduismus zählten, sanken Ende des 17. Jahrhunderts unrettbar in Trümmer und sind später nicht mehr in der ursprünglichen Form aufgebaut worden. Das gilt auch für die einst prächtigen Tempel des hinduistischen Pilgerortes Pushkar, der nur rund zwanzig Kilometer von der islamischen Pilgerstadt Ajmer entfernt liegt.

Aurangzebs Herrschaft, von Kriegen gegen die Hindu-Fürstentümer geprägt, zehrte erheblich an der Substanz der Mogul-Dynastie, denn mit militärischer Macht allein ließ sich die Mehrheit der Hindus auf Dauer nicht beherrschen. Zwar erwies sich Aurangzeb als ein überaus fähiger militärischer Stratege und auch Administrator, aber nach seinem Tod 1707 fehlte endgültig der starke Mogul, der das islamische Großreich noch vor dem Zerfall hätte bewahren können. Das eigentliche Verhängnis der radikal hindu-feindlichen Politik lag jedoch darin, daß sich zwischen Muslimen und Hindus erneut hohe Barrieren bildeten – mit politischen und religiösen Spannungen, die sogar die britische Kolonialherrschaft überdauerten. Diese Spannungen führten 1947 letztendlich zur Teilung des indischen Subkontinents in die Staaten Indien und Pakistan.

Die Chisti-Bruderschaft verlor aber in dieser Zeit des Niedergangs nicht an Einfluß. Im Gegenteil: Der Chistiya wuchs angesichts zunehmender Unruhen um so mehr die Funktion zu, zwischen den einzelnen Religionsgemeinschaften vermittelnd zu wirken.

Die Bedeutung der Chistiya zeigt sich sogar in Bezug auf den Mogul Aurangzeb. Als dieser bereits zu Lebzeiten nahe der zentralindischen Stadt Aurangabad (die nach ihm benannt ist) sein Marmorgrabmal errichten ließ, war die Wahl des Ortes aufschlußreich: Sein Grab befindet sich in Sichtweite des Mausoleums von Sayyed Zainuddin Shirazi, einem populären Sufi-Heiligen der Chisti-Bruderschaft. Wie das? Obwohl Aurangzeb mit seiner schroffen Intoleranz gegen den »götzendienerischen« Hinduismus entschieden von der religiös grenzüberschreitenden Offenheit der Chistiya abwich, hielt auch er aus Gründen politischer Taktik daran fest, die Verbundenheit der Mogul-Dynastie mit der Chisti-Bruderschaft zu betonen.

Nizamuddin ... Ein ganzes Stadtviertel und der dazugehörige Bahnhof sind in Delhi nach einem Heiligen der Chisti-Bruderschaft benannt. Nizamuddin liegt im Süden der indischen Hauptstadt nahe dem Mausoleum des Mogul-Kaisers Humayun. Viele indische wie westliche Reisegruppen strömen zu der palastähnlichen Grabstätte des Humayun, die mit ihrer harmonisch gegliederten Fassade aus rotem Sandstein und der krönenden weißen Marmorkuppel den Ruhm genießt, das architektonische Vorbild für das Taj Mahal in Agra abgegeben zu haben. Aber kaum einmal ein westlicher Tourist gelangt in das angrenzende verwinkelte Stadtviertel, wo sich ein für viele Muslime ebenso wichtiges Grabmal befindet.

Das Mausoleum des Nizamuddin Auliya ist zum zweiten bedeutenden Pilgerzentrum der Chisti-Bruderschaft geworden. Der Beiname »Auliya«, wie Nizamuddin respektvoll im Plural genannt wird, bedeutet »Heilige«. Geboren wurde er 1238 in Badaun (im Bundesstaat Uttar Pradesh gelegen), 1325 starb er in Delhi. Er lebte damit ein Jahrhundert nach Muinuddin Chisti. Wie kein anderer Sufi hat Nizamuddin zur Ausbreitung der Chisti-Bruderschaft in Indien beigetragen. Auch haben sich, so die Berichte von Chronisten, unter seinem Einfluß die meisten Muslime Delhis einer mystisch ausgerichteten Religiosität zugewandt.[33]

Dieses Chisti-Pilgerzentrum in Delhi ist allerdings weniger groß als das in Ajmer. Der Besucher durchquert etliche enge Vorhöfe, in denen sich Verkaufsbuden mit religiösen Schriften, Amuletten und Blumenschalen für das Opferritual reihen, und betritt schließlich den zentralen Innenhof, an dessen Rändern sich eine Moschee und einige Sufi-Grabstätten befinden. In der Mitte ragt das Mausoleum des Nizamuddin Auliya auf. Mit seiner weißen Marmorkuppel und seinen bunt ornamentierten Außenwänden wirkt es wie ein kleineres Abbild der Grabstätte Muinuddin Chistis. Das ist kein Zufall, denn das Mausoleum in der heute erhaltenen Form wurde 1562 ebenfalls auf Initiative des Mogul-Kaisers Akbar, des intensivsten Förderers der Chisti-Bruderschaft, errichtet.

Ähnlich wie in Ajmer ist auch das Pilgertreiben: Nicht nur Muslime, sondern auch Hindus kommen zum Schrein des Heiligen, um mit Blumenopfern ihre Verehrung zu erweisen und für Gesundheit, Familie und Erfolg im Beruf zu bitten. Ähnlich auch die Atmosphäre mit Musikanten und Sängern. Wie in Ajmer sitzen sie mit Harmonium, Tampura (Gitarre) und Tabla (Trommel) in Blickrichtung zum Mausoleum. Und wie in Ajmer singen die Männer kehlig, mal melancholisch, mal fröhlich, lebhafte Lieder von der Liebe zu Gott, zum Göttlichen, Lieder von Leidenschaft, Trennungsschmerz, Hingabe bis zur Selbstvergessenheit.

Aber hier im Heiligtum von Nizamuddin Auliya sind wir dem Ursprung dieser meditativen Musik näher als im Heiligtum des Muinuddin Chisti. Hier befindet sich am Rand des zentralen Hofs das Grab des Amir Khosrau, eines engen Freunds und Schülers des Nizamuddin Auliya. Der Mystiker Amir Khosrau, der 1253 als Sproß eines persischen Geschlechts im Punjab geboren wurde, führte in die meditativen Zeremonien der Chisti-Bruderschaft das »Qawwali«, den elegischen Gesang und die dazu begleitende Musik, ein. Auch soll er das Saiteninstrument Sitar erfunden haben, das seither für die Einstimmung zur Meditation verwendet wird. Muinuddin Chisti hatte sich bereits ein Jahrhundert zuvor ebenfalls sehr interessiert an Musik und Gesang gezeigt, ja er soll beim Anhören von Musik zeitweilig in Ekstase geraten sein.[34] Aber erst Amir Khosrau hat in Delhi jene musikalische Form entwickelt, die zum Ursprung einer mystischen indo-islamischen Musiktradition geworden ist.

Woher hatte der Chisti-Derwisch Amir Khosrau seine Anregungen bezogen?

Zunächst mag es dem westlichen Beobachter so erscheinen, als ob wesentliche Einflüsse aus mystischen Bruderschaften des Vorderen Orients gekommen wären. Schließlich hatte schon Jahrzehnte vor Amir Khosrau der Derwisch Celaleddin Rumi im türkischen Konya Musik und Tanz zu einem unentbehrlichen Bestandteil mystischer Rituale gemacht. Aber der Begründer indischer Sufi-Musik wußte noch nichts von Celaleddin Rumi. Denn mehr als ein Jahrhundert sollte es noch dauern, bis die Musik und die Tanzrituale der Mevlevi-Derwische auch in Indien bekannt wurden. Die Chisti-Bruderschaft war dann allerdings die erste, die sich für Rumis Dichtung und Musik begeistern konnte.

Zu Lebzeiten Amir Khosraus war religiös-rituelle Musik in Indien nur bei Hindus üblich. Um so mehr Gewicht hatte damals noch die Haltung von Korangelehrten, die sich meist sehr ablehnend über Musik und Gesang im Dienst der Religion äußerten. Amir Khosrau nahm seine Anregung daher aus islamfremden Quellen, er ließ sich von der Tempelmusik der Hindus inspirieren. Er, der Muslim, musizierte oft mit Hindus zusammen in Tempeln.

Wie stark sich hinduistische und islamisch-mystische Rituale in ihrer Musik berühren, konnte ich anschaulich erleben, als ich in Hindu-Tempeln Gläubige singen und musizieren hörte. Besonders in Erinnerung ist mir hier eine Zeremonie im Jagdish-Tempel von Udaipur, einer Stadt im Bundesstaat Rajasthan, südwestlich von Ajmer. Diese Kultstätte, dem Gott Vishnu geweiht, ist ein majestätischer Tempel des 17. Jahrhunderts, dessen Außenwände mit einem Fries aus hunderten Steinfiguren von Gottheiten, Tänzerinnen und Fabelwesen geschmückt sind. In der Kuppelhalle dominiert die überlebensgroße Statue des Gottes Vishnu in der Erscheinungsform des Jagdish, flankiert von seiner Gattin Lakshmi sowie Vishnus menschgewordener Inkarnation Krishna. Mit Blick auf diese Gottheiten sangen und musizierten die Hindus. Einer spielte das Harmonium, ein anderer die Vina (ein gitarrenähnliches Instrument), ein anderer trommelte auf einer Tabla. Noch deutlicher aber wurde die Parallele zu den Chisti-Heiligtümern bei dem dominierenden Sänger. Sein Gesang war elegisch, melancholisch, als rezitiere er ein Qawwali-Gedicht. Er steigerte seine Stimme und breitete schließlich ekstatisch die Arme aus …

Aber eines war doch ganz anders als in den islamisch-mystischen Heiligtümern: Hier, im Hindu-Tempel von Udaipur, sang auch eine Gruppe Frauen.

Der »Universelle Gottesdienst« des Inayat Khan

Ich brauchte nur wenige Minuten zu gehen, um in Delhis Vorort Nizamuddin vom Mausoleum des Nizamuddin Auliya zu einem anderen, ähnlich markanten Grabmal zu kommen: dem des Sufi Inayat Khan. Der Kontrast aber konnte größer nicht sein.

Eben noch hatte ich mich in der Dargah der Chisti-Bruderschaft inmitten einer bunten Menge indischer Pilger bewegt, hatte an Verkaufsständen religiöse Schriften mit indischen Schriftzeichen sowie Blumengirlanden, Räucherstäbchen und Amulette gegen Krankheiten gesehen. Und im Inneren des Mausoleums hatte mich ein Strom von Menschen mitgezogen, Pilger, die aus mitgebrachten Schalen Blumen über den Sarkophag schütteten. Ein vielfältiges Stimmengemurmel von Gebeten, stickige Luft.

Anders im Mausoleum des Inayat Khan. Rund um den schlichten Steinsarkophag viel Raum. Eine meditative Stille. Die wenigen Pilger, die hier mit gekreuzten Beinen im Yogasitz auf Teppichen saßen, waren – westliche Besucher. Im angrenzenden Hof traf ich ebenfalls auf Europäer, vor allem Deutsche, Österreicher, Holländer, Belgier. Dagegen kaum Inder. Entsprechend waren die zum Verkauf ausgelegten Bücher überwiegend in englischer, teils auch in deutscher Sprache geschrieben.

Die Bildnisse des Inayat Khan, die an verschiedenen Plätzen aufgehängt waren, betonten allerdings das Indische: Sie zeigten einen Mann mit schwarzem Bart und bis auf die Schultern fallendem dichtem Haar, dazu ein wallendes Gewand. Auf manchen Bildern trug er einen Turban, auf manchen hielt er ein großes mandolinenähnliches Instrument in den Händen. Ein zutiefst traditionell wirkender Sufi: Weshalb aber waren in seiner Dargah so wenige Inder?

Einer der Deutschen erklärte mir: Die Sufi-Gemeinschaft des Inayat Khan sei nicht so sehr im indisch Regionalen verwurzelt, sie sei stärker auf eine internationale Anhängerschaft ausgerichtet, es gebe unter ihren Mitgliedern sogar mehr Europäer und Amerikaner als Muslime. – Ob er zum Islam übergetreten sei, fragte ich. – Nein, das sei keine Voraussetzung, um ein Mitglied dieser Gemeinschaft zu sein.

Von den wenigen Indern hier bekannten sich ebenfalls nicht alle zum Islam. Einer gab sich im Gespräch als Brahmane zu erkennen, der durch einen holländischen Freund auf die Lehre Inayat Khans aufmerksam geworden sei. Aber Hindus hatte ich auch schon in Chisti-Heiligtümern getroffen.

Anders dann wieder die Musikanten und Sänger. Während vor den Grabstätten der Chisti-Heiligen nur Muslime musizierten, erlebte ich vor dem Mausoleum des Inayat Khan im Verlauf eines langen Abends Angehörige unterschiedlicher Religionsgemeinschaften: neben Muslimen auch Hindus und Sikhs. In einer der Musikgruppen dominierte zwar ein Muslim mit einer Geige, ihn begleiteten aber zwei Hindu-Frauen auf der Tampura, die einer Mandoline ähnlich sieht. In einer anderen Gruppe stand ein Hindu im Mittelpunkt, der den Dhrupad (einen klassischen nordindischen, höfisch beeinflußten Vokalgesang) bot, begleitet von einem muslimischen Tabla-Spieler. Und wieder in einer anderen Gruppe sang ein Sikh ein Huldigungslied an Saraswati, die hinduistische Göttin der Weisheit.

Es kann allerdings nur den unvorbereiteten Besucher überraschen, daß zwei im Flair derart unterschiedliche Sufi-Zentren nur wenige Gehminuten voneinander entfernt liegen. Inayat Khan hatte ausdrücklich gewünscht, sein Mausoleum in unmittelbarer Nachbarschaft des Nizamuddin Auliya zu haben. Denn er, selbst Schüler eines Chisti-Sufi, hatte sich zeitlebens dieser Bruderschaft freundschaftlich verbunden gefühlt. Ein Blick auf die Biographie macht deutlich, wie sehr Inayat Khan von der Chistiya geprägt war.

Inayat Khan wurde 1882 in Baroda, der Hauptstadt eines Fürstentums nördlich von Bombay, geboren. Er entstammte einer muslimischen, schon seit mehreren Generationen den Sufismus praktizierenden Familie. Wesentlichen Einfluß auf seine Erziehung hatte der Großvater, der den Sufi-Namen Maula Baksh (»Der von Gott Beschenkte«) angenommen hatte und ebenfalls schon von einem Sufi der Chisti-Bruderschaft unterrichtet worden war. Das geräumige Wohnhaus des Maula Baksh war ein Treffpunkt von Philosophen, Dichtern und Interpreten mystischer Musik sowohl des Islam als auch des Hinduismus. In diesem fruchtbaren Spannungsfeld beider Kulturen wirkte intensiv auch Inayat Khans Vater. Er, der Muslim, entwickelte sich zu einem bedeutenden Sänger im klassischen Dhrupad-Stil.

Entsprechend wurde Inayat Khan von Kindheit an sowohl von Muslimen als auch von Hindus unterrichtet. Und so studierte der junge Muslim mit großem Interesse nicht nur den Koran, sondern auch die Bhagavad Gita, eines der heiligen Bücher der Hindus.

Aber sein Hauptinteresse galt den vielfältigen Musiktraditionen sowohl des Islam als auch des Hinduismus. Bereits im Alter von zwanzig Jahren war er ein berühmter Sänger und Musiker an Indiens Fürstenhöfen. Und früh wurde für ihn die Musik zum Zentrum mystischer Erfahrung: »Klang ist die höchste Form der Manifestation und als solche in sich selbst mystisch. Wer immer über das Wissen vom Klang verfügt, weiß wahrlich um das Geheimnis des Universums. [...] Meine Musik ist meine Religion.«[35]

Inayat Khan besuchte in Ajmer die Dargah des Muinuddin Chisti und in Delhi die des Nizamuddin Auliya, meditierte in beiden und war beim Gesang der Sufis »zu Tränen gerührt«, wie es in einer der Biographien heißt.[36] Daß er später den Wunsch äußerte, nahe dem Chisti-Heiligtum in Delhi und nicht bei dem in Ajmer beigesetzt zu werden, hat gerade mit seiner intensiven Neigung zu mystischer Musik zu tun: In Sichtweite der Grabstätte von Nizamuddin Auliya hat schließlich Amir Khosrau, der Begründer des Qawwali-Gesangs, seine letzte Ruhe gefunden.

Ein Mystiker der Chistiya sollte es auch sein, der Inayat Khans wegweisender spiritueller Lehrer wurde. Dieser Sufi gab ihm, so der legendenhaft ausgeschmückte Bericht eines Biographen, 1908 den Auftrag: »Gehe hinaus in die Welt und harmonisiere Ost und West mit deiner Musik. Verbreite die Weisheit des Sufismus im Ausland.«[37] Am 13. September 1910 verließ Inayat Khan Indien und reiste von Bombay per Schiff nach New York. Inayat Khan war der erste Sufi, der westliche Länder bereiste und dort auf den Sufismus aufmerksam machte. Dies geschah, bevor einer schmalen Bildungsschicht in Europa und Amerika die Lehren eines Celaleddin Rumi, Ibn al-Arabi und anderer Klassiker der islamischen Mystik bekannt geworden sind.

Allerdings war Inayat Khan nicht der erste indische Mystiker, der in westlichen Ländern »östliche Weisheit« zu vermitteln versuchte. Ihm vorangegangen war 17 Jahre früher der Hindu Vivekananda, der berühmteste Schüler des Ramakrishna, der ja, wie schon erwähnt, 1893 zu seiner Mission in die USA aufgebrochen war.[38] Beide, der Hindu wie der Muslim, standen am Anfang jener mystisch inspirierten Missionsbewegung, die seither bei einem westlichen Publikum immer größeres Interesse findet. Es ist kein

Zufall, daß eine solche Bewegung von Indien mit seiner überwiegend hinduistischen Religiosität ausging. Und es liegt nahe, daß sich Inayat Khan vom Sendungsbewußtsein Vivekanandas ermutigt fühlte.

Anders als für Vivekananda waren für Inayat Khan die ersten Jahre in den USA durch bittere Armut geprägt. Nur mühsam konnte er sich als Musiklehrer und Veranstalter exotischer Konzerte eine Existenz sichern – ohne sich mit seiner »spirituellen Botschaft« verstanden zu fühlen. Nach wechselnden Aufenthalten in Großbritannien und Frankreich verlegte er den Hauptsitz seiner Sufi-Bewegung nach Genf. Erst nach dem Ende des Ersten Weltkriegs fand er bei Europäern und Amerikanern größere Aufmerksamkeit – noch bevor ihn auch Muslime zu Kenntnis nahmen. 1926 kehrte er, von Krankheit gezeichnet, nach Indien zurück, wo er 1927 in Delhi im Alter von nur 45 Jahren starb.

Was die philosophische Originalität betrifft, hat Inayat Khan nichts Neues in die islamische Mystik eingebracht. Viele seiner schriftlich überlieferten Aussagen erscheinen wie Kopien aus der klassischen Epoche des Sufismus. So etwa, wenn er schreibt: »Ich suchte und konnte Dich nicht finden; ich rief vom Minarett laut nach Dir; ich läutete bei Steigen und Sinken der Sonne die [hinduistischen] Tempelglocken; ich tauchte vergeblich in des Ganges heiligen Strom; ich kam enttäuscht von der Kaaba zurück; ich sah mich auf Erden nach Dir um; ich suchte nach Dir im Himmel, mein Geliebter, doch endlich habe ich Dich gefunden – als verborgene Perle in der Muschel meines Herzens.«[39] Sehr ähnlich hatte dies bereits Celaleddin Rumi sieben Jahrhunderte früher formuliert.[40] Inayat Khans Bedeutung besteht weniger in der Eigenständigkeit seiner sufischen Philosophie als in der gelebten Praxis seiner Lehre. Gesang und Musik als mystische Bindeglieder zwischen den unterschiedlichen Religionsgemeinschaften haben das entscheidende Gewicht.

Inayat Khan hat in diesem Zusammenhang ein spezielles Ritual geschaffen, dem er die Bezeichnung »Universeller Gottesdienst« gegeben hat. Der Ablauf des Gottesdienstes – so lese ich bei H. J. Witteveen, dem gegenwärtigen holländischen Vizepräsidenten von Inayat Khans »Internationaler Sufi-Bewegung« – soll die

»essentielle Einheit aller Religionen« symbolisch verdeutlichen. Zu Beginn versammeln sich Angehörige unterschiedlicher Religionen um eine große Kerze, die sinnbildhaft das göttliche Licht darstellt. Jeder der Versammelten entzündet an dieser Flamme eine eigene Kerze, wobei jede für eine der unterschiedlichen Religionen steht. Aus den verschiedenen heiligen Schriften, dem Koran, der Bibel, der Bhagavad Gita und anderen, wird zu dem in der Predigt behandelten Thema je ein Abschnitt gelesen. Frauen und Männer nehmen gleichberechtigt an einem derartigen Ritual teil.[41]

Inayat Khan hatte als Mystiker naturgemäß nicht das Bedürfnis, eine neue Religion mit eigenem Glaubensbekenntnis zu gründen, sondern er wollte – wie es auch andere Mystiker unterschiedlicher religiöser Herkunft tun – die »Mitte« aller religiösen Erfahrung spürbar machen. Mit Inayat Khans eigenen Worten: »Es ist dann unwichtig, welches Gebäude man betritt, um sein Gebet zu verrichten, denn jeder Augenblick des Lebens ist zur Religion geworden – nicht eine Religion, an die man glaubt, sondern eine Religion, die man lebt.«[42] Und: »Wer zu beweisen trachtet, daß sein Glauben dem Glauben anderer überlegen ist, versteht den Sinn der Religion nicht. Je näher man der Wirklichkeit kommt, desto näher kommt man der Einheit. Das Meer der Wahrheit ist für den Sufi die wahre Religion. Und all die verschiedenen Bekenntnisse sind wie dessen Wellen.«[43]

Auf der Schlußseite einer Broschüre der »Internationalen Sufi-Bewegung« des Inayat Khan mit dem Titel *Sufismus. Eine andere Sicht des Lebens* finde ich Hinweise und Adressen über ihre Aktivitäten in Holland, Deutschland und der Schweiz. Ich selbst lernte etliche Mitglieder dieser Bewegung sowohl in Deutschland als auch in Österreich kennen und erhielt von ihnen eine Reihe Prospekte sowie Faltblätter zu Vorträgen, Seminaren für Meditation und Musiktherapie. Es bestätigt sich das, was mir in der Dargah des Inayat Khan angedeutet wurde: Die Bewegung ist aktiv, gerade unter Europäern.

Zwischen Mystik und Politik

Die vielen Gesichter der Bektashi-Bruderschaft

Im Pilgerzentrum Hacibektaş

Vom Touristenzentrum Göreme kommend, wartete ich an einer Straßenkreuzung im Schatten eines Olivenbaums auf den Anschlußbus nach Hacibektaş. Dieser zentrale Pilgerort der alevitischen Muslime, einer schiitischen Glaubensgemeinschaft, ist nur rund fünfzig Kilometer von der weltberühmten bizarren anatolischen Landschaft der Felskegel und Höhlenkirchen entfernt.

Neben mir stand ein junger Türke, der mich auf englisch fragte, wohin ich wolle. Hacibektaş? Er verzog ungläubig das Gesicht, dann grinste er. Und plötzlich ahmte er parodierend den Gesang der Derwische und ihre Tanzbewegungen nach. Anscheinend machte er sich lustig über eine ihm als altertümlich oder gar als anstößig empfundene Tradition. Oder machte er sich lustig auch über mich, daß ich ausgerechnet einen solchen Ort besuchen wollte? Ich konnte gerade noch erfahren, daß er Sunnit und nicht Alevit sei. Zu einem weiteren Gespräch reichte es nicht, denn nun kam der Bus, die Fahrt nach Hacibektaş begann.

Draußen zog hügliges Land mit fruchtbaren Feldern und einem baumbestandenen Flußtal vorbei. Zwischendurch Felder mit Weinreben in regelmäßiger Anordnung. Hier wird also Wein angebaut. Aber von Muslimen? Und noch etwas war anders: In vielen der Dörfer fehlte der vertraute Anblick einer Moscheekuppel und eines Minaretts. Dörfer ohne Moscheen! Das war ein untrügliches Anzeichen, daß dort Aleviten wohnen.

Die Kleinstadt Hacibektaş (so die moderne türkische Schreibweise) ist nach Haji Bektash, dem legendären Begründer der Bektashi-Bruderschaft, benannt. 1347 war er hier gestorben. Seine Grabstätte ist Anziehungspunkt für Aleviten aus allen Teilen der Türkei. Entsprechend groß waren meine Erwartungen. Aber der

Pilgerort mit etwa 4000 Einwohnern enttäuschte mich zunächst. Bei der Einfahrt blickte ich auf eine weitgestreute Ansammlung gesichtsloser Ziegelbauten aus neuerer Zeit. Nichts an dieser formlosen Mischung aus Kleinstadt und Dorf zeigte traditionelle Elemente oder gar »orientalisches Flair«. Die Ausnahme bildete die Tekke, das ehemalige Zentrum der Bektashi-Bruderschaft. Es ist ein weitverzweigter Gebäudekomplex mit Kuppelbauten und arkadengesäumten Höfen osmanischer Prägung und mit spitzkegligen Türben, Grabbauten im seldschukischen Stil – Bauwerke des 14. und 15. Jahrhunderts.

»Müzesi«, »Museum«, stand hier, nicht anders als im Derwisch-Konvent von Konya, mit großen Lettern über dem Portal geschrieben. Und auch hier hatte ich eine Eintrittskarte zu lösen, diesmal für umgerechnet drei Euro. Jahrzehntelang war der weitläufige Gebäudekomplex nach dem Verbot der Derwisch-Bruderschaften 1925 überhaupt geschlossen gewesen, bis er 1964, nun gründlich renoviert, als Museum geöffnet worden ist. Beklemmend museal erschien mir die Atmosphäre, als ich durch die Gebäude und Höfe ging. Die Glasvitrinen, in denen die Trachten von Bektashi-Derwischen, alte Schriften und Bilder ausgestellt waren, schienen tatsächlich nur noch den Geist einer längst vergangenen Zeit zu vermitteln. Wo blieben die Besucher? Nahezu allein durchstreifte ich die Räume und begegnete nur einmal einem türkischen Ehepaar, beide westlich gekleidet.

Ich saß im Hof auf einer Bank mit Blick auf das spitzkeglige Mausoleum des Haji Bektash. Von hier aus sah ich außerdem auf zwei Dutzend Grabsteine anderer Derwische, überragt von einer zweiten Türbe, dem Grabbau des Balim Sultan. Erst dieser Derwisch hat der Bruderschaft, ein Jahrhundert nach dem Tod des Haji Bektash, die feste Organisationsform gegeben. Zwei Stunden wartete ich so auf Pilger, die den beiden großen Ahnherren der Bektashi-Derwische ihre religiöse Verehrung erweisen würden. Der Hof blieb leer. Vogelgezwitscher aus blühenden Fliederbüschen und Kastanienbäumen mit weißen Kerzen. Eine beschauliche Atmosphäre, wenngleich melancholisch still.

An den Verkaufsständen und in den Läden am Eingang des ehemaligen Derwisch-Konvents hatte ich zuvor zu Hunderten Rollbilder, gerahmte Bilder und Postkarten entdecken können. Bei einem derart intensiven Angebot an religiösen Souvenirs mußte es doch Besucher geben. Es dominierten Bilder des Haji Bektash in der typisch ikonenhaften Gestaltung eines Heiligen mit Bart und der hohen weißen Filzmütze der Bektashi-Derwische. Aber fast genauso häufig gab es Bilder des Kalifen Ali und des Propheten Hussein, der beiden Ahnherren des schiitischen Islam, ebenso der zwölf Imame in der direkten Nachkommenschaft des Propheten Mohammed – Bilder, die eindeutig darauf hinwiesen, daß sich die Aleviten zu einer schiitischen Glaubensrichtung bekennen.

Am nächsten Morgen erlebte ich dann endlich eine größere Besuchergruppe. Dreißig bis vierzig Frauen und Männer drängten sich an der Kasse und zahlten wie ich Eintritt. Etliche Frauen trugen Kopftuch und bäuerliche Tracht, und jene, die westlich gekleidet waren, banden sich am Eingang ein Kopftuch um. Ich folgte ihnen in das Mausoleum des Haji Bektash und konnte beobachten, daß sie tatsächlich als Pilger kamen. Sie beteten kniend vor dem Sarkophag, bevor sie ihn mehrmals umrundeten und das grüne Tuch an der Oberseite küßten. Anschließend gingen sie über den Hof, um in ähnlicher Form im Mausoleum des Balim Sultan zu beten. Etliche von ihnen, auch Frauen, sprachen relativ gut Deutsch, da sie einige Jahre in Deutschland gearbeitet hatten. Sie bildeten eine Pilgergruppe aus Sivas, einer Stadt im Nordosten der Türkei, in der, wie sie erklärten, sehr viele Aleviten wohnten.

Ich begleitete die Pilgergruppe, auch als sie den Derwisch-Konvent verlassen hatte. Wir gingen zu einer Höhle außerhalb des Städtchens Hacibektaş. In dieser Höhle habe Haji Bektash meditiert, sagten sie. Vor der Höhle ragte ein Baum auf, an dessen knorrige Äste viele bunte Bänder geknüpft waren und im Wind flatterten. Frauen und Männer waren damit beschäftigt, nun ebenfalls Bänder an den Zweigen festzubinden. Jedes dieser Bänder sende ein Gebet zu Haji Bektash, erklärte mir einer aus der Gruppe, auf jedes Band sei ein Wunsch geschrieben, Haji Bektash würde die Gebete an Gott weiterleiten …

Beim Mittagessen erwartete mich eine Überraschung. Als ich in einem der kleinen Restaurants nahe dem Mausoleum des Haji Bektash die Speisekarte studierte, fragte mich der Kellner, ob ich

Bier oder Wein zum Essen wünsche. Undenkbar wäre eine solche Frage in den meisten türkischen Restaurants – es sei denn, sie sind auf Touristen spezialisiert –, unvorstellbar erst recht in einem der Restaurants nahe dem Mausoleum des Celaleddin Rumi in Konya. Aber der Kellner deutete seitlich auf eine Vitrine mit Weinflaschen. Deren Etikette zeigten das ikonenhafte Bildnis des Haji Bektash. Deutlicher könnte ein Bezug zwischen dem Weingenuß und der Bektashi-Bruderschaft gar nicht hergestellt sein. In dieser Form hatte ich dies noch in keinem sufischen Pilgerzentrum erlebt. Für Aleviten gibt es kein religiös begründetes Alkoholverbot.

Am Abend erwartete mich eine weitere Überraschung. Als ich an einer Bäckerei vorbeikam und neugierig in die altertümliche Backstube blickte, sprach mich der Verkäufer auf deutsch an. Er, ein junger Alevit, hatte mit seinen Eltern 15 Jahre in Duisburg gelebt und dort einige Jahre das Gymnasium besucht. Jetzt unterrichte er in seinem Heimatort Hacibektaş Türkisch, Deutsch und Englisch. Nebenberuflich arbeite er in der Bäckerei, weil ein Lehrergehalt in der Türkei nicht gerade üppig sei. Er bat mich herein und servierte Tee. An der Wand hingen Bilder von Haji Bektash und den zwölf schiitischen Imamen. Wir redeten über den Glauben der Aleviten und die Traditionen der Bektashi-Derwische. In diesem Zusammenhang kamen wir auch darauf zu sprechen, daß die Aleviten keine Moscheen, sondern sogenannte Versammlungshäuser, »Çam« (»Dscham« gesprochen), besäßen. (Der Begriff ist vom arabischen Wort »Jama«, »Versammlung«, abgeleitet.) Er fragte mich, ob ich nicht einen solchen Çam besuchen wolle? – Jetzt? – Ja, jetzt sofort. In Hacibektaş gebe es drei solcher Çam, in einen davon wollte er mich führen, er sei mit der Leiterin verwandt.

Das Çam-Haus lag etwa zehn Gehminuten von der Bäckerei entfernt in einer Seitenstraße, es sah mit seinen Giebeln und Türmchen und dem Vorgarten wie eine größere Villa aus, architektonisch etwas protzig und monoton zugleich. Der religiöse Zweck war dem Gebäude nicht anzusehen – eine perfekte Tarnung gegenüber sunnitischer Kontrolle, wie das noch in der Endphase der osmanischen Herrschaft nötig war. Eine solche Tarnung haben die Aleviten beibehalten, auch wenn es heute nicht mehr so gefährlich ist, sich zu einem »ketzerischen«, vom sunnitischen Islam derart abweichenden Glauben zu bekennen. Aus Gründen der Tradition wird am Prinzip des Çam-Hauses festgehalten.

Eine etwa sechzigjährige weißhaarige Frau mit intelligentem Gesicht öffnete uns. Sie war nach dem Tod ihres Mannes Leiterin des Çam-Hauses geworden. Mein Begleiter betonte, es sei bei Aleviten selbstverständlich, daß auch eine Frau einer religiösen Kultstätte vorstehen könne. Und er vergaß nicht hinzuzufügen: Bei den Sunniten sei das undenkbar.

Der Hauptraum war mit Teppichen ausgelegt, an den Wänden hingen wieder Bilder von Haji Bektash und etlichen anderen führenden Bektashi-Derwischen, außerdem die sonst übliche schiitische Ikonographie: Kalif Ali, sein Sohn Hussein.

Ob Haji Bektash auch noch einem modernen Muslim etwas zu sagen habe, wollte ich wissen. – Oh ja, antwortete der junge Alevit und steigerte sich in einen Redefluß hinein: Haji Bektash sei ein wissenschaftlich und philosophisch sehr gebildeter Mann gewesen. Seine ethischen Gebote für die Gläubigen seien so modern, daß sie in vielem die Menschenrechtserklärung des 20. Jahrhunderts vorweggenommen hätten. Und das, obwohl er 600 Jahre früher gelebt habe. Von den Sunniten werde er zwar bis heute als Ketzer abgelehnt, aber nur, weil Haji Bektash den Aberglauben und die Rückständigkeit der Sunniten bekämpft habe.

Für mich war das eine überraschende Deutung. Ich kannte Haji Bektash aus der Literatur westlicher Orientalisten vor allem als legendären Ahnherrn einer Bruderschaft, deren Derwische als Feldprediger bei den gefürchteten osmanischen Elitesoldaten, den Janitscharen, gewirkt hatten. Es war also eine Bruderschaft gewesen, die sich immer enger mit dem Militär verflochten, immer stärker Einfluß auf die Politik ausgeübt hatte und schließlich von den Osmanen-Sultanen sogar als Bedrohung empfunden worden war. Ich sprach meinen Gastgeber auf dieses Problem an. Der junge Alevit winkte betont beiläufig und etwas unwillig ab. Ach, die Politik, das sei lange her und vorbei, sagte er. Solch wegwerfende Handbewegung signalisierte, daß wir besser von etwas anderem reden sollten.

Wie er Celaleddin Rumi einschätze? – Auch Rumi sei bedeutend, antwortete er nach kurzem Zögern. Aber Rumi sei nicht so fortschrittlich wie Haji Bektash gewesen. Haji Bektash habe in türkischer Sprache geschrieben und gepredigt und sei mit dem Volk sehr verbunden gewesen. Rumi habe dagegen auf persisch geschrieben und sich elitär vom Volk abgekapselt. Die eigentlich große Wirkung auf die türkische Kultur späterer Jahrhunderte sei von Haji Bektash ausgegangen, nicht von Rumi.

Ich nickte höflich und vermied es, die ganz anders lautenden Meinungen von Sunniten zu zitieren, mit denen ich in der Türkei gesprochen hatte.

Ich wollte wissen, ob auch noch in heutiger Zeit irgendwelche Rituale der Bektashi-Derwische praktiziert würden. Der junge Alevit bejahte, wandte sich aber an die Leiterin des Çam-Hauses und ließ sie sprechen, wobei er ihre Worte ins Deutsche übersetzte. Bektashi-Derwische gebe es seit 1925 nicht mehr, erklärte sie, aber viele ihrer Traditionen lebten bei den Aleviten weiter. Etwa der rituelle Tanz. Und solche Tänze fänden auch hier im Çam statt, Männer und Frauen könnten gleichberechtigt daran teilnehmen, sie tanzten miteinander. Das sei anders als bei den Sunniten, anders auch, als es bei den Derwischen des Celaleddin Rumi gewesen sei. Die Sunniten würden deshalb über die Aleviten böse Gerüchte verbreiten. Etwa, daß es bei solchen mystischen Tänzen zu unsittlichen Handlungen käme. Das sei völliger Unsinn. Der junge Alevit lachte und schüttelte demonstrativ belustigt den Kopf, bevor er weitere Erklärungen abgab.

Es gebe außerdem bis heute das rituelle Mahl der Bektashi-Derwische mit Brot, Käse und Wein, das hier im Çam abgehalten werde. – Mit Wein? – Ja, mit Wein. Bei den Aleviten sei Wein kein verbotenes Getränk. Das sei nur bei den Sunniten so. – Aber würden sich die Aleviten damit nicht außerhalb der islamischen Gesetze bewegen? – Oh nein, oh nein. Die Aleviten seien in viel echterem Sinn Muslime als die Sunniten, denn sie würden viel kritischer zwischen richtiger und falscher Tradition unterscheiden.

Es war ein Gespräch, das viele Fragen offen ließ. Der Unterschied zwischen alevitischer und sunnitischer Glaubensrichtung war nur an der Oberfläche berührt. Ebenso die Religiosität der Bektashi-Derwische.

Der »ketzerische« Islam der türkischen Aleviten

In den Verkaufsständen rund um das Mausoleum des Haji Bektash liegen ja zu Dutzenden die Bildnisse des Kalifen Ali und seines Sohnes Hussein, der beiden Ahnherrn der Schiiten, aus. Gerade dies veranschaulicht sehr deutlich, daß die Religionsgemeinschaft der Aleviten aus dem schiitischen Islam hervorgegangen ist. Aber in welcher Form glauben die Aleviten schiitisch? Und in welchen Punkten weichen sie grundlegend von der Orthodoxie nicht nur der Sunniten, sondern auch der Schiiten ab?

Die Religionsbezeichnung »Aleviten« – auf türkisch »Alevi« – bedeutet »Gefolgsleute des Ali«. Der Name Ali bezieht sich auf Ali Ibn Abi Talib, den Vetter und Schwiegersohn des Propheten Mohammed. Er ist für Schiiten wie Aleviten zu einer zentralen Figur religiöser Verehrung geworden – jedoch bei den Aleviten mit beträchtlicher Akzentverschiebung, und hier wird der Gegensatz sogar zu den Schiiten brisant.

Zunächst die historischen Wurzeln. Ali wurde 24 Jahre nach dem Tod des Propheten Mohammed zum vierten Kalifen des Islam gewählt. Aber dieser Wahl war viel religiös-politischer Streit vorangegangen, nur ein Teil der Muslime wollte sich dem Kalifen Ali unterordnen. Nach nur fünf Regierungsjahren wurde Ali im Jahr 661 unserer Zeitrechnung von Gegnern ermordet. Seine Anhänger hatten sich zu diesem Zeitpunkt bereits in der »Schiat Ali«, der »Partei des Ali«, formiert, wovon sich der Name »Schia« und entsprechend »Schiiten« ableitet.

Zur endgültigen Glaubensspaltung in Sunniten und Schiiten kam es jedoch erst im Jahr 680, als Hussein, der Sohn des Kalifen Ali und Enkel des Propheten Mohammed, vergeblich seinen Anspruch auf das Amt des Kalifen anmeldete und ebenfalls ermordet wurde. Aus der Sicht der Schiiten sind Ali und Hussein jene religiös-politischen Führer, unter deren Initiative sich die islamische Gesellschaft »nach dem Willen Gottes« formte. Dagegen hätten die Sunniten (deren Name auf das arabische Wort »Sunna«, »Überlieferung«, zurückgeht) die religiös-rechtliche Staatsordnung zutiefst verfälscht.

Bei dieser einen religiös-politischen Spaltung ist es nicht geblieben. Besonders innerhalb der schiitischen Glaubensrichtung ist es im Verlauf der Jahrhunderte zu immer neuen eigenständigen Gruppierungen gekommen – wobei sich etliche sehr weit von der schiitischen Orthodoxie entfernt haben. Uns interessiert in diesem Zusammenhang allerdings nur die Gruppierung der Aleviten, aus der die Bruderschaft der Bektashi-Derwische hervorgegangen ist.

Die Glaubensgemeinschaft der Aleviten ist während des 9. Jahrhunderts im Irak entstanden, hat sich jedoch später vorrangig in Syrien und in weiten Teilen Anatoliens ausgebreitet. Ihre Anhängerschaft entwickelte im türkischen Kulturraum teilweise andere Traditionen als im arabischen. Deshalb besteht zwischen der alevitischen Glaubensgemeinschaft der Türkei und der Syriens nur noch eine lockere Verbindung. Die Bektashi-Bruderschaft hat sich ausschließlich aus türkischen Traditionen geformt.

In Gesprächen mit Aleviten versuchte ich zu erfahren, was denn das Anstößige, ja »Ketzerische« ihres Glaubens ausmache. Schrittweise nur konnte ich dem Kern des Problems nahekommen, weil alle Gefragten zunächst mehr oder weniger eine Scheu vor eindeutigen Auskünften zu haben schienen. Anfangs bekam ich nur zu hören: Die Aleviten seien geistig viel freier, viel moderner, viel weniger traditionsgebunden als die Sunniten. Sie fänden es unnötig, fünfmal täglich zu beten, die Fastengebote des Ramadan zu halten und eine Wallfahrt nach Mekka zu unternehmen. Auch würden sie die Gesetzgebung der Scharia ablehnen. Sie tränken daher ganz selbstverständlich Alkohol. Und ihre Frauen genössen viel größere Freiheiten als die der Sunniten.

Es waren seltsam vage Antworten. Solche Abweichungen von sunnitischer Orthodoxie sind ja auch schon bei vielen Sunniten, gerade in den modernen Ballungsräumen der Türkei, zu beobachten. Ohnehin war die Scharia bereits 1924 von Atatürk durch eine Gesetzgebung nach westlichem Vorbild ersetzt worden.

Aber es gibt weitere Abweichungen von islamischer Orthodoxie. Die Aleviten feiern aus besonderer Verehrung für Jesus Weihnachten und Ostern, auch halten sie zeitweise ein religiös-rituelles Gedächtnismahl ab, das mit Brot und Wein an das Heilige Abendmahl erinnert. Solche Traditionen könnten sie von den Christen übernommen haben, die ja im Anatolien des 14. Jahrhunderts noch die Bevölkerungsmehrheit bildeten. Die Aleviten verehren auch in besonderem Maß die Jungfrau Maria, ja sie betreiben in mancher Hinsicht einen Marienkult wie katholische und griechisch-orthodoxe Christen. Ich lernte einen in Wien lebenden Aleviten kennen, der zum niederösterreichischen Marienwallfahrtsort Maria Schutz pilgerte, um dort heiliges Wasser in eine Flasche abzufüllen und dieses »Marienwasser« seiner kranken Mutter als Genesungsmittel in die Türkei zu bringen. Sogar solche Formen von Volksfrömmigkeit sind von der islamischen Orthodoxie durchaus geduldet, wenn auch nicht offiziell anerkannt. Schließlich pilgern sunnitische Muslime – nicht anders als Aleviten und türkische Christen – zum »Grab« der Jungfrau Maria in Ephesus, die der Legende nach dort, in der Stadt der römischen Muttergottheit Diana, gestorben sein soll.

Der eigentlich explosive Gegensatz zwischen Sunniten und Aleviten betrifft einen anderen Aspekt. Aleviten kommen darauf meist erst nach längerem Zögern zu sprechen. Dieses Ausweichen hat eine weit zurückreichende Tradition, denn eine klare Auskunft über die Herkunft ihres Glaubens ist früher unter sunnitischer Herrschaft sehr gefährlich, mitunter lebensgefährlich gewesen.

Ein Alevit der Bildungsschicht hat mir diese Auskunft, nicht zufällig, in Deutschland gegeben: Die Aleviten würden Kalif Ali, den Ahnherrn aller Schiiten, in ihrer Verehrung höher als den Propheten Mohammed stellen. Ali sei eine menschgewordene Erscheinungsform Gottes. So wie Gott einst in Jesus erschienen sei, so habe sich Gott auch in Ali offenbart. – Wie aber stehe es dann mit dem Propheten Mohammed?, fragte ich. – Mohammed habe den Koran als Offenbarung von Gott empfangen, antwortete der Alevit. In Ali dagegen wohne der reine Geist Gottes. Ali habe den mündlich offenbarten Koran schriftlich fixiert, und diese schriftliche Fassung sei die einzig reine, unverfälschte Fassung. Den Koran des Ali hätten seine Gegner vernichtet, deshalb existiere für die Mehrzahl der Muslime nur noch die verfälschte Koranfassung, wie sie die Sunniten unter Kalif Othman veröffentlicht hätten. Bei den Aleviten jedoch existiere weiterhin das geheime Wissen einiger weiser Männer über die einstige reine Fassung des Koran.

In einer solchen Auskunft liegt Sprengstoff: Ali als Ahnherr der Schiiten sei der eigentliche Verkünder und Vollender des Islam, nicht Mohammed. Diese Aussage richtet sich nicht nur gegen den

Glauben der Sunniten, sondern auch gegen den der Schiiten. Zwar verehren die Schiiten Ali als ihren Ahnherrn, aber er bleibt in der Hierarchie eindeutig Mohammed untergeordnet. Eine schwere Ketzerei bedeutet es Sunniten wie Schiiten, Ali als eine nahezu göttliche Erscheinungsform zu verehren – dies gilt ihnen als eine Parallele zu dem, was die Christen aus Jesus gemacht haben: einen Sohn Gottes. Dies sei ein erster Schritt hin zur Vielgötterei. Eine besondere Brisanz entsteht dadurch, daß die Aleviten auf Ali auch die Aussage zurückführen, religiöse Gebote wie etwa das Einhalten des Fastenmonats Ramadan und die Wallfahrt nach Mekka seien unwichtig für das Heil.

Solche Gegensätze erst machen deutlich, weshalb viele Sunniten und Schiiten den Aleviten gleichermaßen das Recht absprechen, sich im vollen Sinn als Muslime zu bezeichnen. Oft zeigen sich Sunniten wie Schiiten gegenüber Christen und Juden toleranter als gegenüber Aleviten, denn schließlich gelten Christentum und Judentum als Vorläufer-Religionen des Islam. Dagegen werden Aleviten mehr oder weniger als Abtrünnige vom Islam, der höchsten und reinsten Glaubensform, eingestuft.

Daß Aleviten bis heute in der Türkei gefährlich leben – obwohl in der Verfassung seit Atatürk völlige Religionsfreiheit garantiert ist –, belegt eine Reihe blutiger Unruhen sogar noch gegen Ende des 20. Jahrhunderts. So, als 1993 sunnitische Extremisten in der osttürkischen Stadt Sivas während eines alevitischen Kulturfestivals ein Hotel anzündeten, wobei 37 der dort wohnenden Aleviten verbrannten. Daraufhin erschütterten schwere Unruhen die Türkei. 1995 brachen landesweit noch stärkere Unruhen aus, nachdem radikale Sunniten in Istanbul ein Attentat auf Aleviten verübt hatten.

Gemäßigte Sunniten distanzieren sich allerdings von derartigen Exzessen – vor allem, wenn sie überzeugte Anhänger der säkularen und laizistischen Staatsidee sind. Aber das ändert nichts daran, daß Aleviten in der Türkei nach wie vor diskriminiert sind. Der Religionsunterricht, der seit den achtziger Jahren in den türkischen Schulen wieder als Pflichtfach eingeführt wurde, ist streng sunnitisch – die Aleviten dürfen keinen eigenen Unterricht beanspruchen, sie müssen sich sunnitisch indoktrinieren lassen.

Wie aber hat sich die Glaubensform der Aleviten auf die Mystik der Bektashi-Derwische ausgewirkt? Mußte für ihre Bruderschaft nicht eine noch größere Spannung zur Orthodoxie, vor allem aber zur sunnitisch geprägten Herrschaft der Osmanen-Sultane entstehen?

Haji Bektash und Balim Sultan – die »Väter«

Den Aleviten gilt Haji Bektash als Ahnvater der Bektashi-Bruderschaft – aber der Name Balim Sultan wird ergänzend genannt. Daher muß betont werden, daß beide religiösen Führer für das Entstehen der Bektashiya unverzichtbar gewesen sind.

Der ältere ist Haji Bektash. Die Quellen über ihn sind allerdings historisch wenig gesichert. Geboren wurde Haji Bektash vermutlich um die Jahre 1243 bis 1248 – also rund zwei bis drei Jahrzehnte nach Celaleddin Rumi –, und er starb wahrscheinlich um das Jahr 1347 nahe jenem anatolischen Ort, der heute seinen Namen trägt. Wie Rumi war Haji Bektash Perser und kam aus dem östlichen Iran. Seine Heimatstadt war Neischapur, jenes kulturell bedeutende Zentrum, in dem ein bis zwei Jahrhunderte zuvor schon die Mystiker Omar Chaijam und Fariduddin Attar geboren wurden. Den mystischen Dichtungen dieser beiden Sufis habe er »viel zu verdanken«, so lese ich in einer deutschsprachigen Broschüre – herausgegeben vom Tourismus-Ministerium der Türkei –, die mir im Pilgerort Hacibektaş ausgehändigt worden ist. Haji Bektash sei ein hochgebildeter Mann gewesen, er habe neben mystischer Philosophie auch Mathematik und Physik studiert.[1]

Ob Haji Bektash schon als junger Mann Alevit war oder erst während seines unsteten Wanderlebens zu diesem Glauben gefunden hat, ist nicht bekannt. Den Titel Haji (sprich: Hadschi), der seinem Namen Bektash vorangestellt ist, erwarb er sich in seiner Jugend durch eine Wallfahrt nach Mekka. Diesen Ehrentitel darf jeder Pilger nach seiner Rückkehr von dort führen. Mit der Pilgerreise hielt sich Bektash noch ganz an die Gepflogenheit orthodoxer Sunniten ebenso wie Schiiten, dabei ist ja nach Überzeugung der »ketzerischen« Aleviten die Wallfahrt zur Heiligen Kaaba überflüssig.

Haji Bektashs früher Lebensabschnitt ist von wundersamen Legenden umrankt. So heißt es in Chroniken, Bektash sei zwar in Mekka gewesen, aber zur selben Zeit hätten ihn die Einwohner seiner Heimatstadt Neischapur in der dortigen Hauptmoschee beten sehen. Haji Bektash habe die Fähigkeit besessen, an zwei Orten gleichzeitig zu verweilen. In Anatolien habe er Götzenbilder ins Feuer geworfen, habe sich selber in die Flammen gesetzt und sei unversehrt wieder vom Scheiterhaufen herabgestiegen. Ein anderes Mal habe er hungernden anatolischen Bauern geholfen, indem er eine Zauberformel sprach und aus einer Handvoll Mehl zahlreiche Brotlaibe werden ließ.[2]

Konkrete Belege über die Gründung einer fest gegliederten Bruderschaft bereits durch Haji Bektash gibt es nicht. Gesichert ist nur, daß er durch mitreißende Predigten beim einfachen Volk zahlreiche Anhänger gewann. Dies macht auch verständlich, weshalb seine Biographie durch Berichte über phantastische magische Fähigkeiten geradezu überwuchert ist. Das einfache Volk erreichen konnte Haji Bektash, weil er – obwohl Perser wie Celaleddin Rumi – nicht in der Bildungssprache Persisch, sondern auf türkisch, in der Sprache der Handwerker, Bauern und Nomaden, redete. Haji Bektash gilt deshalb, wie auch der im letzten Abschnitt erwähnte junge Alevit gesagt hatte, als »volksnah«; er sei, anders als Celaleddin Rumi, nicht »elitär« auf eine höhere Bildungsschicht bezogen.

Die Bektashi-Bruderschaft hat ihre endgültige Form erst Anfang des 16. Jahrhunderts durch Balim Sultan erhalten. Diesen religiösen Führer bezeichnen Chroniken als den »zweiten Begründer« oder »zweiten Vater« der Bektashiya. Entsprechend ist, wie gesagt, für diese herausragende Persönlichkeit nahe dem Mausoleum des Haji Bektash ein ebenfalls auffallender Grabbau geschaffen worden. Erst seit dem Wirken Balim Sultans enthalten die Chroniken genauere Berichte über die Organisationsstrukturen der Bruderschaft.

Die Form, in der die Bektashi ihr Zusammenleben in Derwisch-Konventen organisieren, zeigt – im Gegensatz zu vielen anderen mystischen Bruderschaften – Nähe zu christlichen Traditionen. Eine Gruppierung unter den Bektashi schätzte den absoluten Verzicht auf Sexualität und Ehe. Diese Asketen, äußerlich an großen Ohrringen erkennbar, fühlten sich als »Auserwählte« innerhalb ihrer Bruderschaft, und meist rückten gerade sie in die einflußreichen Stellungen auf. Balim Sultan war es, der als erster Bektashi-Führer nachdrücklich den Zölibat für eine Gruppe von »Auserwählten« forderte und auch durchsetzte. Bei diesen ist am ehesten der Vergleich mit christlichen Mönchen möglich, die in einem Orden organisiert sind und in einem Kloster leben.

Die Mehrheit der Bektashi war allerdings verheiratet, übte einen Beruf aus und kam nur zwischendurch zu Zeremonien in den Derwisch-Konvent. In der Hierarchie war diese Mehrheit der verheirateten Derwische deutlich von den »Auserwählten« geschieden. Das zeigte sich bereits in den Titeln ihrer Führer. Der im Zölibat lebende Vorsteher eines Derwisch-Konvents trug den türkischen Titel »Dede« (Großvater), während die übrigen Vorsteher sich nur »Baba« (Vater) nannten.[3]

Damit gehörte die Bektashiya zu den wenigen Derwisch-Bruderschaften, in denen die Ehelosigkeit und der völlige Verzicht auf Sexualität als hohe Tugend geachtet wurden. Man könnte also vermuten, diese Bruderschaft sei besonders frauenfeindlich gewesen. Das Gegenteil ist der Fall. Verheiratete Derwische konnten mit ihren Familien innerhalb des Derwisch-Konvents, der Tekke, wohnen. Ja, die Frauen brauchten in Gegenwart der Männer nicht einmal ihr Gesicht zu verhüllen und durften völlig unverschleiert an den Zeremonien teilnehmen. Dies war im 16. und 17. Jahrhundert ein seltenes Recht, hatte sich doch damals der Schleierzwang fast schon überall durchgesetzt.[4]

Unter der Führung Balim Sultans begann sich die Bektashi-Bruderschaft im ganzen Herrschaftsgebiet des Osmanischen Reiches, vor allem aber in Anatolien und Südosteuropa, auszubreiten. Das dichteste Netz von Derwisch-Konventen entstand in Anatolien. Und natürlich war der Stammsitz mit dem Grabmal des Haji Bektash, wohin alljährlich tausende Pilger kamen, besonders prächtig ausgestattet. Dort lebten vom 16. bis zum Anfang des 19. Jahrhunderts über 100 Bektashi-Derwische, denen hohe Abgaben von rund 360 Dörfern des weiteren Umlandes zuflossen.[5] Hier residierte eine doppelte Führungsspitze der Bektashiya: einerseits ein »Dede«, der als der spirituelle Führer der ganzen Bruderschaft fungierte, andererseits ein »Çelebi« (türkischer Titel für »Meister«, »Gelehrter«), der vor Ort Führungsaufgaben wahrnahm.[6]

Viele Glaubensvorstellungen der Aleviten hatten naturgemäß auch bei den Bektashi-Derwischen Eingang gefunden. So verehrten die Bektashi ebenfalls den geistigen Ahnherrn der Schiiten, Kalif Ali, als eine quasi göttliche Erscheinung und stellten ihn im Rang über den Propheten Mohammed. So lehnten auch sie die Scharia als verbindliches Rechtssystem ab. Auch ihnen bedeutete der Fastenmonat Ramadan, die Wallfahrt nach Mekka und die rituell vorgeschriebenen fünfmaligen Gebete pro Tag wenig. Auch für sie war es selbstverständlich, Wein zu trinken. Und so feierten sie ebenfalls ein religiös-rituelles Mahl zum Gedenken an Jesus Christus mit Wein und Brot.

Die Kleidung der Bektashi-Derwische betonte den Bezug zu schiitischen Traditionen. So war das auffallendste Kennzeichen die weiße Filzmütze mit zwölf hochstehenden Aufschlägen, dazu der zwölfkantige Anhänger an einem Band um den Hals. Die Zahl Zwölf steht symbolisch für die zwölf heiligen Imame der Schia, die direkten Nachkommen Mohammeds im Rang des religiös-politischen Oberhauptes aller Schiiten.

In ihrer mystischen Religiosität überschritten aber die Bektashi-Derwische naturgemäß nicht nur die Bindung an den schiitischen, sondern auch den alevitischen Glaubenshorizont. Dies zeigt sich schon daran, daß sie neben schiitischen Heiligen und Märtyrern besonders intensiv einen sunnitischen Mystiker verehren: Mansur al-Hallaj, den im Jahr 922 in Bagdad hingerichteten »Ketzer«. Im zentralen Gedenken an Hallaj richteten die Bektashi in jedem ihrer Derwisch-Konvente eine besondere Kultstätte ein, die den arabischen Namen »Dar al-Mansur«, »Haus des Mansur«, trug. Jeder Novize, der in die Bruderschaft eintrat, mußte zuerst das »Haus Mansurs« betreten. Dort legten ihm Derwische am »Galgen Hallajs« eine Schlinge um den Hals und weihten ihn feierlich als »Ashiq«, »Liebenden«.[7] Sie vollzogen damit eine symbolische Hinrichtung in Anlehnung an Hallaj: Der Mensch befreit sich von seinem irdischen »Ich«, er kann im Moment höchster ekstatischer Verzückung zur mystischen Erfahrung von »Einheit« kommen

– eine Erfahrung, in der »Gott« nicht mehr als ein fremdes, vom Menschen abgetrenntes Wesen erlebt wird, eine Erfahrung, mit der die Glaubensformen aller dogmatisch eingegrenzten Religionen überschritten sind.

Mit dieser Haltung war die alevitische Bruderschaft des Haji Bektash nicht weit von der sunnitischen Bruderschaft des Celaleddin Rumi entfernt. Hier wie dort sind wir mit dem konfessionell grenzüberschreitenden Wesen der Mystik konfrontiert, hier wie dort mit den radikalen Konsequenzen einer Einheitsmystik. Wir werden dies später noch konkret am Beispiel des alevitischen Derwischs Yunus Emre sehen.

Politische Verflechtungen und Niedergang

Haji Bektash ist in folgendem ikonenhaft anmutenden Stil abgebildet: Ein älterer Mann mit grauem Bart und hoher weißer Filzmütze sitzt würdevoll und abgeklärt auf einem Diwan, an ihn schmiegen sich ein Löwe und eine Gazelle. Dieses Bild entdeckte ich in der bereits mehrmals erwähnten deutschsprachigen Broschüre, herausgegeben vom Tourismus-Ministerium der Türkei. Dem Bild ist ein aufschlußreicher Vers des Derwisch-Heiligen beigefügt:

»Unserer Wärme entspringen Freundschaft und Liebe,
Begeistert jubelt die Nachtigall,
In unserem Weinberg erblüht die Rose,
Haß und Begierde verhungern im Bannkreis unserer Liebe,
In unseren Armen werden Löwe und Gazelle Freund.«[8]

In Bild und Wort klingt hier die Utopie vom Paradies jenseits einer feindseligen, von Machtkämpfen zerrissenen Welt an. Haji Bektash vermittelt hier den Eindruck eines zutiefst friedfertigen, vom politischen Streit der Welt abgehobenen Weisen. Aber das Titelblatt desselben Prospekts präsentiert Haji Bektash auf ganz andere Weise: Er sitzt auf einem Thron, die rechte Hand ist gebieterisch hochgehoben, man könnte meinen, einen herrischen Fürsten vor sich zu haben. Europäische Beobachter können sich angesichts der hohen Filzmütze, die einer Mitra ähnlich sieht, auch an einen der kriegerischen Päpste des Mittelalters oder der Renaissance erinnert fühlen.

Haji Bektash in dieser imperialen Pose sollte ich noch eindrucksvoller kennenlernen. Ich konnte das Original der Abbildung auf dem Hauptplatz des Pilgerortes Hacibektaş vor dem ehemaligen Derwisch-Konvent entdecken. Dort ist Haji Bektash als Bronzefigur verewigt und blickt in Überlebensgröße von einem mächtigen Steinsockel auf die Vorbeigehenden herab. Das Denkmal ist zweifellos eine Schöpfung jüngeren Datums, also keine dreißig Jahre alt, wobei sich die Hersteller am Pathos europäischer Heldendenkmäler orientiert haben könnten – oder naheliegender: an Statuen Atatürks, die im Stil ebenfalls westlich sind.

Die Frage stellt sich, weshalb sich Muslime alevitischen Glaubens noch sieben Jahrhunderte nach dem Tod des legendären Ahnvaters der Bektashiya und etliche Jahrzehnte nach dem Verbot der Bruderschaft durch Atatürk ausgerechnet zu einer solchen Präsentation veranlaßt sehen. Vergleicht man dieses an markanter Stelle plazierte Denkmal mit den Bildnissen des abgeklärten alten Mannes, der friedlich Löwe und Gazelle an seiner Seite vereint, so scheint sich ein beträchtlicher Widerspruch zum Ideal der Mystik mit der »Gottsuche« im »eigenen Herzen« aufzutun. Ebenso groß ist der Gegensatz dieses herrischen Denkmals zu jenen Darstellungen, mit denen Mevlevi-Derwische ihren geistigen Ahnvater Celaleddin Rumi seit vielen Jahrhunderten präsentiert haben. Rumi ist ja im Stil spätmittelalterlicher persischer Miniaturen durchweg als ein weltabgewandter, in Meditation versunkener Mystiker abgebildet. Undenkbar wäre Rumi mit herrischer Gebärdensprache.

Am Beispiel der Mevlevi-Bruderschaft bin ich bereits darauf eingegangen, wie sehr sich religiöse und politische Funktionen vermengen können – und letztlich zu einer tiefgehenden Krise mystischer Religiosität führen müssen. Dies gilt in noch stärkerem Maß für die Bektashi-Bruderschaft. Ja, bei der Bektashiya hat sich eine derartige Entwicklung sogar beschleunigt, denn ihre Verbindung mit der Politik war intensiver. Sie reichte zudem – anders als bei der Mevleviya – bis weit in den militärischen Bereich hinein. Von daher ist die Herrschergeste des Denkmals zu verstehen.

So sehr auch die Chronisten das Leben des Haji Bektash mit Legenden ausschmückten und damit zahlreiche konkrete Fakten überdeckten, so kristallisiert sich doch ein wahrer historischer Kern heraus: Haji Bektash war ein Prediger nicht nur für Angehörige des unteren Mittelstands, für kleine Händler und Basarhandwerker, für Bauern – sondern mehr noch für Turkstämme, die sich im Kampf gegen andere Stämme behaupten mußten. Er konnte diesen kriegerischen Nomaden nur eine kriegerisch geprägte Religion predigen: einen Islam der religiös motivierten Kampfbereitschaft. Haji Bektash hatte sich also von den geistigen Wurzeln des klassischen Sufismus weit entfernt, um Anklang bei den Nomaden zu finden. Aber gerade mit dieser gewandelten Haltung waren die Voraussetzungen geschaffen, daß später der Bektashi-Bruderschaft die Funktion zuwuchs, die Elitesoldaten der osmanischen Sultane religiös-politisch zu betreuen.

Der Name dieser osmanischen Elitetruppe lautet auf türkisch die »Jenitscheri«, die »Neue Truppe« – deutschsprachige Historiker haben daraus »Janitscharen« gemacht. Die Truppe war um das Jahr 1330 entstanden, also rund 15 Jahre vor Haji Bektashs Tod. In ihren Strukturen geprägt wurde sie durch Sultan Orhan, den Sohn Osmans, des Ahnherrn der Dynastie. Inwieweit nun Haji Bektash selber etwas mit dem Entstehen der Janitscharen zu tun hatte, ist unter Historikern umstritten. Aber die legendenhaft ausgeschmückten Berichte von Chronisten der Osmanen-Sultane wie auch der Bruderschaft weisen in diese Richtung.

Angeblich soll Sultan Orhan persönlich mit einer Schar seiner »Neuen Truppe« die Einsiedlerklause des Haji Bektash aufgesucht haben, damit der weithin bekannte Derwisch-Heilige diese Truppen und ihre Waffen segne. Von Haji Bektash soll sogar der Name »Jenitscheri« stammen. Auch soll er dem Sultan eine Fahne geschickt haben, die der Truppe in siegreichen Schlachten vorangetragen wurde: Das Tuch zeigt einen weißen Halbmond mit Stern auf rotem Grund. Diese Fahne ist zur Flagge des Osmanenreiches und letztendlich der Republik Türkei geworden. Nach solchen – von späteren Generationen erfundenen – Legenden hätte also der alevitische Derwisch Haji Bektash die Fahne gestiftet.[9]

Eindeutige Belege für die enge Verflechtung der Bektashi-Bruderschaft mit der osmanischen Elitetruppe gibt es erst ein Jahrhundert nach Haji Bektashs Tod. Seit Mitte des 15. Jahrhunderts liefern die Chroniken zuverlässige Berichte, wonach Bektashi-Derwische in den Kasernen und Zeltlagern der Janitscharen als religiös-politische Kommissare wirkten. Sie begleiteten in ihrer Eigenschaft als Militärgeistliche die Truppen auf Feldzügen. Der Führer der Bektashi-Bruderschaft war nominell gleichzeitig Kommandant eines Janitscharen-Regiments.[10]

Zwei Fragen vor allem beschäftigen die Historiker bis heute und sind angesichts der ungesicherten Quellenlage noch immer nicht hinreichend beantwortet:

Zum einen: Weshalb haben die Osmanen-Sultane ausgerechnet die Bektashi-Bruderschaft zur politischen Unterstützung herangezogen? Hätte es nicht ein unüberwindbares Hindernis bedeuten müssen, daß die sunnitische Regierung jeder schiitischen Glaubensform äußerst distanziert oder gar feindlich gegenüberstand? Zum anderen: Weshalb ließ sich umgekehrt die Bektashiya zu einem derartigen Bündnis bewegen? Verstieß eine solche Entscheidung nicht gegen das Prinzip, daß eine mystisch orientierte Bruderschaft eine äußerst kritische Distanz zur Macht haben muß – ja sich überhaupt von politischer Macht fernhalten sollte?

Für die Osmanen-Sultane spielten machtpolitische Überlegungen eine größere Rolle als religiös-konfessionelle Bedenken. Indem die Osmanen die Bektashi-Bruderschaft für ihre politischen Ziele einspannten, erschien es leichter, die vielen unorthodoxen Muslime alevitischer Prägung einer sunnitischen Herrschaft unterzuordnen. Die Sultane duldeten die unterschiedlichsten Glaubensformen, sofern die andersgläubigen Untertanen sich bereitwillig dem osmanischen Herrschaftsanspruch fügten und entsprechend die geforderten (hohen) Steuern zahlten. Auf der anderen Seite hatten auch die Bektashi-Derwische handfeste Motive für dieses Bündnis. Sie konnten als Militärgeistliche starken Einfluß auf die Politik einer sunnitischen Regierung nehmen. Je mehr Macht die alevitische Bruderschaft gewann, desto nachdrücklicher konnte sie sich für die Interessen der Aleviten einsetzen. Und desto mehr konnten die Bektashi bei den immer wieder auftretenden Spannungen zwischen der sunnitischen Mehrheit und der alevitischen Minderheit als unentbehrliche Vermittler auftreten.

Die Macht der Bektashi-Bruderschaft wuchs während der folgenden Jahrhunderte beträchtlich. Die Bektashi profitierten von den militärischen Erfolgen der Janitscharen in Osteuropa und Vorderasien, ja sie wurden unverzichtbar als religiös-politische Helfer. Mit der Macht wuchs ihr Besitz. Ihre Bruderschaft bekam von den Osmanen immer neue Ländereien und abgabepflichtige Dörfer zugewiesen, was die Derwisch-Führer zu reichen Feudalherren machte. Mit Macht und Besitz wuchs auch das Anspruchsdenken. Weit entfernt von der Bescheidenheit, wie sie Sufis und Derwische ursprünglich haben sollten, forderten die Führer der Bektashiya von den Sultanen immer weitere Privilegien. Damit aber entstanden auch wieder neue Konflikte zwischen Sunniten und Aleviten.

Auf Gedeih und Verderb blieb die Bektashi-Bruderschaft mit den Janitscharen verbunden. Und dies trug erheblich nicht nur zur religiösen, sondern auch zur politischen und wirtschaftlichen Korruption vieler Derwische bei. Denn die Janitscharen, die im Verlauf der Jahrhunderte zur höchstprivilegierten Kaste des Osmanenreiches geworden waren, preßten den Sultanen durch blutige Aufstände immer neue soziale Vorrechte ab. Spätestens nach dem Tod Suleimans des Prächtigen, unter dem das osmanische Großreich Mitte des 16. Jahrhunderts seine höchste Blüte erreichte, zeigten sich die nachfolgenden Sultane immer schwächer und erpreßbarer gegenüber den Drohungen der Janitscharen. Desto mehr mußten die Regierenden dem Volk höhere Steuern abpressen, um die Elitetruppe mit Geld zu versorgen. Von diesem Geldstrom profitierte auch die Bektashi-Bruderschaft.

Zu einer gefährlichen Zuspitzung kam es, als der energische und reformwillige Osmanen-Sultan Mahmud II. im Jahr 1810 anfing, die türkische Armee in Teilbereichen nach westeuropäischem Vorbild neu zu organisieren. Die um ihre Privilegien bangenden Janitscharen fühlten sich durch solche Reformen zutiefst bedroht. Aber bevor sich die dekadent gewordene Elitetruppe zu einer erneuten Revolte formieren konnte, mobilisierte Mahmud II. seine modern ausgerüstete Parallel-Armee. Der Sultan ließ 1826 innerhalb weniger Wochen nahezu 30000 Janitscharen niedermetzeln und beendete damit die Existenz einer gefürchteten und zur Last gewordenen Organisation. Scharf ging er aber auch gegen die Bektashiya vor, ließ etliche ihrer führenden Mitglieder hinrichten und schließlich die ganze Bruderschaft verbieten. Die Derwisch-Konvente wurden überall geschlossen, der Besitz fiel an die Osmanen. Dies geschah hundert Jahre, bevor Atatürk sämtliche Derwisch-Bruderschaften wegen ihres »staatsfeindlichen, fortschrittshemmenden« Verhaltens verbot.

Zunächst schien es so, als wäre die Bektashi-Bruderschaft durch ihre unselige Verflechtung mit den Janitscharen ein für allemal ausgelöscht. Zwei Jahrzehnte lang war die Bektashiya tatsächlich aus dem Blickfeld der Öffentlichkeit verschwunden. Sie vermochte nur noch im Verborgenen ihre Traditionen zu pflegen. Dann aber, Mitte des 19. Jahrhunderts, konnten die Derwisch-Konvente wieder ihre Pforten öffnen, ja neue entstanden, und bald gehörten die Bektashi wieder zum wohlvertrauten Erscheinungsbild in Dörfern wie Städten. Den Wohlstand von einst konnten sie allerdings nicht mehr erreichen, was sich exemplarisch am Status ihres Stammsitzes im Pilgerzentrum Hacibektaş zeigte. Waren im 17. Jahrhundert dem zentralen Derwisch-Konvent 362 Dörfer tributpflichtig gewesen, so leisteten im späten 19. Jahrhundert nur noch 42 Dörfer Abgaben.[11]

Das Volk strömte jedoch erneut Bektashi-Predigern zu. Und die Sultane gestatteten dies, schließlich bedeutete die Bektashiya keine Bedrohung mehr, seit die Janitscharen vernichtet waren. Aber die Sultane duldeten auch noch aus anderen Erwägungen heraus neue Aktivitäten dieser Bruderschaft. Denn die Bektashi erfüllten parallel zu anderen mystischen Vereinigungen eine wichtige Funktion, indem sie zahlreichen Muslimen nicht nur religiösen Halt gaben, sondern für mittellose Gläubige auch Sozialfürsorge ausübten – und damit die Gefahr sozialer Unruhen verringerten. Gerade dies bedeutete für die Sultane eine Stütze in ihrem politisch immer unstabiler werdenden Reich.

Nach dem Zusammenbruch des Osmanen-Reiches 1922 war allerdings die Existenz der Bektashiya erneut bedroht. Drei Jahre später wurden ja, wie bereits beschrieben, in der Republik Türkei durch Atatürk sämtliche Derwisch-Bruderschaften verboten, weil sie alle mit ihrem reaktionär-religiösen Denken ein wesentliches Hindernis für den Aufbau eines modernen säkularen Staatswesens bilden sollten. Daß den eigentlichen Ausschlag für dieses Verbot aber weder die Bruderschaft der Bektashiya noch die der Mevleviya gegeben hat, sondern die viel konservativere Bruderschaft der Naqshbandiya, werde ich in einem späteren Kapitel noch ausführlich darstellen.[12]

Bektashi-Derwische konnten seit Atatürks Verbot nur noch außerhalb der Türkei öffentlich wirken. Dies geschah vor allem in ehemaligen osmanischen Provinzen, so besonders in Ägypten, Albanien, dem Kosovo. Aber auch dort ist die Bektashiya seit Mitte des 20. Jahrhunderts zunehmend unterdrückt worden: in Ägypten durch die Politiker eines säkularen arabischen Nationalismus, vor allem durch Gamal Abd al-Nasser, in den Balkanstaaten durch die Kommunisten. Allerdings entfalten die Bektashi-Derwische zu Beginn des 21. Jahrhunderts in den muslimischen Teilen Südosteuropas wieder neuerlich Aktivitäten, anscheinend bereit, das religiöse Vakuum nach dem Zusammenbruch kommunistischer Herrschaft zu füllen.[13]

Und in der Türkei? Aleviten deuteten mir in Gesprächen an, daß in ihrer Glaubensgemeinschaft das geistige Erbe der Bektashiya lebendig sei. Man müsse sich jedoch, so sagten sie mehr oder weniger übereinstimmend, auf die eigentlichen Inhalte ihrer Lehre besinnen: die Befreiung des Menschen aus den Fesseln enger Dogmatik.

Yunus Emre und der türkische Nationalismus

In Wien gehe ich öfter im Türkenschanzpark spazieren. Der Name dieses im späten 19. Jahrhundert angelegten Parks bezieht sich auf die Belagerung Wiens durch die Türken 1683. Auf diesem Gelände hatten die türkischen Truppen am längsten ihre Schanzen verteidigt, bevor sie nach verlorener Schlacht fliehen mußten. Für mich ist der Park mit seinen schönen alten Bäumen noch aus einem ganz speziellen Grund besuchenswert: Dort befindet sich ein türkischer Brunnen mit kupfernem Kuppeldach, der zwar erst in jüngerer Zeit gebaut wurde, sich aber mit seinem traditionellen Stil gut in ein historisch gewachsenes Altstadtviertel der Osmanenzeit einfügen würde. Gewidmet ist dieser Brunnen einem türkischen Dichter, der ein Sufi war: Yunus Emre.

Auf blaugekacheltem Grund sind in weißer Schrift zwei Verse des Dichters sowohl in türkischer als auch in deutscher Sprache festgehalten. Der eine lautet:

> »Nicht etwas zu behaupten kam ich,
> nur um der Liebe willen wirk' ich.
> Des Freundes Wohnstatt ist das Herz.
> Um Herzen aufzubauen kam ich.«

Der andere lautet:

> »Wissen ist das Wissen kennen,
> Wissen ist sich selber kennen,
> wenn du dich nicht selber kennst,
> was nützt dir all dein Lesen?«

Errichtet wurde der Brunnen, wie eine Inschrift am Sockel besagt, vom Kulturministerium der Republik Türkei mit Unterstützung des 18. Wiener Gemeindebezirks und einer türkischen Bank im Jahr 1991. Anlaß war das in der Türkei gefeierte Yunus-Emre-Jahr zum 750. Geburtstag des Dichters.

Was aber ist an einem Sufi so bedeutend, daß sich eine ganze Nation feierlich an seinen Geburtstag erinnert? Und daß sogar im fernen Wien ihm zu Ehren ein Brunnen errichtet wird?

Über das Leben des Dichters Yunus Emre ist wenig bekannt, selbst Geburts- und Todesjahr sind nur unzureichend gesichert. Vermutlich wurde er 1241 geboren, ein Jahr nach dem Tod Ibn al-Arabis und drei Jahrzehnte vor dem Tod Celaleddin Rumis. Nach neueren Forschungen starb er 1320 oder 1321, er könnte demnach etwa 80 Jahre alt geworden sein. Wo er beerdigt ist, bleibt ungewiß, etliche Orte streiten sich um den Nachweis für die Echtheit seines Grabes. Den Namen Yunus Emre trägt gar ein Ort nahe der Stadt Eskişehir, rund 100 Kilometer westlich von Ankara. Um das dort vermutete Grab des Sufi-Dichters wurde 1970 schließlich in einem großzügig angelegten Park eine Pilgerstätte errichtet. Neben dem von einem Baldachin geschützten Sarkophag baute man eine Moschee, ein Museum und ein Gästehaus.[14]

Westliche Beobachter muß verwundern, daß die Türken trotz des Verbots der Derwisch-Bruderschaften ausgerechnet einem Sufi derart viel Verehrung entgegenbringen. Auch ist es für Außenstehende überraschend, daß in türkischen Schulen bis heute sogar eine Reihe seiner Gedichte auswendig gelernt werden, die damit zum festen Bestandteil der Bildung eines jeden Türken gemacht werden.[15] Ja, aus Anlaß des 750. Geburtstages wurde in der Türkei eine Yunus-Emre-Gesellschaft zur Erforschung seines Lebenswerkes gegründet.[16]

Verblüffend ist noch eine weitere Tatsache. Der Sufi-Dichter gehörte nicht einmal der religiösen Mehrheit der sunnitischen Muslime an – Yunus Emre war Alevit und stand der Bektashi-Bruderschaft nahe. Wieso aber genießt er trotz dieses von Sunniten als »ketzerisch« beargwöhnten Glaubens eine breite, die Konfessionsgrenzen überschreitende Anerkennung?

Yunus Emre hat aus türkischer Sicht eine herausragende Qualität, auf die sich nahezu alle Staatsbürger – ob nun sunnitisch oder alevitisch, ob islamisch orthodox oder nach dem Vorbild Atatürks strikt säkular – einigen können: Yunus Emre wird das Verdienst zuerkannt, der Schöpfer der türkischen Nationalsprache zu sein, er gilt damit auch als Vorbild für alle späteren Dichter und Schriftsteller, die auf türkisch schrieben.

Diese Leistung hatte kaum zu überschätzende Folgen für die Entwicklung der Türkei als Kulturnation und Nationalstaat. Yunus Emre selbst jedoch war kein origineller Denker, der der mystischen Erfahrung noch eigenständige Einsichten hinzuzufügen hätte. Hier ähnelt er anderen literarisch bedeutsamen Derwischen seiner Bruderschaft – von Haji Bektash über Kaygusuz Abdal bis Caferoglu –, die ebenfalls in türkischer Sprache dichteten. Yunus Emre aber überragte sie nicht nur an poetischer Gestaltungskraft, sondern wurde mehr als sie zu dem entscheidenden Vermittler von Gedanken der großen Mystiker für breite Schichten des türkischen Volkes.

Doch bevor ich ausführlicher auf diese historisch bedeutsame Phase des Übergangs eingehe, möchte ich einige Verse Yunus Emres vorstellen. Sie zeigen, was ihn geistig mit den Sufis der klassischen Epoche verbindet.

Ganz in der Tradition eines Ibn al-Arabi und Celaleddin Rumi schreibt Yunus Emre:

> »Wir betrachten niemandes Religion als der unseren
> entgegengesetzt.
> Wahre Liebe wird geboren, wenn alle Glaubenswege
> zu einem Weg vereinigt sind.«[17]

Und wie Rumi oder auch Omar Chaijam verwendet Yunus Emre das Wort »Wein« oft als Metapher einer solchen »Einheit«. Etwa: »Laßt uns einen Schluck vom Wein der Einheit nehmen.«[18] Wie schon viele Sufis und Derwische distanziert sich Yunus Emre von religiös-rituellen Vorschriften, indem er die mystische Erfahrung als höchsten Wert setzt: »Eine einzige Reise ins Herz hinein übertrifft hundert Pilgerreisen.«[19] Und wie schon Hallaj spricht auch Yunus Emre vom »Gott im Menschen«. Etwa:

> »Das Bild der Gottheit ist ein Spiegel.
> Und wer in diesen Spiegel schaut, der sieht dort sein
> Gesicht.«

Und:

> »Wenn du den Menschen nicht als Gott ansiehst,
> Dann war all dein Lernen umsonst.«[20]

Der letztere Vers erinnert an das eingangs zitierte Gedicht auf der Wand des türkischen Brunnens in Wien, wo es in den Schlußzeilen heißt:

> »Wenn du dich nicht selber kennst,
> was nützt dir all dein Lesen?«

Angesichts dieser Parallele bekommt aber das Gedicht am Wiener Brunnen eine neue Dimension. Das »Sich-selber-Kennen« geht bei

Yunus Emre weit über das hinaus, was wir im Licht der Psychologie als Selbsterkenntnis verstehen. Yunus Emre meint im Licht der Mystik – im Sinn eines Hallaj, Celaleddin Rumi und Ibn al-Arabi –, wer sich am Ende seines mystischen Lernens und Lesens nicht selbst als »Gott« erkenne, der habe umsonst gelernt, gelesen. Der besitze keine wirkliche Selbsterkenntnis. Der habe nicht »richtig« gelesen. Hier kommt die radikale Erfahrung der Einheitsmystik zum Ausdruck, nach der man »Gott« als verborgene Kraft im Menschen – und nicht als außerirdische Kraft jenseits des Menschen – verstehen muß. Vermutlich wird weder den Türken noch den Wienern, die sich für diese Verszeilen am Brunnen entschieden haben, eine solch unorthodoxe mystische Dimension klar gewesen sein.

Was die religiös-philosophischen Inhalte der Gedichte betrifft, ist Yunus Emre der Tradition eines Celaleddin Rumi am nächsten. Ja, er soll als junger Mann mit Rumi kurz vor dessen Tod in Konya noch intensiven Kontakt gehabt haben. Aber in wesentlichen Punkten unterschied er sich grundsätzlich von seinem Vorbild – und hier wird seine überragende Bedeutung als Dichter der türkischen Sprache deutlich: Yunus Emre schrieb nicht wie Rumi auf persisch, in der höfischen Sprache der Seldschuken-Sultane und der anatolischen Bildungsschicht, sondern in seiner türkischen Muttersprache. Yunus Emre verstand sich als »Poet des Volkes« und nicht als Dichter der »Diwan-Poesie«, wie man die Verskunst an Fürstenhöfen nennt. Anders als Rumi schuf er keine Verse mit gedanklich schwierigen, symbolisch dunklen Bildern, sondern er, der angeblich weder lesen noch schreiben konnte, schaute beim Dichten – um es mit Martin Luther zu sagen – dem »Volk aufs Maul«. Seine Sprache ist volksnah, zupackend. Bewußt dichtete der fahrende Sänger und Wanderderwisch für einfache Handwerker und Bauern, die auf den Marktplätzen um ihn herumstanden und seinen Versen zuhörten. Er wandte sich jenen sozialen Schichten zu, die kein Persisch und Arabisch verstanden und schon deshalb keinen Zugang zu höherer Bildung hatten.

Gerade weil Yunus Emre nach dem übereinstimmenden Urteil der Literaturwissenschaft bereits im 14. Jahrhundert zum Autor einer sehr ausdrucksfähigen Dichtung türkischer Sprache wurde, konnte er fünf bis sechs Jahrhunderte nach seinem Tod zu einem Gegenstand der Politik werden. Dann wurde Yunus Emre kulturpolitisch instrumentalisiert – ich komme damit auf jene Ursachen zurück, die ihn zu einem »türkischen« Dichter des »Volkes« machten.

Die Tendenz, Yunus Emre als Dichter zu »türkisieren«, konnte erst Mitte des 19. Jahrhunderts einsetzen. Dies war zu jener Zeit, als sich im Osmanischen Reich nach dem Vorbild des europäischen Nationalismus ein türkischer Nationalismus herauszubilden begann. Diese Tendenz erreichte im 20. Jahrhundert ihren Höhepunkt, nachdem das Osmanische Reich zusammengebrochen war und damit ein multi-ethnisches Kulturverständnis nur noch wenige Anhänger fand. Nun war das oberste Kriterium für Identität nicht mehr, einer bestimmten Religion anzugehören. Nun war es nach dem Willen der neuen politischen Machthaber wichtiger, sich als Angehöriger eines bestimmten Volkes zu definieren. Das von Atatürk geprägte Schlagwort »Ich bin stolz, ein Türke zu sein« sollte Ausdruck für das neue Selbstverständnis des »Volkes« werden. Ein solcher Nationalismus aber machte es nötig, in der Vergangenheit nach geistigen Ahnvätern einer »türkischen Kultur« zu suchen. Der Dichter Yunus Emre, über dessen Leben wenig bekannt ist, erwies sich hier als eine besonders geeignete Projektionsfläche.

In der neueren türkischen Geschichtsschreibung gilt Yunus Emre als das überragende Beispiel eines »Türken«, der sich bereits im 14. Jahrhundert selbstbewußt von den übermächtigen arabischen und persischen Kultureinflüssen abgegrenzt habe. Er habe entscheidend dazu beigetragen, das vom Turkstamm der Seldschuken eroberte Anatolien kulturell zu »türkisieren«. Moderne türkische Interpreten neigen vielfach dazu, Yunus Emre als herausragenden Vertreter unorthodoxer »türkischer nationaler Frömmigkeit« anzusehen und ihn auf diese Weise zu heroisieren.[21]

Mit der historischen Realität und dem Selbstverständnis eines Yunus Emre haben solche Ideologisierungen späterer Jahrhunderte wenig zu tun. Der Wanderderwisch benutzte die türkische Sprache ja nur, um sein Verständnis mystischer Religiosität auch jenen Volksschichten nahezubringen, die das Persische und Arabische nicht verstanden. Er trug damit entscheidend dazu bei, die geistigen

Inhalte der islamischen Mystik zu popularisieren – eine Haltung, von der ohnehin viele Wanderderwische geleitet waren. Daß er hiermit die Grundlagen für eine türkische Literatursprache schuf, lag für ihn als einen Menschen des 14. Jahrhunderts völlig außerhalb der Vorstellungskraft. Denn noch bis weit in das 19. Jahrhundert hinein haben sich nahezu alle Menschen der islamischen Welt zuerst über ihre Religionszugehörigkeit definiert, sich aber nicht im nationalen Sinn als Türken, Araber, Iraner verstanden.

Kommen wir nun noch einmal zu jener exemplarischen Bedeutung, die Yunus Emre als Mystiker am Schnittpunkt zweier Epochen – als ein Mystiker des Übergangs – einnahm: Indem er die geistigen Inhalte der islamischen Mystik durch eine volksnahe Sprache popularisierte, wurde er zu einem herausragenden Vertreter jener Wanderderwische, die als Prediger und Sänger im Volk starken Anklang fanden. Gerade volksnahen Wanderderwischen mit ihrer Vorstellung von der mystischen Einheit aller Religionen konnte es gelingen, Andersgläubige zum Übertritt in den islamischen Glauben zu bewegen. Derwische vom Typ eines Yunus Emre und nicht Korangelehrte waren es, die in vielen Teilen Asiens und Afrikas Andersgläubige zu Muslimen machten – zu Muslimen aber, die in ihrer Mehrheit ebenfalls eine mystisch geprägte Form der Volksreligion lebten und tradierten.

»Heiliger Krieg« und Fundamentalismus

Derwisch-Bruderschaften in der Krise

Naqshband und die Mystik der »Rechtgläubigen«

Es war für mich eine überraschende Auskunft: Die Derwisch-Bruderschaft Naqshbandiya habe unter den türkischen Muslimen mehr Anhänger als jede andere Gruppierung islamischer Mystik. Das gelte nicht nur für die Muslime in der Türkei, sondern auch für jene, die in Deutschland leben.

Diese Auskunft erhielt ich von einem Türken nach der Besichtigung einer kleinen Moschee im industriellen Ballungsraum Mannheim-Ludwigshafen. Bei einer Tasse Tee unterhielten wir uns über die Situation muslimischer Zuwanderer. Ich stellte die Frage, ob etwa mystisch orientierte Bruderschaften muslimischen Zuwanderern kulturelle und soziale Geborgenheit böten. Der Türke bejahte. Und er nannte als ersten Namen den der Naqshbandi-Bruderschaft. Er selbst sympathisierte mit ihr. Er zeigte sich verwundert, daß ich nur vage Kenntnisse über diese Bruderschaft besaß, und spitzte ironisch die Lippen, als ich ihm von meinem besonderen Interesse für Celaleddin Rumi erzählte. Er verstehe nicht, daß Nicht-Muslime bei ihrer Vorliebe für den Sufismus an erster Stelle meist Rumi nennen würden. Nicht-Muslime wüßten anscheinend kaum etwas über Baha'uddin Naqshband, den Begründer der Naqshbandi-Bruderschaft. Naqshband sei ein sehr bedeutender Sufi. Auf meinen fragenden Blick hin fügte er mit Nachdruck hinzu: Naqshband sei ein spiritueller Riese, Celaleddin Rumi dagegen nur ein Zwerg.

Das Pathos und die Wortwahl dieser Auskunft waren nicht geeignet, mich zu überzeugen. Hinzu kam, daß der Türke im weiteren Gespräch sehr konservativ-orthodoxe Ansichten äußerte. Er trat etwa dafür ein, daß muslimische Frauen auch in Europa ausnahmslos Kopftuch tragen sollten. Und er begründete dies mit dem lakonischen Satz: »Weil Gott es so will.« – Ob er dafür sei, Frauen zum Tragen eines Kopftuches zu zwingen? – Das nicht. Es gebe keinen Zwang im Glauben, so stehe es im Koran. Jede Frau könne sich frei entscheiden. Aber als gläubiger Muslim versuche er Frauen davon zu überzeugen, daß das Kopftuch Gottes Wille sei. Viele Gläubige würden sich heutzutage nicht mehr ernsthaft genug darüber Gedanken machen, was Gott wolle. Dabei biete der Koran auf alle Lebensfragen unzweideutige und erschöpfende Antworten.

So könnte ein Fundamentalist gesprochen haben. So formulierte aber ein Muslim, der mit der Naqshbandiya sympathisierte. Die Begegnung mit ihm widersprach all meinen bisherigen Erfahrungen mit Sympathisanten einer Bruderschaft.

Je mehr ich mich in der Folge mit der Naqshbandiya beschäftigte, um so mehr stieß ich auf beeindruckende Fakten – zumindest was die Zahl ihrer Anhänger und die Dichte der Netzwerke betrifft. Die Zahl der Anhänger und Sympathisanten wird auf weltweit nahezu 50 Millionen geschätzt, daher gilt die Naqshbandiya als eine der größten Bruderschaften überhaupt. Nicht genug damit: In der Türkei haben die Naqshbandi-Derwische nach dem Verbot mystischer Bruderschaften 1925 intensiver als die übrigen Vereinigungen geheime Netzwerke, sogenannte »Kulturvereine«, geschaffen. Auf diese Weise konnte es ihnen gelingen, auch bei den in Deutschland lebenden Türken die stärkste Sufi-Bewegung zu werden.[1]

Frappierend ist hierbei, daß diese Bruderschaft bis heute Einfluß auf eine Reihe Politiker nicht nur der Türkei, sondern auch anderer Staaten der islamischen Welt ausübt. Entsprechend problematisch sind die politischen Verstrickungen. Daher lohnt es sich, die Lehre und die Wirkungsgeschichte der Naqshbandiya näher zu betrachten.

Mohammed Baha'uddin Naqshband, der geistige Ahnvater dieser Bewegung, wurde 1318 in Buchara geboren, einer traditionsreichen Handelsstadt an der sogenannten Seidenstraße, in der bis heute eine Reihe prächtiger blauglasierter, bunt ornamentierter Moscheen und Paläste vom Glanz einstiger islamisch-persischer Hochkultur künden. Er entstammte einer Familie von Metallgraveuren, worauf auch sein persischer Name »Naqshband« als Berufsbezeichnung hindeutet. Naqshband war aber nicht Perser, er gehörte der türkischstämmigen Bevölkerung an, die seit dem 11. Jahrhundert in das geschwächte persische Fürstentum eingedrungen war und schließlich die Herrschaft übernommen hatte. 1389 starb er in seiner Heimatstadt Buchara, wo seine Grabstätte heute noch ein vielbesuchtes Pilgerziel ist. 1993, zum 675. Geburtstag Naqshbands, sind das Grabmal sowie die umgebenden Gebäude, die Moschee und die traditionelle Herberge, mit Finanzhilfe aus der Türkei und Pakistan sorgfältig restauriert worden – Länder, aus denen besonders viele Besucher und reiche Gönner der Bruderschaft kommen.[2]

Naqshband lebte nahezu ein Jahrhundert nach Celaleddin Rumi. Er wirkte damit bereits in der nachklassischen Epoche des Sufismus, in der zwar immer wieder neue Bruderschaften, aber keine wegweisend neuen philosophisch-mystischen Gedankensysteme mehr entstanden. Naqshband wurde in diesem Zusammenhang zu einem herausragenden Vertreter jener religiös-mystischen Führer, die das Überlieferte systematisierten und innerhalb der sufischen Tradition Elemente der »Rechtgläubigkeit« von denen der »Ketzerei« trennten. Er sah es als sein Ziel an, die immer weiter sich öffnende Kluft zwischen »gläubigen« und »ungläubigen« Mystikern zu schließen – vor allem aber die Bindung der Sufis und Derwische an die Orthodoxie zu festigen.

Entschieden wandte sich Naqshband gegen etliche der größten Mystiker der sufischen Klassik – so vor allem gegen Hallaj. Naqshband kritisierte in Teilbereichen auch Ibn al-Arabi und Celaleddin Rumi. An ihnen allen verurteilte er mehr oder weniger, daß sie die Hierarchie von Gott als dem »Schöpfer« und dem Menschen als dem »Geschöpf« aufhöben. Bei ihnen existiere Gott nicht mehr als ein eigenständiges Wesen, das unantastbar über den Menschen throne und mit der Verkündigung sozial-religiöser Gebote aus einer himmlischen Sphäre in die Welt hineinwirke. Naqshband verwarf die Einheitsmystik zugunsten der Personenmystik. Er folgte hier kompromißlos dem Weg einer »orthodoxen« Mystik, wie ihn zu Beginn des 12. Jahrhunderts bereits der Theologe Mohammed Ghasali vorgegeben hatte.

Die Mystiker, so lehrte Naqshband, müßten den Zustand der Ekstase und des »Rausches« als nur subjektiv erkennen, sie müßten die Erfahrung mystischer »Einheit« als bloß trügerisch ansehen und wieder in den Zustand der »Nüchternheit« zurückkehren – mit der letztendlichen Einsicht, daß der Mensch unaufhebbar durch einen weiten Abstand von Gott getrennt bleibe und sich demütig den im Koran offenbarten Geboten zu unterwerfen habe.[3]

Naqshband billigte zwar die Sehnsucht nach intensiver mystischer Erfahrung jenseits aller rationalistischen Dogmatik, jenseits aller Verstandesgrenzen; sonst hätte er selbst ja keine mystische Bruderschaft gegründet. Aber ausdrücklich warnte er die Mitglieder seiner Bruderschaft davor, sich durch die mystische Erfahrung des »Rausches« dazu verleiten zu lassen, die sozial-religiösen Normen der Scharia zu relativieren. Entsprechend mißtraute Naqshband auch vielen der Praktiken, die zum »Rausch« führen. Er lehnte nicht nur Musik und Tanz als Form mystischer Erfahrung ab, sondern ebenso das endlose Singen der Namen Gottes, weil all dies zu unkontrollierbaren Formen der Subjektivität und »Entgrenzung« führe. Er empfahl einen anderen Weg mystischer Versenkung: den »schweigenden Dhikr«, die Meditation ohne Worte, ohne musikalische Begleitung, ohne Tanz.[4]

Indem die Naqshbandi-Derwische dem Bekenntnis zur sozialreligiösen Rechtsordnung einen derartigen Wert zumessen, betonen sie naturgemäß auch ihre Zugehörigkeit zur sunnitischen Glaubensgemeinschaft (schließlich unterscheiden sich Sunniten und Schiiten auch durch Abweichungen in der Scharia). Damit spielt bei vielen Naqshbandi-Derwischen die konfessionelle Abgrenzung gegenüber andersgläubigen Muslimen eine beträchtliche Rolle. Gerade dies ist jedoch für die großen Klassiker des Sufismus wie Hallaj, Ibn al-Arabi, Celaleddin Rumi und andere undenkbar – ja wird als mangelnde Konsequenz einer mystischen Religiosität betrachtet.

Etliche Bruderschaften, die aus der Tradition der Naqshbandiya hervorgegangen sind, haben sogar eine radikal anti-schiitische Haltung entwickelt (davon später mehr). Und bereits aus diesem Grund war es folgerichtig, daß solche Bruderschaften bereitwillig die sunnitische Orthodoxie in ihrem Kampf gegen herrschaftsbedrohende schiitische »Ketzer« unterstützten. Darüber hinaus boten etliche Naqshbandi-Führer (wie wir ebenfalls noch sehen werden) sunnitischen Herrschern ideologische Hilfe an, um im Namen der islamischen Mystik »ungläubige« muslimische Mystiker zu bekämpfen. Oder sie versuchten ihre Vorstellung vom »richtigen Glauben« gar selber mit politischen Machtmitteln, ja gar mit militärischer Gewalt durchzusetzen.

Mit dieser doppelten Ausrichtung – einerseits eine gefühlvoll gelebte Religiosität jenseits trockener Dogmen, andererseits nachdrückliches Beharren auf einer unantastbaren religiösen Rechtsordnung – gewann die Naqshbandiya rasch an Anhängern. Schon während des 15. Jahrhunderts war sie stark in Zentralasien und auf dem indischen Subkontinent vertreten. Zwei Jahrhunderte später hatte sie in Südostasien weite Verbreitung gefunden, besonders in Indonesien, und andererseits in Ägypten, Syrien, Anatolien.

Im Verlauf dieser Entwicklung fächerte sich die Naqshbandiya allerdings in sehr verschiedene Richtungen auf. Und hierbei bildeten sich in ihrer Tradition auch Bruderschaften heraus, die zu relativer Weltoffenheit und Toleranz gegenüber anderen Glaubensrichtungen neigten. Aber geschichtsmächtig sind vor allem jene geworden, die sich einem orthodoxen Islam annäherten und sich entsprechend gegen »Unglauben« abgrenzten. Gerade in dieser Eigenschaft sind Naqshbandi-Bruderschaften zu beträchtlicher politischer Wirkung gekommen – mit Auswirkungen bis in unsere Gegenwart.

Abgrenzung gegen »Unglauben«. Die Naqshbandiya in Indien und Zentralasien

In Indien erlangten die Naqshbandi-Derwische verstärkt politischen Einfluß, nachdem Akbar, der bedeutendste Mogul-Kaiser, 1605 gestorben war. Akbar war ja, wie schon geschildert, ein unorthodoxer Muslim, der unter dem Einfluß muslimischer Mystiker einen Dialog nicht nur mit Schiiten, sondern darüber hinaus intensiv auch mit Hindus pflegte. Von Anfang an hatte er hierbei die Mehrheit der sunnitischen Korangelehrten gegen sich. Diese aber wagten es nicht, offen gegen den Kaiser mit seiner großen

Machtfülle aufzubegehren. Sie rebellierten erst nach Akbars Tod. Und damit kam die Chance der Naqshbandiya, Einfluß auf die Herrschenden auszuüben; denn nichts konnte den Korangelehrten und anderen Vertretern islamischer Orthodoxie willkommener sein, als daß ausgerechnet muslimische Mystiker mit ihrem großen Rückhalt im Volk sich anboten, den Kampf gegen »Irrlehren« zu unterstützen.

Den größten politischen Einfluß erreichte die Naqshbandi-Bruderschaft unter Aurangzeb, dem letzten bedeutenden Kaiser der Mogul-Dynastie, der von 1658 bis 1707 regierte. Es war jener Herrscher, der radikal wie kein anderer den hinduistischen »Götzenglauben« bekämpfte und die heiligen Tempel in Varanasi (Benares), Mathura sowie Somnath zerstören und auf ihren Fundamenten Moscheen errichten ließ. Aber Aurangzeb war nach eigenem Verständnis kein Feind der islamischen Mystik, er schätzte eine stark gefühlsbetonte Religiosität. Es ist überliefert, daß er Tränen vergießen konnte, sobald er einer gesungenen Rezitation aus dem *Mathnawi* des Celaleddin Rumi lauschte.[5] Allerdings kann Aurangzebs Beziehung zu diesem Klassiker des Sufismus nicht sehr tief gewesen sein, sonst hätte sich für den Kaiser die schroffe Intoleranz sowohl gegen »götzendienerische« Hindus als auch gegen muslimische »Ketzer« von selbst verboten. Intensivere geistige Verbindungslinien verliefen bei Aurangzeb zu einer neuen Ausprägung mystischer Frömmigkeit: eben zur Naqshbandiya mit ihrer Nähe zur Orthodoxie.

Die Naqshbandi-Bruderschaft erwiderte die Zuneigung des Kaisers, indem sie ihm ebenso wie die orthodoxen Korangelehrten einen religiösen Rückhalt bei politischen Entscheidungen bot. So stimmten auch führende Vertreter der Naqshbandiya zu, als Aurangzeb 1659 seinen ältesten Bruder Dara Shikoh, den designierten Thronfolger, nach dessen Entmachtung wegen »Ketzerei« hinrichten ließ. Dara Shikoh hatte ja, wie geschildert, bei den Hindus großes Ansehen gewonnen, weil er auch deren heilige Bücher als »Wege zu Gott« schätzte. Den Mystikern der Naqshbandiya fiel es leicht, den Mystiker Dara Shikoh als »Ketzer« zu verdammen, lehnten sie doch selber jede geistige Öffnung zum Hinduismus ab. Indem sie aber mit ihrem Einverständnis zur Hinrichtung dem

Kaiser halfen, einen Thronrivalen zu beseitigen, konnten sie im indischen Mogul-Reich ihren Einfluß auf die Erziehung der muslimischen Führungsschicht weiter verstärken.[6]

Der Einfluß der Naqshbandiya auf das soziale, kulturelle und politische Leben erreichte in anderen Regionen der islamischen Welt ein noch stärkeres Gewicht – so etwa in dem usbekischen Fürstentum Buchara, in dem die einst berühmte Metropole Samarkand liegt, so auch im afghanischen Fürstentum Herat. Der Ausgangspunkt ihrer dortigen Macht war die intensive Beziehung zu den Kaufmannsgilden sowie zu reichen Handelsherren. Hierdurch vermochte die Bruderschaft wie keine andere das Wirtschaftsleben – und schließlich auch die Politik – zu kontrollieren.[7] Bereits Mitte des 15. Jahrhunderts hatten Naqshbandi-Scheiche die religiöse Erziehung in zentralasiatischen Fürstentümern übernommen, so daß letztendlich auch Emire Mitglieder der Naqshbandiya wurden.

Die Verflechtung zwischen Fürsten und der religiös-politischen Bruderschaft blieb in großen Teilen Zentralasiens jahrhundertelang eng. Und die Macht einzelner Naqshbandi-Scheiche wuchs noch, nachdem die usbekischen Fürstentümer kulturell, wirtschaftlich und militärisch an Vitalität verloren hatten. Als Mitte des 19. Jahrhunderts die russischen Zaren daran gingen, den zentralasiatischen Orient ihrer Herrschaft zu unterwerfen, leistete allein noch die inzwischen militärisch organisierte Naqshbandiya den Russen energischen Widerstand. Denn die Derwisch-Krieger besaßen mit ihrer Motivation zu einem »Heiligen Krieg gegen ungläubige Feinde« eine weitaus bessere Kampfmoral als die Söldnertruppen der Emire. Die Derwisch-Krieger vermochten die technische Überlegenheit der russischen Soldaten durch einen geschickt geführten Partisanenkrieg zunächst auszugleichen, so daß es den Russen erst 1868, nach mehr als einem Jahrzehnt militärischer Auseinandersetzung, gelingen konnte, das Fürstentum Buchara zu erobern.

Ähnliches gilt für den Kaukasus. In den Regionen Dagestan und Tschetschenien leisteten nicht die Söldner der Emire den wirkungsvollsten Widerstand gegen das eindringende russische Heer, sondern wiederum Derwisch-Krieger der Naqshbandiya. Auch hier kämpften die Naqshbandi mit einer fanatischen Energie, die sie aus der Idee eines »Heiligen Krieges« und des Märtyrertods der

»Glaubenskämpfer« zogen. Zu besonderem Ansehen kam hier der Naqshbandi-Scheich Shamil, unter dessen militärischer Führung weite Teile des Kaukasus in einem hartnäckigen Partisanenkrieg von 1834 bis 1859 gegen die Russen verteidigt werden konnten. Ja, Shamil regierte sogar einige Jahre als Imam, als religiös-politischer Führer, einen Gottesstaat im Nordkaukasus, von wo er die russischen Besatzungstruppen hatte vertreiben können. Es hat seinen Nachruhm nicht schmälern können, daß er nach mehr als zwei Jahrzehnten vor der massiven technischen Überlegenheit der russischen Armee kapitulieren mußte und ins Exil nach Mekka ging, wo er 1871 starb.

Die Naqshbandiya blieb auch unter der Fremdherrschaft der Zaren und später sogar unter der noch stärkeren Unterdrückung der Sowjet-Kommunisten äußerst vital. Dabei zerstörten gerade die kommunistischen Machthaber massenhaft Moscheen, bekämpften den Islam offensiv als »fortschrittsfeindliche Weltanschauung« und erzogen die Jugend Zentralasiens entsprechend im Geist nicht nur einer »russischen Zivilisation«, sondern auch eines »wissenschaftlichen Atheismus«. Die Naqshbandiya wirkte aller Unterdrückung zum Trotz durch kulturelle Aktivitäten im verborgenen und trug wie keine andere islamische Vereinigung dazu bei, religiöse Traditionen aufrechtzuerhalten und eine »Russifizierung« der Muslime Zentralasiens zu verhindern.[8]

Die kulturell-politischen Aktivitäten der Naqshbandiya hatten allerdings einen sehr ambivalenten Charakter. Der Derwisch-Bruderschaft kam einerseits das Verdienst zu, die islamische Kultur und hier besonders regionale Traditionen gegenüber dem russischen Imperialismus zu verteidigen. Aber andererseits fußte der religiös-politische Widerstand auf einem regional verwurzelten Islam, den wir aus unserer heutigen Sicht vorrangig als eine Mischung aus Traditionalismus und kämpferischem Fundamentalismus verstehen können. Und gerade so lieferten die Aktivitäten der Naqshbandi-Derwische den russischen Gegnern wiederum geistige Munition für einen verschärften Kampf gegen »religiösen Aberglauben« und »kulturelle Rückständigkeit«.

Der Naqshbandi-Scheich Shamil genießt aber bei den Muslimen des Kaukasus, ja ganz Zentralasiens, bis heute als heroischer Widerstandskämpfer gegen die »Tyrannei der Ungläubigen« großes Ansehen. Das Andenken an ihn wird nach dem Zusammenbruch des Sowjet-Imperiums 1991 sogar wieder öffentlich gepflegt. Mehr noch: Seit die Tschetschenen erbittert einen Unabhängigkeitskampf gegen das nachsowjetische Rußland führen, ist Shamil erneut zu einer Symbolfigur des »Heiligen Krieges« geworden. Sein Kampf gegen die Truppen des Zaren wird zu einem leuchtenden Vorbild für die Gegenwart stilisiert. Inzwischen organisieren sich viele Dörfer Tschetscheniens in religiös-sozialen Strukturen, die denen des kämpferischen Gottesstaates eines Scheich Shamil sehr ähnlich sind.[9] Und so ist es kein Zufall, daß Kaukasier ihren Söhnen gerne den Namen Shamil geben.

Diesen Vornamen trug auch der kaukasische Muslim Bassajew, der zu Beginn des 21. Jahrhunderts der gefürchtetste Rebellenführer gegen Rußland geworden ist. Shamil Bassajew war in die internationalen Schlagzeilen durch zwei besonders blutige Terroraktionen gekommen. Im Oktober 2002 ließ er von seinen tschetschenischen »Freiheits«- und »Glaubenskämpfern« ein Moskauer Musical-Theater besetzen, das von rund 800 Gästen besucht war. 129 Menschen starben, als russische Sicherheitskräfte einen Befreiungsversuch unternahmen. Im September 2004 brachten Gefolgsleute Bassajews eine Schule in der kaukasischen Stadt Beslan in ihre Gewalt, wobei 331 russische Geiseln, unter ihnen viele Kinder, ihr Leben verloren. Shamil Bassajew, dessen Vorfahren schon seit Generationen gegen die Fremdherrschaft der »ungläubigen« Russen im Kaukasus gekämpft hatten, betrachtete sich selber als den legitimen Führer in der Tradition des Scheichs Shamil. Auch er hatte das Ziel, einen Gottesstaat im Kaukasus nach strengen Richtlinien der Scharia zu errichten. Allerdings war Bassajew weniger vom Geist der Naqshbandi-Bruderschaft geleitet als vom Einfluß eines aggressiven wahhabitischen Islam, wie er von der Terror-Organisation Al Qaida und deren ideologischem Mentor Osama Bin Laden ausgeht. Entsprechend brutal und rücksichtslos verhielt er sich sogar gegen Andersdenkende in den eigenen Reihen, und entsprechend umstritten war sein Anspruch als religiös-politischer Führer unter den kaukasischen Muslimen. Als Shamil Bassajew im Juli 2006 durch eine Autobombe getötet wurde, blieb unklar, ob nun Agenten des russischen Geheimdienstes oder eine der verfeindeten Gruppierungen von »Glaubenskriegern« die Täter waren.

Dem Andenken des Naqshbandi-Scheichs Shamil können solche zweifelhaften selbsternannten Nachfolger allerdings nicht schaden.

Die zwiespältige Rolle der Naqshbandiya in der Türkei

Die Naqshbandiya hatte bis weit ins 19. Jahrhundert bei den Türken erheblich weniger Einfluß als etwa die Bruderschaften der Mevlevi- und Bektashi-Derwische. Aber dies änderte sich in der Endphase des Osmanischen Reiches. Je mehr die Sultane Reformen nach westlichem Vorbild durchführten, um dem Niedergang des Reiches gegenzusteuern, desto mehr bekam die Naqshbandiya Zulauf von Muslimen, die sich in ihrer traditionellen Religiosität und Lebensweise bedroht sahen. Denn nun präsentierte sich die Naqshbandiya in der Funktion, ein Bollwerk gegen Neuerungen »ungläubiger« Reformer zu bilden.

Der Einfluß der Naqshbandiya nahm weiter zu, nachdem das Osmanische Reich zusammengebrochen und 1923 die Republik Türkei unter der Führung Atatürks entstanden war. Vor allem Derwische dieser Bruderschaft forderten in ihren Predigten den Sturz der »gottlosen« Regierung. Und als im Februar 1925 ein Aufstand kurdischer Stämme gegen die Zentralregierung in Ankara ausbrach und weite Teile des östlichen Anatolien erfaßte, stand an der Spitze dieser politisch-religiös motivierten Rebellion ein Scheich der Naqshbandiya.

Der Naqshbandi-Scheich Sait hatte sich zum Vorkämpfer kurdischer Nomadenstämme und Bauern gemacht, die ihre Autonomie aus der Osmanen-Zeit gegen die Einschränkungen durch die türkischen Nationalisten Atatürks verteidigen wollten. Ein solches Motiv läßt sich auch aus heutiger Sicht sehr wohl nachvollziehen, ja kann als das berechtigte Aufbegehren einer kulturell und ethnisch bedrohten Minderheit verstanden werden. Aber ins Zwielicht rückte der Naqshbandi-Scheich, indem er den Wunsch nach kurdischer Selbstbestimmung mit der Ausrufung eines »Heiligen Krieges« gegen die säkulare Republik Türkei verband. Scheich Sait verlangte nichts Geringeres, als daß das Sultanat und das Kalifat wieder eingeführt werden sollten. Und dies bedeutete konkret: Er wollte die religiös-politische Gesellschaftsordnung der Scharia erneut installieren, ohne allzuviel an ihrem starren Traditionalismus zu ändern. Damit erteilte er Strömungen eines Reform-Islam, wie sie sich seit Mitte des 19. Jahrhunderts unter den Osmanen entwikkelt hatten, eine radikale Absage.

Die leidenschaftlichen Predigten des Naqshbandi-Scheichs Sait gegen den »Unglauben« moderner Reformer und den »verderblichen« Einfluß westlicher Kultur fanden Beifall weit über das östliche Anatolien hinaus: nicht nur bei den Kurden, die damals noch überwiegend ungebildete Nomaden und Bauern waren, sondern auch bei Türken in ländlichen Gebieten und Kleinstädten. Besonders deshalb mußte dieser Aufstand der Republik Türkei, die erst eineinhalb Jahre bestand, so gefährlich erscheinen. Noch hatte die Idee einer säkularen Gesellschaftsordnung erst bei einer schmalen, westlich orientierten Bildungsschicht Zustimmung gefunden. Nur von daher läßt sich verstehen, daß Atatürk glaubte, er könne sein politisches Ziel nur mit den Mitteln einer entschlossenen Diktatur durchsetzen. Er schlug den Aufstand von 1925 mit äußerster Brutalität nieder, ließ die Bevölkerung ganzer Dörfer niedermetzeln und den Naqshbandi-Scheich Sait sowie 40 Derwische seiner Bruderschaft öffentlich hängen.

Atatürk wandte sich aber letztlich gegen alle Bruderschaften. Denn obwohl an der Spitze des Aufstandes nur Naqshbandi-Derwische standen, hatten doch viele Mitglieder anderer mystisch orientierter Bruderschaften mit den Aufständischen sympathisiert oder gar am Rande mitgewirkt, so eine Reihe Derwische der Mevleviya und der Bektashiya. Sie alle fürchteten, unter einer säkularen Regierung ihre bisherigen sozial-religiösen Privilegien aus der Osmanen-Zeit zu verlieren. Und so kam es, daß Atatürk sieben Monate nach dem Aufstand, am 2. September 1925, nicht nur die Naqshbandiya, sondern sämtliche Bruderschaften verbieten ließ. Ihm erschienen sie alle mehr oder weniger als Nutznießer der dekadent gewordenen osmanischen Feudalgesellschaft und daher als prinzipiell feindlich gegen Reformen eingestellt.

Diese Haltung bekräftigte Atatürk in einer sehr drastisch formulierten Rede, in der er unter anderem sagte: »Die türkische Republik kann kein Land von Derwischen, Scheichen und Ekstatikern sein. Der beste Weg ist der Weg der Zivilisation. […] Die Absicht der Derwisch-Konvente ist es, das Volk geistlos und dumm zu machen. Das Volk hat sich jedoch dafür entschieden, nicht geistlos und dumm zu sein.«[10] (Daß sich Atatürk nicht für die philosophische Gedankentiefe des klassischen Sufismus interessierte, ja sie kaum kannte, habe ich anhand seiner Haltung gegenüber der Mevlevi-Bruderschaft bereits erläutert.[11]) Atatürk fühlte sich in seiner Einschätzung bestätigt, als 1930 ein zweiter Aufstand unter Führung von Naqshbandi-Derwischen ausbrach und wieder Mitglieder anderer Bruderschaften mit der Revolte sympathisierten. Auch diesen Aufstand schlug er mit äußerster Härte nieder.

Mit dem offiziellen Verbot von 1925 sind die Derwisch-Bruderschaften jedoch keineswegs aus dem Bewußtsein der Türken verschwunden. Wie ich schon mehrmals betonte, existieren ja viele, getarnt als »Kulturvereine«, weiter. Wenig bekannt ist allerdings, daß die Naqshbandiya hierbei bis heute die weitaus stärksten Aktivitäten entfaltet – mit erheblichen Folgen gerade auch für die Politik. Insgesamt lassen sich sechs verschiedene »Kulturvereine« feststellen, die mehr oder weniger in der Tradition der Naqshbandiya wirken – Vereinigungen, die sowohl in der Türkei als auch bei den in Westeuropa lebenden Türken beträchtliche Netzwerke besitzen.

Unsere besondere Aufmerksamkeit verdient in diesem Zusammenhang die Bruderschaft des Scheichs Zahid Kotku aus Istanbul, der von 1897 bis 1980 lebte. Dieser Naqshbandi-Scheich hatte drei Politiker unter seinen Schülern, die später als Ministerpräsidenten der Türkei Politik mit islamisch-konservativer Zielsetzung machen sollten: Turgut Özal, Necmethin Erbakan, Recep Tayyip Erdogan. Ja, Erbakan soll gar erst von Kotku »inspiriert« worden sein, in die Politik zu gehen.[12] Der »Kulturverein« in der Tradition der Naqshbandiya zeigte 1973 erstmals auffällig politisches Engagement, indem er intensiv Wählerstimmen für die »Nationale Heilspartei« des aufstrebenden Politikers Erbakan mobilisierte.[13]

Der Name Necmethin Erbakan steht in der Türkei seit Anfang der siebziger Jahre für eine politische Bewegung, die die Wiedereinführung einer »islamischen« Staats- und Gesellschaftsordnung zum Ziel hat. Erbakan (der einige Jahre in Köln als Maschinenbauingenieur gearbeitet hat) stellte die türkische Verfassung mit ihrer entschiedenen Trennung von Politik und Religion grundsätzlich in Frage. Er forderte, ein Gremium geistlicher Rechtsgelehrter solle wieder – wie zur Zeit der Osmanen-Dynastie – alle Entscheidungen der Politik kontrollieren und notfalls auch ein Verbot aussprechen können. Er ging damit weit über die Politik Turgut Özals hinaus, der in den achtziger Jahren den Religionsunterricht an Schulen wieder als Pflichtfach eingeführt sowie den Bau von Moscheen in Kasernen durchgesetzt hat.

Zur Frage, ob er eine Einführung der Scharia befürworte, drückte sich Erbakan in seiner politischen Rhetorik bewußt verschwommen aus, schließlich hatte er das Militär als obersten Wächter der strikt laizistischen Verfassung zu fürchten. Mehrmals hatte das Gremium der Generäle eine von Erbakan gegründete Partei verboten, und jedes Mal trat bald danach eine neue »islamisch« orientierte Partei unter anderem Namen wieder in die politische Öffentlichkeit. Nachdem die 1983 von ihm mitbegründete »Wohlfahrtspartei« 1998 verboten wurde, erfolgte die Gründung der »Tugendpartei«. Erbakan war verschiedene Male als Minister und Vizepräsident in einer Koalitionsregierung konservativer Parteien vertreten. Und schließlich konnte er das Amt des Ministerpräsidenten von Juni 1996 bis Mai 1997 ausüben, dann allerdings zwang ihn das Militär wegen »verfassungsfeindlicher Äußerungen« zum Rücktritt, 2000 wurde ihm durch Gerichtsbeschluß eine weitere Aktivität in der Politik untersagt.

In enger Verbindung mit dem Namen Erbakan wie auch der Naqshbandi-Tradition steht die Organisation »Milli Görüş«. Sie wurde 1977 in Deutschland unter Mitwirkung von Erbakan gegründet. Der türkische Begriff »Milli Görüş« bedeutet wörtlich übersetzt »Nationale Sicht«, aber der islamisch-nationale Verband bezeichnet sich in deutscher Übersetzung oft auch als »Neue Weltsicht«, was dem politischen Konzept des Islamisten-Führers Erbakan eher entspricht.[14]

Die »Milli Görüş« sieht sich für »soziale, kulturelle und religiöse Aufgaben« zuständig. Sie versteht sich als Sammelbecken muslimischer Auslands-Türken in Europa und verfügt über Netzwerke nicht nur in Deutschland, sondern auch in Belgien, Dänemark und Frankreich, ja sogar im außereuropäischen Raum, so in Kanada und Australien. In Deutschland zählt die Organisation, so die Angaben von 2002, rund 27 000 Mitglieder. Die Aktivisten dieser Organisation werden vom Deutschen Verfassungsschutz mit Argwohn beobachtet, weil die »Milli Görüş« vor allem junge in Deutschland lebende Türken fasziniert, die sozial keinen Anschluß finden. Die »Milli Görüş« so die Befürchtung deutscher wie türkischer Soziologen, verhindere durch ihre religiös-ideologische Schulung, daß sich die jugendlichen Gefolgsleute in die deutsche Gesellschaft integrierten. Eine derart »islamisch« ausgerichtete Organisation scheint die Abkapselung in einem islamisch-konservativen, ja islamistischen Weltbild zu fördern.[15] Hierzu paßt, daß die Moscheen, die von der »Milli Görüş« eingerichtet sind, besonders häufig von Mitgliedern und Sympathisanten der Naqshbandiya besucht werden.[16]

Weitere »Kulturvereine«, die in der Tradition der Naqshbandiya stehen und internationale Netzwerke mit religiöser Schulung wie auch sozialer Betreuung aufgebaut haben, zeigen ideologisch die gleiche Grundtendenz. Sie bieten eine Mischung aus traditionalistisch islamischem Gedankengut und mystischer Frömmigkeit. Diese Vereinigungen bejahen zwar alle mehr oder weniger die technischen und naturwissenschaftlichen Errungenschaften der westlichen Industriegesellschaften – aber letztlich haben sie das Ziel, den »wahren Islam« gegen »verderbliche Einflüsse« aus westlicher Philosophie und Politik abzuschirmen. So die Menzil-Gruppe, die, in der türkischen Stadt Menzil gegründet, in Deutschland 55 Sufi-Zentren unterhält, europaweit ungefähr 130 (nach der Zählung im Jahr 2004). Sie unterstützt in der Türkei islamisch-konservative Parteien,[17] so die »Nurculuk«, »Gemeinde des Lichts«, die ideologisch stark anti-schiitisch und anti-iranisch ausgerichtet ist.[18] Ebenso die »Süleymanci«, gegründet von dem Naqshbandi-Mitglied Hilmi Turnahan (gestorben 1959). Allein in Deutschland hat die Süleymanci zu Beginn des 21. Jahrhunderts über 20 000 Mitglieder.[19]

Mit Recep Tayyip Erdogan rückt ein weiterer prominenter Politiker ins Blickfeld, der Beziehungen zur Naqshbandiya hat. Erdogan hatte in den achtziger Jahren noch eine wichtige Rolle in Erbakans »Wohlfahrtspartei« gespielt und sich gar stolz als politischen Ziehsohn des Islamisten-Führers bezeichnet. Erdogan konnte im November 2004, nach einem eindrucksvollen Wahlsieg seiner »Partei für Gerechtigkeit und Entwicklung« (AKP), Ministerpräsident der Türkei werden. Er war allerdings 2001 nach heftigen Auseinandersetzungen von Erbakan abgerückt, indem er ausdrücklich alle ideologischen Programmpunkte einer »Islamisierung« der Gesellschaft verwarf und eine »pragmatische Wirtschaftspolitik« forderte. Mit seiner Proklamation, durch soziale und wirtschaftliche Reformen »die Türkei nach Europa zu führen« – also in die EU –, unterschied er sich in der Programmatik kaum mehr von säkularen Parteien der Türkei. Wie sich jedoch für Erdogan nach einer solchen Neuorientierung seiner Politik die Beziehung zur Naqshbandiya gestaltet, bleibt vorerst offen. Muß es hier nicht zu Spannungen mit einzelnen »Kulturvereinen« der Naqshbandiya kommen, die doch alle mehr oder weniger an einer »Islamisierung« der türkischen Gesellschaft interessiert sind?

Für den Außenstehenden ist eine Beurteilung schwierig, zumal die Naqshbandiya auch in der Türkei keine wirklich homogene Gemeinschaft bildet. Ihre Mitglieder und Sympathisanten sind nicht durchweg an einer stark rückwärtsgewandten und erst recht nicht an einer religiös intoleranten Haltung orientiert. Ich entnehme einem Bericht der deutschen Wochenzeitung *Die Zeit* über die gegenwärtige religiös-kulturelle Situation in der Türkei folgendes Zitat: »Alle Religionen sind gleichwertig. Alle lehren eine gute Moral, alle kommen von Gott. Warum kann der Westen nicht akzeptieren, daß der Islam von Gott kommt? [...] Was immer deine Wahrheit ist, Gott möge sie dir geben.«[20] Diese Aussage stammt von einem Naqshbandi-Scheich, der gegenwärtig im östlichen Anatolien große Verehrung genießt (sein Name ist allerdings nicht genannt). Das Gewicht dieser Aussage liegt keineswegs auf der pauschalen Kritik, der »Westen« wolle den Islam nicht als eine »von Gott kommende Religion« akzeptieren. Viel entscheidender ist, mit welchem Argument der Naqshbandi-Scheich seine Kritik begründet: Er spricht von der »Gleichwertigkeit aller Religionen«. So könnten Celaleddin Rumi und andere Klassiker des Sufismus gesprochen haben. Eine solche Parallele bedeutet nicht, daß der Naqshbandi-Scheich irgendwelches Verständnis für die Einheitsmystik eines Celaleddin Rumi haben könnte. Aber mit der hier zitierten Äußerung gerät auch er in Widerspruch zu den Positionen der islamischen Orthodoxie. Schließlich ist der Islam nach orthodoxer Lehrmeinung eindeutig als die Religion mit der höchsten und allein richtigen Offenbarung festgeschrieben. Toleranz gegenüber Andersgläubigen ist nur in herablassender Form – und eigentlich nur gegenüber Angehörigen geistesverwandter Religionen wie dem Christentum und dem Judentum – vorhanden. Von einer Gleichwertigkeit der Religionen kann in diesem Zusammenhang also keine Rede sein. Nichts könnte deutlicher belegen, daß einige Richtungen der Naqshbandiya gerade auch in der Türkei Voraussetzungen für eine sehr undogmatische Offenheit bieten.

Ungeklärt muß in diesem Zusammenhang allerdings bleiben, ob prominente Politiker wie Erdogan als Anhänger der Naqshbandiya für derartige Aussagen Verständnis äußern. Antworten sind hier kaum zu bekommen, da die entsprechenden Politiker sich bei Fragen über das Thema Naqshbandiya sehr bedeckt halten, ja unwissend geben.[21] Eine solche Vorsicht ist verständlich, gerade weil türkischen Politikern eine öffentlich eingestandene Sympathie für irgendeine religiöse Strömung der Naqshbandiya – und erst recht die Mitgliedschaft in der Bruderschaft – gefährlich werden könnte. Zu stark ist weiterhin der Druck des an Atatürk orientierten Militärs sowie der säkular geprägten Parteien. Insofern bleibt die Beurteilung schwierig, ob nun eine liberale Ausprägung der Naqshbandiya auf Politiker in der Türkei ebenfalls größeren Einfluß haben könnte.

Der Fundamentalismus der Senussi-Bruderschaft

Die Senussi-Bruderschaft hat länger als viele andere militärisch organisierten Derwisch-Gemeinschaften eine eminent politische Rolle gespielt. Auch hat sie stärker als viele andere die Weltöffentlichkeit beschäftigt und zu jenem Negativbild von »Derwisch« beigetragen, das bei uns über Jahrzehnte vorgeherrscht hat – und den Blick auf den Sufismus mit seiner Friedfertigkeit, seiner Weltoffenheit, seiner Toleranz und seiner scharfsichtigen Kritik am engen Dogmatismus verstellt.

Diese Bruderschaft ist 1837 in Mekka entstanden. Ihr Begründer Mohammed Ibn Ali as-Senussi, 1787 als Sproß eines algerischen Aristokraten geboren, studierte in Fes Mathematik und religiöses Recht, bevor er 1819 zu einem längeren Studienaufenthalt nach Mekka aufbrach. Hier fühlte er sich von einer religiösen Bewegung angezogen, die damals in der arabischen Welt zunehmend Aufsehen erregte: die der Wahhabiten. In der Auseinandersetzung mit dieser Bewegung formte sich sein Weltbild.

Ideologisch übten die Wahhabiten einen starken Einfluß auf etliche Derwisch-Bruderschaften aus und waren damit die Ursache für einen tiefen Einschnitt in deren Entwicklung. Die radikal-sunnitische Sekte der Wahhabiten besteht bis heute und hat während der letzten Jahrzehnte sogar eine beklemmende Aktualität erhalten. Einer ihrer fanatischen Anhänger ist schließlich Osama Bin Laden, der seine Ideologie des »Dschihad«, des »Heiligen Krieges« gegen die »ungläubige Welt«, aus dem religiös-politischen Gedankengut des wahhabitischen Islam entwickelte. Stark wahhabitisch geprägt war auch das Regime der Taliban in Afghanistan. Um aber zu verstehen, welchen Eindruck die Wahhabiten im frühen 19. Jahrhundert auf den Derwisch-Führer Senussi machten, müssen wir uns die historischen Voraussetzungen vergegenwärtigen, aus denen der Wahhabismus entstand.

Die um das Jahr 1740 entstandene Bewegung geht auf Mohammed Ibn Abd al-Wahhab zurück, der 1703 als Sohn eines geistlichen Richters nahe Mekka geboren wurde. Von vielen Muslimen wird er bis heute als der wegweisende Vorläufer des modernen islamischen Fundamentalismus gesehen. Abd al-Wahhab selbst verstand sich als religiös-politischer Reformer, der von Gott dazu ausersehen war, den Islam von allen Dekadenzerscheinungen zu reinigen – und damit den kulturellen sowie politischen Niedergang der islamischen Welt aufzuhalten. Er forderte, die Muslime sollten sich auf das »Fundament« ihrer Religion, den Koran und die Scharia, besinnen und alle spätere geistige Entwicklung einer strengen Prüfung unterziehen. Abd al-Wahhab »reinigte« gründlich: Er verwarf nicht nur Aberglauben und Heiligenkult, sondern verurteilte auch den Versuch vieler Theologen und Philosophen, moderne Zeitströmungen in das religiöse Denken einzubeziehen. Er forderte, in der islamischen Welt Staatsordnungen zu installieren, die nicht anders aufgebaut sein sollten als zur Zeit des Propheten. Nur in solchen wahrhaft »islamischen« Staaten könnten sich die Gläubigen vor allen Anfechtungen modernen Zweifels schützen. Und da die Muslime zu Mohammeds Lebzeiten weder geraucht noch Kaffee getrunken hatten, weder Musik noch Tanz geschätzt hatten, sollten auch die Muslime späterer Epochen selbst in solchen Banalitäten nicht vom »ursprünglichen« Islam abweichen.

Es war kein Zufall, daß der wortgewaltige Sektenführer Abd al-Wahhab gerade Mitte des 18. Jahrhunderts viel Zulauf hatte. Denn zu jener Zeit war die islamische Welt durch bisher unvorstellbare Ereignisse beunruhigt: Erstmals rückten Europäer siegreich in Provinzen des Osmanischen Reiches ein, drangen »Ungläubige« unaufhaltsam in Herrschaftsgebiete von »Gläubigen« vor. Auf die Frage, weshalb Gott dies zulassen könne, hatte Abd al-Wahhab die Antwort: Die islamische Macht zerfalle, weil die Muslime sich von den »Ursprüngen« ihrer Religion entfernt hätten.

Der Wahhabismus verbreitete sich zu Beginn des 19. Jahrhunderts über die arabische Halbinsel hinaus und erfaßte als Protestbewegung weite Teile Nordafrikas. Es war die Zeit, als es bei der muslimischen Oberschicht üblich wurde, ihre Söhne an europäischen Universitäten studieren zu lassen. Mitte des 19. Jahrhunderts wandten sich die Wahhabiten verstärkt gegen Muslime, die vom »Fortschritt« nach westlichem Vorbild schwärmten. Sie empfahlen den »gläubigen« Muslimen, den Kontakt mit solchen Versuchern zu meiden, die aus wahhabitischer Sicht als »Abtrünnige vom wahren Glauben« galten. Aber stärker noch lehnten sie den Kontakt mit Juden und Christen als den letztendlichen Urhebern dieser Versuchung ab. Und sie konnten sich hiermit zumindest auf eine koranische Anweisung stützen, die Mohammed als Gesetzgeber in Medina den Muslimen angesichts der wachsenden Spannungen mit dortigen Juden und Christen gegeben hatte. Es heißt in der 5. Sure, Vers 52: »Oh Gläubige, nehmt weder Juden noch Christen zu Freunden. […] Wer von euch sie zu Freunden nimmt, ist einer von ihnen.«

Der Derwisch-Führer Senussi übernahm viel von der Ideologie der Wahhabiten. Er verbot den Mitgliedern seiner Bruderschaft, zu Heiligengräbern zu pilgern oder Amulette als magische Heilmittel zu verkaufen. Damit ging er rigoros gegen »Aberglauben« vor, und zumindest in diesem Punkt konnte er den Beifall vieler liberal gesinnter Muslime finden, die in Reformvorstellungen westlicher Herkunft ein Vorbild sahen. Allerdings verbot Senussi seinen Anhängern auch strikt, mit Christen und Juden Kontakt zu haben, ebenso mit »ungläubigen Muslimen«, denn sie alle bedeuteten für »Rechtgläubige« eine Gefahr. In dieser Hinsicht koppelte er sich völlig von jedem geistigen Austausch mit fremden Kulturen ab.

Aber obwohl sich Senussi gerade auf dieser Ebene dem Denken der Wahhabiten annäherte, konnte seine Bruderschaft nicht deren Anerkennung gewinnen. Denn die Wahhabiten sind grundsätzlich gegen den Sufismus und das Derwischwesen eingestellt; nach ihrer Interpretation hat schon der Prophet Mohammed die mystische Glaubensform strikt abgelehnt.

Wichtige Anstöße für die mystische Religiosität bezog Senussi außerdem aus der Haltung der Naqshbandiya. Auch Senussi sah Musik und Tanz nicht als geeignete »Wege« an, »Gott« zu »erfahren«. Auch er erlaubte nur den stillen Dhikr, das stumme Rezitieren von Gebeten und Glaubensformeln in der Meditation. Allerdings kritisierte er viel entschiedener die Mystiker der klassischen Epoche, als dies Derwische der Naqshbandiya taten. Senussi verbot seinen Anhängern grundsätzlich, sich mit Sufis wie Hallaj, Ibn al-Arabi und Celaleddin Rumi zu befassen. Hier zeigte er sich mehr von den Wahhabiten als von der Naqshbandiya beeinflußt.

1840 verließ Senussi mit seinen Schülern das wahhabitisch regierte Arabien. Er, der selber zu religiösem Fanatismus neigte, konnte nicht länger mit noch rigoroseren Fanatikern zusammenleben. Nach unruhigen Wanderjahren erreichte er Libyen, wo er 1845 in der Oase Dschaghbub den Hauptsitz der Senussi-Bruderschaft begründete. Libyen war zu jener Zeit in Stammesfehden zerrissen, eine überregionale Regierung fehlte, denn die Macht des osmanischen Statthalters in Tripolis reichte kaum über die unmittelbare Umgebung der Hauptstadt hinaus. Die Senussi-Bruderschaft vermochte im Verlauf der nächsten Jahrzehnte dieses politische Vakuum zu füllen, indem es ihrem Scheich gelang, zunächst als Vermittler zwischen den verfeindeten Beduinenstämmen und schließlich als höchste religiös-politische Autorität anerkannt zu werden. Als Senussi 1859 starb, leisteten schon die meisten Stämme Libyens seiner Bruderschaft Gefolgschaft.

Unter Senussis Nachfolgern wurde die Derwisch-Bruderschaft endgültig zur politischen Führungskraft in Libyen. Die Derwische konnten mit den Waffen genauso gut umgehen wie die kriegerischen Beduinen, sie stellten darüber hinaus aber auch die Polizei, die Lehrer, die Geistlichen. Es entstand ein Gottesstaat, in dem der Scheich der Senussiya sich nach dem Vorbild des Propheten gleichermaßen als das religiöse wie das politische Oberhaupt verstand. Ende des 19. Jahrhunderts gab es in Libyen bereits über fünfzig Senussi-Konvente, in denen sich die Gläubigen zu religiöser, politischer und militärischer Schulung trafen.[22]

Der Derwisch-Staat der Senussiya brachte Libyen Stabilität. Seit Mitte des 19. Jahrhunderts konnten Handelskarawanen ohne Furcht vor Raubüberfällen von Oase zu Oase ziehen, auch Frauen konnten ohne Angst vor Belästigung alleine unterwegs sein. Sklaven gab es nicht mehr, der Senussi-Scheich hatte ihre Freilassung verfügt – mit dem Hinweis, daß der Koran untersagt habe, Muslime zu Sklaven zu machen. Die neue Regierung hatte allerdings den Makel, daß sie Andersgläubige vehement ablehnte und entsprechend fremdenfeindlich eingestellt war. Europäern blieb es verboten, Libyen zu bereisen, und sollten sie es heimlich wagen, taten sie es unter Lebensgefahr. Diese Haltung trug entschieden dazu bei, daß der Begriff »Derwisch« in Europa im Verlauf des 19. Jahrhunderts zum Synonym für Fanatismus und Unduldsamkeit wurde.

1916 begingen Senussi-Krieger schließlich einen Mord, der sie in Europa endgültig zu Christenhassern abgestempelt hat: Sie stachelten die Tuareg der Zentralsahara zu einem Aufstand gegen die französischen Kolonialherrn in Algerien an, und als die Senussi in der Tuareg-Hauptstadt Tamanrasset einrückten, erschossen sie dort den prominenten Saharaforscher und Missionar Charles de Foucauld, der nicht nur bei Christen, sondern auch bei den dort lebenden Muslimen hohes Ansehen genoß.

Der Gottesstaat der Senussiya bestand in Libyen – mit einer kurzen Unterbrechung durch die italienische Kolonialherrschaft – bis 1961. Während dieser Derwisch-Staat aber für Europäer die Aura des düsteren Fanatismus besaß, kam er bei Muslimen in der ersten Hälfte des 20. Jahrhunderts zu legendärem Ruhm. Denn die Senussiya konnte sich im Abwehrkampf gegen »Kolonialismus und Imperialismus« profilieren. In dieser Funktion war die Senussi-Bruderschaft allerdings nicht allein. Wir haben bereits am Beispiel der Naqshbandiya eine ähnliche Entwicklung gesehen. Seit dem frühen 19. Jahrhundert hat der militärisch organisierte, »antikolonialistisch« orientierte Typ der Derwisch-Bruderschaft international das stärkste Aufsehen erregt.

»Heiliger Krieg« gegen westlichen Kolonialismus

Krieger mit Säbeln, Lanzen und technisch sehr einfachen Gewehren gegen modern ausgerüstete europäische Kolonialtruppen ... In vielen Teilen Asiens und Afrikas kam es während des 19. Jahrhunderts, ja teils noch bis ins 20. Jahrhundert hinein, zu solchen Konfrontationen. Hierbei war es bezeichnend, daß auf muslimischer Seite vorwiegend Derwisch-Bruderschaften anstelle der regulären Regierung den Widerstand mobilisierten. Denn in den damals oft schon kulturell und politisch degenerierten Staaten der islamischen Welt verfügten noch am ehesten solche Bruderschaften mit ihren dicht geknüpften sozialen Netzwerken und ihrer straffen religiös-ideologischen Schulung über die Kraft zum Kampf gegen den sich ausbreitenden europäischen Kolonialismus.

Es war allerdings ein ungleicher Kampf, der zugunsten der militärtechnisch weit überlegenen Kolonialtruppen ausgehen mußte. Oft hat sich jedoch dieser Kampf zur Verblüffung der Europäer über viele Jahrzehnte hingezogen. Denn die Derwisch-Krieger bewiesen nicht nur ungewöhnlichen Mut und den Fanatismus von »Glaubenskriegern«, die davon überzeugt waren, durch einen Märtyrertod sofort ins Paradies einzugehen – die Derwische wußten auch die meist unwegsamen Regionen zerklüfteter Berg- und Wüstenlandschaften geschickt zu nutzen, um einen zermürbenden Partisanenkrieg zu führen. Und so kam es, daß etliche dieser

Derwisch-Führer in der islamischen Welt den Nimbus eines Helden erreichten, der sich bis in unsere Gegenwart politisch instrumentalisieren läßt – ein Nimbus, der allerdings nur wenig mit den spirituellen Eigenschaften von Sufis und Derwischen zu tun hat. Gerade der Naqshbandi-Scheich Shamil hat ja, wie bereits geschildert, ein sehr anschauliches Beispiel in diese Richtung geboten. Entsprechend charismatische Führer hat es auch in der Senussiya und anderen Derwisch-Bruderschaften des 19. und 20. Jahrhunderts gegeben.

Noch bevor die Naqshbandi-Bruderschaft in Zentralasien und im Kaukasus den Widerstand gegen westlichen Kolonialismus organisierte, hatte dies in Algerien der Derwisch-Führer Abd al-Kadir getan. 1832 rief Abd al-Kadir, Scheich der Qadiriya-Bruderschaft sowie Emir eines Berberstammes, zum »Heiligen Krieg« gegen die Franzosen auf. Er kämpfte gegen französische Truppen, die den nördlichen Teil Algeriens besetzt und zur Kolonie gemacht hatten. In den Tälern und Schluchten des Atlas-Gebirges fügte Abd al-Kadir den Franzosen schwere Niederlagen zu, bevor er 1847 vor der technischen Überlegenheit der Kolonialtruppen kapitulieren mußte. Dieser über viele Jahre hin erfolgreiche Partisanenkrieg hat den Derwisch-Scheich Abd al-Kadir zu einem Mythos werden lassen, den später sogar die nationalistisch-säkularen Partisanen im Unabhängigkeitskrieg Algeriens gegen Frankreich (von 1958 bis 1963) gezielt in der Propaganda zu nutzen wußten.

Abd al-Kadir unterschied sich allerdings in mancher Hinsicht beträchtlich von vielen anderen dieser kriegerisch-charismatischen Derwisch-Führer. Trotz aller Feindschaft gegen die Kolonialherrschaft grenzte er sich keineswegs schroff gegen Christen ab. Dies bewies er eindrucksvoll, als er nach seiner Niederlage gegen die Franzosen in seinem Exil in Damaskus nicht nur freundschaftliche Beziehungen zu syrisch-arabischen Christen pflegte, sondern auch den dort wohnenden europäischen Christen ohne Haß begegnete. Mehr noch: Als 1860 fanatisierte Muslime in Damaskus europäische sowie arabische Christen zu Hunderten töteten, weil die »Ungläubigen« einem Gerücht zufolge mit der französischen Kolonialmacht im Libanon sympathisierten, bot Abd al-Kadir allen flüchtenden Christen in seinem Haus Schutz vor den mordenden Verfolgern an.

Er bewies damit beispiellose Toleranz, die ihm bleibenden Nachruhm auch bei seinen Gegnern, den Franzosen, einbrachte.[23]

Aber der zweifellos spektakulärste »Heilige Krieg« von Derwischen, der sich ins westliche Bewußtsein »eingegraben« hat, ereignete sich im Sudan. Dort hat 1881 Mohammed Achmed, der Scheich der Koreishi-Bruderschaft, den Widerstand organisiert. Obwohl seine Krieger überwiegend nur mit Krummsäbeln, Lanzen sowie Pfeil und Bogen bewaffnet waren, konnte er die ägyptischen Truppen, die mit modernen Gewehren ausgerüstet waren und von britischen Offizieren befehligt wurden, in mehreren Schlachten vernichtend schlagen. Dem Derwisch-Scheich Mohammed Achmed war es gelungen, hunderttausende Sudanesen mit der Vision zu beflügeln, den »ungläubigen Feind« auch in scheinbar aussichtsloser Lage besiegen zu können (hierbei stufte er auch die ägyptischen Muslime unter britischer Führung als »ungläubig« ein). Ihm sei nach langer Meditation in der Wüste von Gott offenbart worden, er sei der »Mahdi«, der am Ende aller Zeiten erscheine und die ganze Menschheit in einem weltumspannenden »Heiligen Krieg« dem Islam unterwerfe. Eine realitätsblinde, größenwahnsinnige Ankündigung! Denn der »Mahdi« starb bereits 1885. Aber in diesen kurzen vier Jahren seines Wirkens hat er immerhin die Kolonialtruppen aus dem Sudan vertrieben. Und die Herrschaft seines Gottesstaates erwies sich als so stabil, daß es 17 Jahre dauerte, bis es britischen Truppen mit großem Aufwand an Soldaten und Material gelingen konnte, die Derwisch-Krieger 1898 zu besiegen und den Sudan zu einer britischen Kolonie zu machen.

Dieser sudanesische Scheich Mohammed Achmed, der sich als »Mahdi«, der »Rechtgeleitete« und messianische Religionsführer am Ende aller Zeiten, ausgab, hat wie kaum ein anderer Derwisch über viele Jahrzehnte die westliche Phantasie beschäftigt. Dazu haben zahlreiche Berichte britischer Journalisten und schließlich auch Romanautoren beigetragen. Der »Mahdi« gehört damit neben Scheichs der Senussi-Bruderschaft zu jenen Gestalten, die uns in Westeuropa bis weit ins 20. Jahrhundert hinein die dominierende Vorstellung davon lieferten, was ein »Derwisch« eigentlich sei: intolerant und fremdenfeindlich, auf eine archaisch-exotische Weise fromm und fanatisch zugleich.

Was meine eigene Biographie betrifft: In meiner Jugend war dieser »Mahdi« aus dem Sudan der erste Derwisch, den ich durch Lektüre kennenlernte.[24] Indem ich mich zuerst mit seinem Wirken beschäftigte, hatte ich über viele Jahre hinaus eine düster romantisch geprägte Vorstellung vom Derwischtum. Besonders dieser »Mahdi« stand mit seiner Vorstellung von Mystik in einem nahezu unüberbrückbaren Gegensatz zu den Mystikern des klassischen Sufismus.

Der »Mahdi« orientierte sich noch entschiedener als die Scheiche der Senussiya am Islam der Wahhabiten. Im Gottesstaat Mohammed Achmeds wurde die Scharia besonders rigide interpretiert und angewendet: Auf »Gotteslästerung« stand ebenso die Todesstrafe wie auf vorehelichem und außerehelichem Geschlechtsverkehr. Nicht nur der Genuß von Alkohol, sondern auch der Genuß von Tabak oder Musik war bei Androhung von hundert Peitschenhieben verboten. Doch trotz dieser unerbittlichen Strenge und trotz der Auflösung des Gottesstaates durch die Kolonialherren ist der »Mahdi« bis heute für viele sudanesische Muslime eine Kultfigur geblieben. Sein Grabmal nahe der Hauptstadt Khartoum in der am Nil gelegenen Stadt Omdurman, der einstigen Hochburg der Mahdi-Bewegung, ist nach wie vor ein vielbesuchtes Pilgerziel – auch wenn der Sarkophag leer ist, weil die Briten nach ihrem Sieg über die Derwisch-Armee den Leichnam verbrannten. Aber die Nachkommen des »Mahdi« sind dort bestattet, was dem Mausoleum aus der Sicht der Besucher dann doch eine Aura gibt.

Der letzte große »Heilige Krieg« der Derwische fand noch im 20. Jahrhundert statt. Der Schauplatz: Libyen. Der Krieg begann, als 1911 italienische Truppen in Tripolis landeten. Die Angreifer hielten das Land für wehrlos und hofften daher, durch ihren Überraschungsangriff ohne viel Aufwand zu einer neuen Kolonie zu kommen. Aber die Italiener mußten den Rückzug antreten, als ihnen im Hinterland leicht bewegliche, nur mit altmodischen Gewehren und Lanzen bewaffnete Reitertruppen – unter der Führung von Derwischen der Senussiya – heftigen Widerstand leisteten. Der Krieg schien zunächst zugunsten des Gottesstaates entschieden.

Nach dem Ende des Ersten Weltkriegs bekamen es die Senussi-Derwische allerdings mit einem härteren Gegner zu tun. 1922 war in Italien Benito Mussolini an die Macht gekommen, und dieser Diktator wollte Libyen 1923 um jeden Preis zu einer Kolonie Italiens machen. Mussolini scheute weder Kosten noch Material, um die »Glaubenskrieger« des Derwisch-Staates zu besiegen. Doch trotz des Einsatzes von Flugzeugen, Panzerverbänden und Jeeps dauerte es nahezu acht Jahre, bis die italienischen Truppen den Widerstand der schlecht bewaffneten, jedoch religiös motivierten Derwisch-Krieger völlig brechen konnten. Daß die Derwische sich in einem Partisanenkrieg mit schweren Verlusten für die Gegner überhaupt derart lange behaupten konnten, verdankten sie ihrem militärischen Führer Omar Mukhtar. Als die Italiener nach zermürbendem Krieg siegten, ließen sie Omar Mukhtar, der schon zu Lebzeiten wie ein Heiliger verehrt wurde, am 16. September 1931 öffentlich hängen. Der hingerichtete Omar Mukhtar sollte im Status eines heldenhaften Märtyrers vollends zu einer unantastbaren Kultfigur der Libyer werden.

Die Kolonialherrschaft der Italiener dauerte nicht länger als elf Jahre. 1942 mußten die im Zweiten Weltkrieg geschwächten Italiener ihre Truppen aus Libyen zurückziehen, und 1951 konnte der Senussi-Scheich Idris die internationale Anerkennung seines Gottesstaates erreichen und sich selber zum König machen. Die alliierten Siegermächte des Zweiten Weltkriegs hatten kein Interesse daran, Libyen erneut in koloniale Abhängigkeit zu zwingen, da die Senussi-Bruderschaft eines der ärmsten Länder der sogenannten Dritten Welt regierte. Neunzig Prozent von Libyen bestanden aus Wüste, es gab keine nennenswerten Bodenschätze, das Land blieb abseits der Weltpolitik. Libyen war eben ein Derwisch-Staat, aus europäischer und amerikanischer Sicht ein Stück exotisches Mittelalter.

Da geschah etwas Unerwartetes. 1958 entdeckte die amerikanische Ölgesellschaft Esso ergiebige Erdölvorkommen in Libyens Sahara, und neun Jahre später galt der Derwisch-Staat bereits als viertwichtigster Erdöllieferant der Welt. Plötzlich wurde das mittelalterlich anmutende Staatswesen von zahlreichen westlichen Industriestaaten umworben und geriet, ähnlich wie Jahrzehnte zuvor der wahhabitisch regierte Erdölstaat Saudi-Arabien, in den Sog der Weltpolitik. Aber noch rascher als in Saudi-Arabien setzte der unermeßliche Reichtum der Erdölerträge die religiös-fundamentalistische Oberschicht einer ideellen Zerreißprobe aus. Die Führungsschicht der Senussi-Bruderschaft, einst strikt asketisch und sozial bescheiden, lebte nun in üppigem Luxus. Ihre Führer huldigten, ähnlich wie eine Reihe Prinzen in Saudi-Arabien, hinter verschlossenen Türen jenem »sittenlosen« Lebenswandel, den sie am Westen und an »verwestlichten« Muslimen als »gottlos« verurteilten. Dagegen lebten viele Derwische der Bruderschaft und erst recht große Teile des Volkes in Armut und weiterhin in der ethisch-religiösen Strenge eines traditionalistisch erstarrten Islam. Der letzte Derwisch-Staat, der noch im 20. Jahrhundert existierte, drohte an seinen inneren Widersprüchen zu zerbrechen.

Der Umsturz kam am 1. September 1969. Das Militär putschte gegen den greisen Senussi-König Idris und setzte ihn ab. Libyen wurde »Sozialistische Republik«. Ihr neuer Führer: Oberst Muammar al-Gaddafi.

Schlagartig verschwanden die Derwische aus dem öffentlichen Leben Libyens. Sie werden bis auf den heutigen Tag gerade noch geduldet, keineswegs gefördert. Gaddafi, ein Beduine vom Stamm der Gaddafi, war kein kompromißloser Gegner der Bruderschaft, er respektierte die Derwische zumindest als Widerstandskämpfer gegen den italienischen Kolonialismus. Den abgesetzten König Idris bat er, als »Bürger« im Land zu bleiben (Idris lehnte allerdings ab und ging ins Exil nach Kairo). Und den von den Italienern hingerichteten Senussi-Führer Omar Mukhtar ließ er gar zu höchsten offiziellen Ehren kommen. Gaddafi machte großzügig libysche Ölgelder locker, um 1979 einen aufwendigen Spielfilm über den Widerstandskampf des legendären Derwischs zu finanzieren. Paradoxerweise ließ er die Titelrolle des Omar Mukhtar mit einem international bekannten amerikanischen Filmstar, Anthony Quinn, besetzen – nur damit der Film werbewirksam mit einer politischen Botschaft auch in europäische und amerikanische Kinos finden würde. (Ich habe den Film 1980 in Wien gesehen.)

Propaganda für einen Derwisch? Der Akzent liegt anders. Gaddafi instrumentalisierte den Nimbus, indem er betonte, Omar Mukhtar sei ein leuchtendes Vorbild für alle, die in der arabischen

Welt gegen den »westlichen Imperialismus« kämpften. Die Erinnerung an Omar Mukhtar als Derwisch hatte zugunsten des »revolutionären Freiheitskämpfers« zurückzutreten.

Von der Derwisch-Bruderschaft zur Muslim-Bruderschaft der Islamisten

Mit dem Militärputsch des Muammar al-Gaddafi 1969 in Libyen waren die letzten Derwische aus dem politischen Leben eines Staatswesens verdrängt. Aber in keinem Teil der islamischen Welt werden Derwische seither als Bannerträger des »Heiligen Krieges« gegen den »Westen« vermißt. Denn eine derartige Funktion hatten längst schon andere – »zeitgemäßere« – Organisationen von »Glaubenskämpfern« übernommen: die Fundamentalisten oder, wie sie sich selber nennen, »al-Islamiyun«, die Islamisten.

Die Islamisten sind als die Verfechter einer radikalen Orthodoxie besonders kritisch gegenüber mystischer Religiosität eingestellt. Viele lehnen ja nicht nur den Heiligenkult und die magischen Praktiken an den Grabstätten von Derwisch-Scheichen als unvereinbar mit dem Islam ab; sie verdammen nicht nur ohnehin umstrittene Mystiker vom Typ eines Hallaj, Ibn al-Arabi und Celaleddin Rumi, sondern betrachten nahezu jede Form von Sufismus und Derwischtum als dem »Unglauben« nahestehend. Das Bild einer religiös-politischen Dekadenz, das der libysche Derwisch-Staat Mitte des 20. Jahrhunderts geboten hatte, gab nun Islamisten eine zusätzliche Möglichkeit, Sufis und Derwische als »unislamisch« abzuqualifizieren – und den Islamismus als die eigentlich dynamische Kraft des Islam zu präsentieren.

Aber wir erleben Überraschungen, sobald wir zwei der bedeutendsten Ideologen des islamischen Fundamentalismus näher betrachten: Hassan al-Banna und Abul Ala Maududi. Beide entstammen dem Derwisch-Milieu und können trotz aller Abgrenzung diese Herkunft nicht verleugnen.

Hassan al-Banna hatte 1928 in Kairo die erste Muslim-Bruderschaft, die »Ikhwan al-Muslimun«, gegründet und damit ideologisch sowie organisatorisch das Vorbild für viele andere fundamentalistische Vereinigungen geschaffen. Aber weniger bekannt ist, daß er als Vierzehnjähriger der Derwisch-Bruderschaft Hasafiya beigetreten war und später in ihr einige Jahre als Sekretär gewirkt hatte. Etliche seiner Freunde, die er dort kennenlernte, übernahmen schließlich Aufgaben in der Muslim-Bruderschaft. Was machte den Übergang von der einen zur anderen Organisation so leicht?

Die Hasafiya hatte im Typus viel mit der Senussi-Bruderschaft gemeinsam: eine verinnerlichte gefühlsbetonte Religiosität bei gleichzeitiger Neigung, glaubenskämpferisch den Islam gegen die »Ungläubigen« – auch gegen »glaubensschwache« Muslime, auch gegen »ketzerische« Sufis – zu vertreten. An der Senussiya kritisierte Hassan al-Banna zwar die Doppelmoral vieler Scheichs, die mit westlichen Geschäftsleuten paktierten und hierbei eine Reihe ihrer strengen Grundsätze mißachteten. Aber er übernahm andererseits in seine Muslim-Bruderschaft wesentliche Strukturelemente gerade der Senussiya. Vor allem betraf dies die Hierarchie mit dem Scheich als dem unantastbaren Oberhaupt und den Gefolgsleuten sowie den Schülern mit ihrem unbedingten Gehorsam. Auch hatte er von den Methoden der Propaganda gelernt, mit denen die Derwische Menschenmassen für ein religiöses Ziel mobilisieren konnten.[25] Und nicht zuletzt erschien es ihm wichtig, daß die Muslim-Bruderschaft analog zu vielen Derwisch-Bruderschaften auch soziale Netze für bedürftige Mitglieder aufbaute. Dies erhöhte ihre Anziehungskraft gerade in Staaten, die für einen Großteil der Bevölkerung wenig soziale Sicherheit boten.

Ähnliche Rahmenbedingungen hatte der zweite wegweisende Ideologe eines islamischen Fundamentalismus. Der indische Muslim Abul Ala Maududi, der 1941 die fundamentalistische Bruderschaft »Jamaat-e Islami« (»Islamische Gemeinschaft«) gründete und in heftiger Abgrenzung zum Hinduismus ein Vorkämpfer für eine »Islamische Republik Pakistan« wurde, entstammte einer tief religiösen Familie. Seine Eltern wie schon viele seiner Vorfahren waren Mitglieder einer Derwisch-Bruderschaft. Er selbst hatte zwar offiziell nie einer mystischen Gemeinschaft angehört, aber auch er übernahm viel von den Organisationsstrukturen, um gleichzeitig seine Distanz zu »unislamischen« Tendenzen innerhalb des Derwischwesens zu betonen.

Herausragende Symbolfiguren des Islamismus wie Hassan al-Banna und Maududi demonstrieren damit anschaulich, daß der politisch aggressive Islam als eine treibende Kraft bei Derwisch-Bruderschaften endgültig seine Funktion verloren hat – und auf andere, »moderne« Organisationen übergegangen ist.

Modernisten gegen die »Dekadenz« des Derwischwesens

Nicht nur Islamisten lehnen das Pilgertreiben an den Grabstätten von Derwisch-Scheichs entschieden ab. Auch viele Muslime, die sich an Reformvorstellungen westlicher Staaten orientieren – die sogenannten »Modernisten« – sehen in dieser Form der Religiosität eine Dekadenzerscheinung, unvereinbar mit dem »wahren Islam«. Allerdings setzen die Modernisten die Akzente ihrer Kritik anders. Aber die Auswirkungen für das Derwischwesen sind die gleichen: Traditionelle Kulturformen werden durch politischen Druck – oder Schikane – behindert.

Was dies konkret bedeutet, möchte ich am Beispiel eines berühmten Derwisch-Heiligtums in Kairo veranschaulichen. Es handelt sich um die zentrale Pilgerstätte der Bektashi-Derwische auf dem Mokkadem-Berg nahe der Zitadelle und dem Basar. Jene Bektashi-Bruderschaft, die 1925 durch Atatürk in der Türkei verboten wurde, konnte in Kairo ihr religiöses Leben ungehindert weiterführen. Daß die Bektashi-Bruderschaft sich zur schiitischen Konfession der Aleviten bekennt, störte die mehrheitlich sunnitischen Ägypter nicht. Entscheidend war und ist für die Pilger, typisch für eine solche Religiosität, allein die segenspendende Kraft – die »Baraka« –, die dem Scheich zugeschrieben wird.

Der Andrang von Pilgern sei jeden Freitagmorgen so groß, daß die Polizei den Zugang zum Grab des heiligen Scheichs regeln müsse, entnehme ich einem Bericht des Ethnologen Rudolf Kriss aus dem Jahr 1955. Der Bericht vermittelt eindrucksvolle Details einer mystisch geprägten Volksreligiosität, wie sie für nicht wenige Derwisch-Heiligtümer von Westafrika bis Indonesien charakteristisch ist:

Ein enger, gepflasterter Gang führt im Bektashi-Pilgerzentrum von Kairo hinein in eine Höhle, wo beiderseits in den Wänden

Gräber von Derwischen eingelassen sind. Ein Gitter schließt das eigentliche Heiligtum mit der Grabstätte des Scheichs ab. Rings um das Gitter dehnt sich eine etwa fünfzehn Meter lange spiegelglatte Steinfläche, die im Verlauf der Jahre von unzähligen Körpern blankgescheuert worden ist. Frauen werfen sich auf dieser Fläche nieder und raffen ihre Röcke hoch, so daß die nackte Schamgegend mit dem heiligen Stein in Berührung kommt. Dann bewegen die Frauen sich rhythmisch und bitten laut rufend den Derwisch-Heiligen im Grab um Kindersegen. Andere umkreisen betend den Sarkophag mit der Bitte, Krankheiten und Geldsorgen abzuwenden. Frauen sind in der Überzahl. Frauen und Männer drehen sich seitlich des Grabes jeweils dreimal um die eigene Achse in dem Glauben, daß diese Drehungen im Anblick des Sarkophags von Krankheiten, besonders von Rheuma, heilen können.[26]

Das hier beschriebene Pilgerzentrum ist jedoch auch in einer anderen Hinsicht exemplarisch. 1958, drei Jahre nach den Beobachtungen des Ethnologen Kriss, existierte das Heiligtum nicht mehr. Die Regierung unter Gamal Abd al-Nasser hatte das gesamte Gelände des Mokkadem-Berges zum militärischen Sperrgebiet erklärt, damit war der Zugang zum Höhlenheiligtum versperrt. Die Derwische hatten ihre Behausungen verlassen müssen.[27]

Oberflächlich lassen sich Parallelen zu Verbotsmaßnahmen in der Türkei ziehen. Der säkulare Nationalist Nasser, der 1952 in Ägypten durch einen Militärputsch an die Macht kam, betrachtete Atatürk als sein großes Vorbild im Kampf gegen soziale und religiöse Rückständigkeit. Allerdings lag Nasser wenig daran, ein allgemeines Verbot der Derwisch-Bruderschaften auszusprechen. Unter ihm konnten viele der Wallfahrtszentren mit offizieller Duldung der Regierung weiter bestehen. Daß das Bektashi-Höhlenheiligtum seine Pforten schließen mußte, lag an dem Wunsch des Militärs, auf dem strategisch günstig gelegenen Mokkadem-Berg Radarstationen und Waffendepots zu errichten. Bemerkenswert ist jedoch, daß die Regierung nicht im geringsten daran dachte, den für viele Besucher heiligen Ort zu schonen und nach einer Alternative für den militärischen Stützpunkt zu suchen. Der Modernist Nasser brachte den Derwischen keine Feindschaft entgegen, weil eben in Ägypten von den Derwischen keine politische Gefahr ausging – aber er äußerte demonstrativ Geringschätzung, ja Verachtung.

Im Gegensatz zu Atatürk bekannten sich Ägyptens Reformpolitiker alle mehr oder weniger deutlich zum Islam. Sie wünschten jedoch einen »modernen«, »dynamischen« Islam, frei von Aberglauben und Obskurantismus. Sie wünschten sich Muslime, die sich aktiv für soziale und kulturelle Reformen einsetzen und die kritiklose Bindung an »rückständige« Traditionen überwinden. Den Modernisten erschienen gerade die Derwisch-Bruderschaften als ein herausragendes Symptom dieser »mittelalterlichen« Welt, deren »fortschrittshemmende« Kraft es zu beseitigen galt. Modernisten hatten daher keine Skrupel, das Verschwinden solcher Bruderschaften aus dem religiös-kulturellen Leben zu beschleunigen.

Eine ähnliche Politik vertraten in der zweiten Hälfte des 20. Jahrhunderts viele jener Staaten, die ebenfalls mit einem säkularen Reformprogramm sozial-religiöse Strukturen beseitigen wollten: so Algerien, Tunesien, Syrien, der Irak und der Iran (unter der Regierung des Schahs). Zum Kernpunkt der Kritik wurden der absolut blinde Gehorsam, den die Mitglieder einer Bruderschaft dem »reaktionären« Scheich entgegenbringen, und das schwärmerische Vertrauen der Gläubigen auf die wundertätige Kraft von Scheichs. Traurige Ironie ist es jedoch, daß viele dieser Modernisten selber keine Demokraten waren und sind, sondern dazu neigen, umgekehrt einen säkularen Reformpolitiker blind als Führer zu verehren und seine »fortschrittliche« Diktatur zu rechtfertigen.

Daß keiner dieser Modernisten auch nur vage mit der geistigen Substanz des Sufismus vertraut war, paßte zur Verachtung aller mystischen Religiosität. Letztlich wußten und wissen viele nicht, was Mystik ist. Entsprechend hatten Modernisten in ihrem Kampf gegen »religiöse Dekadenz« nachhaltigen Erfolg nur insoweit vorzuweisen, als es ihnen gelang, die Derwisch-Bruderschaften in der Hilfe für sozial Benachteiligte zu übertreffen. Zumindest konnten Modernisten vielerorts der kostenlosen Verpflegung in Derwisch-Küchen nicht nur Konkurrenz machen, sondern die Sozialfürsorge breitenwirksamer gestalten.

Die veränderten Rahmenbedingungen für Bruderschaften müssen allerdings nicht zwangsläufig die Substanz der islamischen

Mystik bedrohen. Im Gegenteil: Gerade indem die Bruderschaften ihre bisherigen sozialen Funktionen teilweise verlieren, können die Gläubigen sich wieder verstärkt dem Erbe des klassischen Sufismus zuwenden – und auf dieser geistigen Grundlage eine Neubesinnung einleiten.

Mystik im Islam – Herausforderung auch im 21. Jahrhundert

Sufismus – Schwierigkeiten und Chancen in der islamischen Welt

In Tunis kam ich 1982 mit einem Dozenten der theologischen Fakultät ins Gespräch, wobei ich zum Thema islamische Mystik überleitete. Er zeigte sich sehr interessiert, denn er schrieb zu dieser Zeit ein Buch über den Sufismus. Sein Schwerpunkt: der Mystiker Ibn al-Arabi. Jener Sufi, erklärte er, sei zwar als »Ketzer« angefeindet worden, habe aber trotzdem starken Einfluß auf spätere Generationen muslimischer Mystiker ausgeübt. Ein Dozent, der auf diese Weise sein Buchprojekt kommentierte, weckte meine besondere Neugier.

Ich sah die seltene Chance, nun von einem Muslim mit Spezialkenntnissen Auskünfte zu erhalten, die einem westlichen Beobachter sonst nicht so leicht zugänglich sind. Ich wollte von ihm wissen, welche Wissenschaftler er als die bedeutendsten Sachkenner islamischer Mystik einstufe. Ich erwartete, daß er mir Namen von Arabern, Türken, Iranern und Muslimen des indo-pakistanischen Kulturraums aufzählte.

Seine Antwort verblüffte mich. Er, der an der Pariser Sorbonne studiert hatte, nannte mir als seine wichtigste Informationsquelle Annemarie Schimmel mit ihrem Buch *Mystische Dimensionen des Islam* (das 1975 auf englisch erschienen war), außerdem etliche französische Orientalisten.

Muslimische Autoren?

Er winkte gequält ab. Nein, die wichtigsten Forschungsergebnisse über Sufismus kämen nicht von muslimischen Autoren. Von denen könne man überwiegend nur sehr erbauliche, nichtssagende Erörterungen lesen, falls sie sich überhaupt mit diesem Thema beschäftigten. Paradox sei dies: Heutzutage könnten muslimische Geisteswissenschaftler am ehesten von westlichen Orientalisten lernen, wenn es um ein Problembewußtsein in Fragen des Sufismus gehe. Er lachte spöttisch. Natürlich könne er so offen nur mit einem Europäer reden.

Ein denkwürdiges Gespräch. Hierzu paßt, was Yasar Nuri Öztürk, einer der bekanntesten Theologen und Korangelehrten der Türkei, 2002 in bezug auf Celaleddin Rumi geschrieben hat. Ich zitiere die schon einmal erwähnte Ausführung an dieser Stelle im Wortlaut: »In den letzten fünfzig Jahren sind zahlreiche Arbeiten und Werke über Rumi erschienen. Interessanterweise wurden die wichtigsten dieser Werke von Nicht-Muslimen verfaßt. Muslimische Autoren beschränken sich in der Regel darauf, Rumis Leben und seine mystischen Lehren in traditioneller Form wiederzugeben.«[1]

Persönlichkeiten wie Öztürk und auch mein Gesprächspartner in Tunis belassen es aber nicht bei Resignation. Sie signalisieren, daß es innerhalb der islamischen Welt das Bedürfnis gibt, über die »traditionelle Form« bloßen Rezitierens und dogmatisch kontrollierter Wissenschaft hinauszugelangen. Das heißt konkret: wieder verstärkt die philosophische Essenz des Sufismus – und seine Aktualität gerade für einen »modernen Islam« – herauszuarbeiten.

Erste Anzeichen einer solchen Entwicklung hat es allerdings schon Mitte des 20. Jahrhunderts gegeben, wenn auch kaum öffentlich registriert. Angeregt durch europäische Forschung, begann sich bereits in den fünfziger Jahren an der Al-Azhar-Universität von Kairo ein Kreis Fachgelehrter gründlich mit Sufi-Literatur zu befassen. Wortführer dieser Bewegung war der Theologieprofessor Taha Surur, der 1956 mit dem Buch *Marksteine der islamischen Mystik* hervortrat und in der arabischen Bildungsschicht zumindest einen begrenzten Leserkreis gewann.[2] Mit einer solchen Literatur war eine erste Gegenbewegung gegen jene Flut von Streitschriften entstanden, wie sie muslimische Intellektuelle seit Ende des 19. Jahrhunderts gegen die religiös-politische Korruption von Derwisch-Bruderschaften sowie gegen die Unbildung und den Aberglauben von Pilgern an Heiligengräbern verfaßten.

Aber erst gegen Ende des 20. Jahrhunderts haben einzelne Theologen und auch Sufi-Organisationen damit begonnen, im Zeichen eines Reform-Sufismus die großen Mystiker sufischer Klassik kritisch gegenwartsbezogen zu interpretieren. Damit ist, wie der Islam-Wissenschaftler Peter Heine die Umbruchssituation in den neunziger Jahren charakterisiert, »eine Intellektualisierung verbunden, die vor allem auf muslimische Intellektuelle mit einem westlichen Bildungshintergrund sehr anziehend wirkt. Das bedeutet, daß die modernen Bildungseliten sich auf die Gedankenwelt der Mystik einlassen. Die Konsequenz daraus wird eine weitere Modernisierung der islamischen Mystik sein, die wiederum deren Attraktivität für die modernen Eliten erhöht.«[3]

Bevor ich jedoch näher auf diese Entwicklung eingehe, die ihren Schwerpunkt bei Muslimen in etlichen Ländern Europas hat, noch ein paar Gedanken zum Derwischwesen jenseits der hier apostrophierten Intellektualisierung. Auf der kulturellen Ebene des sogenannten Volksislam läßt sich ja bis heute um vieles mehr als bei einer schmalen Bildungsschicht eine ins Auge springende mystisch-religiöse Vitalität entdecken. Zu fragen ist, ob etwa auch von hier positive Impulse auf die Entwicklung islamischer Mystik ausgehen können.

Ich selber war ja bei meinen ersten Besuchen in Sufi- und Derwisch-Pilgerzentren irritiert, wenn nicht gar enttäuscht gewesen. Heilige, zu denen man beten kann. Bizarre Rituale. In meiner Ablehnung hatte ich mich zunächst nicht nur mit Muslimen einer modern und westlich ausgerichteten Bildungsschicht, sondern auch mit einer Reihe orthodox Gläubiger, sogar mit Islamisten einig fühlen können. Aber daß es sich bei diesen Phänomenen nur um die äußerste Schicht einer sehr komplexen Religiosität handelt, war dann meine überraschende Entdeckung gewesen.

Ich konnte, wie beschrieben, in etlichen dieser sufischen Pilgerzentren Zeremonien erleben, bei denen Andersgläubige rituell gleichberechtigt mit einbezogen werden: Christen beten einträchtig neben Muslimen, in Indien zudem Hindus. Meditative Musik und Gesänge, manchmal auch Tanz, bilden die Rituale, die eine mystische Einheit hinter den dogmatischen Gegensätzen der einzelnen Religionen und Weltanschauungen zum Ausdruck bringen. Diese Rituale ermöglichen es den Gläubigen, auch ohne Kenntnis der teilweise schwierigen, metaphorisch verschlüsselten Gedichte großer Sufis eine mystische Religiosität zu leben. Den Muslimen, die sich einträchtig mit Andersgläubigen segnen lassen, liegt es fern, sich im Alltag schroff gegen Andersgläubige und Andersdenkende abzugrenzen. Solche von islamischer Mystik beeinflußte Pilger können gar nicht anders, als Distanz zu religiösem Dogmatismus und Fanatismus zu wahren. Ihre Religiosität bildet damit eine wesentliche Barriere gegen die Intoleranz eines religiös-politischen Fundamentalismus. Und so ist es auch kein Zufall, daß besonders Fundamentalisten eine derartige Religiosität bekämpfen und in ihr – nicht nur wegen eines »abergläubischen« Heiligenkults – etwas zutiefst »Unislamisches« sehen.

Wie steht es aber um die Derwisch-Bruderschaften?

Die Bilanz ist zu Beginn des 21. Jahrhunderts gemischt. Einerseits haben mystische Bruderschaften unter politischem Druck sowohl von Islamisten als auch von Modernisten in den Städten erheblich an Einfluß verloren und besitzen Rückhalt nur noch in dörflichen Regionen, wo eine bäuerliche Bevölkerung ungebrochen in traditionellen Strukturen lebt. Andererseits gelingt es einer Reihe Bruderschaften, sich an die Erwartungshaltung von Großstadtbewohnern anzupassen. Ihre Anhänger sind neben Kaufleuten, Handwerkern und Industriearbeitern auch Intellektuelle – sie alle Muslime, die im Reform-Islam einer schmalen Bildungsschicht ebensowenig ihre Bedürfnisse befriedigt sehen wie in der Religiosität nüchterner Orthodoxie oder gar eines fundamentalistischen Islam. Viele dieser in städtischen Wohngebieten verbreiteten Bruderschaften haben regionale oder gar transnationale Netzwerke geschaffen, in denen Sufis und Derwische mit den Mitteln modernster Technologie, per Handy und Homepage, auf ihre spirituellen Botschaften und Organisationen aufmerksam machen.[4]

Zulauf haben in unserer unmittelbaren Gegenwart vor allem jene Bruderschaften, die ihre Nähe zur Orthodoxie betonen. Dies gilt besonders für die Naqshbandiya, die ja, wie bereits dargestellt, in weiten Teilen der islamischen Welt verbreitet ist und gerade auch bei türkischen Muslimen hohe Popularität genießt. Dies gilt ähnlich für die Qadiriya, die im 11. Jahrhundert als erste Bruderschaft überhaupt entstanden ist und heute Anhänger von Westafrika bis Indonesien hat. Eine dritte international sehr starke Kraft bildet die in Indien entstandene Chistiya, die unter den heute erfolgreichsten Bruderschaften noch die größte Distanz zur Orthodoxie wahrt.

Charakteristisch für solche heute international wirkenden Bruderschaften ist, daß sie nicht nur bei Muslimen in Asien und Afrika Interesse finden – sondern verstärkt auch bei jenen Muslimen, die in Europa und Nordamerika leben.[5] Unter den völlig anderen Rahmenbedingungen in westlichen Ländern bieten sich für mystische Bruderschaften sogar neue Möglichkeiten zur Entfaltung.

In der zweiten Hälfte des 20. Jahrhunderts hat sich besonders für Muslime in Westeuropa ein neuer Schwerpunkt sufischer Religiosität herausgebildet. Vor 1950 schien eine solche Entwicklung noch unvorstellbar. Denn Mitte des 20. Jahrhunderts stellten Muslime in ganz Europa erst eine verschwindend kleine Minderheit dar. In absoluten Zahlen ausgedrückt, waren es etwa 900 000 Muslime. Zu Beginn des 21. Jahrhunderts sind es jedoch rund 15 Millionen Muslime. In Frankreich haben sie inzwischen einen Anteil von 9 Prozent der Gesamtbevölkerung, in Deutschland und Großbritannien sind es jeweils rund 4 Prozent, um nur die Staaten mit der größten Zahl von Muslimen zu nennen.

Unter Zuwanderern ist islamische Mystik, ist die Mitgliedschaft bei einer mystischen Organisation verlockend. Denn der Sufismus wird – wie ich in Gesprächen mit Türken, Arabern und Iranern immer wieder feststellen konnte – gerade im fremden kulturellen Umfeld Europas als wichtige Stütze angesehen. Nicht wenigen Muslimen erscheint sufische Religiosität als besonders geeignet, um über religiöse und kulturelle Gegensätze hinweg eine geistige Brücke einerseits zwischen den zerstrittenen Gruppierungen des Islam, andererseits auch zu Nicht-Muslimen herzustellen.

Aufschlußreich ist hierbei die Tendenz, daß unter den türkischen Muslimen des deutschen Sprachraums neben der Naqshbandi-Bruderschaft vor allem die Mevleviya, aber auch die Bektashiya Zulauf hat. Anders als in der Türkei selbst können sich mystische Organisationen frei entfalten. Und hierbei zeigt sich, daß solche Bruderschaften im Umfeld einer säkularen, pluralistischen europäischen Kultur verstärkt neue geistige Impulse erhalten. Ihre Sympathisanten haben in Europa einen besseren Zugang zu Informationen als in den Herkunftsländern – so zu einem größeren Angebot an sufischer Literatur, auch zu kritischen Analysen islamischer Mystik, die bezeichnenderweise von westlichen Orientalisten verfaßt sind.

Türkische Muslime im deutschen Sprachraum lernen auf diese Weise, um nur ein spezielles Beispiel zu nennen, das Werk Celaleddin Rumis meist präziser kennen als in der Türkei selbst. Die Konsequenz ist, daß eine Bruderschaft wie die des Rumi gerade in Europa die besten Voraussetzungen hat, sich auf ihre ursprünglichen Intentionen zu besinnen und Fehlentwicklungen zu korrigieren. Es ist kein Zufall, daß etwa in der Mevleviya Deutschlands Frauen gleichberechtigt an religiös-philosophischen Diskussionen wie auch an rituellen Tänzen teilnehmen können, was ihnen über Jahrhunderte in der türkischen Heimat verwehrt war.[6]

Im Zusammenhang mit dieser Entwicklung erfolgt dann jene kritische intellektuelle Selbstbesinnung, die, wie schon erwähnt, zu einer Modernisierung der islamischen Mystik führt – und wiederum die Anziehungskraft des Sufismus auf die modernen muslimischen Bildungseliten erhöht. Daß sich ein solcher Prozeß in erster Linie im westlichen Kulturraum anbahnt und von dort erst auf die islamische Welt zurückwirkt, gehört zu den Besonderheiten der Entwicklung.

Die kritisch-intellektuelle Selbstbesinnung im Sufismus gewinnt an Dynamik allerdings auch dadurch, daß immer intensivere Kontakte mit Andersgläubigen in Europa und Nordamerika zustande kommen. Solche Kontakte verstärken den interreligiösen Dialog und eröffnen zusätzliche Perspektiven. Europäer und Amerikaner bringen ihren kulturellen Hintergrund in die mystische Religiosität ein, ohne nun selber Muslime zu werden. Um so mehr wird bei sufisch orientierten Muslimen der Blick geweitet für jene Religiosität, die radikal sämtliche konfessionellen Grenzen übersteigt.

Sufismus und die religiösen Umbrüche in der westlichen Welt

Weshalb beschäftigen sich Europäer und Amerikaner verstärkt mit Mystik – und in diesem Zusammenhang auch mit dem Sufismus? Hier kommen wir zu der Frage, welche Perspektiven der Sufismus den Nicht-Muslimen im westlichen Kulturraum erschließt.

Das wachsende Interesse von Europäern wie auch Amerikanern an der Mystik unterschiedlichster Religionen ist nicht zu trennen von der wachsenden Krise des traditionellen, kirchlich-dogmatisch gebundenen Christentums. Der Glaube an einen personalen Gott und weitere durch die Bibel vermittelte Dogmen – dazu die entsprechende dualistische Weltdeutung – ist durch das Vordringen der Naturwissenschaften wie auch einer historisch-kritischen Geschichts- und Bibelwissenschaft immer mehr relativiert worden. Eine solche zunehmende Skepsis an bisher unantastbaren Wahrheiten kann in den Atheismus münden, mehr noch in Gleichgültigkeit gegenüber den Religionen oder in das Bedürfnis nach Ersatzreligionen – oder in eine neue Form von Religiosität: die Mystik.

Hierzu paßt eine 2003 in der deutschen Wochenzeitung *Die Zeit* veröffentlichte Studie. Dort ist zu lesen, daß zwar nahezu zwei Drittel der Deutschen noch »irgendwie an Gott glauben« und weiterhin nominell Mitglied einer Kirchengemeinschaft sind. Aber auf die christliche Definition eines personalen Gottes beziehen sich nur rund 12 Prozent der Befragten. Die anderen assoziieren mit »Gott« Werte wie Liebe, Barmherzigkeit oder »das Gute im Menschen«, glauben an die »Natur« oder schlichtweg an das »Universum«. Und das ist kein spezifisch deutscher, sondern ein europäischer Trend. Weniger stark ausgeprägt ist diese Haltung allerdings in den USA, dort fühlt sich zumindest jeder Dritte noch im engeren dogmatischen Sinn einer Kirchengemeinschaft und dem Glauben an einen personalen Gott verbunden.[7]

Die scheinbar Gottlosen seien aber »zum geringsten Teil Atheisten«, entnehme ich einem Kommentar des Zeit-Journalisten Ulrich Schnabel zu dieser Statistik. Das Bedürfnis nach dem Religiösen – einer universellen Sinndeutung, einem möglicherweise Heiligen – verschwinde trotz aller kulturellen Umbrüche nicht, es verändere nur seine Formen. Einen Ausweg aus der Sinn- und Religionskrise biete in diesem Zusammenhang mystisch geprägte Religiosität.[8]

Der Sufismus kann hier allerdings nur einen alternativen »Weg« unter anderen weisen. Neben verschiedenen Formen islamischer

Mystik eröffnen sich ja entsprechende »Wege« innerhalb des Christentums, des Judentums, des Hinduismus, des Buddhismus, insbesondere des Zen-Buddhismus, sowie anderer fernöstlicher Religionen. All diese »Wege« haben in Europa und Nordamerika gleichermaßen ihre Anhänger und Sympathisanten.

So gesehen müssen wir die Frage, weshalb der Sufismus in unseren westlichen Industriegesellschaften immer größeres Interesse findet, in einen umfassenderen Zusammenhang rücken: Die geistige Anziehungskraft der Mystik insgesamt steht zur Debatte. Trotzdem bleiben wir eng beim Thema »Sufismus«. Denn letztlich gibt es in den mystischen Strömungen unterschiedlichster Religionen tiefgehende strukturelle Gemeinsamkeiten, wie ich zu zeigen versuchte. Entsprechend werde ich im folgenden die Begriffe »Mystik« – in ihrer allgemeinen Bedeutung – und »Sufismus« – im speziellen Sinn – parallel verwenden.

Für orthodoxe Vertreter der Kirchen erscheint Mystik oft noch immer als eine gefährlich verführerische Kraft. Viele von ihnen sind der Meinung, mystisch orientierte Gläubige würden, sobald sie hinter der Vielfalt religiöser Zeichensysteme eine »Einheit« alles Seienden meditativ »erführen«, entschieden von dem dogmatisch fixierten Absolutheitsanspruch ihrer angestammten Religion abrücken. Kritik an einer solchen Mystik hat besonders prononciert Josef Kardinal Ratzinger im Jahr 2003 formuliert (damals noch Präfekt der Glaubenskongregation im Vatikan, seit 2005 Papst unter dem Namen Benedikt XVI.). In seinem Buch *Glaube – Wahrheit – Toleranz* äußerte er die Befürchtung, daß mystische Religiosität die Gefahr in sich berge, als »Steigbügelhalter eines modernen Relativismus« zu dienen. Und Ratzinger ist – stellvertretend für andere »gläubige Christen« – zu dem Schluß gekommen, daß der Christ nicht auf die »Anmaßung« verzichten könne, nur *eine* Heilsordnung anzuerkennen.[9]

Aber nicht einmal innerhalb der katholischen Kirche haben dogmatische Glaubenswächter, hat der Papst unangefochten das letzte Wort. Es gibt eine Reihe Theologen, Priester und Mönche, die eine Öffnung zu mystischer Religiosität befürworten – und hierbei beziehen sie Religionen außerhalb des christlichen Horizonts in ihr

Denken mit ein, was nicht ohne Folgen für das bisherige christliche Selbstverständnis bleibt.

Ich möchte hier exemplarisch einen der prominenten christlichen Mystiker anführen, den ich im Zusammenhang mit der Einheitsmystik Celaleddin Rumis bereits ausführlich zitiert habe: Willigis Jäger. Er, ein Mönch des Benediktinerordens, ist tief in der mystisch-kontemplativen Tradition des abendländischen Christentums verwurzelt, hat jedoch andererseits sechs Jahre in einem japanischen Kloster die Meditation des Zen-Buddhismus erlernt und sich gründlich mit fernöstlicher Mystik auseinandergesetzt. Er, der mittlerweile über achtzig Jahre alt ist, betrachtet sich als christlichen Mystiker und Zen-Mystiker in einem. Und er gelangt zu Ergebnissen, die ihn in Konflikt mit christlicher Orthodoxie gebracht haben – was sich nicht zuletzt darin äußert, daß er von seinem katholischen Orden »beurlaubt« wurde. Jäger vertritt in seinem (bereits zitierten) Buch *Die Welle ist das Meer* die Auffassung, die Kirchen müßten ihre Theologie, ihre Auffassung von Gott ändern, sonst könnten sie die modernen, von den Sozial- und Naturwissenschaften geprägten Zeitgenossen nicht mehr erreichen.[10]

Jägers mystische Vorstellung von »Gott« ist aus seiner intensiven Begegnung mit dem Zen-Buddhismus erwachsen, einer Religion, die nur wenig Raum läßt für den Glauben an eine personale Gottheit oder gar an einen allmächtigen Schöpfer-Gott. Im Sinn des Zen-Buddhismus setzt Jäger anstelle des Begriffes »Gott« die Metaphern »Leerheit« und »Nicht«.[11] Mit diesen neuen Benennungen zieht er geistige Verbindungslinien zu einigen Strömungen der christlichen Mystik, hier insbesondere zum Denken des deutschen Dominikanermönchs Meister Eckhart (13./14. Jahrhundert) als dem herausragenden Vertreter einer Einheitsmystik im Hochmittelalter. Er zitiert Eckhart mit dem Wort: »Hätte ich einen Gott, den ich erkennen könnte, ich würde ihn nimmer für Gott ansehen.«[12] Und er weist auf einen weiteren Ausspruch hin, in dem Eckhart strikt zwischen dem kirchlich-dogmatisch definierten personalen »Gott« und der mystisch erfahrenen apersonalen »Gottheit« unterscheidet. Eckharts Folgerung gipfelt in dem Satz: »Der Unterschied zwischen Gott und Gottheit ist gewiß größer als der zwischen Erde und Himmel.«[13] In der Substanz gleich könnten dies auch muslimische Mystiker formuliert haben, sofern sie ebenfalls Vertreter der Einheitsmystik sind. Jäger weist in diesem Zusammenhang auf Hallaj und Kabir hin.[14]

Parallel zu den hier genannten Mystikern unterschiedlicher Religionsbekenntnisse lehnt der Benediktinermönch und Zen-Meister Willigis Jäger die dualistische Weltsicht ab, nach der »Gott« als personales, außerirdisches Wesen strikt getrennt von der irdischen Welt existiert. Er formuliert es provozierend, indem er sagt, daß es das duale Denkschema des Christentums schier unmöglich mache, eine mystische Erfahrung der »Einheit« von »Mensch« und »Gott« zu artikulieren. Aber er verwahrt sich gegen das Mißverständnis, eine solche Religiosität als »atheistisch« anzusehen. Die mystische Erfahrung der »Einheit« führe nicht in einen »a-theistischen«, sondern in einen »trans-theistischen Raum«,[15] eben einen Raum, in dem über die traditionellen, dogmatisch fest umrissenen Gottesvorstellungen »hinausgestiegen« wird. Entsprechend definiert Jäger Mystik als eine »transkonfessionelle Spiritualität«. Mystik in diesem Sinn meine nicht eine bestimmte Religion, sondern eine »Religiosität jenseits der Religionen«.[16] Und er kommt zu dem Schluß, daß das 21. Jahrhundert – gerade durch die Herausforderung moderner kultureller Umbrüche und interreligiöser Begegnungen – in religiöser Hinsicht ein Jahrhundert der Mystik sein werde.[17]

Orthodoxe Vertreter der Kirchen reagieren auf derartige Prognosen über die Zukunft mystischer Religiosität nicht durchweg ablehnend. Ein Blick auf Publikationen, wie sie seit den siebziger und achtziger Jahren des 20. Jahrhunderts von kirchlichen Kreisen in den unterschiedlichen christlichen Konfessionen herausgegeben werden, zeigt die wachsende Bereitschaft, Mystik als eine wertvolle Form der Religiosität anzuerkennen. Entsprechend verbreitet ist auch schon die Gepflogenheit, innerhalb kirchlicher Institutionen Einführungen in Meditation und die Auseinandersetzung mit mystischem Denken anzubieten. Aber wie weit kann eine derartige Anerkennung gehen?

2005 entdeckte ich beim Besuch einer evangelischen Kirche – um nur ein charakteristisches Beispiel zu nennen – eine rund 60 Seiten umfassende Broschüre mit dem Titel *Türen nach innen.*

Gebrauchsanweisung für ein vertieftes Leben und Anleitung zur Meditation. Ausdrücklich wird dort mystische Religiosität als eine wesentliche Bereicherung bejaht – auch, daß Meditation einen »individuellen Weg nach innen« eröffnet. Solche Publikationen schränken aber ihre Offenheit für Mystik in entscheidenden Punkten dann oft wieder ein. Das gilt gerade auch für die hier erwähnte Broschüre, die bereits 1976 von einem Verlag mit dem bezeichnenden Namen »Gemeindepädagogik« erstmals veröffentlicht worden ist und bis ins Jahr 2005 immer wieder aufgelegt wurde. Dort ist in einem Kapitel mit der Überschrift »Meditieren – im Du« zu lesen:

> »Meditation im christlichen Verständnis hat notwendig einen dialogischen Charakter; sie sucht das personale Geheimnis hinter den Dingen; sie redet den in Jesus Christus nahegekommenen, lebendigen Gott an. Hat der Christ zuweilen auch den Eindruck, er rede ins Leere, er stehe vor einer Wand, so bestärkt ihn sein Glaube in der Überzeugung: Das Zwiegespräch mit dem Gott seines Lebens findet statt – allem widersprechenden Meinen zum Trotz.«[18]

Bejaht wird hier im äußersten Fall nur eine an kirchliche Dogmen gebundene Personenmystik – das heißt ein »Dialog« zwischen »Ich« und »Du«, »Mensch« und »Gott«. In diesem Zusammenhang wird »Gott« nicht nur als ein personales außerirdisches Wesen aufgefaßt, sondern darüber hinaus mit Jesus Christus als dem personifizierten »Sohn Gottes« unauflöslich verbunden. Ausdrücklich abgelehnt wird dagegen jene Form der Mystik, in der »Gott« jenseits aller Personalität definiert ist, etwa als »das Leere« oder »das Nicht«. Diese Ablehnung zielt vor allem auf die buddhistische Mystik, die prononciert als Prototyp einer alternativen Einheitsmystik genannt wird.[19] Unvereinbar mit der hier vertretenen Auffassung »christlicher Mystik« muß in diesem Zusammenhang aber auch (obwohl ungenannt) die Einheitsmystik des bereits zitierten Christen Meister Eckhart sein. Unvereinbar sind erst recht die Konsequenzen einer islamischen Einheitsmystik (die ebenfalls unerwähnt bleibt).

Diese eingeschränkte Zustimmung nur zur Personenmystik ist – im günstigsten Fall – ein möglicher Kompromiß der Amtskirchen. Trotzdem ist an einer solchen kirchlich gebundenen Traktat-Literatur zu würdigen, daß der Versuch gemacht wird, eine jahrhundertelange Diskriminierung mystischer Religiosität in offiziellen Verlautbarungen endlich zu überwinden.

Aber die Haltung der Kirchen gegenüber der Mystik – besonders wenn es sich um Ausdrucksformen fremder Religionen handelt – bleibt letztendlich widersprüchlich. Dies läßt sich anschaulich an einem Konflikt illustrieren, der seit Jahren die Amtskirchen in Bayern beschäftigt. Im Zentrum des Konflikts steht das in Deutschland einzigartige interreligiöse Musikfestival *Musica Sacra International.* Seit 1992 werden im Rahmen dieser Veranstaltung immer zu Pfingsten geistliche Musiker aus nichtchristlichen Religionen in die Kirchen des Allgäus eingeladen, was eine lebhafte Zustimmung bei einem Publikum weit über die christlichen Glaubensgrenzen hinaus findet. Viele Jahre lang hat es hierbei zum fast schon selbstverständlichen Erscheinungsbild gehört, daß im sakralen Raum vor christlichen Altären abwechselnd buddhistische Mönche, hinduistische Raga-Spieler und eben auch Derwisch-Bruderschaften ihre von Musik getragenen Zeremonien vollziehen. Noch 1998 hatte der damalige katholische Bischof von Augsburg dem Festival seinen Segen mit den Worten erteilt: »Mögen die Menschen hierzulande in der Begegnung mit geistlicher Musik unterschiedlicher Religionen und Konfessionen gestärkt werden.«[20] Eine solche Form der interreligiösen Toleranz erschien jedoch bei weitem nicht allen Gläubigen zumutbar.

Den ersten Anstoß zum Konflikt gab die evangelische Kirche. Als an Pfingsten 2002 »Tanzende Derwische« der Mevlevi-Bruderschaft aus Istanbul in einer evangelischen Kirche in Kempten auftreten sollten, untersagte der zuständige Dekan die Veranstaltung. Seine Begründung lautete: Das evangelische Gotteshaus müsse »seine Würde« behalten. Aber erst im März 2005 erhielt der Konflikt eine größere Dimension. Denn nun erließ das Bischöfliche Ordinariat Augsburg ein Auftrittsverbot für nichtchristliche Musiker in den katholischen Kirchen, die die Mehrheit in Bayern ausmachen. Argumentiert wurde mit folgenden Worten: »Indifferentismus und Relativismus des eigenen Standpunkts lassen den interreligiösen Dialog freilich nicht gelingen.« Zukünftig könne es nur noch Musikern christlicher oder jüdischer Herkunft erlaubt sein, in Kirchen aufzutreten. Das Verbot liege, wie es die verantwortlichen kirchlichen Würdenträger betonten, »ganz auf der Linie des Vatikans«. Es seien zwar »spirituelle Veranstaltungen zum interreligiösen Dialog« weiterhin vorstellbar, aber nur noch an neutralen Orten. Die Vertreter der Kirchen blieben allerdings eine schlüssige Erklärung schuldig, weshalb Musik nichtchristlicher Mystik in christlich-sakralen Räumen etliche Jahre lang toleriert wurde.

In der Bevölkerung war der Widerstand gegen das Verbot groß. Christliche Laienorganisationen wie die katholische Kirchenvolksbewegung »Wir sind Kirche« protestierten und starteten eine Kampagne. Enttäuschte Bürger kündigten an, Kirchen und deren Gottesdienste zu boykottieren, sollte das Aufführungsverbot nicht wieder aufgehoben werden. Unterschriftenlisten wurden in Landratsämtern, Rathäusern und Buchhandlungen in ganz Bayern ausgelegt. Rund 4000 Unterschriften sind gegen das Aufführungsverbot zusammen gekommen, ohne daß sich an der Haltung der Kirchen etwas geändert hätte.[21]

Ein Konflikt wie dieser demonstriert sehr anschaulich, daß das Interesse an der Mystik unterschiedlichster Religionen keine Randerscheinung mehr ist, sondern jenseits aller akademischen Diskussionen eine immer breitere Öffentlichkeit erfaßt. Bemerkenswert ist im hier beschriebenen Fall, daß es sich bei den Befürwortern einer interreligiösen »mystischen« Toleranz um Christen handelt, die sich trotz aller heftig geäußerten Kritik an den Amtskirchen ausdrücklich als Christen bekennen.

Aber inwieweit können die Kirchen bei solchen Auseinandersetzungen die Entwicklung überhaupt noch steuern?

Ob sich namhafte Vertreter der Kirchen zum Phänomen der Mystik zustimmend oder ablehnend äußern, ist für viele »religiös Suchende« längst kein entscheidendes Kriterium mehr. Die Hinwendung zu mystischer Religiosität vollzieht sich bei zahlreichen Menschen des westlichen Kulturraums bereits außerhalb der kirchlichen Gemeinden. Besonders Menschen, die sich nicht mehr mit dem Absolutheitsanspruch einer religiösen Dogmatik begnügen – und entsprechend auf Distanz zu den Amtskirchen gehen –, kommt die Mystik mit ihrer ganz anderen Konzeption entgegen. Die »Unwißbarkeit Gottes« als ein definierendes Prinzip der Mystik entspricht schließlich der modernen Erfahrung unserer zutiefst pluralistisch gewordenen Kultur, daß absolute Wahrheit oder der »Letzte Grund« allgemeinverbindlich nicht erkannt und benannt werden können.

Gerade weil im westlichen Kulturraum die Neigung beträchtlich zugenommen hat, sich von kollektiv verordneten Glaubensformen zu lösen, ist der persönliche Charakter der Mystik verlockend. Mystische Erfahrung kann letztendlich nur individuell im eigenen Erleben gewonnen werden. Zwar suchen viele mystisch orientierte Menschen durchaus nach einem Gemeinschaftserlebnis, aber sie wählen diese Gemeinschaft nach ganz persönlichen emotional-religiösen und intellektuellen Bedürfnissen aus. Eine solche Haltung bedeutet nicht schon, daß die institutionalisierte Religion pauschal abgelehnt wird. Viele dieser mystisch Gläubigen sehen keinen Anlaß, etwa dem Christentum, dem Islam oder einem anderen Glaubensbekenntnis grundsätzlich den Rücken zu kehren. Sie möchten jedoch *innerhalb* ihrer Religion eine undogmatische und lebendige Form von »Spiritualität« leben können.

Je mehr eine derartige Religiosität an Einfluß gewinnt, um so besser kann ein Dialog der Religionen und Kulturen gelingen. Was den Dialog zwischen islamischer und westlicher Welt betrifft, kann hierbei der Sufismus mit seiner Offenheit gegen Andersdenkende und Andersgläubige eine tragfähige Brücke bauen.

Entsprechend können Muslime – bei denen das Wissen über Mystiker wie Hallaj, Omar Chaijam, Ibn al-Arabi, Celaleddin Rumi, Yunus Emre, Kabir und andere wieder zunimmt – auch zu einer neuen Einstellung gegenüber der Orthodoxie gelangen. Bei ihnen kann das Verständnis dafür wachsen, daß Kritik an religiösem Dogmatismus nicht schon die grundsätzliche Abkehr von der Religion bedeutet, sondern sogar den Weg für eine intensivere Form der Religiosität freizumachen vermag. Von diesen Einsichten aus werden Muslime leichter die geistige Umbruchssituation in westlichen Industriestaaten verstehen, wo eben die Abkehr von dogmatisch festgefügten, ja teilweise erstarrten Strukturen des Christentums nicht schon in »Atheismus« oder eine strikte Ablehnung christlicher Religion münden muß. Und entsprechend können Muslime die ungelösten Konflikte zwischen Orthodoxie und »Ketzerei« innerhalb ihres eigenen Kulturraums in einem größeren Zusammenhang verstehen.

Auf der anderen Seite werden Europäer und Amerikaner besser verstehen lernen, daß der Islam mehr ist als nur eine religiös-politische Kultur mit Anpassungsschwierigkeiten an die Moderne. Gerade die islamische Mystik mit ihren herausragenden Denkern der sufischen Klassik ist geeignet, uns ein anderes Bild vom Islam zu vermitteln, als es gegenwärtig durch die Hysterie eines angeblich unausweichlichen »Kampfes der Kulturen« propagiert wird.

Nachbemerkung

Ich selbst betreibe keine Meditation und habe erst recht keine mystische Erfahrung mit seelisch-körperlichen Konsequenzen gemacht. Das trennt mich von jenen Autoren und auch Lesern, die sich intensiv auf diesen »Weg« eingelassen haben. Sie mögen – zu Recht – in meiner geistigen Grundhaltung das »letzte Verständnis« des Mystischen vermissen.

Die Ekstase aus innerer Erfahrung heraus zu beschreiben haben Mystiker versucht. Ich habe solche Mystiker ausführlich zu Wort kommen lassen. Ihr Denken und ihre Religiosität in allen Tiefen zu erfassen, dies kann nur dem gelingen, der neben der Kenntnis philosophischer Zusammenhänge selbst auch über diese innere Erfahrung verfügt. Ich dagegen bleibe ein Außenstehender, bleibe ein beobachtender Kulturwissenschaftler mit »nur« großem Respekt vor einer außergewöhnlichen religiösen und kulturellen Erscheinungsform.

Aber das Phänomen des Sufismus ist derart vielfältig und vielschichtig, daß es ohnehin unmöglich ist, in einem einzigen Buch alle Aspekte auch nur in groben Umrissen darzustellen. Meine Absicht ist es, die Mystik von außen zu betrachten und sie als eine unverzichtbare Kraft und Hilfe in der Umbruchssituation unserer Gegenwart zu begreifen.

Wir befinden uns erst am Anfang damit, die Konsequenzen eines nichtdualistischen Welt- und Gottesverständnisses zu verstehen und eine dafür geeignete Sprache zu finden.

Anhang

Zeittafel

Um 570: Mohammed, der Prophet des Islam, wird bei Mekka geboren.

610: Mohammed empfängt seine ersten Offenbarungen.

622: Der Prophet des Islam muß vor Anfeindungen in Mekka mit seinen Anhängern nach Jathrib (Medina) fliehen. Die »Hedschra« (Auswanderung) wird zum Beginn der islamischen Zeitrechnung.

630: Mohammed kehrt als Sieger nach Mekka zurück.

632: Mohammed stirbt in Medina.

632–634: Abu Bekr, der erste unter den vier »rechtgeleiteten Kalifen«, eröffnet die Eroberungskriege gegen die »Ungläubigen«.

634–644: Unter Kalif Omar Ibn al-Chattab erobern die Araber Syrien und Palästina (Damaskus 635, Jerusalem 638), Mesopotamien bzw. den Irak (641), Ägypten (642), Persien bzw. Iran (644). Das Oströmische Reich ist entscheidend geschwächt, das persische Großreich der Sassaniden vernichtet.

644–656: Kalif Othman Ibn Affan läßt die erste vollständige schriftliche Fassung des Koran erstellen.

656–661: Unter Kalif Ali Ibn Abi Talib beginnt sich die islamische Glaubensgemeinschaft in Sunniten und Schiiten zu spalten. Nach der Ermordung Alis werden seine Anhänger, die Schiiten, stark geschwächt, politische Sieger bleiben die Sunniten.

661–680: Muawija aus der Sippe der Omayaden wird Kalif. Er verlegt seine Residenz von Medina nach Damaskus. Während seiner Regierungszeit dringen die Araber in Nordafrika bis Marokko vor, im Osten erobern sie Buchara und Samarkand.

680: Nach dem Tod des Kalifen Muawija möchte Hussein, der Enkel des Propheten Mohammed und Sohn des ermordeten Kalifen Ali, den Schiiten das Kalifat sichern, findet aber in der Schlacht von Kerbela den Tod. Die Thronfolge bleibt bei der sunnitischen Sippe der Omayaden. Die Glaubensspaltung in Sunniten und Schiiten wird endgültig.

Seit 710: Die ersten Sufis und Derwische entfalten ihre Religiosität. In Opposition zur verweltlichten Herrschaft der Omayaden ziehen sie sich in die Einsamkeit zurück und leben nach dem Vorbild christlicher Eremiten.

711: Die Araber setzen nach Spanien über und beginnen Andalusien zu erobern.

712: Die Araber erreichen die Indus-Ebene.

749/50: Die sunnitische Dynastie der Omayaden wird gestürzt. An die Macht kommen die ebenfalls sunnitischen Abbasiden.

754–775: Kalif al-Mansur wird zum eigentlichen Begründer der Abbasiden-Dynastie (750–1258). Er baut seit 762 Bagdad zu seiner Residenz aus. Das politische und kulturelle Schwergewicht des islamischen Großreiches verlagert sich damit von Syrien in den Irak, wo arabische und persische Einflüsse einander intensiv durchdringen.

756: Abd ar-Rahman I., der einzige überlebende Fürst der Omayaden, begründet in Andalusien das Emirat von Córdoba.

786–809: Der Abbasiden-Kalif Harun ar-Rashid macht Bagdad zur damals prächtigsten Stadt der Welt.

813–833: Kalif al-Mamun, der Sohn Harun ar-Rashids, führt das Reich der Abbasiden zur höchsten kulturellen Blüte. Muslimische Wissenschaftler und Philosophen beginnen eine große Zahl von Werken des vorislamischen Iran und der griechischen Antike zu studieren und zu übersetzen. Für etliche Jahrhunderte bleibt mit dieser Öffnung zu anderen Hochkulturen die islamische Welt jener des christlichen Abendlandes weit überlegen.

Um 850: Der persische Mystiker Abu al-Kassem Junaid wird in Bagdad zum bedeutendsten Lehrer des Sufismus. Er distanziert sich entschieden von jenen muslimischen Mystikern, die nach dem Vorbild christlicher Eremiten leben. Erst durch diese religiöse Neuorientierung kann der Sufismus zu einer breitenwirksamen Bewegung werden.

Um 857: Mansur al-Hallaj wird in der Provinz Fars (Iran) geboren.

Um 860: In Nordsyrien entsteht die schiitische Glaubensgemeinschaft der Aleviten, sie breitet sich in den folgenden drei Jahrhunderten bis weit hinein nach Anatolien aus.

874: Der persische Mystiker Bayasid Bistami stirbt in seiner Heimatstadt Bistam.

875: Der Perser Hallaj kommt im Alter von 18 Jahren nach Bagdad und wird Schüler des Sufi-Scheichs Junaid.

910: Junaid stirbt in Bagdad.

922: Hallaj wird in Bagdad als »Ketzer« hingerichtet.

929: Abd ar-Rahman III. begründet in Córdoba das spanische Kalifat der Omayaden.

Um 950: Die ersten Turkstämme werden von Derwischen zum sunnitischen Islam bekehrt.

998: Der türkische Reiterführer Seldschuk erobert Buchara und wird zum Begründer der Seldschuken-Dynastie, die sich später in verschiedene Zweiglinien aufgliedert.

1031: Das omayadische Kalifat von Córdoba endet nach langjährigen Bürgerkriegswirren. Maurische Kleinfürstentümer teilen sich die Nachfolge.

1037: Die Seldschuken unter Togrul Bey erobern Isfahan. In der Folge übernehmen sie immer mehr persische Kultur.

1045: Omar Chaijam wird in Neishapur (Iran) geboren.

1058: Ghasali wird in Tus (Iran) geboren.

1065: Der Seldschuken-Wesir Nisam al-Mulk begründet in Bagdad die Nisamiya, die bald zur bedeutendsten Hochschule des islamischen Kulturraums wird. Bagdad ist inzwischen Millionenstadt und nicht nur eine der größten, sondern auch eine der kulturell herausragenden Metropolen der Welt.

1071: Die Seldschuken siegen bei Manzikert (östliches Anatolien) über byzantinische Truppen und beginnen mit der Eroberung Anatoliens, das bis dahin ein Teil des Oströmischen Reiches war.

1080: Die Seldschuken begründen in Anatolien das Sultanat von Rum und machen Konya zur Hauptstadt.

1092: Nisam al-Mulk, der Begründer der Nisamiya, wird in Bagdad von einem Mitglied der schiitischen Assassinen-Sekte ermordet. Zu dieser Zeit lehren an dieser berühmten Universität Omar Chaijam und Ghasali.

1095: Ghasali gibt nach einer schweren religiösen Krise seinen Lehrstuhl als Koranwissenschaftler in Bagdad auf, wird Sufi und übersiedelt nach Damaskus.

1096–1099: Der erste Kreuzzug beginnt; er endet mit der blutigen Eroberung Jerusalems durch die Kreuzfahrer.

1111: Ghasali stirbt in seiner Heimatstadt Tus (Iran).

1122: Omar Chaijam stirbt in seiner Heimatstadt Neischapur (Iran).

1135: Der persische Mystiker Abdul al-Qadir al-Gilani begründet in Bagdad die Qadiriya, die erste der großen Derwisch-Bruderschaften.

Um 1145: Muinuddin Chisti wird im östlichen Iran geboren.

1147: Die Berber-Dynastie der Almohaden erobert von Marokko aus Andalusien.

1147–1149: Zweiter Kreuzzug.

Um 1150: Der arabische Mystiker Ahmad al-Rifai begründet in Bagdad die Rifaiya, die zweite der großen Derwisch-Bruderschaften.

1165: Ibn al-Arabi wird in Murcia (Andalusien) geboren.

1166: Gilani stirbt in Bagdad.

1183: Rifai stirbt in Bagdad.

1184–1196: Die Almohaden lassen in Sevilla, dem damaligen Zentrum maurischer Kultur, die Giralda bauen. Zu dieser Zeit studiert Ibn al-Arabi in Sevilla.

1187: Der Philosoph Averroës (Ibn Rushd), ein enger Freund der Familie Ibn al-Arabis, wird in Sevilla wegen »Ketzerei« zur Verbannung nach Marokko verurteilt. Im islamischen Kulturraum ist Averroës bald vergessen, er wird aber im 13. Jahrhundert für die christliche Scholastik, vor allem für Thomas von Aquin, zum wichtigsten Kommentator des Aristoteles.

1189–1192: Dritter Kreuzzug. Sultan Saladin erobert Jerusalem und bricht damit die Macht des Kreuzfahrer-Staates.

1192: Muinuddin Chisti kommt nach Indien im Gefolge der Truppen des Mohammed Ghori, der die hinduistischen Fürstentümer Delhi und Ajmer erobert. Ajmer wird zum Zentrum der Chisti-Bruderschaft.

1193: Sultan Saladin stirbt in seiner Residenz Damaskus.

1194: Ende der Seldschuken-Herrschaft im Iran. Kleinfürstentümer entstehen.

1198: Ibn al-Arabi beginnt in Sevilla seine Lehrtätigkeit als Sufi-Meister. Averroës stirbt in Marrakesch, wird nach Córdoba überführt und dort beerdigt (im Beisein von Ibn al-Arabi).

Um 1200: Ibn al-Arabi verläßt Andalusien zu einer Pilgerreise nach Mekka, kehrt aber nicht mehr in seine Heimat zurück. Um das Jahr 1202 beginnt er in Mekka mit der Niederschrift der *Mekkanischen Offenbarungen* und von *Deuter der Sehnsüchte.*

1202–1204: Vierter Kreuzzug.

1207: Celaleddin Rumi wird in Balch (Afghanistan) geboren.

1215–1250: Der Staufer-Kaiser Friedrich II. schafft in Sizilien und Unteritalien unter dem Einfluß islamischer Kultur das modernste Verwaltungs- und Universitätswesen des christlichen Europa.

1218: Die Familie Celaleddin Rumis verläßt Balch und reist, unterbrochen von einem längeren Aufenthalt im Iran, nach Syrien.

1219: Dschingis Khan fällt mit seinem mongolischen Reiterheer im Iran ein. Für den islamischen Kulturraum beginnt der verhängnisvolle »Mongolensturm«, durch den während der nächsten Jahrzehnte eine Reihe glanzvoller Metropolen – Balch, Merw, Samarkand, Neischapur, Bagdad – vernichtet werden.

1220: Fariduddin Attar, einer der bedeutendsten Sufis des Iran, wird bei der Zerstörung Neischapurs von den Mongolen getötet.

Um 1220: Kulturelle Blüte des Seldschuken-Reiches Rum mit Konya als Hauptstadt.

1223: Ibn al-Arabi übersiedelt endgültig nach Damaskus.

1226: Celaleddin Rumis Familie erreicht Konya, wo der Vater einen Lehrstuhl als Korangelehrter annimmt. Nach dem Tod des Vaters 1231 übernimmt Celaleddin Rumi dessen Amt.

1228–1229: Fünfter Kreuzzug.

1236: Muinuddin Chisti stirbt in Ajmer und hinterläßt eine Bruderschaft, die bei den Hindus in Nordindien große Missionserfolge hat.

1240: Ibn al-Arabi stirbt in Damaskus.
In Tanta (Ägypten) gründet der Mystiker Ahmad al-Badawi die Derwisch-Bruderschaft der Ahmadiya, die zur einflußreichsten Bruderschaft Ägyptens wird.

Um 1240: Die Osmanen kommen aus Zentralasien nach Anatolien.

1241: Yunus Emre wird in Anatolien geboren.

1243: Die Mongolen zwingen das Seldschuken-Reich von Rum unter ihre Tributherrschaft. Beginnender politischer Zerfall des Sultanats von Rum, aber die Hauptstadt Konya bleibt weiterhin ein blühendes Kulturzentrum.

Um 1243–1248: Haji Bektash wird in Neishapur (Iran) geboren.

1244: Celaleddin Rumi lernt in Konya Shamseddin Täbrizi kennen.

1246: Shamseddin Täbrizi verläßt unter dem Druck von Anfeindungen fluchtartig Konya, kehrt aber im selben Jahr zurück.

1248: Shamseddin Täbrizi wird in Konya ermordet. Wenige Jahre später beginnt Celaleddin Rumi mit der Niederschrift des *Großen Diwan*, den er dem Ermordeten widmet.
Die Spanier erobern Sevilla – etwa 50 Jahre, nachdem Ibn al-Arabi Andalusien verlassen hat. Den Muslimen bleibt in Andalusien als letzte Bastion nur noch das Fürstentum Granada (bis 1492).

1248–1254: Sechster Kreuzzug.

Um 1250: Celaleddin Rumi begründet in Konya das mystische Tanzritual, das später zu einer zentralen Zeremonie der Mevlevi-Bruderschaft wird.

1258: Die Mongolen unter Hülägü Khan zerstören Bagdad. Ende des abbasidischen Kalifats. Nach dem Ende der Abbasiden-Dynastie hört das Arabische auf, einheitlich die Kultursprache aller muslimischen Völker zu sein. Das Persische und schließlich auch das Türkische werden zur Konkurrenz.

1260: Der persische Derwisch Osman Marwandi, der »Rote Königsfalke«, kommt in die Indus-Ebene.

1263: Celaleddin Rumi beginnt die Niederschrift des Mathnawi (auch: Mesnevi).

1270: Siebter und letzter Kreuzzug.

1273: Celaleddin Rumi stirbt in Konya.

1274: Osman Marwandi stirbt im Pilgerzentrum Sehwan (Indus-Ebene).

1277: Der Derwisch-Scheich Badawi stirbt in Tanta (Ägypten).

1279–1307: Im politisch äußerst geschwächten Seldschuken-Reich von Rum üben die Mongolen offen ihre Herrschaft aus. Als 1307 der Seldschuken-Sultan ermordet wird, hört das Sultanat von Rum auf zu existieren. Im

14. Jahrhundert bilden sich in Anatolien turkmenische Emirate, die sich bekämpfen – bis zur Einigung Anatoliens durch die Osmanen.

1281–1326: Der türkische Emir Osman begründet die Dynastie der Osmanen (die bis 1922 besteht).

1283: Bahaeddin Walad, Celaleddin Rumis ältester Sohn, gibt der Mevlevi-Bruderschaft die feste Organisationsform.

1318: Baha'uddin Naqshband wird in Buchara geboren.

Um 1320: Yunus Emre stirbt in Anatolien.

1325: Nizzamuddin Auliya, einer der bedeutendsten Mystiker der Chisti-Bruderschaft, stirbt in Delhi.

Um 1330: Der Osmanen-Sultan Orhan schafft die Elitetruppen der Janitscharen. Der Legende nach soll der alevitische Derwisch-Scheich Haji Bektash an dieser Gründung mitgewirkt haben.

Um 1347: Haji Bektash stirbt in Anatolien.

1389: Naqshband stirbt in seiner Heimatstadt Buchara.

Um 1440: Der muslimische Mystiker Kabir wird in der hinduistischen Pilgerstadt Varanasi (Benares) geboren.

1453: Der Osmanen-Sultan Mehmed II. erobert Konstantinopel und macht die Metropole unter dem Namen Istanbul zur Hauptstadt seines Reiches. Ende des Oströmischen Reiches.

1501–1524: Ismail Safavi, der schiitische Derwisch-Scheich der militärisch organisierten Kizilbaschi-Bruderschaft, einigt den politisch zersplitterten Iran und führt die Schia (Zwölfer-Schia) als Staatsreligion ein. Er wird der erste schiitische Schah des Iran, begründet die Dynastie der Safaviden (1501–1722), wendet sich aber bald von den mystischen Idealen seiner Bruderschaft ab.

Um 1510: Die alevitische Bektashi-Bruderschaft mit Haji Bektash als legendärem Ahnvater erhält durch Balim Sultan ihre endgültige Organisation.

1516: Der Osmanen-Sultan Selim I. (1512–1520) erobert Syrien und Ägypten. Ende der Mamluken-Dynastie. Selim läßt 1518 in Damaskus das stark vernachlässigte Mausoleum des Ibn al-Arabi restaurieren.

1518: Kabir stirbt in seiner Heimatstadt Varanasi, von Muslimen wie Hindus gleichermaßen betrauert.

1520–1566: Unter Suleiman I. (der »Prächtige«, der »Gesetzgeber«) erreicht das Osmanen-Reich seine höchste Blüte. Suleiman I. wird zu einem Förderer besonders der Mevlevi-Bruderschaft.

1526: Der iranisch-mongolische Emir Babur erobert Nordindien und begründet die Dynastie der Moguln (»Mongolen«), die von 1526 bis 1857 weite Teile Indiens beherrscht. Residenzen der Moguln sind wechselweise Delhi und Agra.

1529: Die Türken belagern unter Sultan Suleiman I. vergeblich Wien.

1556–1605: Akbar, der bedeutendste Kaiser der Mogul-Dynastie, wird zum maßgeblichen Förderer der Chisti-Bruderschaft, weil er in ihrem Wirken eine wichtige Hilfe sieht, um die religiös-politischen Gegensätze zwischen Muslimen und Hindus zu überwinden.

1658–1707: Der Mogul-Kaiser Aurangzeb läßt 1659 seinen Bruder Dara-Shikoh, einen der bedeutendsten muslimischen Mystiker Indiens, wegen »Ketzerei« hinrichten. Aurangzeb kehrt rigoros zu den Positionen islamischer Orthodoxie zurück und läßt viele Tempel gerade in den großen Pilgerzentren des Hinduismus zerstören. Hierbei genießt er die religiöse Unterstützung eines radikalen Flügels der Naqshbandi-Bruderschaft.

1683: Die Türken belagern zum zweiten Mal vergeblich Wien. In den folgenden Jahrzehnten ist der Zerfall des Osmanen-Reiches nicht mehr aufzuhalten.

Nach 1760: Abd al-Wahhab (1703–1792) läßt als erster Reformer des Islam fundamentalistische Tendenzen erkennen. Er wendet sich gegen die Verwestlichung der osmanischen Oberschicht. Zugleich sagt er den »unislamischen« Praktiken der Derwisch-Bruderschaften den Kampf an. Im 19. Jahrhundert findet die Bewegung der Wahhabiten in Nordafrika starke Verbreitung, auf Dauer vor allem auf der arabischen Halbinsel.

Um 1800–1880: Die Derwisch-Bruderschaft der Naqshbandiya organisiert im Fürstentum Buchara und dem Kaukasus den (vergeblichen) Widerstand gegen den Imperialismus der russischen Zaren.

1826: Der Osmanen-Sultan Mahmud II. läßt die korrupt gewordene Elitetruppe der Janitscharen vernichten. Die mit den Janitscharen verbundene Bektashi-Bruderschaft verliert stark an Einfluß.

1832–1847: Abd al-Kadir, Emir und Derwisch-Scheich der Qadiriya-Bruderschaft, führt in Algerien einen vergeblichen Freiheitskrieg gegen die französischen Kolonialherrn. Er stirbt 1883 im Exil in Damaskus.

1837–1969: Senussi gründet in Mekka die Senussi-Bruderschaft. Er übersiedelt 1840 nach Libyen und vermag im Verlauf von zwei Jahrzehnten die zerstrittenen Beduinenstämme unter der Führung seiner Derwisch-Bruderschaft zu einigen. Senussi stirbt 1859. Aber der von ihm errichtete Gottesstaat besteht in Libyen (mit kurzer Unterbrechung) bis 1969.

1839–1859: Shamil, ein Scheich der Naqshbandi-Bruderschaft, führt im Kaukasus zunächst einen erfolgreichen Abwehrkrieg gegen die russischen Kolonialtruppen, muß sich aber schließlich der massiven technischen Überlegenheit der Russen beugen. Er stirbt 1871 im Exil in Mekka.

1872: Der indische Sufi Sai Baba läßt sich im nordindischen Pilgerort Shirdi nieder und lebt dort, von Muslimen wie Hindus gleichermaßen verehrt, bis zu seinem Tod 1918.

1881–1885: Mohammed Achmed, der Scheich der Koreischi-Bruderschaft, erklärt sich im Sudan zum »Mahdi« und führt den »Heiligen Krieg« gegen ägyptische und britische Kolonialtruppen. Er stirbt 1885 unbesiegt.

1882: Inayat Khan wird in Baroda (Indien) geboren.

1886: Ramakrishna, einer der bedeutendsten Hindu-Mystiker Indiens, stirbt in Dakshineswar nahe Kalkutta.

1893: Vivekananda, Ramakrishnas bedeutendster Schüler, wirbt als erster hinduistischer Guru in westlichen Staaten für die mystische »Spiritualität Indiens«.

1898: Britische Kolonialtruppen vernichten den Derwisch-Staat im Sudan, 13 Jahre nach dem Tod des »Mahdi«.

1910: Inayat Khan verläßt Indien und wirbt als erster muslimischer Mystiker in westlichen Staaten für den Sufismus, bis er 1926 nach Indien zurückkehrt.

1916: Fanatisierte Senussi-Derwische erschießen den französischen Missionar und Saharaforscher Charles de Foucauld in Tamanrasset (Algerien).

1922: Der Osmanen-Sultan Mehmed VI. dankt unter dem Druck Atatürks ab. Damit endet die über 600 Jahre bestehende Dynastie der Osmanen.

1923: Die »Türkische Republik« wird ausgerufen. Atatürk wird Staatspräsident mit nahezu unumschränkter Vollmacht.

1924: Atatürk schafft das Kalifat ab, unterbindet den Einfluß der geistlichen Rechtsgelehrten auf die Politik und läßt die Koranschulen schließen.

1925: Ein Scheich der Naqshbandi-Bruderschaft führt rebellische Kurden zum vergeblichen Aufstand gegen die »gottlose« türkische Zentralregierung. Atatürk läßt daraufhin in der Türkei alle Derwisch-Bruderschaften verbieten.

1927: Inayat Khan stirbt in Delhi.

1928: Atatürk präsentiert die neue Verfassung der Republik Türkei, in der es keine religiösen Formeln mehr gibt. Die Türkei ist nun ein säkularer Staat nach westlichem Vorbild mit strikter Trennung von Religion und Politik.

In Kairo gründet Hassan al-Banna als Reaktion auf Atatürks neue Verfassung die ägyptische Muslim-Bruderschaft. Damit beginnt die Entwicklung eines »modernen« islamischen Fundamentalismus. Hassan al-Banna entstammt dem konservativen Derwisch-Milieu und übernimmt von dort organisatorische Elemente in seine islamistische Bruderschaft.

1930: Derwische der Naqshbandiya entfachen noch einmal einen vergeblichen Aufstand gegen die säkulare Republik Atatürks. Es ist die letzte politische Aktion von Derwischen in der Türkei. Seither können Bruderschaften nur noch unter dem Deckmantel von »Kulturvereinen« gesellschaftliche Prozesse beeinflussen, was vor allem die Naqshbandiya versucht.

1931: Omar al-Mukhtar, der militärische Führer der Senussi-Derwische, wird von der italienischen Kolonialregierung in Libyen hingerichtet.

1932: Ibn Saud begründet das Königreich Saudi-Arabien. Staatsreligion ist der Islam der Wahhabiten, der dem Sufismus gegenüber besonders feindlich eingestellt ist.

1939–1945: Zweiter Weltkrieg. Die italienische Kolonialmacht wird aus Libyen vertrieben.

1951: Der Senussi-Scheich Idris wird König von Libyen.

1953: In der Türkei wird unter der Regierung Adnan Menderes das Verbot gegenüber der Mevlevi-Bruderschaft gelockert. Seither dürfen die Mevlevi jedes Jahr im Dezember zum Todestag Celaleddin Rumis öffentlich ihre Derwisch-Rituale vollziehen.

1954: In Ägypten kommt Gamal Abd al-Nasser an die Macht und propagiert einen »arabischen Sozialismus« in Abwendung von den Westmächten. Er behandelt die in Ägypten sehr populären Derwisch-Bruderschaften mit demonstrativer Verachtung.

1955: Die Derwisch-Regierung des Gottesstaates Libyen vergibt an 14 ausländische Ölgesellschaften Bohrkonzessionen.

1956: An der Al-Azhar-Universität von Kairo beginnt man sich zunehmend mit den philosophischen Intentionen des klassischen Sufismus zu beschäftigen.

1957: Der »Islamische Kongreß« in Kairo erweist dem Derwischwesen offiziell Respekt wegen seiner Missionserfolge in Schwarzafrika.

1958: Ägyptens Präsident Gamal Abd al-Nasser läßt das Pilgerzentrum der Bektashi-Bruderschaft in Kairo schließen, weil er das Gelände aus »strategischen« Gründen für das Militär benötigt.

In Libyen werden große Erdölvorkommen entdeckt.

1969: Muammar al-Gaddafi beseitigt durch einen Militärputsch den Gottesstaat der Senussi-Derwische in Libyen und wird Diktator einer »Sozialistischen Republik«. Damit ist die letzte politische Macht einer Derwisch-Bruderschaft in der islamischen Welt beseitigt.

1970: Im Sudan versuchen Derwische der Mahdi-Partei einen Aufstand gegen Staatschef Numeiri, viele werden hingerichtet.

1973: Der 700. Todestag Celaleddin Rumis wird in Konya am 17. Dezember festlich begangen.

Ein türkischer »Kulturverein« in der Tradition der Naqshbandiya mobilisiert Wählerstimmen für die »Nationale Heilspartei« des islamistischen Politikers Necmettin Erbakan (er ist 1996/97 Ministerpräsident). Derartige »Kulturvereine« unterstützen in den folgenden Jahrzehnten auch andere führende türkische Politiker mit konservativ islamischer Ideologie, so die späteren Ministerpräsidenten Turgut Özal (1983–1989) und Tayyip Erdogan (seit 2002).

Seit 1975: Die sogenannte »Islamische Renaissance« mit Hinwendung zu fundamentalistischer Ideologie wird zunehmend zur Massenbewegung, weil die nationalistisch-säkularen Regierungen des islamischen Kulturraums politisch zu scheitern drohen. Die muslimischen Fundamentalisten lehnen in ihrer überwiegenden Mehrheit den Sufismus und das Derwischwesen als »Ketzerei« oder »Dekadenz« ab.

1979: In Kairo bringen Anhänger der fundamentalistischen Muslim-Bruderschaft im Parlament ein Gesetz zur Abstimmung, das die *Mekkanischen Offenbarungen* des Mystikers Ibn al-Arabi wegen »Ketzerei« verbieten soll. Das Verbot wird vom Parlament akzeptiert, aber später durch Protestaktionen einer liberalen Bildungsschicht rückgängig gemacht.

1985: Im Sudan wird der Philosoph und Sufi Mahmud Muhammad Taha hingerichtet, der sich an Lehren des Ibn al-Arabi orientierte.

1993: Dem ägyptischen Korangelehrten Nasr Hamid Abu Zaid wird in Kairo der Lehrstuhl an der Universität verweigert, weil sein Buch *Kritik des religiösen Diskurses* u.a. sehr viel lobende Hinweise auf das Denken Ibn al-Arabis enthält. 1995 emigriert Abu Zaid nach Holland, um der wachsenden Bedrohung durch muslimische Fundamentalisten zu entgehen.

Um 2000: Zu Beginn des 21. Jahrhunderts genießen die Bruderschaften der Naqshbandiya, Qadiriya und Chistiya international die größte Popularität. Bei türkischen Muslimen gewinnen außerdem die Mevleviya und Bektashiya an Zulauf. Muslimische Zuwanderer in Europa entwickeln ein besonderes Interesse am Sufismus, denn die Auseinandersetzung mit westlicher Kultur verlangt nach geistigen Hilfsmitteln, um Brücken zu anderen Religionen und Lebensformen zu schlagen.

Anmerkungen

Begegnung mit einem ganz anderen Islam

1 Sufi-Zentrum für kreative Spiritualität. Träger: Gemeinde des Islam in Deutschland e.V. in Zusammenarbeit mit dem Institut für Deutsch-Türkische Integrationsstudien Mannheim. Ausgabe 2/1999.
2 Broschüre: Institut für Deutsch-Türkische Integrationsstudien und inter-religiöse Zusammenarbeit e.V. Mannheim (2003), S. 16 f.

Pilgerzentren des Sufismus – Überraschungen für westliche Besucher

1 *India Today International,* 15.3.2004, S. 33.

»Gott« jenseits aller Dogmen. Celaleddin Rumi – Höhepunkt sufischer Klassik im 13. Jahrhundert

1 Öztürk, *Rumi und die islamische Mystik,* S. 27.
2 Schimmel, *Mystische Dimensionen des Islam,* S. 442.
3 Vgl. hierzu Schimmel, *Rumi,* S. 16 f., 30, 38.
4 Ebd., S. 18.
5 Öztürk, *Rumi und die islamische Mystik,* S. 14.
6 Schimmel, *Rumi,* S. 21.
7 Ebd., S. 22, 24.
8 Zitiert nach Shah, *Die Sufis,* S. 32 f.
9 Zitiert nach Rumi, *Aus dem Diwan,* S. 61 f.
10 *Mathnawi* III / 3901–6. Zitiert nach Schimmel, *Mystische Dimensionen des Islam,* S. 454.
11 Ebd., S. 454 f.
12 *Mathnawi* I / 3056–64. Zitiert nach Schimmel, S. 444.
13 Rumi, *Das Mesnevi* (Mathnawi), S. 8.
14 Zitiert nach Rumi, *Aus dem Diwan,* S. 23.
15 Jäger, *Die Welle ist das Meer,* S. 42 f.
16 Zitiert nach Rumi, *Aus dem Diwan,* S. 59. Übersetzt von Annemarie Schimmel.
17 Vgl. Shah: *Die Sufis*. S. 125. Übersetzt von Idries Shah.
18 Zitiert nach Schimmel, *Rumi,* S. 126

19 Zitiert nach Rumi, *Aus dem Diwan,* S. 62.
20 *Großer Diwan* 2 / 441. Zitiert nach Öztürk, *Rumi und die islamische Mystik,* S. 130.
21 *Großer Diwan* 7 / 358. Zitiert nach Öztürk.
22 Zitiert nach Schimmel, *Rumi,* S. 32.
23 Vgl. Öztürk, *Rumi und die islamische Mystik,* S. 88.
24 Vgl. den Abschnitt »›Gott‹ und ›Ich‹« in diesem Kapitel.
25 *Großer Diwan* 3 / 100. Zitiert nach Öztürk, *Rumi und die islamische Mystik,* S. 130.
26 *Mathnawi* III / 1259. Zitiert nach Gramlich, *Islamische Mystik,* S. 191 f.
27 Vgl. den Abschnitt »Das Bild vom Meer und den Wellen« in diesem Kapitel.
28 Schimmel, *Mystische Dimensionen des Islam,* S. 16, 426–428.
29 *Udana,* »Ekstatische Worte«, Buch VI / 4. Zitiert nach Mensching, *Buddhistische Geisteswelt,* S. 38–42.
30 Küng und Bechert, *Christentum und Weltreligionen. Buddhismus,* S. 156. Vgl. auch meine ausführliche Darstellung des Buddhismus in: *Ungläubig sind immer die anderen,* S. 385–419.
31 Schimmel, *Rumi,* S. 204.
32 Ebd., S. 209.
33 Mathnawi I / 1. Zitiert nach Gramlich, *Islamische Mystik,* S. 189.
34 Schimmel, *Mystische Dimensionen des Islam,* S. 254, 258.
35 Ebd., S. 250.
36 Jäger, *Die Welle ist das Meer,* S. 125.
37 Newberg u. a., *Der gedachte Gott,* S. 10 f., 326.
38 Zitiert nach Atabay, *Die schönsten Gedichte aus dem klassischen Persien,* S. 84.
39 Ebd., S. 83.
40 Ebd., S. 23.
41 Vgl. in diesem Kapitel den Abschnitt »›Gott‹ und ›Ich‹«.
42 Zitiert nach Faruqi, *Sufismus und Bhakti,* S. 59.
43 Zitiert nach Atabay, *Die schönsten Gedichte aus dem klassischen Persien,* S. 62.
44 Zitiert nach Öztürk, *Rumi und die islamische Mystik,* S. 88.
45 Zitiert nach Rumi, *Aus dem Diwan,* S. 34.
46 Gelpke, *Drogen und Seelenerweiterung,* S. 87. Vgl. hierzu auch Melzer und Rosenzweig, *Rumi,* S. 150.
47 Makowski, *Allahs trunkene Poeten,* S. 223.
48 Khoury u. a., *Islam-Lexikon,* S. 524.
49 Vgl. hierzu den Abschnitt »Frauen in untergeordneter Rolle« im Kapitel »Mystik als ›Weg für die vielen‹« sowie den Abschnitt »Sufismus – Schwierigkeiten und Chancen in der islamischen Welt« im Schlußkapitel.
50 Zitiert nach Kienitz, *Städte unter dem Halbmond,* S. 155.

51 Öztürk, *Rumi und die islamische Mystik,* S. 91.
52 Schimmel, *Mystische Dimensionen des Islam,* S. 460.
53 Schimmel, *Der Einfluß Maulanas im Osten und Westen.* In: *Iran-Information,* Nr. 25, November 2002, hrsg. von der Kulturabteilung der Botschaft der Islamischen Republik Iran in Österreich, S. 11.
54 Schimmel, *Mystische Dimensionen des Islam,* S. 460.
55 *Iran-Information,* Nr. 25, November 2002, S. 6.
56 Ebd., S. 8–13.
57 Ebd., S. 8.
58 *Iran-Information,* Nr. 28, Oktober 2004.
59 Schimmel, *Rumi,* S. 22, 224.
60 Schimmel, *Mystische Dimensionen des Islam,* S. 461.
61 Tony Halliday (Hrsg.), *Pakistan* (Apa Guides), 3. Aufl., München 1996, S. 226.
62 Harvey, *Die Lehren des Rumi,* S. 11.
63 Öztürk, *Rumi und die islamische Mystik,* S. 102.
64 Till Hein, »Der richtige Dreh. In Istanbul ist der Sufismus offiziell verboten und trotzdem eine Attraktion.« In: *Die Zeit,* 27.07.2006, S. 64.
65 Ebd.

»Ich bin Gott!« – Die radikale Konsequenz der Mystik

1 Andrae, *Islamische Mystiker,* S. 23.
2 Schimmel, *Al-Halladsch, Märtyrer der Gottesliebe,* S. 17.
3 Zitiert nach Bock, *Die Mystik in den Religionen der Welt,* S. 297.
4 Schimmel, *Al-Halladsch, Märtyrer der Gottesliebe,* S. 23.
5 Zitiert nach Gramlich, *Islamische Mystik,* S. 48.
6 Ebd., S. 49.
7 Schimmel, *Al-Halladsch, Märtyrer der Gottesliebe,* S. 96.
8 Vgl. im Kapitel zu Rumi den Abschnitt »›Einheit‹ von ›Gott‹ und ›Mensch‹«.
9 Zitiert nach Newberg u. a., *Der gedachte Gott,* S. 148.
10 Zitiert nach Bock, *Die Mystik in den Religionen der Welt,* S. 299.
11 Ebd., S. 284.
12 Ebd.
13 Zitiert nach Vaughan-Lee, *Die Karawane der Derwische,* S. 130.
14 Zitiert nach Bock, *Die Mystik in den Religionen der Welt,* S. 296.
15 Attar, *Muslimische Heilige und Mystiker,* S. 269 ff.
16 Schimmel, *Al-Halladsch, Märtyrer der Gottesliebe,* S. 121.
17 Zitiert nach Harvey und Hanut, *Der Duft der Wüste,* S. 29.
18 Zitiert nach Halliday, *Pakistan,* S. 166.
19 Zitiert nach Schimmel, *Mystische Dimensionen des Islam,* S. 117.

20 Zitiert nach Atabay, *Die schönsten Gedichte aus dem klassischen Persien,* S. 26.
21 Ebd., S. 28.
22 Ebd., S. 10.
23 Zitiert nach Yogananda, *Die spirituelle Lehre der Rubaijat von Omar Chaijam,* S. 197.
24 Atabay, *Die schönsten Gedichte aus dem klassischen Persien,* S. 188.
25 Ebd., S. 23.
26 Ebd.
27 *Iran-Information*, Nr. 25. November 2002, S. 32 f.
28 Zitiert nach Hottinger, *Die Araber,* S. 108.
29 Zitiert nach Shah, *Die Sufis,* S. 141.
30 Zitiert nach Vaughan-Lee, *Die Karawane der Derwische,* S. 75.
31 Vgl. die Interpretation bei Shah, *Die Sufis,* S. 138 f.
32 Genauere Angaben dazu im Kapitel »›Heiliger Krieg‹ und Fundamentalismus«, Abschnitt »Der Fundamentalismus der Senussi-Bruderschaft«.

Der Mystiker »erschafft Gott« – Die Ketzerei des Ibn al-Arabi

1 Ibn Arabi, *Urwolke und Welt,* S. 27, 33.
2 Zitiert nach der Übersetzung von Pietsch in seinem Aufsatz »Grundzüge der Metaphysik Ibn al-Arabis«, S. 158.
3 Zitiert nach Pascal Bruckner, *Das Schluchzen des weißen Mannes. Europa und die Dritte Welt – eine Polemik.* Berlin 1984, S. 184.
4 Zitiert nach Melzer und Rosenzweig, *Rumi,* S. 90.
5 Shah, *Die Sufis,* S. 132 f.
6 Vgl. hierzu den Abschnitt »Was bleibt von ›Gott‹?« im Kapitel zu Rumi.
7 Siehe den Abschnitt »Vom östlichen Iran nach Konya« im Kapitel zu Rumi.
8 Khoury u. a., *Islam-Lexikon,* S. 578.
9 Zitiert nach Vaughan-Lee, *Die Karawane der Derwische,* S. 115.
10 Ebd., S. 114.
11 Hourani, *Die Geschichte der arabischen Völker,* S. 227; Bock, *Die Mystik in den Religionen der Welt,* S. 309.
12 Ibn Arabi, *Urwolke und Welt,* S. 43.
13 Shah, *Die Sufis,* S. 129 f.
14 Ibn al-Arabi, *Die Reise zum Herrn der Macht,* S. 20 f.
15 Ebd., S. 58.
16 Gernot Rotter, *Syrien.* Nürnberg 1995, S. 143.
17 Ibn Arabi, *Urwolke und Welt,* S. 308.
18 Schimmel, *Mystische Dimensionen des Islam,* S. 503.
19 Ibn Arabi, *Urwolke und Welt,* S. 49.

20 Schimmel, *Mystische Dimensionen des Islam,* S. 377.
21 Hourani, *Die Geschichte der arabischen Völker,* S. 228.
22 Schimmel, *Mystische Dimensionen des Islam,* S. 19.
23 Ibn Arabi, *Urwolke und Welt,* S. 18.
24 Abu Zaid, *Ein Leben mit dem Islam,* S. 116.
25 Ebd., S. 116 ff.
26 Ebd., S. 136.
27 Vgl. hierzu meine ausführliche Darstellung in *Islam und Abendland,* S. 219–225.
28 Abu Zaid, *Ein Leben mit dem Islam,* S. 169.
29 Ebd., S. 198 f.

Mystik als »Weg für die vielen« – Aufstieg der Derwisch-Bruderschaften

1 Kriss und Kriss-Heinrich, *Volksglaube im Bereich des Islam,* Bd. 1, S. 13.
2 Vgl. den Abschnitt »Die Provokation durch den Mystiker Hallaj« im Kapitel »›Ich bin Gott!‹ Die radikale Konsequenz der Mystik«.
3 Vgl. Schimmel, *Mystische Dimensionen des Islam,* S. 151, u. Schimmel, *Sufismus,* S. 21.
4 Schimmel, *Sufismus,* S. 21.
5 Khoury u. a., *Islam-Lexikon,* S. 132–134.
6 Vgl. hierzu meine ausführliche Darstellung in: *Iran. Drehscheibe zwischen Ost und West,* S. 199–215.
7 Siehe das Kapitel »›Heiliger Krieg‹ und Fundamentalismus«.
8 Frembgen, *Reise zu Gott,* S. 98.
9 Mehr dazu im Abschnitt »Die Musik der Chisti-Derwische und ihre indischen Wurzeln« im Kapitel »In euren Herzen werdet ihr beide, Allah und Rama, finden«.
10 Ebd., S. 72.
11 Ebd., S. 71 f.
12 Ebd., S. 78 f.
13 Ebd., S. 86 ff.
14 Ebd., S. 105, 167. Vgl. auch den Abschnitt »Celaleddin Rumis Nachruhm in Orient und Okzident« im Kapitel zu Rumi.
15 Schimmel, *Mystische Dimensionen des Islam,* S. 65, 603 f.
16 Attar, *Muslimische Heilige und Mystiker,* S. 34.
17 Schimmel, *Mystische Dimensionen des Islam,* S. 603.
18 Ebd., S. 604.
19 Ebd., S. 617.
20 Vgl. hierzu meine Hinweise im Abschnitt »Die Provokation durch den Mystiker Hallaj« (Kapitel: »›Ich bin Gott!‹ Die radikale Konsequenz der Mystik«). Weiterführende Informationen bietet für diesen Aspekt

vor allem die detailreiche Darstellung über frühislamische Mystik bei Andrae, *Islamische Mystiker.*

21 Zitiert nach Mina, *Schwestern unterm Halbmond,* S. 39.

22 Frembgen, *Reise zu Gott,* S. 60.

23 Schimmel, *Mystische Dimensionen des Islam,* S. 481.

24 Werner, *Die Geburt einer Großmacht,* S. 62.

25 Till Hein, »Der richtige Dreh. In Istanbul ist der Sufismus offiziell verboten und trotzdem eine Attraktion«. In: *Die Zeit,* 27.07.2006, S. 64. Vgl. außerdem die Hinweise im Abschnitt »Celaleddin Rumis Nachruhm in Orient und Okzident«.

26 Schimmel, *Rumi,* S. 33 f., 107 f.

Gemeinsamkeiten mit dem Sufismus? – Mystik in anderen Religionen. Hinduismus als Beispiel

1 Predigt 50. Zitiert nach Bock: *Mystik,* S. 414.

2 Predigt 42. Ebd., S. 414.

3 Deutsche Predigten I/113, 7. Zitiert nach Udo Kern: *Meister Eckhart und sein Kloster* (Freiburg 2003), S. 14. Eine Fundgrube von entsprechenden Predigttexten Meister Eckharts bieten u.a.: Adolf Lasson: *Meister Eckhart, der Mystiker* (Wiesbaden 2003); Friedrich Heer (Hrsg): *Meister Eckhart. Predigten und Schriften* (Frankfurt/M 1956); Hermann Kunisch (Hrsg.): *Eckhart, Tauler, Seuse* (Reinbek b. Hamburg 1958).

4 Siehe den Abschnitt »Sufismus und die religiösen Umbrüche der westlichen Welt«.

5 Vgl. hierzu meine ausführliche Darstellung in *Indien. Ein Kontinent im Umbruch,* S. 146–234.

6 Zitiert nach Ramakrishna, *Ausgewählte Texte,* S. 70.

7 Zitiert nach Torwesten, *Ramakrishna,* S. 235.

8 Dabei ist zu beachten, daß das deutsche Wort Kalkutta nicht wie die indische oder englische Aussprache von Kolkata und Calcutta klingt. 2001 änderten die indischen Behörden die englische Schreibung Calcutta in die indische Schreibweise Kolkata, was »schwarzes Tor« oder »Tor der Göttin Kali« bedeutet. Um Mißverständnisse zu vermeiden, verwende ich hier weiterhin die deutsche Schreibweise Kalkutta, obgleich sie nicht ganz korrekt, jedoch weit verbreitet ist.

9 Ebd., S. 36 f.

10 Ebd., S. 130.

11 Ebd., S. 107 f.

12 Zitiert nach Faruqi, *Sufismus und Bhakti,* S. 93.

13 Torwesten, *Ramakrishna,* S. 172.

14 Ebd., S. 120 f.

15 Ebd.

»In euren Herzen werdet ihr beide, Allah und Rama, finden!« – Muslimische Mystiker in Indien

1 Schimmel, *Mystische Dimensionen des Islam,* S. 488.
2 Karl Heinz Buschmann, *Pakistan. Landeskunde.* Dreieich 1995, S. 96.
3 Vgl. den Abschnitt »Hallaj und sein Mythos als Ketzer« im Kapitel »›Ich bin Gott!‹ Die radikale Konsequenz der Mystik«.
4 Schimmel, *Mystische Dimensionen des Islam,* S. 499.
5 Halliday, *Pakistan,* S. 166.
6 Ebd., S. 166.
7 Schimmel, *Mystische Dimensionen des Islam,* S. 500.
8 Zitiert nach Halliday, *Pakistan,* S. 161.
9 Zitiert nach Bergmann, *Auf dem Weg,* S. 27.
10 Ebd., S. 42. Vgl. auch die Angaben im Begleitheft zur CD: »The Sindhi Music Ensemble. Sufi Music from Sindh«, Haus der Kulturen der Welt 1995, S. 6.
11 Zitiert nach dem Booklet (Text: Peter Pannke) zur Doppel-CD »Troubadoure Allahs. Sufi-Musik aus dem Industal«, S. 31.
12 Zitiert nach Embree und Wilhelm, *Indien,* S. 222.
13 Ebd.
14 Zitiert nach Kabir, *Hundert Gedichte Kabirs,* S. 7.
15 Ebd., S. 58.
16 Ebd., S. 95.
17 Zitiert nach Harvey und Hanut, *Der Duft der Wüste,* S. 55 f.
18 Ebd., S. 60.
19 Ebd., S. 100.
20 Ebd., S. 101 f.
21 Kaifi, *Sufis und Sufismus in Indien*, S. 48.
22 Murthy, *Leben und Lehren von Shri Sai Baba von Shirdi,* S. 34 f.
23 *Tales of Sai Baba* (Comic Strip: Amar Chitra Katha, Nr. 225), S. 12 f.
24 Murthy, *Leben und Lehren von Shri Sai Baba von Shirdi,* S. 72.
25 Ebd., S. 34, 109.
26 Ebd., S. 34 f.
27 *Tales of Sai Baba* (wie Anm. 23), S. 27 f.
28 *Sai Baba of Shirdi* (Comic Strip: Adarsh Chitra Katha, Nr. 20), S. 12 f.
29 Zitiert nach Hummel, *Gurus in Ost und West,* S. 71.
30 Vgl. hierzu den Abschnitt »Hüte dich davor, dich an eine bestimmte Bekenntnisformel zu binden!« im Kapitel zu Ibn al-Arabi.
31 Schimmel, *Mystische Dimensionen des Islam,* S. 510.
32 Ebd., S. 461.
33 Ebd., S. 490 f.
34 Witteveen, *Universaler Sufismus,* S. 34.
35 Ebd., S. 43 f.
36 Ebd., S. 48.

37 Ebd., S. 49.
38 Vgl. den Abschnitt »›Einheit‹ jenseits aller Glaubensbekenntnisse. Der Hindu-Mystiker Ramakrischna«.
39 Witteveen, *Universaler Sufismus,* S. 124.
40 Vgl. den Abschnitt »Was bleibt von ›Gott‹?« im Kapitel zu Rumi.
41 Nach Witteveen, *Universaler Sufismus,* S. 120 f.
42 Ebd., S. 121 f.
43 *Sufismus. Eine andere Sicht des Lebens.* Die internationale SUFI-Bewegung (des Inayat Khan). Hrsg. von der Sufi-Bewegung Schweiz, Heilbronn 2000, S. 24.

Zwischen Mystik und Politik – Die vielen Gesichter der Bektashi-Bruderschaft

1 Haci Bektaş Veli, Broschüre des Tourismus-Ministeriums Türkei, 1995, S. 5, 7.
2 Kriss und Kriss-Heinrich, *Volksglaube im Bereich des Islam,* Bd. 1, S. 296 ff.
3 Ebd., S. 294.
4 Vgl. hierzu den Abschnitt »Frauen in untergeordneter Rolle« im Kapitel »Mystik als ›Weg für die vielen‹. Aufstieg der Derwisch-Bruderschaften«.
5 Kriss und Kriss-Heinrich, *Volksglaube im Bereich des Islam,* Bd. 1, S. 295.
6 Schimmel, *Mystische Dimensionen des Islam,* S. 480.
7 Ebd.
8 Haci Bektaş Veli, Broschüre des Tourismus-Ministeriums Türkei, 1995, S. 3.
9 Vgl. hierzu die ausführliche Darstellung in meinem Buch *Die Janitscharen.*
10 Goytisolo, *Kibla,* S. 103.
11 Kriss und Kriss-Heinrich, *Volksglaube im Bereich des Islam,* Bd. 1, S. 295.
12 Vgl. hierzu im Kapitel »›Heiliger Krieg‹ und Fundamentalismus« den Abschnitt »Die zwiespältige Rolle der Naqsbandiya in der Türkei«.
13 Goytisolo, *Kibla,* S. 106.
14 Wolfgang Dorn, *Zentralanatolien.* Köln 1997, S. 138.
15 Schimmel, *Mystische Dimensionen des Islam,* S. 464.
16 Makowski, *Allahs trunkene Poeten,* S. 165.
17 Ebd., S. 175.
18 Ebd., S. 173.
19 Ebd., S. 167.
20 Ebd., S. 180.
21 Schimmel, *Mystische Dimensionen des Islam,* S. 468.

»Heiliger Krieg« und Fundamentalismus – Derwisch-Bruderschaften in der Krise

1 Diese Information entnahm ich dem Vortrag »Die Naqshbandiya, Deutschlands stärkste Sufi-Bewegung« von Dr. Annabelle Böttcher auf der Tagung »Islam in Deutschland« am 23.6.2004 in der Katholischen Akademie Trier.

2 Judith Peltz, *Usbekistan entdecken.* Berlin 2000, S. 197 f.

3 Vgl. hierzu Schimmel, *Mystische Dimensionen des Islam,* S. 520 f.

4 Ebd., S. 517.

5 Ebd., S. 461.

6 Ebd., S. 519.

7 Ebd., S. 517.

8 Schimmel, *Sufismus,* S. 85.

9 *Die Presse* (Wien), 2.2.2005, S. 6.

10 Zitiert nach Haas, *Türkische Volksfrömmigkeit,* S. 53.

11 Vgl. hierzu den Abschnitt »Aufstieg und Niedergang der Mevlevi-Bruderschaft« im Kapitel zu Celaleddin Rumi.

12 Böttcher, »Die Naqshbandiya, Deutschlands stärkste Sufi-Bewegung«. Vgl. auch Charlotte Wiedemann, »Republik contra Religion. Dossier Türkei«. In: *Die Zeit,* 10.08.2006, S. 12.

13 Werle und Kreile, *Renaissance des Islam,* S. 93.

14 Vgl. hierzu: *Islamische Vereine und Verbände in Deutschland.* Hrsg. von der Friedrich-Ebert-Stiftung (Berlin 2002), S. 44 f.

15 Vgl. hierzu: *Islamische Extremisten. Vom Gebet zum Gottesstaat.* Hrsg. vom Verfassungsschutz Rheinland-Pfalz (2002), S. 23.

16 Böttcher, »Die Naqshbandiya, Deutschlands stärkste Sufi-Bewegung«.

17 Ebd.

18 Ebd.

19 Vgl. hierzu: *Religion – ein deutsch-türkisches Tabu?,* S. 111, 114.

20 Charlotte Wiedemann, »Republik contra Religion. Dossier Türkei«. In: *Die Zeit,* 10.08.2006, S. 14.

21 Ebd., S. 12.

22 Vgl. hierzu die ausführliche Darstellung in Benhacine, *Nordafrika aus erster Hand,* S. 178 ff.

23 Über das Leben des Berber-Fürsten und Derwisch-Scheichs Abd al-Kadir und die Vorgänge in Damaskus siehe die ausführliche Darstellung in meinem Buch *Die Berber. Ein Volk zwischen Rebellion und Anpassung,* S. 119–142.

24 Vgl. hierzu die detaillierte Biographie über das Leben des sudanesischen Derwischs Mohammed Achmed in Höllriegel, *Die Derwischtrommel. Das Leben des erwarteten Mahdi,* sowie in Westphal, *Sturm über dem Nil. Der Mahdi-Aufstand.*

25 Vgl. hierzu Schimmel, *Sufismus,* S. 100; Schimmel, *Mystische Dimen-*

sionen des Islam, S. 570; Dietl, *Heiliger Krieg für Allah,* S. 58 (Hassan al-Banna), S. 71 (Maududi).

26 Kriss und Kriss-Heinrich, *Volksglaube im Bereich des Islam,* Bd. 1, S. 65.

27 Ebd., S. 67.

Mystik im Islam – Herausforderung auch im 21. Jahrhundert

1 Öztürk, *Rumi und die islamische Mystik,* S. 7.

2 Bannerth, *Islam heute – morgen,* S. 77 f.

3 Heine, *Allah und der Rest der Welt,* S. 116.

4 Frembgen, *Reise zu Gott,* S. 194 f.

5 Ebd., S. 194 f.

6 Vgl. den Abschnitt »Frauen in untergeordneter Rolle« im Kapitel »Mystik als ›Weg für die vielen‹«.

7 Ulrich Schnabel, »Wie man in Deutschland glaubt«. In: *Die Zeit,* 22.12.2003, S. 34 f.

8 Ebd.

9 Manuel Gogos, »Offenbarung ist überall am Werk. Die Gegenwart der religiösen Bindestrich-Kulturen«. In: *Neue Zürcher Zeitung,* 12.8.2005, S. 35.

10 Jäger, *Die Welle ist das Meer,* S. 23.

11 Ebd., S. 42 f., 45, 82.

12 Ebd., S. 42.

13 Ebd., S. 82

14 Ebd., S. 49 (Hallaj), S.61 (Kabir).

15 Ebd., S. 71.

16 Ebd., S. 59.

17 Ebd., S. 185.

18 *Türen nach innen. Gebrauchsanweisung für ein vertieftes Leben und Anleitung zur Meditation.* (Verlag für Gemeindepädagogik) München 1985, S. 53 f.

19 Ebd., S. 52 f.

20 Martin Meggle, »Gott auf Starkstrom. Der Glaubensstreit um das Festival Musica Sacra.« In: *Die Zeit* Nr. 15, 6.4.2006, S. 50.

21 Ebd.

Ausgewählte Literatur

Abu Zaid, Nasr Hamid: *Islam und Politik. Kritik des religiösen Diskurses.* Frankfurt a. M. 1996.

– *Ein Leben mit dem Islam.* Erzählt von Navid Kermani. Freiburg 2001.

Andrae, Tor: *Islamische Mystiker.* Stuttgart 1960.

Atabay, Cyrus: *Die schönsten Gedichte aus dem klassischen Persien. Hafis, Rumi, Omar Chaijam.* München 1998.

Attar, Fariduddin: *Muslimische Heilige und Mystiker. Ihr Leben, ihre Taten, ihr Geist.* (Diederichs Gelbe Reihe, Bd. 173) Kreuzlingen, München 2002.

Bannerth, Ernst: *Islam heute – morgen.* München 1966.

Benhacine, Djamel (Hrsg.): *Nordafrika aus erster Hand.* Würzburg 1977.

Bergmann, Hajo: *Auf dem Weg. Begegnungen mit Sufis und Dewischen.* München 1999.

Bock, Eleonore: *Die Mystik in den Religionen der Welt. Hinduismus. Buddhismus. Judaismus. Islam. Christentum.* München 1993.

Böttcher, Annabelle: *Die Naqshbandiya, Deutschlands stärkste Sufi-Bewegung.* Vortrag auf der Tagung »Islam in Deutschland« am 23.6.2004, Katholischen Akademie Trier.

Brück, Michael von (Hrsg.): *Dialog der Religionen. Ist Mystik Weltflucht?* Gütersloh 1996.

– *Dialog der Religionen. Meditation.* Gütersloh 1992.

Cahen, Claude (Hrsg.): *Der Islam. I. Vom Ursprung bis zu den Anfängen des Osmanenreiches.* (Fischer Weltgeschichte, Bd. 14) Frankfurt a. M. 1968.

Dara-Shokuh (Shikoh): *Über die innere Einheit von Sufitum und Vedanta. Majma al-Bahrain (Der Zusammenfluß zweier Meere).* Hrsg. u. übersetzt v. Roland Pietsch. (Sonderdruck aus Schriften der Sudetendeutschen Akademie der Wissenschaften und Künste, Bd. 23) München 2002, S. 159–195.

Dietl, Wilhelm: *Heiliger Krieg für Allah. Als Augenzeuge bei den geheimen Kommandos des Islam.* München 1983.

Embree, Ainslee T., Friedrich Wilhelm: *Indien. Geschichte des Subkontinents von der Induskultur bis zum Beginn der englischen Herrschaft.* (Fischer-Weltgeschichte, Bd. 17) Frankfurt a. M. 1982.

Faruqi, Azad: *Sufismus und Bhakti. Maulana Rumi und Sri Ramakrishna.* Gladenbach 1990.

Feild, Reshad: *Ich ging den Weg des Derwisch. Das Abenteuer der Selbstfindung.* Frankfurt a. M. 1981.

Freke, Timothy, Peter Gandy: *Die Welt der Mystik. Die mystischen Tradi-*

tionen von Buddhismus, Christentum, Hinduismus, Islam, Judentum, Schamanismus. München 2001.
Frembgen, Jürgen Wasim: *Reise zu Gott. Sufis und Derwische im Islam*. München 2000.
Gelpke, Rudolf: *Drogen und Seelenerweiterung* (Kindler-Taschenbücher 2065). München 3. Aufl. o. J. (1972). (Originalausgabe: *Vom Rausch im Orient und Okzident*. Stuttgart 1966, 2. Aufl. 1995.)
Ghasali, Abu-Hamid Muhammad al-: *Das Elixier der Glückseligkeit*. Aus dem Persischen und Arabischen übertragen von Helmut Ritter. Mit einem Vorwort von Annemarie Schimmel. München 1998.
– *Der Erretter aus dem Irrtum*. Aus dem Arabischen übersetzt, mit einer Einleitung, mit Anmerkungen und Indices hrsg. von 'Abd-Elsamad. (Philosophische Bibliothek, Bd. 389) Hamburg 1988.
– *Neubelebung der Religionswissenschaften*. Übersetzt u. erläutert von Hans Bauer. Halle 1916.
– *Die Nische der Lichter*. Aus dem Arabischen übersetzt, mit einer Einleitung, mit Anmerkungen und Indices hrsg. von 'Abd-Elsamad. (Philosophische Bibliothek, Bd. 390) Hamburg 1987.
Glasenapp, Helmuth von: *Die fünf Weltreligionen. Brahmaismus, Buddhismus, Chinesischer Universismus, Christentum, Islam*. Köln 1982.
Goytisolo, Juan: *Kibla – Reisen in die Welt des Islam*. Frankfurt a. M. 2000.
Gramlich, Richard: *Islamische Mystik. Sufische Texte aus zehn Jahrhunderten*. Stuttgart, Berlin, Köln 1992.
Grunebaum, Gustave Edmund von (Hrsg.): *Der Islam*. II. *Die islamischen Reiche nach dem Fall von Konstantinopel*. (Fischer Weltgeschichte, Bd. 15) Frankfurt a. M. 1971.
Gstrein, Heinz: *Islamische Sufi-Meditation für Christen*. Wien 1977.
Haas, Abdulkadir W.: *Türkische Volksfrömmigkeit*. Frankfurt a. M. 1986.
Habib, André Ahmed al: *Sufismus. Das mystische Herz des Islam. Eine Einführung*. Freiburg 2005.
Harvey, Andrew: *Die Lehren des Rumi. Weisheiten des Herzens*. München 2001.
–, Eryk Hanut (Hrsg.): *Der Duft der Wüste. Weisheiten aus der Tradition der Sufis*. Freiamt i. Schwarzwald 2003.
Heine, Peter: *Allah und der Rest der Welt. Die politische Zukunft des Islam*. Frankfurt a. M 2000.
Höllriegel, Arnold: *Die Derwischtrommel. Das Leben des erwarteten Mahdi*. Berlin 1931.
Hottinger, Arnold: *Die Araber. Werden, Wesen, Wandel und Krise des Arabertums*. Zürich 1960.
Hourani, Albert: *Die Geschichte der arabischen Völker. Von den Anfängen des Islam bis zum Nahostkonflikt unserer Tage*. (Fischer-Taschenbücher 15085) Frankfurt a. M. 2001.
Hummel, Reinhart: *Gurus in Ost und West. Hintergründe – Erfahrungen – Kriterien*. Gütersloh 1987.

Ibn (al-) Arabi: *Fusus al-hikam. Das Buch der Siegelringe der Weisheit.* Aus dem Arabischen übersetzt von Hans Kofler. Einleitung von Ernst Bannerth. Graz 1970.

– *Die Reise zum Herrn der Macht. Ein Sufi-Lehrbuch über die Übung der Einsamkeit.* Mit einer Einl. von Sheikh Muzaffer Ozak Al Jerrahi. Mit Anmerkungen aus einem Kommentar von Abdul Karim Jili. Freiburg im Breisgau 1984.

– *Urwolke und Welt. Mystische Texte des Größten Meisters.* Aus dem Arabischen übersetzt und hrsg. v. Alma Giese. München 2002.

Inayat Khan: *Das innere Leben. Der Zweck des Lebens.* Den Haag, Rotterdam 1980.

– *Musik und kosmische Harmonie aus mystischer Sicht.* Heilbronn 1989.

Jäger, Willigis: *Die Welle ist das Meer. Mystische Spiritualität.* (Herder Spektrum, Bd. 5046) Freiburg 14. Aufl. 2000.

Kabir: *Hundert Gedichte Kabirs.* Hrsg. v. Rabindranath Tagore. Freiburg o. J.

– *Im Garten der Gottesliebe.* Heidelberg 1984.

Kaifi, Khaliq: *Sufis und Sufismus in Indien.* In: *Meine Welt. Zeitschrift des Deutsch-Indischen Dialogs,* Jg. 20, Heft 2, Dezember 2003, S. 44–49.

Khoury, Adel Theodor, Ludwig Hagemann, Peter Heine: *Islam-Lexikon. Geschichte, Ideen, Gestalten.* 3 Bände. Freiburg 1991.

Kienitz, Friedrich Karl: *Städte unter dem Halbmond. Geschichte und Kultur der Städte in Anatolien und auf der Balkanhalbinsel im Zeitalter der Sultane (1071–1922).* München 1972.

Der Koran. Das heilige Buch des Islam. Nach der Übertragung von Ludwig Ullmann neu bearbeitet und erläutert von L. W. Winter. München 1959.

Kriss, Rudolf, Hubert Kriss-Heinrich: *Volksglaube im Bereich des Islam.* Bd. 1: *Wallfahrtswesen und Heiligenverehrung.* Bd. 2: *Amulette, Zauberformeln und Beschwörungen.* Wiesbaden 1960/1962.

Küng, Hans, Heinz Bechert: *Christentum und Weltreligionen.* Bd. 3: *Buddhismus.* Gütersloh 1988.

–, Josef van Ess: *Christentum und Weltreligionen.* Bd. 1: *Islam.* Gütersloh 1987.

–, Heinrich von Stietencron: *Christentum und Weltreligionen.* Bd. 2: *Hinduismus.* Gütersloh 1987.

Lengsfeld, Peter (Hrsg): *Mystik – Spiritualität der Zukunft.* Freiburg 2005.

Makowski, Stefan: *Allahs trunkene Poeten. Islamische Liebesmystiker.* Zürich, Düsseldorf 1997.

Melzer, Uto v., Vincenz Ritter v. Rosenzweig: *Rumi. Nie ist wer liebt allein.* Graz 1994.

Mensching, Gustav: *Buddhistische Geisteswelt. Vom historischen Buddha zum Lamaismus.* Darmstadt, Baden-Baden 1955.

Mina, Naila: *Schwestern unterm Halbmond. Muslimische Frauen zwischen Tradition und Anpassung.* Stuttgart 1981.
Newberg, Andrew, Eugene d'Aquili, Vince Rause: *Der gedachte Gott. Wie Glaube im Gehirn entsteht*. München 2003.
Omar Chajim: *Rubaiyat of Omar Khayyam*. Translated by E. Fitzgerald. London 1859 (u. ö.).
Öztürk, Yasar Nuri: *Rumi und die islamische Mystik. Über das Menschenbild im Islam*. Düsseldorf 2000.
Pietsch, Roland: *Grundzüge der Metaphysik Ibn al-Arabis.* In: Schriften der Sudetendeutschen Akademie der Wissenschaften und Künste. Bd. 23. München 2002, S. 143–158.
Ramakrishna. *Ausgewählte Texte*. Hrsg. von Hans Christian Meiser. München 1986.
– *Setze Gott keine Grenzen. Gespräche des indischen Heiligen mit seinen Schülern.* Aus dem Bengalischen übersetzt und eingeleitet von Martin Kämpchen. Freiburg 1984.
Religion – ein deutsch-türkisches Tabu? Deutsch-türkisches Symposium 1996, hrsg. v. Türkei-Programm der Körber-Stiftung. Hamburg 1997.
Ritter, Helmut: *Das Meer der Seele*. Leiden 1955.
– (Hrsg): *Al Ghasali. Das Elixier der Glückseligkeit*. Düsseldorf, Köln 1959.
Rumi, Celaleddin (Dschelaleddin): *Aus dem Diwan*. Aus dem Persischen übertragen und eingeleitet von Annemarie Schimmel. Stuttgart 2002.
– *Das Mesnevi [Mathnawi]*. (Einzig berechtigte Übersetzung aus dem Englischen [unter Hinzuziehung türkischer und persischer Quellen] von Uli Full und Wolf Süleyman Bahn) Bern, München, Wien 1997.
Schimmel, Annemarie: *Al-Halladsch. Märtyrer der Gottesliebe. Leben und Legende*. Köln 1968.
– *Mystische Dimensionen des Islam. Die Geschichte des Sufismus*. München 3. Aufl. 1995.
– *Rumi. Ich bin Wind und du bist Feuer. Leben und Werk des großen Mystikers*. (Diederichs Gelbe Reihe, Bd. 20) München 1978.
– *Sufismus. Eine Einführung in die islamische Mystik*. München 2. Aufl. 2003.
Schmid, Georg: *Mystik der Weltreligionen*. Stuttgart 4. Aufl. 2000.
Schweizer, Gerhard: *Die Berber. Ein Volk zwischen Rebellion und Anpassung*. Salzburg 2. Aufl. 1984.
– *Die Derwische. Heilige und Ketzer des Islam*. Salzburg 2. Aufl. 1984.
– *Indien. Ein Kontinent im Umbruch*. Stuttgart 2. Aufl. 2001.
– *Iran. Drehscheibe zwischen Ost und West*. Stuttgart 5. Aufl. 2005.
– *Islam und Abendland. Geschichte eines Dauerkonflikts*. Stuttgart 2. Aufl. 2003.
– *Die Janitscharen. Geheime Macht des Türkenreichs*. Wien 3. Aufl. 1990.
– *Syrien. Religion und Politik im Nahen Osten*. Stuttgart 1998.

– *Ungläubig sind immer die anderen. Weltreligionen zwischen Toleranz und Fanatismus*. Stuttgart 2. Aufl. 2002.
Shah, Idries: *Die Sufis*. Düsseldorf, Köln 1976.
Sölle, Dorothee: *Mystik und Widerstand. »Du stilles Geschrei«*. (Serie Piper, Bd. 2689). 7. Aufl. München 2004.
Torwesten, Hans: *Ramakrishna. Schauspieler Gottes*. Frankfurt a. M. 1981.
Vaughan-Lee, Llewellyn (Hrsg): *Die Karawane der Derwische. Die Lehren der großen Sufi-Meister*. Frankfurt a. M. 1997.
Werle, Rainer, Renate Kreile: *Renaissance des Islam. Das Beispiel Türkei*. Hamburg 1987.
Werner, Ernst: *Die Geburt einer Großmacht. Die Osmanen (1300–1481)*. Berlin 1966.
Westphal, Wilfried: *Sturm über dem Nil. Der Mahdi-Aufstand. Aus den Anfängen des islamischen Fundamentalismus*. Köln 2002.
Witteveen, Hendrikus J.: *Universaler Sufismus. Die Sufi-Botschaft von Hazrat Inayat Khan*. Heilbronn 1998.
Yogananda, Paramahansa: *Die spirituelle Lehre der Rubaijat von Omar Chaijam*. (Diederichs Gelbe Reihe, Bd. 157). München 1999.
Zaehner, Robert: *Mystik. Harmonie und Dissonanz. Die östlichen und westlichen Religionen*. Olten 1980.
Zohren, Karl A.: *Bhakti und Sufismus. Kulturhistorische Wechselbeziehungen zwischen Hindus und Muslimen*. In: *Meine Welt. Zeitschrift des Deutsch-Indischen Dialogs*. 1. Jg., 14.8.97, S 42–45.

Personenregister

Abd al-Wahhab, Mohammed Ibn 275f., 313
Abd ar-Rahman III. (Kalif) 308
Abd ar-Rahman I. (Kalif) 308
Abdal, Kaygusuz (Bektashi) 254
Abdul Latif (Qalandar) 208f.
Abu Bekr (1. Kalif des Islam) 307
Abu Zaid, Nasr Hamid 158–161, 316
Aflaki, Shamseddin 57
Ahmadinejad, Mahmud 133
Akbar (Mogul) 220f., 224, 263f., 313
Alaeddin (Sohn Rumis) 56f.
Ali Ibn Abi Talib (4. Kalif des Islam; 1. Imam der Schiiten) 234, 236, 238, 240f., 245, 307
Aristoteles 137, 144, 310
Atatürk, Mustafa Kemal 23, 101, 106, 109ff, 239, 247, 251f., 254, 257, 268–270, 274, 287–289, 314
Attar, Fariduddin 123, 179, 242, 310
Aurangzeb (Mogul) 221ff, 264, 313
Averroës → Ibn Rushd

Babur (Mogul) 219f., 312
Badawi, Ahmad al- 167, 311
Balim Sultan (Bektashi) 233f., 242ff, 312
Banna, Hassan al- 285ff, 314
Bassajew, Shamil 267
Bektash, Haji 232–238, 242ff, 246–249, 254, 311f.
Benedikt XVI. (Papst) → Ratzinger, Josef Kardinal 298
Bin Laden, Osama 267, 275
Bistami, Bayasid 119f., 149, 201, 308
Buddha, Gautama 83–86, 147, 190
Burhaneddin 53

Caferoglu (Bektashi) 254
Celaleddin Rumi → Rumi, Celaleddin
Chattopadaya, Gadadhar → Ramakrishna
Chisti, Muinuddin 39, 40, 42–48, 106, 199–202, 206f., 210, 220, 224–225, 229, 309–311
Chisti, Salim 220
Christus → Jesus Christus

Dara Shikoh, Mohammed 221f., 264, 313
Darwin, Charles 64
Dschelaleddin Rumi → Rumi, Celaleddin
Dschingis Khan 51, 58, 310
Eckhart, Meister 187, 299, 301

Emre, Yunus (Bektashi) 18, 74, 246, 252–258, 304, 311
Erbakan, Necmetin 270f., 273, 315
Erdogan, Recep Tayyip 270, 272ff, 315

Fitzgerald, Edward 131
Foucauld, Charles de 278, 314
Frembgen, Jürgen 175
Friedrich II. von Hohenstaufen 128, 310

Gaddafi, Muammar al- 284f., 315
Ghasali, Abu Hamid al-Mohammed al- 75, 134–142, 156, 166, 180, 189, 261, 309
Ghori, Mohammed 202, 310
Gilani, Abdul al-Qadir al- 124,166, 309
Güvenç, Rahmi Oruç 183f.

Hafis, Mohammed Shamseddin 92, 96
Hallaj, Hussein Ibn Mansur al- 74,

112ff, 116–126, 134f., 139, 147, 149, 155f.,186f., 206f., 245, 255f., 261f., 277, 285, 300, 304, 308
Hammer-Purgstall, Joseph von 107
Harun ar-Rashid (Kalif) 189, 308
Hasan Dede (Mevlevi) 111, 183f.
Hayrani, Seyyid Mahmud (Mevlevi) 35, 37
Heine, Peter 293
Hikmet, Nazim 103
Hülägü Khan 58, 311
Humayun (Mogul) 224
Hussein Ibn Ali (Prophetenenkel und 3. Imam der Schiiten) 234, 236, 238, 307
Hussein Ibn Mansur → siehe Hallaj, Hussein Ibn Mansur al-

Ibn al-Arabi, Abu Bakr Mohammed 53, 74, 102, 112, 142–165, 167, 186f., 194, 209, 219, 229, 253, 255f., 261f., 277, 285, 291, 304, 309–312, 316
Ibn Isa 122
Ibn Rushd 144, 310
Ibn Saud (König von Saudi-Arabien) 315
Idris (Senussi) 283f., 315
Inayat Khan 47, 106, 226–231, 314
Inönü, Ismet 109
Ismail Safavi (Schah) 171f., 312

Jäger, Willigis 68, 91, 299f.
Jalaluddin Maulana → Rumi, Celaleddin
Jalaluddin Rumi → Rumi, Celaleddin
Jesus Christus 41, 188, 190f., 197f., 239ff, 245, 301
Junaid, Abu al-Kassem 75, 114–118, 139, 156, 308

Kabir 74, 210–215, 217, 300, 304, 312
Kadir, Abd al- (Qadiri) 280, 313
Kaki, Qutbuddin Baktihiyar (Chisti) 202
Karl der Große 189
Khatami, Mohammed 33, 104, 132
Khomeini, Ruhollah 32, 104, 132
Khosrau, Amir (Chisti) 225f., 229
Kotku, Zahid (Naqshbandi) 270
Kriss, Rudolf 287f.

Lal Shabbas → Osman Marwandi
Luther, Martin 256

Mahdi → Mohammed Ahmed
Mahmud II. (Osmanen-Sultan) 250, 313
Mamun, al- (Kalif) 308
Mansur, al- (Kalif) 308
Maria (Mutter Jesu) 240
Maududi, Abul Ala 285ff
Maula Baksh (Chisti) 228
Meeran Hussein, Seyyid (Chisti) 40, 42ff
Mehmed II. (Osmanen-Sultan) 312
Mehmed VI. (Osmanen-Sultan) 314
Meister Eckhart → Eckhart, Meister
Menderes, Adnan 109, 315
Mirza Ghalib 125
Mohammed (Prophet des Islam) 42, 72, 75f., 92, 114ff, 150f., 168, 170, 176, 180, 201f., 217, 238, 240f., 245, 276f., 307
Mohammed Ahmed, der »Mahdi« 281f., 313
Muawija 307
Mukhtar, Omar (Senussi) 283ff, 314
Muktadir, al- (Kalif) 122
Mussolini, Benito 283
Muzafar Ali 106

Naqshband, Mohammed Baha'uddin 75, 259–262, 312
Nasser, Gamal Abd al- 252, 288, 315
Nisam al-Mulk 309
Nizam Bint Rustam 145
Nizamuddin Auliya (Chisti) 224ff, 228f., 312
Numeiri, Jaafar al- 315

Omar Chaijam 74, 92f., 96, 112, 126–135, 147, 242, 255, 304, 309
Omar Ibn al-Chattab (2. Kalif des Islam) 307
Omar Ibn Ibrahim → Omar Chaijam
Önder, Mehmet 106
Orhan (Osmanen-Sultan) 248, 312
Osman I. (Begründer der Osmanen-Dynastie) 248, 312
Osman Marwandi (Qalandar) 124f., 205ff, 311
Othman (3. Kalif des Islam) 240, 307
Özal, Turgut 270f., 315
Öztürk, Yasar Nuri 50, 107f., 292

Pahlevi, Mohammed Reza (Schah) 132

Quinn, Anthony 284

Rabia al-Adawiya 179
Rafsandjani, Ali Akbar Hashemi 104
Ramakrishna 187f., 190, 192–199, 229, 314
Rifai, Ahmad Ibn Ali al- 167, 309
Rückert, Friedrich 107
Rumi, Celaleddin 16, 18, 22–28, 32, 34, 37ff, 49–67, 70–90, 92–95, 97f., 101–109, 112f., 117–120, 124, 130, 142, 146f., 149f., 155, 167, 170, 178, 181, 184– 187, 194, 201, 207, 209, 213, 225, 229f., 235ff, 242f., 246f., 253, 255f., 259, 261f., 264, 273, 277, 285, 292, 296, 299, 304, 310f., 315

Saadeddin (Sohn Ibn al-Arabis) 152
Sadat, Anwar as- 157
Sadreddin Qonawi 53, 102, 149
Sai Baba, Sathya 218
Sai Baba von Shirdi 215–218, 313
Sait (Naqshbandi) 268, 269
Saladin (Sultan) 145, 310
Sanai, Abu'l-Majd 83
Saud, Ibn → Ibn Saud
Schimmel, Annemarie 83, 104f., 160, 291
Schnabel, Ulrich 297
Seldschuk (Begründer der Seldschuken-Dynastie) 308
Selim I. (Osmanen-Sultan) 154, 312
Senussi, Mohammed Ibn Ali as- 275, 277f., 313
Shah, Idries 148
Shamil (Nashbandi) 266ff, 280, 313
Shamseddin Täbrizi 53– 58, 62f., 66f., 69, 94, 106f., 146, 178, 311
Shankara 189f., 195f.
Sharkarganj, Fariduddin (Chisti) 202
Shirazi, Sayyed Zainuddin (Chisti) 223
Suleiman I., der Prächtige (Osmanen-Sultan) 100, 250, 312f.
Surur, Taha 292

Tagore, Rabindranath 215
Taha, Mahmud Muhammad 158, 316
Thomas von Aquin 141, 189, 310
Togrul Bey 309
Torwesten, Hans 197f.
Turnahan, Hilmi (Naqshbandi) 272

Vivekananda 193, 196, 229f., 314
Voltaire 127

Wahhab → Abd al-Wahhab, Mohammed Ibn
Walad, Bahaeddin (Sohn Rumis) 55f., 66, 97, 312
Walad, Mohammed Celaleddin → Rumi, Celaleddin
Witteveen, Hendrikus J. 230

Zarathustra 114

Gerhard Schweizer bei Klett-Cotta:

Metropole - Moloch - Mythos
Eine Reise durch die Megastädte Indiens
272 Seiten, 16 Farbtafeln, gebunden, ISBN 978-3-608-93517-2

Seine ›Zeitbombe Stadt‹ hat großen Anklang als eines der »aufregendsten und erschreckendsten Sachbücher der letzten Jahre« gefunden - daran knüpft der Kulturwissenschaftler an. Indien sieht sich mit besonders vielen Megastädten konfrontiert; sie gelten exemplarisch als Kernproblem des 21. Jahrhunderts.
In seinem spannenden Reisebuch schildert er den Alltagskampf der Menschen und neue gesellschaftliche Formen.

Syrien
Religion und Politik im Nahen Osten
372 Seiten, 3 Karten, zahlreiche farbige Abbildungen, gebunden, ISBN 978-3-608-93396-3

Syrien – eine Schlüsselmacht im Nahen Osten, ein faszinierendes Reiseland mit Sehenswürdigkeiten aus antiker, frühchristlicher und islamischer Zeit ... Aber Syrien ist mehr.

Iran
Drehscheibe zwischen Ost und West
501 Seiten, gebunden, ISBN 978-3-608-94094-7

»Seine Lektüre kann man jedem, der sich umfassend über die Hintergründe der für Westeuropäer oft schwer verständlichen Entwicklung im Nahen Osten informieren will, nur empfehlen.«
Peter Grubbe / Die Zeit

Klett-Cotta

Tschetschenien
Kaukasus
Istanbul
TÜRKEI
Hacibektaş
Akşehir
Konya
Beyşehir
Täbriz
Ardebil
SYRIEN
IRAK
Gilan
Aleppo
Teheran
Kreta
Zypern
Damaskus
Bagdad
Kerbela
Isfahan
Jerusalem
Basra
Tanta
Dschanghbub
Kairo
SAUDI-ARABIEN
Kufra
ÄGYPTEN
LIBYEN
Medina
Mekka
Omdurman
Kharthoum
JEMEN
SUDAN